教育部人文社会科学重点基地重大项目
"中国特色的大学内部治理结构与质量保障机制建设"(18JJD880005)

"大学治理现代化丛书"顾问委员会

潘懋元 别敦荣 刘振天 吴 薇 郭建鹏 覃红霞

大学治理现代化丛书

丛书主编/王洪才

我国一流本科课程治理研究

RESEARCH ON GOVERNANCE OF
FIRST-CLASS UNDERGRADUATE CURRICULUM IN CHINESE

汤 建◎著

图书在版编目(CIP)数据

我国一流本科课程治理研究 / 汤建著. -- 厦门：厦门大学出版社，2022.11
(大学治理现代化丛书 / 王洪才主编)
ISBN 978-7-5615-8777-5

Ⅰ. ①我… Ⅱ. ①汤… Ⅲ. ①高等学校－课程－教学研究 Ⅳ. ①G642.3

中国版本图书馆CIP数据核字(2022)第189651号

出版人	郑文礼
责任编辑	曾妍妍
出版发行	厦门大学出版社
社　　址	厦门市软件园二期望海路39号
邮政编码	361008
总　　机	0592-2181111　0592-2181406(传真)
营销中心	0592-2184458　0592-2181365
网　　址	http://www.xmupress.com
邮　　箱	xmup@xmupress.com
印　　刷	厦门集大印刷有限公司

开本　720 mm×1 000 mm　1/16
印张　21.5
插页　2
字数　376 千字
版次　2022 年 11 月第 1 版
印次　2022 年 11 月第 1 次印刷
定价　80.00 元

本书如有印装质量问题请直接寄承印厂调换

厦门大学出版社
微信二维码

厦门大学出版社
微博二维码

总 序

一、高等教育内涵式发展需要大学治理现代化护航

(一) 中国高等教育质量提升需要治理结构调整

我们清晰地认识到,研究大学内部治理结构问题是推进国家治理体系与治理能力现代化的急迫需要,也是推进高质量高等教育体系建设的客观需要。

从历史发展规律看,中国高等教育发展必然要经历从量变到质变的转变。虽然高等教育发展任何时候都不能忽视质量建设,但质量是作为基准还是高水平状态却有本质的不同。我们知道,在高等教育精英阶段,由于高度的选拔性使得生源素质普遍较高,学生的学习自觉性比较强,从而基本质量是有保障的,故而不必太关心质量问题。随着高等教育大众化的发展,大批新建高校出现,质量就变成了一个突出问题。我国也适时地开展了高等教育评估,并且通过建立示范校方式来促进质量建设。但在效率优先原则的带动下,人们对质量的关注成为其次的选择。对于高职院校、民办高校而言,保证充足生源无疑是第一位的选择。对于多数高校而言,扩充规模仍然是一种第一位选择。在此背景下,质量建设主题往往被忽视,经常成为一种口号的存在,在实际中往往不发挥真正作用。只有当高等教育规模开始趋向稳定时,质量建设主题才开始凸显出来。

高等教育规模扩张的拐点出现是在2008年,这一年是适龄入学人口的峰值,之后适龄入学人口出现不同程度的递减,因而人口学专家认为,即使招生规模不再继续扩大,仅仅维持2008年的招生规模,我国高等教育毛入学率也将出现持续增长的趋势,因为按照数学公式计算,在分子不变的情况下,分母减小,分值必将增加。事实也如此,虽然在2008年之后我国高等教

育规模扩张速度开始大幅度降低,而高等教育毛入学率依然呈快速增长态势。所以在2018年就基本完成了大众化,到2019年就已经超越了大众化水平,即高等教育毛入学率已经超过50%。这意味着高等教育大众化过程基本结束,量的扩展任务基本完成,高等教育发展重心将从量的扩展转向质的提升。正是2018年年底我们正式启动了"中国特色的大学内部治理结构与质量保障机制建设"研究课题。这看似一种巧合,实质存在一种必然的逻辑,背后是"量变质变规律"在发挥作用。

  事实上,伴随着高等教育大众化的发动,高等教育质量问题就开始引起各方面的关注,人们经常用"多而劣"来形容高等教育规模扩张。虽然人们认识到了高等教育大众化应该采取多样化的质量观,但对多样化质量观究竟是什么样的,人们并无清晰的认识。正是如此,我国提出了"分类发展"政策,也即倡导研究型大学、应用型高校、职业技术型高校应该采用不同的发展模式并采取不同的评价方式。分类发展概念实际上是多样化高等教育质量观的具体应用。但时至今日,人们并未给出一个清晰的划分标准,只是给出一个粗浅的分析框架。原因在于,对于众多高校而言,无法给出一个统一的合理的标准。因为每个高校办学条件不同,面对的生源素质不同,所面向的就业市场不同,教师的来源不同,于是教学质量千差万别,采取统一的评价标准根本不可行。唯一可行的路线是加强高等教育主体责任建设,使高等教育行为主体对高等教育质量问题高度重视,把质量提升变成每个主体的自觉行动。这实际上就需要治理机制的变革,而非通过外在控制的手段来解决质量问题。

  要使每个高等教育行为主体担负起质量建设的责任,就必须进行高等教育治理结构的调整。高等教育管理重心太高,必然使高等教育基层变得被动。而高等教育质量建设的重心恰恰是在底层,所以激活高等教育行为底层的活力才是高等教育质量建设的第一要务。很显然,高等教育质量建设的第一行动者是高校教师,只有他们充分认识到质量问题的重要性并且致力于探讨教学质量提升的路径,才能从根本上解决质量问题。教师是高等教育质量建设的第一大群体,只有他们真正行动起来,高等教育质量建设才有保障。这直接涉及治理结构的调整,首先是大学内部治理结构的调整,即高校真正赋权给教师,给他们教学探索权、教学创制权,如此才能激发他们的创造活力。这样就要求高等教育管理重心下移,使高校二级管理机构真正变成管理实体,而非简单的执行机构,而能够根据办学市场变化和生源条件变化以及社会发展变化进行主动决策,而且能够科学决策,同时善于民主决策,从而把广大教师的积极性、创造性调动起来,最终能够激发每个学生的学习积极性,主动地把自己塑造成适应时代要求的创新创业人才。

(二)大学内部治理结构调整是一个系统工程,需要重点突破

显然,大学内部治理结构问题与高等教育管理体制密切相关,与高等教育运行机制紧密呼应。高等教育宏观管理体制不变,大学内部治理结构就难以调整。但我们不能等到外部管理体制完全调整完成之后才开始内部调整。事实上,高等教育改革并没有严格的先后顺序,可以同步进行,即只要哪个地方认识到了改革的必要性,就可以率先行动。可以说,高等教育创造性寓于每个行动者行为之中,高等教育改革动力就在于人们认识的超前性和对改革急迫性的感受。"知而不能行"是知识分子的痛楚,"知而能行"是时代赋予高校教师的使命。高等教育改革也可以从基层开始,从教学改革做起。当然,真正能够从自身做起的仍然是少数教师,对于绝大多数人而言,行动依然依靠自上而下的动员,需要行政上的赋权。所以,教育改革既离不开少数人率先探索示范,又不能缺少顶层设计和行政支持。高等教育体制改革事情很难全面铺开,只能选点进行实验探索,待实验成功之后再总结经验并逐步推广。大学内部治理调整也是如此,只能从局部探索开始,无法事先设计一个完美方案去推行。

选择哪些点进行探索比较合适?很显然,选择治理的关键节点进行比较合适。我们知道,在大学内部普遍采用的是一种垂直式管理方式,大学管理权力集中在学校领导机构,集中在校长与书记手中,因为我们实行的党委领导下的校长负责制。书记主持党委工作,自然就拥有工作的主导权,校长负责学校全面工作,必然就具有治理学校的权力。党委负责组织和人事工作,校长负责计划和落实工作。因为大学是一个多学科的综合体,如何调动每个学科的创造性就是书记和校长的核心职责。显然,选拔好各个学院的院长是书记和校长要做好的首要工作。那么,如何选拔合适的院长就是书记和校长工作的课题。随着办学重心的下移,办学压力将逐渐转移到学院,那么选拔合适的二级学院院长显得越来越急迫。什么是合适的二级学院院长呢?我们认为具有教育领导力的院长才是合适的院长,如果不具备教育领导力,就不是合适的二级学院院长。那么我们的第一个研究重点就是二级学院院长领导力研究。

1. 大学二级学院院长领导力研究

之所以谈二级学院院长的教育领导力,就在于大学不仅是一个学术机构,而且是一个教育机构,大学各个二级学院应该是一个实体性的办学机构,而培养合格人才是办学的第一位职责,那么,培养我们社会所需要的人才就是院长的基本职责,如果不能完成这个任务,就是院长的失职,这样的院长就不称职。那么,二级学院院长的教育领导力问题就是我们的第一个研究主题。

如何开展二级学院院长领导力研究?选择合适的研究方法非常重要。通过简单的调查或理论推演都没有什么实际意义,只有能够面向高校改革实践来研究问题才是最合适的。显然对高等教育改革具有直接推动作用的研究方法是行动研究,那么只有行动者才适合从事该项研究。如果是纯粹的理论家进行研究就容易沦为空谈。而主管过高校组织人事工作并且正在从事高校人事管理的高校领导是最佳人选。

选择什么样的研究对象也非常关键。在高校办学群体中,地方高校在二级学院院长教育领导力提升问题上遇到的困惑最多,也最具有典型性。我们不得不承认,学术地位与领导能力之间具有紧密的相关性,学术地位越高越可以增加无形的影响力,自然对领导力提升具有促进作用。教育领导力提升与个人的学术水平有关,也与个人的教育经历和教育信念有关。在这些方面,地方高校劣势明显。如此,研究地方高校二级学院院长的教育领导力就具有代表性,换言之,如果地方高校二级学院院长教育领导力问题可以顺利解决,那么对于那些资源和优势非常明显的部属院校而言可能就不成问题。

2. 大学二级学院学术委员会研究

在重视大学作为教育机构的同时,也必须重视大学首先是一个学术机构,教育活动是依托学术而进行的,没有学术这个本体,教育功能就难以实现。要充分实现大学的学术功能,就必须充分发挥二级学院的作用,因为二级学院是大学的基层组织,是基本的学术功能实体。那么,遵循学术规律,就不能把学院当成行政组织来管理。所以我们在研究二级学院院长的教育领导力的同时,必须关注学术委员会的建设,只有建立强有力的学术委员会组织,才能有效地发挥学院的学术功能实体作用。可以说,在研究二级学院的教育领导力时,也必须关注院长对学术委员会工作的支持,关注如何尊重学术自由,充分发挥学术委员会的作用,这对于实践"教授治学"的办学方针具有直接的现实意义。

二级学院学术委员会问题研究显然更为复杂,因为学术委员会组织长期以来处于一个弱势地位,受到的关注比较少,从而研究起来难度比较大。国内普遍缺乏比较成功的经验,而重点大学的情况会相对好一些,因为在重点大学,学术权威更容易受到重视,学术氛围也更好,学术委员会运行机制也更顺畅,从而从重点大学学术委员会建设中摸索成功经验比较容易。换言之,在重点大学,学术立场更容易得到坚持,行政化力量会受到自觉限制,这在无形中就为学术委员会运转提供了便利条件。那么,从重点大学获取二级学院学术委员会建设的成功经验就比较有利。

在研究方法选择上,无疑质性研究方法是第一位选择。因为学术委员会制度在建设过程中面临着许多挑战,这些挑战会因学科不同、学校不同或具体组成人员不同而不同,这些不同点又与复杂的历史背景和现实的多样的冲突有关。如何把握学术委员会制度建设中的难点和重点是大学学术治理的困惑所在。作为局外人很难完全理解当事人的处境,只有长期共事才有可能有比较全面的理解,显然这对于研究者而言是不现实的。在研究者无法全程跟踪研究对象的情况下,只能在取得信任的基础上通过深度访谈获得研究资料,然后再从中抽取出学术委员会制度建设的经验、问题进行思考。如果对二级学院院长教育领导力的研究需要采用行动研究方法的话,那么对学术委员会制度建设的研究只能采用客观描述的方法,即研究者不带个人主观意见地呈现研究对象的思考和对现实问题的分析,并且通过对不同研究对象的叙述的比较,找到一种比较理想的学术委员会制度建设图式。

3.大学本科课程治理研究

教育质量提高,关键靠教师。而调动教师的积极性关键要先全面了解教师在课程建设中的投入程度。如果教师在课程建设中投入的时间和精力充分,则教学质量无疑是高的,相反,则教学质量就难以保障。为此就需要在课程治理上做文章,调动教师投入课程建设的积极性,使教师积极投身教学改革研究。本科教育是高等教育的基础工程,"本科不牢,地动山摇"。在本科教育质量保障机制建设中,本科课程治理是一个关键环节。我们培养专业人才,都是通过一门门课程实施的,通过教师在每门课程上投身教学实践来达成的。要使教师充分地投身教学,就必须做好课程治理工作。

课程治理是一项艰难的工作,如何促进大学课程治理需要科学的设计。

本科课程涉及面非常广,涉及研究型大学和应用型高校乃至职业本科院校,但所有的本科课程建设都必须遵循教育基本规律,即都必须从调动学生学习积极性出发,都需要从激发教师的教学热情入手,离开这两点,课程治理就不可能成功。具体而言,就是要从满足教师发展需要出发,只有结合教师发展需要实际,才能激发他们的教学热忱,使他们主动投身教学,主动改革教学内容、方法,以适应学生发展需要,满足社会对大学生发展的要求。对于各个院校实际而言,必须根据各自的实际情况制订具体的工作方案,当然这有赖于各级管理者的聪明才智的发挥,特别是院系一级管理者的主动作为,需要建立合适的体制机制。

无疑,并非所有教师都是被动的,一些教师本身就具有对教育工作的热爱,一直在坚持进行教学改革探索,也取得了一些教学改革成功经验,从而对如何扩大教学改革效果具有自己的设计。为此,了解并收集他们的改革经验,倾听他们对推进改革的建议,将对完善课程改革方案设计具有重要意义。如此就需要实地调研,运用质性研究的方法,获取一线教师和管理者的成功经验或失败教训,这对于提供全面的改革建议具有直接的促进意义。

4.研究生师生关系研究

高等教育要培养创新人才,研究生教育则是必须关注的重点。教育质量的提升,依赖于和谐的师生关系建设,如果缺乏和谐的师生关系,就无法达到立德树人要求,为此必须高度关注师生关系问题,促进师生关系的和谐。显然,促进师生关系的和谐需要因循依法治教的理路推进,不能寄托于传统的说教方式。从法律角度思考师生关系是一个重要的研究主题。目前,研究生师生关系问题比较突出,把完善研究生师生关系问题作为研究主题就是大学内部治理调整过程中需要关注的重点。

依法治教,必须从我国的教育法律法规的实际出发,了解国家对于研究生师生关系是如何规范的。不得不说,我国并未出台系统的研究生师生关系法案,关于研究生教育中的师生关系规定散见于不同的法律文件中,这就需要进行大量的法律文本分析,从中抽离出关于研究生师生关系的规定。其中的研究生导师权力规定和研究生所享受的教育权利规定应该是关注的重点,这也是我们在分析研究生教育过程中师生关系矛盾发生原因和处理办法的依据。将研究生教育所涉及的师生权益的文本进行系统梳理成为研究的基础工作。

法律文本规定并不等于现实状况,法律规定执行和依法治教习惯的培养都需要一个过程,教育活动在一定程度上独立于法律文本规定,它经常按照传统的习惯逻辑运行,人们对法律规定的理解程度和遵照法律规定办事程度都与法律规定的理想要求存在差距。所以,现实中人们究竟是如何理解研究生师生权力-权利关系状况需要进行一定范围的调查研究。

5.关注民办高校质量与效率关系

在关注公办高校的同时,我们也需要关注民办高校办学质量问题。民办高校往往把经济效益放在第一位,对与社会效益直接相关的质量问题关注相对不足。质量提升,离不开管理杠杆的撬动,离不开内部治理结构的调整,我们假定,合理的内部治理结构有助于民办高校质量提升。但如何促进民办高校改善内部治理结构就是一个需要解决的难题。根据民办高校对办学效益(特别是经济效益)高度关注的特性,我们尝试以绩效评价机制为突破口来研究民办高校的内部治理结构调整问题。我们知道,民办高校具有自己的特殊性,选择适当的研究视角非常关键。办学效益是民办高校考虑的核心问题,绩效评价是民办高校提升办学效益的重要手段,通过绩效评价杠杆来促进内部治理结构调整是一个不错的选择。

要进行绩效评价与内部治理结构关系研究,首先需要论证两者之间确实存在着逻辑的联系。为此就需要运用扎根理论方法,从那些实际从事民办高校管理工作的当事人经验中去提取,也需要从民办高校正在执行的管理文件中去验证。所以前期的扎根理论方法的研究与后期的案例研究缺一不可。当然,在中间还需要进行民办高校治理机制与治理结构关系模型的建构,虽然它是基于扎根理论研究材料的,但又不完全依赖于这些材料,毕竟这些材料是零碎的、不全面的,难以完整地描绘民办高校治理机制运行图式,也难以清晰地勾勒出理想的民办高校内部治理结构样式,为此就不得不依据研究者对民办高校治理过程的体验,经过反思之后再从理想角度进行构建,这样才能既具有理想性又具有现实性,从而可以指导未来民办高校治理结构调整。这就要求研究者本身必须对民办高校治理过程具有深度的体验。

二、高等教育作为国之重器,大学必须率先实现治理现代化

大学是高等教育活动的基本单元,高等教育现代化必须从大学治理现

代化做起,而且要伴随着高等教育现代化全过程。如前所述,在大学治理走向现代化的过程中,大学治理中面临的最突出问题是管理重心太高,无法发挥基层的积极性。如此就出现大学内部行政化状况久治难愈,甚至有愈演愈烈的倾向,所以大学走向治理的出路就要降低管理重心。显然,冰冻三尺,非一日之寒,大学内部治理结构非一朝一夕就可以解决的,必须一步步来。究竟如何开始就需要认真思考。我们认为,推进大学内部治理现代化有五步是必须的,第一步是把管理重心降到院级。所谓降到院级,意味着院级的管理责任必须增强,如此就会对院长的管理能力提出挑战,那么,院长应该具备什么样的管理能力就是高校内部治理研究首先需要解决的问题。第二步就是要壮大院级学术委员会的治理概念,从而与学院治理责任加强相一致,与院长管理能力提升相适应。可以说,与院长管理能力提升直接相应的就是强化院级学术委员会的功能,使之在教授治学过程中发挥积极的作用。第三步是优化治理机制,促进院系有效治理。所谓有效治理,就是要确立合理的治理目标,采用有效的执行机制,促进目标有效达成。有效治理的根本目的是调动教师的积极性,通过教师积极性调动来促进教育教学质量提升。教师积极性提升最终效果应该体现在课程建设和课堂教学质量上,为此大学内部治理机制优化最终需要落实在课程治理机制优化上,因为课程是联系教师与学生、教师与学校、学校与社会的桥梁,所以,课程治理是大学治理的落脚点。大学内部治理效果最终通过强化课程治理、调动教师的积极性来实现,可以说课程是影响教育教学质量的最直接的因素。第四步是顺应社会发展趋势,加强依法治教力度,强化师生关系的疏导和引导,特别是要注重化解研究生教育中师生关系不合适的状况,促进大学校园建立权力—权利适配的师生关系。第五步是有效地运用绩效评价杠杆,使之成为高校内部治理结构调整的平衡器。能够做好这五步,就建立了一个比较合理的大学质量保障机制。

我们认为,我国高校管理重心过高主要是传统管理体制造成的。我国传统上是计划体制,实行的是垂直式管理模式,即学校一级领导直接对应上级教育管理部门的领导,学校自主权集中体现在上级指示的执行者,而非主动的社会需要的反映者。要强化大学办学自主地位,就需要加强学校办学自主权。但大学是一个多学科的联合体,学校自主权不能集中在学校层面,因为集中在学校层面就无法反映各个学科的具体发展情况,就无法反映市场对专业人才需求的变化情况。所以,办学权力应该适当地分散到各个学院,由学院负责具体学术事务,掌管各个具体学科与专业的发展情况,促进学科与专业主动适应社会发展变化要求。显然,办学权力下放到学院,绝不是下放给某个人,无论是院长或是学术权威,都不行,必须是一个学术共同体。代表学术共同体的是学术委员会,因为它是学院学术力量的代表,集中了学院最具有学术影响力的教授,因为这些教授不仅学术贡献大,而且能够谨守学术规范,得到了同行的认可,从而被推举到学术委员会中负责学术事务评议工作。但作为一个相对独立的办学单位,要处理大量的学术事务和行政事务,就必须由一个有管理能力的院长负责全面事务以维持学院日常运转。这样的院长第一条需要有自己的教育理念,否则就难以担负起全院人才培养的重任和学术事务协调工作。所以,院长的领导力本质上是一种教育领导力。

那么,研究院长的教育领导力必须与研究学院学术委员会建设同步进行。在二级学院,院长虽然负责学院全面事务,但主要发挥的是一种行政管理职能,他虽然对学术事务具有很大的发言权,但必须尊重教授群体的意见,不能实行个人独裁。所以,学术权力既是一种精英权力,也是一种民主权力。所谓精英权力,指学术权力不是平均分布的,而是向学术权威倾斜,即谁的学术贡献大,谁的学术话语权就强。所谓民主权力,指学术决策不是某个人说了算,而是需要集体决定,无论是通过投票的方式还是通过辩论的方式,都是在让人们充分发表意见之后再进行决策。但学术权力又不是一个纯粹的民主权力,学术权力也需要采用一种集中制,如此才能进入执行环节,从而院长具有学术干预的权力。当学术决定不符合办学目标的时候就要运用行政手段进行干预,也即院长具有否决学术委员会决定的权力,如此才能获得一种学术权力与行政权力的基本平衡。我们知道,集体决定未必都是正确的,个人决定不一定都是主观臆断的,各自具有自己的优势,关键是两者之间达成一个合理的平衡,从而在不否定民主决策的同时又可以保证决策的效率。

课程与教学是决定教学质量的根本环节,教学质量从根本上说又取决于课程建设质量。课程就是对教学内容和方法的系统规划设计,是实现专业人才培养目标的基本载体。教学是课程的具体执行,是一种活的课程。课程并不等于教学计划和教学方案的设计,必须通过具体执行环节来体现。只有在课程正确设计的前提下才能出现高质量的教学,有高质量的教学,才有高质量的课程。进行有效的课程设计需要充分发挥教师的能动性,需要教师进行充分的教学研究,需要教师真正关心学生成长需求,同时必须认真关注社会发展需求的变化。只有教师的关注点与学生需求和社会发展需要有机地统一在一起,课程设计才可能是有效的。在正确关注学生需求和社会发展需要基础上,还必须采用恰当的方式进行教学才能促进学生发展,为此必须钻研学生的接受心理,激发学生从被动学习状态转向主动学习状态,只有把学生从被动的接受者的状态转变为主动探索者的状态,教学才是成功的。显然,激发教师教学主动性是关键,调动学生学习积极性是根本,如果学校管理策略不改变,学校不能针对不同学科使用不同的教学管理策略,就难以真正调动教师的积极性和学生的主动性。与教师的积极性直接相关的就是教师评价政策,这是影响课程治理成效的根本,因为评价就是指挥棒,指挥棒不变,其他就很难改变。所以,课程治理显然不只是课程本身的事情,而是整个高校管理机制的事情,这就与高校的绩效评价制度直接相关。

谈到绩效评价,就直接涉及高校内部部门利益的调整,因不同的考核意味着不同的权力分布,权重越大自然就越受重视,在考核中比重越小,自然就越不受重视。在课程领域,专业课比通识课受重视,必修课比选修课受重视,从而学生把更多的精力用在专业课和必修课上,这样就使课程出现了不同的等级,相应地也影响到教师的教学积极性。在绩效评价过程中,科研比教学权重更大,从而吸引教师把更多精力用于科研而非教学。由于科研业绩直接关系到学校排名和地位,从而管理层就越发重视科研,而对教学则采取应付策略。随着各项教学比赛纳入排名行列,这些比赛项目也受到了重视。这显示出大学办学受外部控制的影响太大,难以发挥自身的主动性与能动性。如何让管理部门把注意力向教学倾斜,特别是发挥科研对教学的促进作用,使科研定位与自身的办学定位相一致,是一个非常重要的问题。可以说,绩效评价方式是大学内部管理机制的牛鼻子,抓住这个牛鼻子,对高校治理结构调整和质量保障有积极的作用。

师生关系调整最能够显现人才培养质量,也是治理成效的展示区。健康和谐的师生关系是立德树人根本目标落实的表现,如果出现师生关系紧张则是大学治理失灵的表现。所以,师生关系状况是大学治理状况的警示器。很显然,建设健康和谐的师生关系是师生双方面的责任,绝不是单方面的事情,但双方面的责任绝不是均等的,而教师在其中占有主导地位,负有主要责任。教师所具有的优势地位容易使学生处于被动的地位,所以,如何尊重学生的主体性,使学生能够充分主张自己的学习权利,保护自己的正当利益,是高校管理者必须思考的事情。高校自然需要健全规章制度,完善对教师的行为规范,引导教师正当行使自己的学术权力,同时也要进一步保护学生所享有的学术权益,特别是学生的学习权利,使师生在正常的交往过程中获得一个相互促进的关系。近年来,研究生师生关系出现了不少问题,需要引起高度关注,为此也需要对校园环境进行治理,这也是校园文化建设的重要一环。不得不说,校园环境治理必须遵循依法治教的轨道进行,只有遵循法治的思路才能使大学校园长治久安。

三、"唯论文""唯项目"对高等教育质量造成重大威胁

(一)高等教育质量提升面临的问题非常多

众所周知,目前我国高等教育规模已经是世界第一,毛入学率已经超过50%,进入了普及化阶段,但我国高等教育实力并不强,与成为世界高等教育强国还有相当距离。

在高等教育进入普及化阶段后,规模扩张就不再是高等教育发展中的主要问题,而质量提高才是高等教育发展中面临的最主要问题,也是真正的难题。对于规模扩张而言,似乎只要经费充足投入就可以完成预期目标,然而要达到质量提升目标就显得非常困难和复杂,因为要提升高等教育质量,就需要考虑到高等教育层次和类型问题,考虑到专业和学科差异问题,考虑到师资和设备的适配性问题,而且必须考虑到校园文化环境建设和学生学习心态问题,同时还必须考虑到社会需求变化和高校的承受能力问题。对这一系列问题的考虑,都是对高等教育质量提升课题所提出的挑战。但我国要建设高等教育强国,就必须突破质量建设的难题,这也是我国提倡高等教育走内涵式发展道路的由来。

(二)提升高等教育质量需要从大学内部治理结构进行突破

很显然,妨碍我国高等教育质量提升的根本问题仍然是办学体制机制问题,对于这些问题,必须用改革的眼光来看待,也即必须从新思路去思考和解决。在高等教育内部,人们普遍发现基层创新活力还没有被激发,这实际上已经成为阻挡高等教育质量提升的关键问题。为此就必须从治理机制变革入手来解决。治理机制问题,从根本上说是治理结构问题,如果大学内部权力集中,基层缺乏必要的行动能力,那么基层的活力就难以显现出来。

为此,大学内部治理结构问题就是一个我们必须关注的重点问题。

按照功能主义理论,结构决定功能。没有合理的治理结构,就难以让大学发挥出真正的办学效能,进而就难以使整个高等教育系统发挥出有效的功能。因为高等教育的基本单位就是各所高校,只有每所高校在治理上都发挥出高效能,高等教育办学质量才能获得整体提升。要使高校治理发挥出高效能,大学内部治理结构调整在所难免,因为人们感受最深的就是目前大学内部治理结构制约了大学办学的功能发挥。当然,大学内部治理结构受大学外部治理结构影响,但外部治理结构调整是一个长期的复杂的事情,很难很快地找到答案,而大学内部治理结构调整容易找到突破口。所以,从大学内部治理结构的突破口去思考,就容易推进高等教育质量获得有效的提升。

目前高等教育理论界与实践界双方面都获得了一个共识:大学治理重心必须下移,二级学院应该成为真正的办学实体。所以,"学院办大学"成为大学治理结构调整的一个不可逆转的基本趋势。但如何实践"学院办大学"战略,就是大学内部治理结构研究的重点所在。故而,本课题以"大学内部治理结构"为研究的逻辑起点正是以此为背景展开的研究。

(三)我国大学内部治理结构改革必须走中国特色道路

要探索中国特色的大学治理结构确实不是一个简单的命题,充满了挑战性。但我们不能回避这个难题,因为我们要建设世界一流大学,必须做出中国气派,必须具有中国学派,哲学社会科学必须在世界上独树一帜。我们必须能够对中国大学制度做出合理的解释,从而支持中国学派建设。中国有自己的国情,必须根据自己的情况办事,为此我们必须具有文化自信、制度自信、理论自信和道路自信,因为我们是社会主义国家,走的是中国特色的社会主义道路,我们必须对中国特色社会主义道路充满信心,我们也必须不断地充实、发展和完善中国特色社会主义理论,我们必须具有这种理论的自觉性,这种自觉性就表现在我们主动地把马克思主义基本原理用于指导中国社会改革开放实践,教育实践就是其中重要的组成部分,高等教育实践尤其充满挑战性,因为高等教育不仅肩负培养创新人才的责任,同时也肩负创新知识的重任,需要在创新知识过程中为社会提供广泛的服务。这种自觉就转变为高等教育学科建设的动力,即我们需要用创新的高等教育理论指导高等教育实践。

毫无疑问,大学内部治理结构调整目的是提高质量,促进人才培养质量的提升,提高科学创新能力,促进社会服务能力的提升。教育以育人为本,所以,大学科学创新能力提高和社会服务能力提升都离不开人才培养质量提升这个根本,而且人才培养质量本身就是检验科学创新能力和社会服务能力的主要依据。现今我国大学发表的论文量非常巨大,已经超过许多发达国家,总量仅次于美国,但这些论文究竟对社会贡献如何、对人才培养质量提升的作用如何,非常值得拷问。大学中为发表而写论文的情况屡见不鲜,已经构成了高等教育质量的隐患,这是中央决心要破除"唯论文"倾向的根源。

(四)改革重科研、轻教学的绩效评价机制是大学治理改革的重点

确实,要解决"唯论文"这个问题并不容易,但关键是要找到问题的根源,否则就可能出现治标不治本的情况。从本源上说,之所以出现"唯论文"的情况,就在于基层无法决定自己究竟干什么,已经被各种指标所捆绑,这些指标成为大学教师必须完成的任务,不然就很难达标,这才是"唯论文"的根源。这说明科研人员缺乏基本的自主权,无法决定自己究竟该做什么,不能从诚实的原则出发来从事教学与科研工作。因为各种管理指标并不针对每个人,是不加区别的,那么每个人也只能不顾自己的实际情况都从指标出发来安排自己的工作与生活。而论文量是每个教师必须完成的工作。在这种被动情况下所撰写的论文只能靠追慕热点和投机取巧方式来获得发表机会,不然就很难在短时间内达到发表任务量的要求。这种非自由状态下从事的研究与高质量无缘,只能是一种低水平的重复劳动。

"唯项目"也是如此,因为项目是大学教师晋升的必要条件。每年一度的课题指南基本上就确定了教师的选题范围。毫无疑问,指南所列项目的指导性非常强,但是否适合大学教师就难以预料。大学教师更适合从事基本理论研究,这是学科体系构建的需要,也是教学的实际需要,因为在教学过程中必须能够解答学生提出的相关问题,如果不进行系统的理论研究就无法胜任。而指南课题非常偏重应用性,对教师的实践条件要求非常高,这些都是绝大多数教师无法胜任的。加上现在考核制度都是个人性评估,不鼓励合作研究,教师的研究能力也存在着严重不足。如果有科研助手的话还能降低一定的科研压力,否则个人就需要从事课题设计、文献查找、课题论证、课题申报等一系列工作。如果有幸获中课题,就需要个人全方位地开展研究工作,完全超出了个体的研究能力。在这种情况下,科研质量难以保证就是自然而然的了。由于管理部门重视课题申报而不重视课题完成情况,导致很多课题都成了"烂尾楼"工程。即使可以结题的项目多半也属于应付。原因在于科研机制不合理,计划研究项目是一种理想设计,一遇到现实问题,这些设计都必须重新修订。而管理部门如果严格按照原先设计进行管理,那最终结果只能是应付和拼凑。可以说,这种科研机制不仅无法鼓励科学创新,反而会抑制创新,因为这种科研机制无法使教师充分自由地开展研究,已经把研究变相地转化为一种硬性任务。

在这种科研体制和考评机制下,教师们只好把主要精力用在科研上,也即项目申报和论文撰写上,这种科研很难说是真正意义上的科研。所以,考评机制不改,办学真正效益和办学质量就无法提升,自然也就很难提升教育质量和人才培养质量了,就可能与落实立德树人根本任务渐行渐远。故而,绩效评价机制改革是大学内部治理结构改革的最终突破点。

四、大学内部治理结构改革遵循的行动逻辑

(一)选好二级学院院长是治理重心下移需要第一位思考的问题

要让大学二级学院成为真正办学实体,选好当家人即学院院长是第一位思考的问题。毛主席说过:"政治路线确定之后,干部就是决定的因素。"[①]学界普遍认为,学院院长必须具有很强的管理能力才行,否则学院的秩序就难以保证,办学方向就难以坚持。同时也认为,要使学院具有较高的学术水准,院长自身需要具有学术带头人的资历,否则就难以服众。进而还认为,要培养社会主义合格的建设者和接班人,院长也必须具有正确的教育理念。因而,学院作为一个学术性、教育性和行政性相统一的机构,院长必须具有综合协调能力,既能够满足学术发展的内在需求,又能够倾听学生发展需要的声音,同时还能够认真贯彻上级指示精神。所以,院长必须具有较高的综合素质,不能是一个只知道做学术的单纯的学者,也不能是只知道听从上级命令的行政人员,更不能是只懂把书本教好就知足的教书匠,而应该是一个具有人格魅力、管理实力和学术权威的专家,这种院长就是具有教育领导力的专家。所以,研究如何使院长具有教育领导力就是中国特色的大学内部治理结构与质量保障机制建设研究需要解答的第一个问题。

---

① 毛泽东.中国共产党在民族战争中的地位[M]//毛泽东.毛泽东著作选读:上册.北京:北京人民出版社,1986:279.

(二)建设好学院学术委员会可以有效地平衡学术权力与行政权力,阻止行政化加剧

经过近20年的探讨,学术界普遍认为,大学内部行政权力过大是当代中国大学治理面临的一个通病,如何在大学内部治理重心下移状态下避免行政权力过大,是一个必须认真预先思考的问题。对于试图实践学院办学理念的二级院长而言,必须具有充分的行政权力,因为这是一种正式权力,有了这个权力,才能有效地调动办学资源,落实办院计划,实现学院发展目标,否则就难以管好一个学院。但在办院过程中又不能出现"一言堂"的情况,否则就会扼杀学术活力,会让人变得唯唯诺诺,不敢创新。因此,无论行政事务还是学术事务都必须遵循民主集中制原则,特别是在学术事务处理上必须尊重教授群体共同的意见。为此就离不开学术委员会(含教授委员会)的建设。建设好学术委员会,就是发挥教授治学的主动性、积极性,共同建言献策,使学术决策能够照顾绝大多数学者的利益而不是单纯反映个别人的意志。所以,找到学术委员会良性的运行方式就是学术委员会建设急迫需要解决的难题。我国大学学术委员会建设一直处于软弱无力状态,长期受行政权力挟制,无法充分发挥作用,难以维护学术的独立地位,这种状况严重阻碍了我国大学迈向世界一流大学的步伐。只有院长与学术委员会之间保持健康的良性关系,才能使教授治学有效地发挥作用。所以,我们非常有必要研究学术委员会健康运行的文化生态问题。

(三)课程治理是大学治理的重点,也是高等教育质量的根本保障

课程是教学的载体,教学是师生沟通的主要桥梁,教学质量决定教育质量,而课程质量决定教学质量,抓好课程建设就抓住了高等教育质量建设的牛鼻子。因此,高等教育质量保障最终依靠课程来落实,通过课程建设把每个教师的积极性发挥出来正是课程治理的目的。如果不能把教师的主要精力吸引到课程建设上来,说明大学内部治理改革并没有到位,大学内部治理成效就不明显。只有把教师的教学积极性充分发挥出来,大学内部治理改革才是成功的,因为教学可以促进科研,可以促进课程建设,可以促进学术环境建设,可以提升大学的文化软实力。目前大学教师对教学投入不足已经成为我国高等教育人才培养质量建设的软肋,只有解决好这个问题,高等教育质量建设才算落到实处。如何促进教师投身教学?课程治理就是关键。正是由于教师能够投身课程建设,才会吸引他们把每一堂课上好,从而把课程做精,精品课程依赖于每堂课的高质高效。要使每堂课高质高效,不对课程进行总体设计是不可能的,不安排好课程总体内容、不设计好课程采取的基本方法、不考虑好课程所依赖的设备设施就无法让课程达到预期效果。这就要求教师必须有自己的教学理念和课程理念,通过课程理念统帅自己教学过程,指导自己的教学行为。

目前,本科教育质量弱化已经成为社会高度关注的事情,那么研究本科课程治理就是大学内部治理结构调整研究中必须关注的一个重点,而本科课程治理也是高等教育质量保障体系建设的一个关键。

(四)师生关系和谐关系到大学治理成败,依法治理是平安校园建设的基础

研究生师生关系恶化已经成为社会上非常关注的事件,这也对高等教育质量建设产生巨大的负面影响,如何进行治理已经成为大学治理过程中一个亟待解决的问题,当然也是大学内部治理结构必须思考的一个重要问题。我们知道,师生关系是大学内部最基本的关系,师生关系状况直接影响到教育教学质量。虽然目前出现的研究生师生关系恶性事件属于个别事例,但已经暴露出大学内部师生关系出现了异化现象并亟待调整和整顿,显然它也显示出大学师生在大学治理过程中权力不足状况,从而涉及大学师生对大学治理的参与权问题。然而,在目前研究生师生对大学治理的参与权还难以结构化,需要进行系列的研究,因为这不仅涉及大学章程的建设问题,也涉及法律的基本规定问题。我们只能在目前法律框架下思考该如何保障教师的学术权利和维护学生的学习权利,同时制约教师的学术权力滥用和培养学生对自身学术权利的保护能力。为此就必须对目前师生权益的法律法规进行系统梳理,并且从大学具体执行的角度来思考如何完善师生权益保护的法律框架。

(五)绩效评价是大学治理的重要抓手,也是完善治理结构和提升办学质量的有效杠杆

无疑,现今大学教师的行为受到了绩效评价的巨大影响,完全置身于绩效评价之外的教师几乎没有。要调动教师积极性,就不能不思考如何运用绩效评价杠杆的问题。传统的"五唯"评价是评价导向出了问题,才产生今日大学质量危机。"解铃还须系铃人",我们要改变今天大学治理的不利局面,仍然需要从解决绩效评价存在的问题入手。如果绩效评价产生了正向效应,说明大学治理结构是合理的、有效的,否则就说明大学治理结构存在着明显问题。调整绩效评价指标,在一定意义上就是在调整大学治理结构。

我们知道,要使教师们更加投入教学,就必须提高教学指标在绩效评价中所占的比重,只有教学绩效占据整个绩效评价一半左右的分量时,教师们才会充分注重教学投入。如果教学绩效在总体评价所占分量极低,就是无意中鼓励教师脱离教学。因此,完善绩效评价机制可以在相当程度上促进大学内部治理结构完善。

五、广泛萃取成功经验,探索中国本土化的大学治理路径

在研究主题确定之后,研究方法选择就是关键因素。针对大学内部治理结构问题研究,无法采用预先设计理论框架的方式进行,只能采取经验萃取的方式进行。因为我们无法把西方大学的治理框架直接搬过来为我所用,事实上通过改革开放以来的摸索,人们已经认识到我们必须走自己的道路,必须从完善自身的治理结构出发,走中国特色的大学内部治理之路。目前,我们正处在推进管办评分离的途中,还没有实现真正的管办评分离。采用垂直式管理仍然是中国高等教育管理体制的特色。当然,坚持党的领导是我国社会主义大学办学的最根本的特色。大学内部管理体制也是如此,坚持党的领导是社会主义大学办学的基本特色,实行党委领导下的校长负责制是中国大学治理的基本模式。中国特色的大学内部治理结构调整也是在遵循这个基本特色和基本模式的基础上开展研究的。所以,无论二级学院院长选拔还是学术委员会建设,抑或是课程治理或是师生关系调整,再或是绩效评价的开展都是在坚持党的领导的基本原则下进行的。

本研究采用的基本方法是经验萃取法,也即从调查研究出发,从实践中发现成功经验,进而在总结经验的基础上形成基本理论。具体而言,就是采用个案研究法,通过找到一些典型个案,发现促进大学内部治理结构调整的有效经验,用来建构比较适宜的理论,从而为中国特色的大学治理结构调整找到一条切实可行的路线。当然,这些经验都是在通过大量的访谈之后才能确定的,为此,所采用的基本研究途径就是质性研究方式,因为我们无法事先构建理论框架,然后采取大规模的量化调查方法。相反,我们正是在大量的实地调查基础上,生成一个理论框架。如我们提出"提高二级学院院长教育领导力"命题就是在长期的实地调查基础上提出的,提出大学课程治理思想也是在大量的田野调查中生成的,提出通过绩效评价来调整治理结构

思想、建立研究生导师学术权力与学生权利适配性思想也是如此，提出建立二级学院学术委员会良性的文化生态思想也都是基于田野调查而提出的。

为了找到典型的研究资料，我们进行了多轮实地调研。我们身在高等教育研究重镇，目前正在从事大学治理的行动研究，有着非常深刻的切身经验。研究者都经历了大学治理的专业理论训练，具备从实践一线获得生动资料的能力。我们的研究团队非常精干，不仅有精力集中、全神贯注的全日制博士生参与，而且有丰富实践经验的专业博士生加入，他们具有丰富的管理经验，对于大学内部治理结构存在的问题有深刻的体会，能够从真正问题出发开展研究。作为主持人，我非常关注大学内部治理结构改革问题，切实体会到治理结构直接关系到办学质量提升。我具有作为大学教授的经验，长期参与教授委员会工作；后来担任研究所所长，开始参与院系层面的治理工作；再后来成为院教授委员会主任，直接主持教授治学的过程；如今作为院领导人一员，先后负责教学管理和科研管理工作，并且参与聘任委员会工作、学术委员会工作，参与党政联席会的决策过程，直接体会到院管理工作的不易和面临的诸多挑战，从而更加坚定了大学内部治理结构改革研究的决心。

为了保证研究高质高效地推进，同时也为了在实际研究中培养研究生的理论联系实际能力，我把研究任务进行细化深化，并且作为博士生博士论文的研究选题，使他们的学术研究不仅具有充分的理论价值，而且同时要具有充分的实践价值。只有用充满挑战的实践性课题来训练学生的思维和实践意识，才能真正提升其思维的敏锐性和观察问题的深度，提升其理论视野的开阔性和实践关注的现实性，培养其具有强烈的责任意识和自觉的使命担当精神，让他们通过回答当前中国高等教育发展过程中面临的最迫切的问题增长理论思维水平和领导实践才干。

第一个研究主题"大学二级学院院长教育领导力研究"责任人是毛芳才教授，他目前是贺州学院党委副书记，长期担任学校的组织部负责人，具有学院院长选拔的丰富实践经验，也有很多理论困惑，参加该专题研究，不仅发挥其实践经验的长处，而且激发其理论探讨的热情，从而能够有效地做到学用结合和学以致用，如此训练，也真正符合教育博士生的训练要求，即用理论解决工作中的实际问题。

第二个研究主题"大学二级学院学术委员会建设研究"责任人是田芬博士生，她目前已经获得西北工业大学高教研究所助理研究员的职位邀请。

她是一个很具有同理心的女生,特别擅长与他人产生心理共鸣,她负责田野资料搜集非常合适。她没有在大学实际工作的经验,反而是她从事质性研究的优势,即她不会戴着有色眼镜去观察学术委员会建设中存在的问题,从而可以以完全的第三人立场去搜集资料,用共情的心理去体会大学二级学院的学术委员会委员们的苦与乐,分享他们的成功经验,正视他们所面临的问题,并尝试从学理的角度来回答他们的疑惑。这是一个富于挑战性的工作,也是增长学生知识和智慧的工作,同时也是训练其学术见解的工作,使其可以在其中真正领会学术的含义、学术与治理的关系、学术治理会遇到哪些实际的挑战,这些都会变成她终身的财富。

第三个研究主题"大学本科课程治理研究"责任人是汤建博士,她目前为安徽大学高等教育研究所助理研究员。她非常聪慧,善于理论思维,敢于迎接挑战,对于本科课程治理这个具有开创性的难题一点都没有退缩。我们知道,国家对本科课程建设非常重视,"双万计划"就是"金课"建设的动员令。因为只有"金课"建设成功,才能有一流专业出现。然而传统的课程建设模式是行政命令型的,这种建设很容易表面上轰轰烈烈,而真实效果却乏善可陈。所以课程建设必须走出一条新路来,即从自上而下的路线改为自下而上的路线并与自上而下的路线进行汇合,否则课程建设就不接地气。要找到一条自下而上的建设路线,就必须广泛萃取各类学校成功的课程建设经验,找到它们的成功案例,再通过理论思辨,形成一个具有统整意义的课程治理路线。换言之,只有从治理理念出发,才能改变目前课程建设中"领导忙活而群众旁观"的尴尬局面。

第四个研究主题"研究生师生权力-权利适配性研究"责任人是施卫华副研究员,他目前是福州大学石油化工学院党委书记,曾担任组织部副部长多年,并具有多年的学生工作经验,有较好的法学理论基础。他选择了研究生导师学术权力与研究生学习权利关系的研究,可谓正得其人。他思想政治觉悟非常高,自觉地以立德树人根本目标作为研究的指导思想,非常关注研究生教育中师生关系健康和谐问题,也在负责研究生师生关系矛盾调解的相关工作,从而具有丰富的实践经验。在实践中发现,导师权力与学生权利的适配性是一个关键问题,如果法律规定比较具体明确,就有利于指导师生健康和谐关系的建设,相反,如果法律规定模糊或空白,就容易使一些法律法规意识不强的教师在师生关系处理上出现越界行为。当然,研究生自身缺乏法律意识和自我保护能力也成为师生关系矛盾频发的一个重要影响因素。从法治建设入手探究师生关系调整问题无疑是一个正确有效的思路。

第五个研究主题"大学绩效评价与大学内部治理结构调整研究"责任人是宣葵葵研究员,她在宁波财经学院(前身是宁波大红鹰学院)科研处任处长一职,长期在管理部门工作,与校内各个管理部门具有密切的联系,并且参与学校改革发展规划和负责绩效评价改革设计工作。在民办高校,绩效评价是非常重要的管理手段,是办学者意志的集中反映,同时也反映出高校内部治理结构现状。作为一个行动研究者,她总是在不自觉地思考如何促进高校内部各种关系和谐,如何提升高校管理效率,以及如何提升学校办学竞争力,对这些问题的思考使她的研究更具有针对性。当然,对高校治理结构和治理效能的关注不能仅仅局限在本校,因为那样的视野是狭窄的。借鉴成功学校的经验无疑对完善本校改革思路和改革设计是大有裨益的。因此对校本研究和案例研究,都有助于丰富绩效评价研究的设计,也可为大学内部治理结构改善提供有效的借鉴。故而,她从事该专题研究不仅是专业发展的需要,也是承担好学校工作的需要,还是促进大学质量保障机制建设的需要。

六、结语

必须指出,关于中国特色的大学内部治理结构与质量保障机制建设研究目前取得的成功也只能是一个开端,后续的研究任务还很多,因为许多问题研究随着大学治理现代化命题的深化而不断涌现,都需要进行深度探讨。本次研究所取得的成果也只能为后来研究起到一个奠基的作用。这也呼唤研究者仍然需要继续努力,在本研究领域做出更多的成果和成绩。我们研究的目的就是突破目前高校治理结构难题,为中国特色的大学内部治理结构调整与质量保障机制建设奠定基础。

本研究总体而言是一次大规模的团队作战,需要多方面协作才能成功。在本次研究中,毛芳才、施卫华、宣葵葵、汤建和田芬5个人担任了主力,分别承担了专题研究工作,这也是他们博士论文的选题,他们都顺利地通过了论文答辩,本丛书就是在他们博士论文基础上修改而成的。赵祥辉、段肖阳、闵琴琴、杨振芳、郑雅倩、郭一凡等参与了调研和研讨,他们都表现出很高的研究热情和创造性,具有良好的学术素质,我对他们表示衷心的感谢。

本套丛书是教育部人文社会科学重点研究基地重大课题的成果,得到了基地领导的支持,我作为课题负责人在此表示热诚感谢。在课题设计论证环节,有许多专家提供了帮助,如西安欧亚学院董事长胡建波教授、青岛大学的李福华教授、华侨大学的陈雪琴教授等都给予了很大支持,我对他们的支持表示真诚感谢。特别是西安欧亚学院董事长胡建波教授,他热情接待了我们的专题调研活动,使我们调研收获非常大并发表了系列研究论文。而且西安欧亚学院也成为民办高校内部治理结构改革成功案例出现在终期的专题研究成果中。

本丛书是对大学内部治理结构与质量保障机制建设的一次深入的系统探索,是一次深入的系列专题研究。显然,研究无法对该问题给出一整套成熟的答案,我们只是对人们所关注的主要问题进行了前沿探索。我们相信大学治理重心下移是必然的,也相信必须从提升二级学院院长的教育领导力进行突破,从院级学术委员会的文化建设方面出发完善学术治理,从本科课程治理做起保障质量,从师生健康和谐关系构建入手推进大学校园环境建设,抓住绩效评价这个杠杆促进大学内部治理结构调整,这些基本判断有待时间的检验。我们寄希望于未来能够有机会对今天的研究结论做一次系统的检验,从而完善和推进该主题研究进一步走向深入。

王洪才

2021 年 12 月 16 日

序

大学的根本问题是培养什么人、为谁培养人、怎样培养人的问题,解决大学根本问题就在于课程设置。因此,大学治理的效能源自课程治理的效果,课程治理也就顺理成章地作为大学治理的关键环节。在当前高等教育普及化进程开启、信息技术迅猛发展、学习范式转型等时代背景下,如何有效推进这场意义重大、关乎久远的一流本科课程建设尚缺乏系统探讨。一流本科课程建设涉及多主体、涵盖多要素、联结多环节,传统以管理者行政强推为特征的自上而下模式已难以为继。汤建博士的《我国一流本科课程治理研究》一书创新性地提出了"课程治理",指出在人才培养目标这一根本依据下,由各课程相关主体各安其位、各司其职、共同作为,合力提高课程质量的共治过程。该书系统且深入地对我国本科课程治理的创新探索和实践机制进行了挖掘,呈现了课程设置、课程设计、课程实施和课程评价等课程建设关键活动是如何实现从传统经验式管理向现代科学治理的转变过程。

一是拓展学术视野,构建了课程治理的基本理论框架。大学课程研究是一个非常复杂、极具挑战的研究议题。难得的是,作者巧妙地选取了"治理"这一切入点,将纷繁复杂的课程建设与改革实践活动落脚至具体的主体、行动、制度和机制上,并清晰地呈现在读者面前。书中指出,课程治理的特殊之处在于它是以教师专业权力为核心的多元共治过程。教师的自主治理既是课程治理的内在要求,也是课程治理的最大难点。虽然课程治理各个环节的治理手段各异,但其根本在于尊重教师的创造性、调动教师的积极性、发挥教师的能动性。纵观全书,观点明确、逻辑清晰、内容翔实、行文流畅简练。在具体分析时,作者以治理目标、治理结构、治理过程、治理效果为分析线,紧紧围绕课程设置、课程设计、课程实施和课程评价等课程建设的核心活动展开,做到了广而不散、聚而有神。

二是体现理论自觉,提炼出中国特色的课程治理模式。大学课程与教学研究在整个高等教育研究领域中相对薄弱和不足,这与大学课程本身的复杂性不无关系。一方面,大学课程关联着整个教育领域以及社会经济发展在大学内触发的种种影响;另一方面,大学课程具有极强的专业性,其他不具备相应学科知识背景的人很难"窥其堂奥"。如此复杂、高深的课程建设活动究竟该如何开展？本书作者并没有采取惯常的比较研究范式,而是基于中国本土实践,亲自进入到一流本科课程的真实场域,开展了大量的田野调查。通过对中国大学的管理者、教师和学生进行深入访谈,获取了真实的、一手的本土资料。为我们做了大量的基础性的文本分析、案例研究和扎实的数据分析工作,并凝练出中国课程治理的本土模式。书中呈现了正在发生着的中国一流本科课程治理的实践探索,让我们看到在课程治理的不同环节中,各主体的角色定位是如何变化的,课程权力又是如何在教师、学生、管理者等相关主体间流通的,以及遇到的不同问题和相应的治理手段等,由此描绘了课程治理过程中非均衡的权力结构以及动态的实践图景。

三是跳出经验研究,实现了兼具理论与实践的系统建构。继一流本科课程政策推行以来,各个高校都开展了精彩纷呈的课程建设实践,对大力推进适应新时代高质量发展要求的一流本科课程建设,加快建成中国特色、世界水平的一流本科课程体系做出了自己的贡献。我们需要对已有成功经验进行总结和提升,但更要注意的是,作为学术研究,需要从以事实性描述为主的经验研究转向兼具理论与实践的系统研究。显然,本书对课程治理的研究跳出了单纯技术与方法层次和具体微观层面的局限,能够从系统关联及变革的角度考量课程质量的整体提升,关注到了观念更新、制度设计、机制运行和文化培育等各个层面,为我们立体且全面地展示了大学课程治理在实践中不断探索、调整、改进和优化的真实样态。

我因为在安徽大学高教所兼职,一段时间汤建博士在那里读研究生。她对学问的好奇心、对学业的坚持力、对学术的严谨度我应该有所了解,也十分欣赏。这几年她在厦门大学深造,可谓学业精进,学术能力提升很快。她的新著《我国一流本科课程治理研究》集中体现了她这几年在大学课程问题上的研究、思考和创新,我十分期待着她的这本新著尽早付梓面世,与学界同人分享。

是为序。

安徽艺术学院副院长、二级教授、博士生导师
2022 年 6 月

前　言

在创新人才需求日益迫切的时代背景下,建设一流本科课程的战略性意义尤为凸显。我们既需要在理论上形成关于一流本科课程的清晰认识,也需要在实践中挖掘一流本科课程建设的成功经验。传统课程建设因循自上而下的行政管理路径推进,难以适应新的课程建设诉求。提出"课程治理"概念旨在全面审思传统垂直式课程管理模式的不足,以此在思维方式和行为方式上引领课程建设。

本书围绕如何建设高质量课程这一核心问题展开,认为课程治理是促进课程质量提升的必由之路。全书依循从理论探索、现实检视、经验挖掘到对策建议的研究思路,回答了什么是课程治理,我国本科课程治理面临哪些问题,本科课程治理的成功做法及其内在机理是什么,以及我们该如何通过治理推进一流本科课程建设。在具体研究中,基于对36名一线教师、14名管理者和20名学生的深度访谈,系统且深入地对我国大学课程治理的探索实践进行了探究,重点剖析了课程设置、设计、实施和评价等课程建设活动是如何实现了从传统经验式管理向现代科学化治理的转变。

在理论探讨部分,本书以治理理论为理论基础,澄清了"课程治理"的内涵,界定了课程治理的边界,建构了"目标—结构—过程—结果"的课程治理分析框架,明确了课程治理的直接目标在于追求高质量课程。因现有文献对高质量课程的认识尚未达成共识,故本书基于学习科学等理论研究成果,提炼出高质量课程的五大典型特征:高质量课程以学生为中心为核心理念,高质量课程以促进学生能力最大发展为根本目标,高质量课程以学生有效参与为显著特征,高质量课程以问题探究为基本方式,高质量课程以学生学习兴趣形成为结果。

在现实审视部分,本书运用所建构的分析框架,从四个方面审视我国大学课程治理面临的普遍问题。研究发现:(1)在课程设置环节,深受行政中心主义影响,决策权力集中在管理者手中,普通教师和学生的权力被忽视,从而导致课程体系缺乏目标导向,对课程体系的整体结构考虑不足,在很大程度上忽视了社会需求和学生发展特点。(2)在课程设计环节,教师往往依据经验和自己的兴趣进行设计,课程设计的能力较为欠缺,从而导致片面强调学科知识的系统性和完整性,对学生的生活实际与发展需求观照不足。(3)在课程实施环节,由于教师中心主义长期左右着教学活动,学生自主学习的权力丧失,对学习缺乏兴趣。(4)在课程评价环节,应试中心主义经久不衰,教师制定的评价标准过于粗放,对学生学习的引导性功能较弱,而且学生的评价权力得不到尊重,从而导致学生学习功利化、浅表化。这些问题均是多重因素作用的结果,具体表现在目标、结构、过程和结果等各个方面。

在经验挖掘部分,研究发现,虽然课程治理需要解决的问题颇多且阻力重重,但仍有高校和教师在积极探索,并取得了一系列成功的治理经验,而其成功的关键在于建立了一种多元主体共同参与的课程共治机制。具体表现在四个环节:(1)在课程设置环节,充分运用市场机制,探索了课程委员会合作治理模式,建立了一种以学术权力为主导的多元主体共治结构。这个结构借助基层课程管理组织实现有效运转,最终建立起了培养目标、毕业要求与各门课程之间的密切关联。(2)在课程设计环节,教师积极开展团队治理。在以课程负责人为主导的开放式协商结构中,教师团队对课程内容进行重新组合与设计,实现了课程设计从知识中心向能力中心的转变。(3)在课程实施环节,为了充分调动学生的学习兴趣、凸显学生的主体性地位,教师主动从"重教"向"重学"转变。在师生学习共同体建构中,学生成为课程的创造者之一,从而激发了浓厚的学习兴趣。管理者则为教师提供了有效的信息技术支持和制度激励。(4)在课程评价环节,为了有效评价教与学的效果,管理者从管束教师向服务教师的方向转变,教师与学生之间就评价规则共同协商并达成共识,师生的评价权都得到了充分尊重。最终,课程评价结果在促进教师反思并改进教学的同时促进了学生持续投入学习。

基于上述分析,课程治理的核心是治理结构建设问题,它是以人才培养目标为导向,由管理者引导、师生共同参与、课程专家协助、社会主体协同的共治过程。结合我国大学本科课程治理的现实情况,本书认为可以通过目标之治促进主体价值认同,通过结构之治规范主体权责关系,通过过程之治提供主体平等互动的实体支撑,通过结果之治激励主体的实践行为,最终推动本科课程建设从经验式管理向科学化治理迈进。

目 录

- 001 **第一章 绪 论**
  - 001 第一节 研究缘起与意义
  - 011 第二节 已有学术史梳理
  - 047 第三节 核心概念界定
  - 054 第四节 研究设计与思路

- 061 **第二章 课程治理的理论探讨及分析框架**
  - 061 第一节 本书的理论基础
  - 079 第二节 课程治理的基本释义
  - 092 第三节 课程治理的分析框架

- 113 **第三章 我国大学本科课程治理的现实问题及阻力分析**
  - 113 第一节 课程设置：目标导向不足，结构意识薄弱
  - 126 第二节 课程设计：设计能力欠缺，囿于学科逻辑
  - 134 第三节 课程实施：以教师为中心，学生较为被动
  - 145 第四节 课程评价：标准较为粗放，导向功能不强
  - 153 第五节 课程治理的阻力分析

- 165 **第四章 我国大学一流本科课程治理的实践探索**
  - 165 第一节 课程设置：基于课程委员会制的合作治理

181	第二节	课程设计:基于课程团队的协商治理
203	第三节	课程实施:基于学习共同体的师生自治
229	第四节	课程评价:基于师生共识的规则治理

242　第五章　一流本科课程治理的实现路径

242	第一节	通过目标导向强化课程主体的价值认同
254	第二节	优化权力结构以厘清课程主体权责关系
264	第三节	规范治理过程为协同共治提供平台支撑
268	第四节	运用创新制度有效保障课程治理成效

280　第六章　结论与展望

280	第一节	研究发现
286	第二节	研究创新
287	第三节	研究展望

289　参考文献

299　附　录

299	附录一	访谈对象
302	附录二	半开放式访谈提纲

306　后　记

第一章

绪　论

一流本科课程建设涉及对高质量课程的科学认识,关联着人才培养目标确定、知识结构设计、教学方法选取、学习效果评价等多个环节,涉及了观念革新、结构优化、机制改革和文化创新等多个要素,覆盖了教师、学生、管理者、用人单位等多个利益主体,联结着多元诉求。在多样化的人才培养目标需求,各类专业认证与评估要求,以及学习范式兴起等新的时代诉求下,传统垂直式的课程管理模式已经难以为继,[①]这迫切需要我们从治理的角度来思考如何推进这场涉及多主体、多环节、多要素和多机制的一流本科课程建设。

第一节　研究缘起与意义

历年来,关于本科课程的政策文件[②]从教学中心地位确认到课程内容

---

①　王洪才.论大学的课程治理[J].山西大学学报(哲学社会科学版),2021,44(3):129-135.

②　《关于加强普通高等学校教学工作的意见》教高〔1994〕10号;《国家教委关于积极推进"高等教育面向21世纪教学内容和课程体系改革计划"实施工作的若干意见》(教高〔1997〕2号);《关于普通高等学校修订本科专业教学计划的原则意见》教高〔1998〕2号;《关于实施"新世纪高等教育教学改革工程"的通知》教高〔2000〕1号;《教育部关于启动高等学校教学质量与教学改革工程精品课程建设工作的通知》教高〔2003〕1号;《教育部　财政部关于实施高等学校本科教学质量与教学改革工程的意见》教高〔2007〕1号;《教育部　财政部关于"十二五"期间实施"高等学校本科教学质量与教学改革工程"的意见》教高〔2011〕6号;《教育部关于一流本科课程建设的实施意见》教高〔2019〕8号。

和课程体系建设,再到整体推进课程改革、精品课程建设、本科教学评估和专业认证,以及当下一流本科课程建设,本科课程质量问题从来都没有被遗忘过,但其却一直"是中国大学普遍存在的短板、瓶颈和关键问题"[①]。在创新人才诉求日益强烈、一流本科教育和大学治理变革深入推进的背景中,我们该如何科学认识一流本科课程,又该如何推进这场意义重大、关乎久远的课程建设呢。

一、研究缘起

在信息技术普及、学习范式兴起以及多元诉求与日俱增的时代背景下,本科课程的质量标准面临着颠覆性变革。变革既是发展的机遇,也容易带来失序。我们需要在充分把握时代背景的基础上,重新定位本科课程在当代社会中所扮演的角色,系统思考究竟什么样的课程才是高质量课程,以及究竟该如何建设高质量课程。

(一)本科课程建设面临着多重转型挑战

1.信息时代要求学生从"继承性学习"向"创新性学习"转变

这是一个以数字化为特征的"指尖时代"[②],它意味着学习是跨界参与、个性化定制以及创新驱动的。在信息技术作用下,知识的获取方式已然抛弃了传统讲授法的至上地位。当代大学生作为数字世界的"原住民",他们的学习方式发生了质的变化,这与传统教学之间形成了碎片化与集成化的冲突、正式学习与非正式学习的协调、共性与个性的矛盾关系。与此同时,海量链接式资源的获取、教学时空界限的突破使得教师和学生间的信息区隔已经消失,依赖于对知识资源垄断而获得的教师权威已然不再,基于"一本书"的课堂讲授也已经无法满足学生学习需要。[③] 实践中,学生学习积极性不高、参与度低、学习效果难以保证等问题愈发明显。[④] 理论研究表明,学生听讲获得的学习成效只有5%,而当学生能够教会他人的时候,他的学习成效能达到90%(如图1-1)。可见,我们一直信奉的师授生听模式实际

---

① 吴岩.建设中国"金课"[J].中国大学教学,2018(12):4-9.
② 柯蒂斯·邦克.世界是开放的:网络技术如何变革教育[M].焦建利,等译.上海:华东师范大学出版社,2009:46-52.
③ 别敦荣."一本书"的大学培养不出一流人才[N].文汇报,2019-01-04(08).
④ 瞿振元.着力向课堂教学要质量[J].中国高教研究,2016(12):1-5.

上对学生学习效果的影响十分微小,而且逐渐养成了学生被动学习的习惯。面对数字化时代的知识扩散和新生代学习者生活方式和学习方式的转变,大学教师需要促进学生从"继承性学习"向"创造性学习"转变,帮助学生从大量繁杂的、碎片化的知识内容中解放出来,开展深度学习,促进学生学会学习、学会思考、主动建构和积极反思,并形成探究的兴趣和能力。

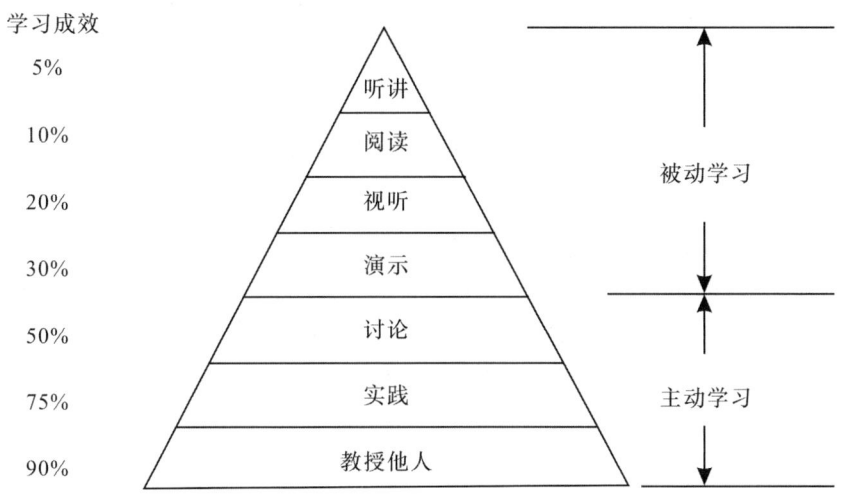

图 1-1　学习金字塔

资料来源:姜艳玲,徐彤.学习成效金字塔理论在翻转课堂中的应用与实践[J].中国电化教育,2014(7):133-138.

2.学习范式驱动教师从"提供教学"向"促进学习"转变

从世界范围看,"学习范式"(learning paradigm)引领了美国本科教育的整体变革,其在本科教育中的意义和价值得到了世界范围的认可。[1] 尤其是在脑科学和心理学理论成果的加持下,以学生为中心的课程理念已经成为共识。这场以促进学习为核心的改革撼动着传统课程建设的根基,要求大学课程在理念、实践、组织、制度和文化等诸方面发生系列变化。传统的教学范式(instruction paradigm)将教学、讲课这些手段视为目的,而忽视了真正目的在于促进学生学习。恰如巴尔和塔格所言:说大学的目的是提供教学,就像说通用汽车公司的业务是经营装配线,或者医疗保健的目的是

---

[1] 刘青山,刘佳,吴立保,等.学习范式下高校"金课"建设的价值逻辑与路径选择[J].江苏高教,2020(8):55-63.

要填满医院的病床一样。① 学习范式为我们重新审视大学课程提供了一个整全框架。首先,学习范式建立在学习科学的基础之上,认为学习不仅是认知方面的增长,而且是意义和关系的建构。如此,大学课程需要超越以教师讲授、知识灌输为特征的传统模式,向自主学习、探究学习、合作学习等新型课程模式转型。其次,学习范式突破的是传统的教师中心理念,将关注点定位在学生、学习和学习效果上,强调学生是主动的知识构建者、发现者和创新者,教师则是为学生创设学习环境的设计者。最后,学习范式使课程质量的内涵被重新阐释,即课程质量高低取决于"学"的投入、过程及产出。② 诸此种种变化和要求需要教师从提供教学向促进学生学习转变。

3.多元需求亟待课程建设主体从"一元"向"多元"转变

这是一个充满变化的时代,多种需求纷至沓来,大学课程建设面临着前所未有的挑战。当前,我们面临着应用型人才、创新型人才、复合型人才等多样化的人才培养需求;工程类、医学类、师范类等多种专业认证与评估要求;以学生为中心、立德树人等课程改革的理念诉求;混合式教学、翻转课堂等新的教学模式要求;以及人工智能、5G等新的信息技术挑战。诸如此类,挑战重重。面对艰巨的课程建设任务,绝非教师的内心自觉可以妥善应对,也绝非管理者的行政强推可以实现,而是一项需要多元主体共同努力的事业。传统上,我们以"教学管理部门+个别教师"为课程建设主体的结构已经无力面对如此多的需求。我们更难以凭借经验来实现课程建设的目标。可以说,当下乃至未来,多元主体共同参与课程建设的意义尤为凸显,我们亟须以课程治理来引领和规范课程建设。

(二)传统课程管理已严重不适应课程建设的新需求

1.传统管理理念因循守旧固化着旧有的课程建设方式

课程面临变革需求,管理却因循守旧。课程建设离不开教师主体的主动作为,但课程管理的最大弊端恰恰在于抑制了教师的积极性和创造性,它并没有承担起本应促进课程建设的责任,反而不断巩固并强化着原有的课程实践。课程管理者以旧思维方式实施管理,却试图创造出新理念下的课

---

① BARR R B,TAGG J. From teaching to learning: a new paradigm for undergraduate education[J]. Change,1995(6):12-25.
② 洪艺敏."以学生为中心"的本科教学质量"四维"评价[J].大学教育科学,2019(2):14-15.

程变革,这无异于缘木求鱼。以自上而下为控制方式的行政中心主义逻辑在实践中并未能够保障基本的课程质量,反而成为滋生低质量课程的土壤。大学课程管理在实践过程中正经历着诸多意料之外的后果。一方面,我国大学存在一种独有的"教育事实":沉默式课堂。① 另一方面,我们还能发现另一种值得深思的现象:表演式喧闹。但无论哪种现象,其背后都是管理控制下教师主体意识不强、学生被动式的和不在场的学习。大部分学生依然属于考试驱动型,只是不同的学生被驱动的时间长短不一。有的学生只是为了应付考试,考前突击、考后"物归原主";有的同学为了考研、出国或好的就业机会,这种驱动力的作用时间会更长一些。但无论哪种驱动力,都是功利驱动下的应试学习,很难有快乐的自主学习。除此之外,学生玩手机、隐性逃课,甚至缺课屡见不鲜;"瞌睡君""手机君""发呆君"等戏谑的名词层出不穷;"一看就会,一做就废"的学习效果令人咋舌。即使在顶尖学府中,也会出现教师使出浑身解数,优秀的学生一直优秀,差生依然不可救药的现象,"学霸"与"学渣"之间似乎有着不可逾越的鸿沟。②

2.传统垂直式的课程管理方式抑制了师生的主动性和创造性

传统管理的最根本弊端在于其难以激发师生主体的主动性和创造性。长期以来,我国大学课程建设呈现出科层化、外生型的建设路向,这是一种基于资源驱动、受制于上层决策的基层执行路径。其最大的问题在于以管理逻辑代替教育逻辑,过于重视对师生主体的限制和约束。这些实践误区引发了诸多运行问题,如课程决策的非组织化、课程资源配置的行政化、课程实践活动的形式化等等。长此以往,教师习惯于按照既定要求行事,形成了接收到外部指令后才开始行动的认识,这无疑削弱和抑制了教师乃至学生主体的创新意识和能力。然而,课程本身是极具创造性的活动,离不开师生主体的主动性和创造性。因此,若要实现课程质量的持续提升,则必须转变传统管理模式,从约束控制向鼓励创新转变。

与此同时,在课程建设的推进过程中,利益的重置、矛盾的冲突、关系的改变、多重的心态等等都会相继浮现。比如有一些教师虽然对改革充满热

---

① 吕林海.中国大学生的课堂沉默及其演生机制:审思"犹豫说话者"的长成与适应[J].中国高教研究,2018(12):23-30.

② 于歆杰.以学生为中心的教与学:利用慕课资源实施翻转课堂的实践[M].北京:高等教育出版社,2015:36.

情,但在具体实践中却又表现出对改革的抱怨、不满甚至反对。譬如,当要对课程内容进行增减时,一些教师认为有些内容删减对学生考研不利,因为是考研指定参考书;当要对课程结构和课时数进行调整时,有些教师会因为课时的增加感觉到任务量太大,有些教师又因为课时的减少认为不被重视。另外,还会有一些教师为了获得良好的评教分数,刻意满足学生的不合理需求,诸如降低试卷难度、考前圈重点等等。从改革中的星星点点便可窥见课程改革复杂而艰辛。这些困境都说明,外部赋权只是课程改革的外在力量,而教师主体的参与和内在激情与成就感才是提高课程质量的根本。[①]

3.传统课程管理的结果往往流于形式

课程质量的提升不是线性的、一次性的、局部的、可轻易完成的任务,而是螺旋式的、反复的、全局性的长期探索过程。当对课程的重视被外在效率约束时,便会有意或无意地遮蔽了课程的本质,也不自觉地依赖或放大了行政的力量,进而张扬了管理属性。然而现实中的课程质量提升却表现出一种急功近利的浮躁文化。譬如一些学校将课程建设视为"项目建设",以获得项目为目的,将大部分精力花费在材料申报和认证的过程中,课程建设也因此成了脱离学生的材料总结。再如一些高校竞相攀比一流课程的数量、示范性课程的数量、立项数量、学生参加大赛获奖、通过某类考试的比率等等。当高校将精力困顿在项目申报和数字游戏上时,则很容易忽视对课程质量的实质追求。这些数字虽然能够一定程度上反映课程质量,但往往只代表了少部分学生的情况,[②]这种以"少数优秀"代替"整体质量"的标准实际上是对整体质量的掩饰。更关键的是,这些数字本身并不能真正反映学生究竟学到了什么,也难以反映学生的学习体验,更难以判断学生的学习效果。这种方式将课程作为一种技术性、可分割的"改革项目"[③]加以粗放式、机械化的处理,并希望能够以立竿见影的显性成效展现出来。无疑,这种评价尺度不具有辩护性。[④] 我们的课程建设尚缺乏从整体专业人才培养方案的角度系统设计和实践,毕竟我们无法依靠外在控制来促进高质量课程的

---

① 阎光才.高水平大学教师本科教学投入及其影响因素分析[J].中国高教研究,2018(11):22-27.

② 朱欣.高校本科教学质量保障之省思:从制度到文化[J].高教探索,2015(7):73-77.

③ 叶信治.高校"金课"建设:从资源驱动转向制度驱动[J].中国高教研究,2019(10):99-103.

④ 王洪席,靳玉乐.课程改革:过程哲学之思[J].全球教育展望,2010,39(4):27-31.

持续涌现,更无法以个别的金课立项来实现课程质量的整体性、持续性提升。

(三)本科课程的治理创新迎来了难得的利好契机

1.双一流建设为课程治理提供了难得的契机和有力助推

在2018年6月新时代中国高等学校本科教育工作会议召开后,学术界和实践者对一流本科教育高度重视。一流本科教育中的核心要素——课程也引起了足够的重视和关注。《关于狠抓新时代全国高等学校本科教育工作会议精神落实的通知》(教高函〔2018〕8号)和《教育部关于一流本科课程建设的实施意见》(教高〔2019〕8号)等课程改革文件的连续下达更是进一步说明了当前课程改革的重要性和紧迫性。双一流建设的启动与深入推进,将直接提高大学管理层对课程的重视程度,由此将倒逼对课程地位、教师专业权威、课程组织结构与机制等系列关涉课程建设及其运行机制的改革。因此,借力当前外部政策利好的环境,是提高本科课程质量、助推教师专业自主权确立的难得契机。

2.大学内部治理纵深发展的触角正向课程层面深入

从治理视角审视课程问题是大学治理在课程层次的内在需求与投射。目前,大学治理研究的宏大叙事基本构建出了大学治理的理想图景。接下来的问题便是如何将这一理想落实,实质性地体现大学治理的有效性和可持续性。如果仅仅停留在理论层面的探讨,将无法深刻理解大学治理的现实需求。因此,本书认为大学治理的探讨亟须从更务实和更微观的视角展开。事实上,大学治理的触角已然开始向纵深发展,学科、专业、课程等领域开始进入大学治理研究的视野。[1]

长久以来,囿于我国大学的高度科层化,院系等基层学术单位的行政化色彩浓厚。课程在很大程度上是科层管理的对象。具体表现为课程本是极具学术性和专业性的活动,课程建设中的重大决策本应是专业权力发挥核心作用,却被纳入行政化轨道进行管理。在控制和约束的环境中,教师主体的积极性和创造性深受损害,并出现了课程建设中的形式化、空心化[2]等现

---

[1] 陈金圣.学科治理的基本依据、组织基础与运行机制[J].学位与研究生教育,2020(3):7-13.

[2] 汤智,计伟荣.金课:范式特征、建设困局与突围路径[J].中国高教研究,2020(11):54-59.

象。这与一流本科教育的时代需求并不匹配,由此带来的大学治理效益的折损深深影响着大学治理的深入。因此,我们需要深入探究"治理"与课程内部要素的关联耦合,以此实现大学治理突破性进展的同时推进课程的高质量发展。

3.在大学办学自主权下放的背景下探讨课程治理是顺势而为

大学课程及其管理的变革受到许多现实因素的制约,而大学及其院系拥有自主权是尤为关键的因素之一。从决策支持的角度来看,大学及其院系如果没有办学自主权或自主权不足,那么就无法对课程问题进行决策。恰如20世纪五六十年代,大学及其教师并没有决定课程的权力,而只需要执行国家层面的教学大纲。因此,很长一段时间内,大学是没有课程的问题意识的。如果是在这样的情况下,我们就无法谈及课程治理。当下,随着大学办学自主权的扩大,大学确立了在教育、学术和行政方面的合法性权力。[①] 而且,在大学治理的纵深推进中,大学管理重心不断下移,院系拥有了自主发展的空间,开始从外控发展走向自主发展。这为课程创新与变革提供了必要前提,因为课程真正的创新难以仅仅依赖外部力量的督促和检查,更重要的是激发基层的内动动力,唤醒教师的热情、智慧和创造性。因此,在大学办学自主权的有效下放、大学治理的纵深发展需求以及一流本科教育对课程的重视和需求语境下,探讨课程治理是顺势而为。

(四)大学课程研究是高等教育研究中的重点和难点

几乎所有高等教育专家都认为大学课程很重要。然而,我国高等教育学术界对大学课程的研究却一直欠缺。与高等教育研究蓬勃发展的现实相比,大学课程研究明显不足。无论是潘懋元(1992)提醒大学课程研究在我国教育科学研究中是最为薄弱的,且在当前我国教育改革中尚未受到应有的重视;还是刘道玉(2009)痛心课程是我国高等教育研究中长期被忽视的重要问题;[②] 还是龚放(2010)期望大学课程与教学研究的薄弱和滞后状况亟待改变;[③] 抑或刘献君(2014)感叹课程是大学最重要的事,但又是最容易

---

① 卢晓中.国家基础权力视域下的我国大学办学自主权[J].大学教育科学,2020(4):41-47.

② 刘道玉.论大学本科课程体系的改革[J].高教探索,2009(1):5-9.

③ 龚放.课程和教学:高等教育研究的潜在热点:对《高等教育研究》的一点期望[J].高等教育研究,2010(11):24-26.

被忽视的事。①大学课程研究始终是高等教育界着力不多、相对不足的领域,然而却也是高等教育质量提升的关键所在。大学课程研究理论上的重要性始终不能掩盖实践中的挫折,课程领域的问题层出不穷,且与诸多要素相互关联,由此也极大增加了大学课程研究的难度。尤其是在新的时代背景和要求下,在以学生为中心的理念指引下,我们又需要确立怎样的标准和规范,以此引导大学课程建设朝向规范有序的方向发展呢?这是实现大学课程质量持续性提升必须攻克的难题。

二、研究意义

"课程治理"并非治理理念的泛化,也并非"课程管理"的简单语义替换。课程治理是在高等教育治理现代化过程中凸显高等教育内部发展关键要素的体现,是大学自主办学以及大学治理在课程层次的内在需求与映射。

(一)理论意义

课程治理命题的提出和实践,既具有促进大学治理向纵深发展、丰富课程理论建设的理论价值,又有规范大学课程建设的实践功效。

1.构建课程治理的理论框架,有助于实现大学课程研究的应用理论创新

对于一个理论资源相对薄弱的研究领域来说,寻求理论建构是积累知识的重要路径。本书同样以丰富课程理论为目标。如果课程治理仅停留在一个抽象概念上,而缺乏充分的理论资源和知识积累,那么,课程治理的应然仍旧无法获得充分必要条件走向实然。本书力图通过治理理念引领大学课程建设,通过回答课程治理是什么、为什么、存在的问题、怎么做、可能的效果及其验证等问题,形成课程治理的基本理论框架,以此丰富对大学课程问题的深入探讨,实现对大学课程研究的应用理论创新。

2.以治理理论分析课程问题,有利于丰富大学治理研究的理论积淀

课程治理是深入探究治理与高等教育内部关键要素——课程间耦合关联的重要命题,是大学治理从宏大叙事转向微观探究的标志,体现了大学治理从形式有效向实质有效的深入。本书通过课程治理研究为大学治理赋予了实质性、操作性的含义。促使大学治理向院系治理的深入,释放院系学术

---

① 刘献君.大学课程建设的发展趋势[J].高等教育研究,2014(2):62-69.

生产力和组织活力;激发教师学术话语权、集体决策权和积极性、创造性。以此丰富大学治理内涵,优化大学治理格局。治理理论既是本书的分析视角,也是本书的理论基础。本书把治理理论运用到课程问题的分析中,将有助于丰富对治理这一经典理论的理解。

(二)实践意义

课程治理关联着大学治理和课程建设的双重实践,它既推进大学治理向关键性和实质性的方向更进一步,也促进大学课程从经验管理转向科学治理。

1.推动本科课程建设从经验管理向科学治理迈进

我国的大学治理迫切需要从"基于经验的管理"向"依据科学的治理"阶段迈进。[①] 课程治理是大学治理的重要组成部分,其功能之一在于规范课程秩序,保障课程功能的有效发挥。传统课程管理更多意义上是以管理人员为中心的行政管理模式,具体的管理过程是以行政指令为驱动的方式,经验性较强。课程治理强调需求导向,要求课程建设的活动必须围绕合理的人才培养目标展开,这要求课程建设中的各利益主体明确目标,在各安其位、各司其职的基础上,提高认知能力,达成共识。这一实践过程是一个规范科学、有章可循的轨迹。它具体通过制度化、常态化的手段保护课程建设过程的民主化和科学化,为大学课程建设提供除了资源驱动以外的制度基础和文化内驱力。这对于高等教育实践具有很强的现实意义,也是本书的一个基本出发点。

2.推动教师专业权威从边缘地位向主导地位转变

本书在论述过程中以治理之眼审视本科课程基本现状,这些现状既呈现了当前本科课程建设的基本事实,也透射出治理变革的需求。这些现状背后有诸多原因,而最为关键的是控制型的管理抑制着教师的创造性和积极性,消磨着教师对投入教学的热情。课程治理尊重课程的学术属性,强调教师专业权力在课程决策中的作用。它注重增强教师对课程与教学的使命感和责任感,激发教师投入的主动性和创造性。在一定程度上促使学院层次的权力结构和治理格局趋向教学共同体和学术权力,以此实现教师的课程话语权,激发教师的积极性和创造性。

---

① 邬大光.重新认识高等教育研究的存在价值:兼论大学治理中的经验与科学[J].大学教育科学,2020(1):8-13.

3.推动大学治理从理论演绎向实践行动发展

大学治理的研究不能仅仅停留在理论推演上,必须体现在实实在在的行动中。课程治理是检验大学治理成效的重要窗口,是深入探究治理与高等教育内部关键要素间耦合关联的重要手段,也是大学治理宏大叙事转向微观探究的转型标志。本书通过课程治理促使大学治理面向现实的课程问题,释放院系学术生产力和组织活力;激发教师学术话语权、集体决策权和积极性、创造性;促成课程治理与院系治理和大学治理的有机耦合。以此促进大学治理对现实需求的回应,优化大学治理格局,体现大学治理实效。

第二节 已有学术史梳理

每个研究议题都有一个属于它的"知识圆",我们需要对围绕该知识圆相关的研究进行系统性的梳理,以此为后期研究铺陈基础。本书在梳理现有文献时,首先定位知识圆心,也是文献综述的坐标原点。这一"圆心"说明选择文献并不是不加甄别,而是具有高度选择性的,选择的依据就是权衡所选文献与"圆心"的距离。本书的核心关键词是课程治理,但现有文献中直接以课程治理为题的并不多。因此,本书将主要从相关的本科课程建设研究、本科课程管理研究、大学治理研究和课程治理研究中汲取养分,进而确定本书的行进方向和研究空间。

一、本科课程研究的历史脉络

本科课程研究是我国高教界着力相对不足的领域,却是我国高等教育研究趋向成熟的必经之路。与高等教育研究蓬勃发展的现实相比,课程研究明显不足。本综述先以纵向的时间轴为依据,结合高等教育重大事件、国家政策文本的颁布和对"课程"概念理解的变迁为依据,对课程研究进行阶段性划分。

(一)第一阶段(1949—1978年):以大教学观为主导的经验交流期

新中国成立前后,专门的教育研究杂志很少,各种研究文章大多散见于各种报纸上,文章也不多。高等学校的课程和教学活动依行政命令和经验开展,理论研究十分薄弱。已有文献主要是介绍国外课程计划,交流院系学科课程教学改革经验。如翻译德国地质学系课程新规①、介绍苏联莫斯科大学物理学科课程②;交流北京大学化学系教学改革经验③、武汉大学中国语文系课程改革经验④、清华大学干部补习班数学课程教学总结⑤、华东师范大学开设高级植物生理课程情况⑥、中国人民大学社会主义教育课程教学计划⑦等。这些研究基本是针对某一学科课程或者单门课程的微观研究,主要介绍某一专业开设的课程名称、基本要求及其使用的教科书,关注如何让课程更好地实施,而鲜有涉及课程的生成及设计问题。

1952年,在大规模院系调整实施后,我国高等教育改革的重心开始发生变化,由最初对体制改革的关注转向重视教学改革,并开启了全面学习苏联之旅。此后很长一段时间内,大学课程问题只存在于国家层面,大学只需要考虑如何实施课程即可。"课程"是被作为教学论的一部分来研究的,其含义是指"教学科目"。对大学课程研究主要集中在具体的教学内容和教学过程方面,即"教什么"和"怎么教"。这一阶段的研究者大多是各个院系的教师和管理干部,部分是著名的专家教授。⑧ 他们以自己的一线实践为基础,通过总结并提升自己的实践经验来达到对课程现象的理性认识。虽然这些研究在学理上尚有不足,但提出的见解在今天仍值得思考。如学生个性培养问题、拓宽基础问题、产学研结合问题等。⑨ 相对于课程实践而言,

---

① 何春荪.德国大学地质学系课程之新规程[J].地质论评,1943(Z1):133-142.

② 介绍苏联莫斯科大学物理学科课程的概况:(一)教学计划的概况[J].物理通报,1951(7):291-292.

③ 解放以来北京大学化学系在教学上的改进(高等学校课程改革讨论会交流经验报告之一)[J].化学,1951(Z2):338-339.

④ 程会昌.武汉大学中国语文系课程改革的经验:一九五一年六月廿九日武汉大学中国语文系系主任程会昌先生在课程改革讨论会上的报告[J].人民教育,1951(9):26-28.

⑤ 清华大学干部补习班数学课程教学总结[J].数学通报,1953(Z1):12-29.

⑥ 颜季琼,沈曾佑,张志良.华东师范大学开设高级植物生理课程情况[J].植物生理学通讯,1955(1):11-13.

⑦ 中国人民大学社会主义教育课程教学计划[J].教学与研究,1958(1):1-2.

⑧ 于其昌,侯国范.我国大学本科课程计划的改革与研究[J].现代中小学教育,1987(1):14-18.

⑨ 王伟廉.高等学校课程研究导论[M].广州:广州教育出版社,2008:243.

这一时期的课程理论研究相对欠缺,但这些探索为大学课程研究开拓了宝贵的空间。

(二)第二阶段(1978—1992年):作为独立研究领域的"自我意识"期

十一届三中全会后,我国各条战线都在努力探索具有中国特色的发展道路,思想上的解放为大学课程理论的深入研究提供了舞台。大学课程研究的域外色彩尤为浓重,几乎均以介绍国外单门课程设置为内容,希冀以国外经验为我国大学课程提供范本。如英国大学语言学专业课程设置[①]、日本大学企业管理专业的课程设置[②]、美国大学经济系课程设置[③]。至1978年,我国第一个专门的高等教育研究机构诞生,逐渐形成了一支研究高等教育理论的专职研究人员,由此改变了大学课程研究以兼职研究队伍为主的局面。潘懋元主编的《高等教育学讲座》(1983)和《高等教育学》(1984)体现了高等教育研究者在20世纪80年代时关于大学教学与课程的思想。其中具体讨论了"教学计划"的安排问题。当时的"教学计划"实际上相当于现在的"人才培养方案",是各专业课程体系的总体设计。自此,大学课程研究不仅涉及制定好的课程内容执行过程(教学过程/课程实施过程),而且涉及课程的生成问题。

1985年,《关于教育体制改革的决定》这一文件明确规定,国家不再统一制订教学计划。大学开始拥有了课程自主权。大学课程和教学也开始被单独作为一个领域来研究。我们可以在相关的研究文献中发现"大学教学论""大学课程论"[④]这样的专业术语。这些文献从理论层面对大学课程进行探讨,从大学课程的规律、结构、系统等高度对大学课程进行阐释,认识到了课程的整体性、结构性、有序性和动态性等特征。[⑤] 潘懋元指出,我们的高等教育研究实际上是属于微观的教学过程的研究。[⑥] 而高等教育专业第一批博士生的毕业论文便是对大学课程与教学的研究。邬大光的《高等学

---

① 凯恩.英国大学语言学专业课程设置情况[J].语言学动态,1978(5):35-36.
② 傅裕嘉.日本大学企业管理专业的课程设置[J].经济学动态,1979(10):48-49.
③ 钱致榕.美国大学课程设置的特点[J].科技导报,1980(1):94-95.
④ 冷余生.大学课程论初探[J].湖北大学学报(哲学社会科学版),1986(4):1-9.
⑤ 于其昌,侯国范.我国大学本科课程计划的改革与研究[J].现代中小学教育,1987(1):14-18.
⑥ 潘懋元.高等教育研究要更加重视微观教学研究[J].中国高教研究,2015(7):1.

校教学改革四十年的理论研究》①和王伟廉的《高等学校专业与课程改革的理论研究》②彰显了高等教育理论研究者在高等教育研究初期阶段对大学课程与教学的关注。虽然这一时期关于大学课程教学的文章还未成规模，但却已经反映了我国高教理论界开始产生了大学课程研究的"自我意识"。

(三)第三阶段(1992—1998年)：大学课程研究初现科学化特征

1992年，我国开始社会主义市场经济体制改革，并在高等教育中推展素质教育，高校人才培养和课程设置的社会适应性问题受到关注。学术界开始以系统观点对大学课程进行研究，课程领域中的相关范畴都得以关注。比如，注意到了隐性课程的作用、大学课程与文化、大学课程与社会分层、大学课程价值观取向、素质教育与大学课程、大学课程综合化、大学课程与专业、教材建设等问题。如周川研究了高等学校专业与课程设置的两种模式；范印哲主编的《大学教学与教材概论》(1990)围绕教材建设，探讨了课程理论与教学理论，该研究具有较强的实用价值，但还不是系统的大学课程论专著。于是，张圻福撰写的《大学课程论》(1992)对大学课程理论进行了整体概貌式的描述。

这一时期大学课程研究的繁荣与全国范围内开展的课程实践活动关系密切。1994年，原国家教委针对高校教学内容和课程体系改革，启动了轰轰烈烈的"高等教育面向21世纪教学内容和课程体系改革"计划，这一计划波及面甚为广泛，一共批准立项221项，牵动高校多达300多所，涉及学校管理人员、一线教师、研究人员等1万余名，并取得了大量成果。③ 比如研究不同专业(群)的培养目标及其人才规格，更新课程体系。难得的是，这些研究成果被运用到实践改进中去了。与此同时，一批新教材和大量课程CAI软件涌现；素质教育、创新教育和个性教育等备受倡导。这一阶段无论是大学课程的理论研究还是实践活动都在一定程度上得到了提升，大学课程研究初现科学化特征。

---

① 邬大光.高等学校教学改革四十年的理论研究[D].厦门：厦门大学高等教育科学研究所，1990.

② 王伟廉.高等学校专业与课程改革的理论研究[D].厦门：厦门大学高等教育科学研究所，1990.

③ 黎琳."高等教育面向21世纪教学内容和课程体系改革计划"述评[J].高等理科教育，2001(2)：13-19.

(四)第四阶段(1998—2018年):多元话语交融的理论升温期

大学扩招后,高等教育质量问题广受关注,大学课程研究愈发受到政策重视。① 大学课程研究的方法和意识渐趋明晰,成果也日渐丰富起来。不同学者分别从大学素质教育课程体系、通识课程、人才培养模式与大学课程创新、选课制和学分制改革、创新人才与课程体系改革、大学课程国际化等方面对大学课程展开了研究。而且,大学课程与人的发展的关系②受到关注,"以学习为中心"的理念被越来越普遍地接受,③切实把握学生的学习情况与学习效果④成为研究热点。学界开展的学情调查便是例证,如开展中国大学生学习性投入调查(NSSE-China)⑤,介绍国外的大学教育质量调查工具,如英国全国大学生调查(NSS)⑥、澳大利亚课程学习经验问卷(CEQ)⑦、全美大学生学习性投入调查(NESS)⑧⑨等。但这类研究或从整个大学教育着手,或偏向于具体某一影响要素,而较少集中于课程。

---

① 这一时期,《关于加强高等学校本科教学工作的若干意见》(教育部教高〔2001〕4号)、《关于进一步加强高等学校本科教学工作的若干意见》(教育部教高〔2005〕1号)、《教育部财政部关于实施高等学校本科教学质量与教学改革工程的意见》(教育部教高〔2007〕1号)、《教育部关于进一步深化教学质量与教学改革工程的若干意见》(教育部教高〔2007〕2号)、《教育部财政部关于"十二五"期间实施"高等学校本科教学质量与教学改革工程"》(教育部教高〔2011〕6号)、《教育部关于全面提高高等教育质量的若干意见》(2011)等政策文件均开始对大学课程作出要求。

② 王伟廉.高等学校课程研究导论[M].广州:广东教育出版社,2008:29.

③ HUBA M E, FREED J E.Learner centered assessment on college campuses: shifting the focus from teaching to learning[J].Community college journal of research and practice,2000,24(9):759-766.

④ 陆一.通识教育核心课程质量监测诊断:"高能课"与"吹水课"的成因分析与甄别[J].复旦教育论坛,2017,15(3):53-60.

⑤ 史静寰,文雯.清华大学本科教育学情调查报告2010[J].清华大学教育研究,2012(1):4-16.

⑥ 邵宏润,迟景明.基于学生体验的英国高等教育质量评价:"全国大学生调查"的形成、体系与问题解析[J].外国教育研究,2016(10):101-117.

⑦ 李昕,田张霞.国外"学生评教"的成功经验:以澳大利亚的CEQ和日本KUSFC的SFC-SFS为例[J].外国教育研究,2009,36(8):56-59.

⑧ 王世嫘,陈英敏.2000—2016年"全美大学生学习性投入调查"年度报告解析及其启示[J].外国教育研究,2018(6):41-54.

⑨ 靳敏,胡寿平.从数据到院校改进:全美大学生学习性投入调查的应用评析[J].比较教育研究,2015(8):39-46.

这一时期,开始有一些博士论文涉及大学课程研究,如鲍嵘的《高深学问与国家治理》(2004)、郭德红的《20世纪美国大学课程思想演变》(2005)、王一军的《从"高深学问"到"个人知识"》(2012)、巩建闽的《高校课程体系设计研究:兼论 OBE 课程设计》(2017)等。这些博士论文从多学科视角为大学课程研究建立了分析框架,拓宽了研究视野。在研究方法上,以思辨为主,少量辅以访谈、案例调查等方法的尝试。除此之外,关于大学课程的研究散见于高等教育学的著作中。这些著作多是关于高等教育学的综合论述,不可能把课程这一论题做详尽叙述,所以这些著作中讨论的是关于课程的概念、特点等基本问题,这些基本问题的解答为我们认识大学课程奠定了理论基础。

(五)第五阶段(2018 年至今):政策推动下的课程研究涌现期

2018 年开始,教育部对本科教育高度关注,尤其是新时代本科教育工作会议召开以后,一流本科教育建设成为所有高校必须重视的课题。课程作为人才培养的核心要素,自然地受到了政策的高度重视。"金课"概念由此进入公众视野,教育部高教司吴岩司长从创新性、高阶性、挑战度对"金课"内涵进行了解读。① 随后,《教育部关于一流本科课程建设的实施意见》颁布,更是进一步彰显着对课程的重视,课程研究出现了小高峰。相关研究论文开始探讨什么是金课以及如何建设金课。与此同时,学习者的主体地位日益凸显,学术界更为强调从学生学习经验和学习过程来理解课程,强调学生学习过程和学习结果。学习科学的理论研究成果开始备受关注,并被运用到指导课程实践中去。代表性研究成果是赵炬明在《高等工程教育》期刊上发表的关于"以学生为中心"的系列文章,分别从以学生为中心的概念与历史、科学基础、实践与方法、学习环境与教育技术、保障体系、课堂教学评价方法、教学学术与教师发展、制度以及组织与管理等九个方面对以学生为中心的改革进行了全面的阐述。

---

① 吴岩.建设中国"金课"[J].中国大学教学,2018(12):4-9.

二、本科课程建设的相关研究

(一)本科课程建设问题重重

1.人才培养目标模糊笼统导致大学课程无章可循

明确的人才培养目标是课程体系设计的重要前提,[①]它为课程提供了规范和依据。[②] 课程目标的确立、课程内容的选择、课程实施的方法等课程教学的基础性问题都离不开这一基本前提,[③]但我国大学面临的普遍性问题是人才培养目标不明确、笼统模糊、[④][⑤]操作性差[⑥]。当大学在人才培养目标上缺少思考,对专业人才所需要具备的具体知识、能力和素质要求不清晰时,从而也就难以科学地分解到具体的课程教学中去,继而课程设计既不得要领又依据不足。也就不难想象后续的课程则会出现较大的随意性和主观性。[⑦] 从培养目标出发审视课程问题,是将课程理解为培养人才的一种整体性思考或设计。当人才培养定位不清时,如何通过课程设计以达到人才培养目标便成了无的放矢。

2.课程设置缺少整体规划,课程结构不合理

对我国大学本科课程设置的问题研究多以经验性观察和思辨的方法进行分析。研究结果表示课程设置的典型问题有:第一,课程设置随意性较强,缺少整体规划。国内外研究均表达了对课程设置的忧思和批判,"随意性大于计

---

① 项璐,眭依凡.培养目标:人才培养模式改革的价值引领:基于斯坦福大学"开环大学"计划的启示[J].现代大学教育,2018(4):103-111.
② 司林波.科学的人才培养目标是提高教学质量的根本保证[J].中国大学教学,2015(11):11-15.
③ 唐德海,曹如军.大学课程高深性:立论基础与实践反思[J].大学教育科学,2017(5):57-61.
④ 王洪才.一流本科教育始于明确的目标定位[J].重庆高教研究,2019(1):23-26.
⑤ 项璐,眭依凡.培养目标:人才培养模式改革的价值引领:基于斯坦福大学"开环大学"计划的启示[J].现代大学教育,2018(4):103-111.
⑥ 项璐,眭依凡.培养目标:人才培养模式改革的价值引领:基于斯坦福大学"开环大学"计划的启示[J].现代大学教育,2018(4):103-111.
⑦ 顾佩华,胡文龙,陆小华,等.从CDIO在中国到中国的CDIO:发展路径、产生的影响及其原因研究[J].高等工程教育研究,2017(1):24-43.

划性"①"脱离学生需要""重复设置""放松标准""遴选标准过低""因人设课"②"自由随意""散乱拼凑"③"不合理"④"无门槛""无逻辑关系"⑤等词语比比皆是,"不切实际而多变的课程大杂烩""分不清主餐和甜点的自助餐"等话语充斥在对本科课程的声伐中。叶信治(2011)十分犀利地指出了我国大学课程设置的盲目性和随意性的境况,他认为课程设置常被学校领导者的意志和喜好左右,或过于迎合社会短期需求,或缺乏科学的研究,从而并没有在科学的研究的指导下,依据客观的标准和规范的程序进行设置。⑥ 林健(2020)指出我国当前新工科专业在课程设置中简单"叠加"痕迹明显,即主要通过增设不同学科的课程来应对外部变化,而未能从本质上体现多学科的融合。⑦ 还有学者指出,在公共课方面,大学只要教师开出课程就好,而至于开什么课程、课程目标及目标细化、课程内容选择的原则等则没有详细的规定。⑧ 第二,课程设置缺乏梯度性和层次性。⑨ 这一判断主要来自国内学者对国外大学先修课程、本科生研讨课、顶峰课程的研究。罗燕和史静寰等(2009)通过学生"学习参与度"的调查,⑩张红霞(2010)通过对美国一流大学课程纵向体系的反思,均得出了我国课程体系没有体现合理梯度的结论;⑪陈骏(2010)对"大学需要加大从大一到大四的课程梯度建设研究"的

---

① LUCKETT K.The relationship between knowledge structure and curriculum: a case study in sociology[J].Studies in higher education,2009,34(4):441-453.

② 张忠华.从三个维度思考大学的课程改革[J].中国高等教育,2011(11):45-46.

③ 周建平.大学课程改革的"深度"缺失与觉醒[J].江苏高教,2009(1):71-73.

④ 史静寰,文雯.清华大学本科教育学情调查报告 2010[J].清华大学教育研究,2012(1):4-16.

⑤ 付景川,姚岚.研究型大学本科人才培养模式:问题及改进策略[J].教育研究,2010(6):77-82.

⑥ 叶信治.基于深层学习的我国大学课程的反思与变革[J].福建师范大学学报(哲学社会科学版),2011(2):135-141.

⑦ 林健.课系改革和课程建设[J].高等工程教育研究,2020(1):1-13.

⑧ 李海芬,咸业国.课程设计管理:高校公共选修课建设的关键[J].教育发展研究,2006(7):8-11.

⑨ 孟卫青.高校本科课程质量标准研究[M].广州:广东高等教育出版社,2015:81.

⑩ 罗燕,史静寰.清华大学本科教育学情调查报告:与美国顶尖研究型大学相比较[J].清华大学教育研究,2009(5):1-13.

⑪ 张红霞.美国一流大学本科课程纵向结构特点初探[J].高等理科教育,2010(5):67-72.

呼吁同样反映了课程梯度的缺失。① 当然,国外大学对这一问题的关注远远早于我国,美国大学协会20世纪80年代初的研究《大学课程的完整一贯:面向学术界的报告》指出各科目之间缺少理论联系和相互连贯,甚至全部课程都难以衔接;德雷克·博克也表态"无论是传统专业还是新兴的跨学科专业,许多院系在安排课程顺序时都缺乏研究——并为保证课程的深度和难度逐级提升"。②

课程设置问题既是实践者的无奈,也是研究者的难题。课程设置不简单地是课程的结构安排,其背后更多是利益考量。③ 需要综合课程的不同利益主体需求,实现共识。

3.课程设计倚重知识本位,学习者虚置现象明显

首先,大学课程目标设计存在过分注重学科知识的现象,即在进行课程设计时以学科知识的系统性和完整性为唯一依据,在课程内容选择上注重"教的便利",而学习者的发展需求通常被社会需求、知识逻辑以及信息技术所淹没,处于一种边缘化、概念化的存在状态。④ 这与我国大学管理机制有关,在政府主导下,课程设计显示出相对市场和社会的滞后性的同时,也弱化了"人"这一核心向度。⑤ Bovill、Bulley和Morss(2011)的研究发现课程设计中的学生参与能够更好地控制学习过程,⑥S. Brooman等(2015)也用实证研究验证了倾听学生声音能够改善学生对课程的认知,进而改进课程

---

① 陈骏.推行"三三制"创新本科教学模式[J].中国高等教育,2010(11):12-14.
② 德雷克·博克.回归大学之道:对美国大学本科教育的反思与展望[M].侯定凯,梁爽,陈琼琼,译.上海:华东师范大学出版社,2012:92-93.
③ 周建平.大学课程改革的"深度"缺失与觉醒[J].江苏高教,2009(1):71-73.
④ 艾小平,杨川林.以学习者为中心的开放大学课程开发[J].现代远距离教育,2013(6):57-61.
⑤ 凡文吉,常思亮."大学课程资本"下我国大学课程开发管理问题探讨[J].现代大学教育,2016(2):106-111.
⑥ BOVILL C, BULLEY C, MORSS K. Engaging and empowering first-year students through curriculum design: perspectives from the literature[J]. Teaching in higher education, 2011,16(2): 197-209.

设计。① 而且,学生参与大学课程设计已成为世界高水平大学建设的共同举措。② 虽然我们在理论上确立了学生参与课程设计的合法性,但实践中学生这一主体缺位的现象确实一直存在,他们"并没有机会参与学校的课程开发活动"。③

其次,课程内容的选择与组织仍以学科逻辑为主。当前大学课程内容主要表现为以知识为中心,强调预设性、一致性;④刚性有余,弹性不足;⑤课程内容无法与学生生活发生联系;⑥重视选择满足当下职业所需,忽视学生发展需求;⑦大学科研成果没有很好地转化到课程内容中,⑧形成了"高深的探究和贫乏的课程"的局面。⑨ 虽然 K.S.Floyd 等(2009)的研究表明课程内容是否具有挑战性等对学生的学习方式有着直接影响,当课程内容具有挑战性时,学生则会发生深层学习,⑩但目前课程内容难度小的问题较为普遍。此外,课程内容割裂,碎片化、"知识拼盘"现象严重。弗兰克·H.T.罗德斯(2007)描述了"现在的美国大学的组建方式,最大程度上减少了学术界与外界的有效对话,甚至,减少了本专业课程学习与其他专业学习之间的对

---

① BROOMAN S DARWENT S,PIMOR A.The student voice in higher education curriculum design:is there value in listening?[J].Innovations in education and teaching international,2015,52(6),663-674.

② 汪霞.大学生需要什么样的文化素质教育课程:基于对六所大学的调查[J].大学教育科学,2013(3):21-27.

③ 汪霞.大学生需要什么样的文化素质教育课程:基于对六所大学的调查[J].大学教育科学,2013(3):21-27.

④ CARR DAVID.Education,knowledge and truth[M].London and New York:Routledge,1998:64.

⑤ 周海涛.大学课程目标与内容调查报告:对三所综合性大学本科课程的调查分析[J].教育研究,2004(1):65-71.

⑥ 王洪才,刘隽颖,解德渤.大学创新教学:理念、特征与误区[J].中国大学教学,2016(2):19-23.

⑦ 唐德海,曹如军.大学课程高深性:立论基础与实践反思[J].大学教育科学,2017(5):57-61.

⑧ 徐同文.大学课程创新的时代抉择[J].教育研究,2012(11):73-77.

⑨ 伯顿·克拉克.探究的场所:现代大学的科研和研究生教育[M].杭州:浙江教育出版社,2001:49.

⑩ FLOYD K S, HARRINGTON S J, SANTIAGO J.The effect of engagement and perceived course value on deep and surface learning strategies[J].Informing science:the international journal of an emerging transdiscipline,2009(12):181-190.

话,每一个课程都是自治的领域,很少与其他课程对话,以专业为基础的旧式课程已经无法包括在很多领域内出现的学科交叉现象"。① 从本质上看,课程内容选择涉及"什么知识最有价值"的思考,不同时代、不同价值取向决定了课程内容的差异。② 以上这些研究为我们呈现了课程内容选择与组织的基本问题,但是大学课程内容应该由谁确定,大学课程内容该依据什么标准来选择,应该选择什么样的课程内容,具体的选择方法、机制、策略又是什么,等这些问题尚需进一步探究。

4.课程实施的主导形式并没有发生根本改变

在我国,大学课程设计通常是由权威专家负责的,而实施则是普通教师的工作。③ 这在源头上就割裂了课程的设计与实施过程。在具体的课程实施过程中,"讲述症""静听症"④一直存在,"70%的学生认为教师的讲课不吸引人"⑤ 即使是美国一流大学的教师会也在"学术自由"的名义下忽视教学方法,拒绝评估和改进,对教学效果掩耳盗铃。⑥ 课堂中的大部分学习都是以复制、信息分类或复制简单程序为特征。⑦ 本科生抱怨"教授教得太少,助教教得太多"⑧,教师倾向于维护自身权利,鼓吹减少教学工作量,倾向于满足自己的利益,通常根据自身情况而非整个培养目标设计课程,行政人员则关注费用、效率,很少有人真正忙于课程事务,从而直接抑制了课程功能。⑨ 在大多数课程中,以教师为中心的教学得以长盛不衰的根源在于

---

① 弗兰克·H.T.罗德斯.创造未来 美国大学的作用[M].王晓阳,蓝劲松,译.北京:清华大学出版社,2007:107.

② 纪德奎,姚军.从"潮课"现象看高校选修课程开发的困惑与抉择[J].高等教育研究,2013(7):65-69.

③ 叶信治.大学课程的"实践观点"[J].江苏高教,2003(1):33-37.

④ 刘献君.大学课程建设的发展趋势[J].高等教育研究,2014(2):62-69.

⑤ 刘献君.论"以学生为中心"[J].高等教育研究,2012(8):1-6.

⑥ 德雷克·博克.回归大学之道:对美国大学本科教育的反思与展望[M].侯定凯,梁爽,陈琼琼,译.上海:华东师范大学出版社,2012:30.

⑦ SMITH T W, COLBY S A.Teaching for deep learning[J].The clearing house: a journal of educational strategies, issues and ideas, 2007,80(5):205-210.

⑧ 弗兰克·H.T.罗德斯.创造未来 美国大学的作用[M].王晓阳,蓝劲松,译.北京:清华大学出版社,2007:83.

⑨ GAFF J G, RATCLIFF J L.Handbook of the undergraduate curriculum: a comprehensive guide to purposes, structures, practices, and change[M].San Francisco: Jossey Bass,1997:534-535.

教师牢牢地掌握着关于教与学的几乎全部权力,也正因如此,学生失去了学习的兴趣。① 而当学生把注意力集中在记忆事实和具体的阅读细节上时,并且把问题视为是外在的设置时,这种学习是浅表学习。② 所以我们不难看到学校层面的课程建设热热闹闹,实际课堂却冷冷清清。刘振天(2017)指出在我国的大学课堂中,填鸭式、满堂灌依然占据主流,重教轻学、重知识轻能力、重理论轻实践并没有得到根本解决。③ 可以说,我们的课程建设并没有落实到课程实施层面,传统师讲生听的模式并未发生根本改变。

5.课程评价仍以知识考试为主要形式

有学者通过实证调查证明"当前课程评价注重事实性知识的记忆以及概念性知识的理解"④,即课程评价注重对知识记忆程度的考察,难以超越知识本身。⑤ 恰如威尔伯特·J.麦肯锡所言,传统评分方式根据已完成学习的量而非能力发展所达到的程度评定分数,按照正态分布的规律进行评分,这种评价是极不可靠的。⑥ 学生直到毕业才意识到,与其说他们有目的地追求知识,不如说他们成功地获取了学分。⑦ 虽然教师能够认同课程目标,有明晰的教学理念,但在课程考核时仍又回到"应试"为特征的路径上。⑧ 这实际上是课程理念与实践的差距,即考试内容注重课程内容,而忽视了课

---

① 马丽埃伦·韦默.以学习者为中心的教学:给教学实践带来的五项关键变化[M].洪岗,译.杭州:浙江大学出版社,2006:31.
② MARTON F, SALJO R. On qualitative differences in learning: outcome and process[J].British journal of educational psychology,1976,46(1):4-11.
③ 刘振天.高校课程改革和课程建设切忌重"课"轻"程"[J].中国高等教育,2017(17):49-52.
④ 彭湃.从规准和创新两方面谈大学生学习成果评价[J].清华大学教育研究,2019(1):13-15.
⑤ 卢强,左明章.哈佛大学教育技术课程教学质性分析:生态学视域[J].现代远距离教育,2015(2):74-81.
⑥ 威尔伯特·J.麦肯锡.麦肯齐大学教学精要:高等院校教师的策略、研究和理论[M].徐辉,译.11版.杭州:浙江大学出版社,2005:82-84.
⑦ GARDINER L F. Redesigning higher education: producing dramatic gains in students learning.report 7.[M].Washington:George Washington University,1996.
⑧ 吴凡.我国研究型大学课程目标与课程评价问题研究:基于"985工程"高校大学生学习经验调查[J].中国高教研究,2017(10):98-102.

程目标。同时,课程评价中还存在考核标准泛化,忽视不同课程的特性,①"将课程教学评价等同于对教师的个人评价"②的问题。有学者指出,大学教学评价标准的两大主要问题表现为可观测性差和"一刀切"。③

此外,课程评价中的一个现象便是师生之间的"教学相涨"。有实证研究表明,看似教学质量提升的背后实则是学生评教与教师给学生的分数之间存在正向回馈机制,"教学相涨"和分数"双重膨胀"的行为经过"沉淀"成为"惯习"时,则意味着学生评教成为滋生异化教学关系的土壤。④ 类似的情形在国外也是如此,正如英国商业、创新和技能部(Department for Business,Innovation and Skills,简称 BIS)部长 Jo Johnson 所言:大学教师对学生的学业表现给予宽松的评分以换取他们对教学质量的认可。⑤

上述梳理只是为了清晰地呈现课程建设中不同环节的问题,但并不代表这些问题是孤立存在的,它们之间往往相互关联,这些问题的解决不仅仅依赖于课程体系的完善或是教学方法的改革、教学内容的更新,而是一个系统的治理工程,需要多主体参与、多要素协同推进。

(二)学界对一流本科课程的判断标准并未达成共识

学术界对课程质量的认识发生了三大变化:一是从一元向多元转变,即价值主体逐渐从满足国家社会需求,向以满足个体发展为核心转变;二是从关注教向关注学转变;三是从抽象向具体转变,即关注概念框架向关注质量指标体系构建转变。不难发现,学术界对课程质量的认识不再致力于概念的同一性,而在于概念的建构性与适切性。这种多元的分析视角和建构为丰富课程质量提供了更多可能。

从研究方法上看,关于课程质量的研究可以分为思辨研究和实证研究

---

① 赵春鱼.高校课程质量评价存在的问题及其改进:基于全国49所高校的现状调查[J].教育发展研究,2016(23):44-51.

② FELDMAN K A.Identifying exemplary teachers and teaching:evidence from student ratings[M]//The scholarship of teaching and learning in higher education:an evidence-based perspective.Springer Netherlands,2007:93-143.

③ 蒋亦华.大学课程实施:专业本位的价值取向[J].现代大学教育,2010(4):103-109.

④ 哈巍,赵颖.教学相"涨":高校学生成绩和评教分数双重膨胀研究[J].社会学研究,2019,34(1):84-105.

⑤ 秦圣泽,李均.大学教学质量评估的"英国探索":基于对英国高等教育"教学卓越框架(TEF)"的分析[J].教育现代化,2018,5(52):297-303.

两类。思辨类的研究将课程质量视为价值标准,主要围绕个体发展、社会需求等规范性价值进行阐述;实证类研究则将课程质量视为评估术语,主要遵循典型的实证主义论证范式,从评价方法、评价视角等维度来界定其内涵与外延,涉及课程质量的中观和微观层次。在具体方法上,学者主要采用德尔菲法、扎根理论等方式对课程质量维度进行界定。

1. 课程价值取向从一元向多元发展

课程质量实则是利益主体对课程的一种价值倾向。不同价值取向直接引发出课程体系构成、课程形式、内容选择、实施策略以及评价等方面的不同。目前,学界普遍认可大学课程中存在三种基本价值取向:知识本位、社会本位和人本位。[1][2] 这三种价值取向之间存在一个有序的结构,即分别是条件、前提和目的的关系。[3] 具体地说,我们在面对不同价值取向间的冲突时,以个人本位价值取向为目标导向,恰当处理社会需求、知识创新和个人成长之间的关系。在现有研究中,一些学者认为本科课程多以"传授知识"为基本取向,且"专门职业化"取向明显。朱晓刚(2008)认为我国大学课程更多基于社会本位。[4] 孟卫青(2015)在分析我国本科课程质量模式的历史演变的基础上,结合高校课程方案文本和学生问卷调查的实证方式,论证了课程质量价值取向偏重社会价值和学科价值,而未重视个体价值。可见,我国大学课程的价值取向在发生变化,但对学生本位的价值取向却重视不足。虽然学术界从学理上论证了三种价值取向相互依存和相互作用的发展方向,并对大学课程价值取向的协调和融合奔走疾呼,但在实践中,大学课程价值取向单一化却是不争的事实。

2. 课程质量从关注教向关注学转向

高质量课程的判断无疑离不开"教"的质量,最终也要落脚到"学"的效果上。正如有学者指出教学质量和学习成效是一流课程的两个关键维度。

(1)"教"的视角:有效教学研究

在对高质量课程的认知过程中还有一种重要的取向,即将高质量课程视为有效教学。"有效教学"通常与"卓越教学"交互使用。"有效教学"在高

---

[1] 刘志军.课程价值取向的时代走向[J].教育理论与实践,2004,24(10):46-49.
[2] 张忠华.关于大学课程设置的三个问题[J].大学教育科学,2011(6):30-34.
[3] 刘旭.再议大学课程的价值取向及其关系[J].高等教育研究,2005(6):60-63.
[4] 朱晓刚.我国传统大学课程观探析:历史的视角[J].教育理论与实践,2008(21):9-11.

等教育领域中其实是一个极富争议的概念,学术界并未就此形成共识。不同学者往往从自身角度出发给予界定。最具影响力的便是查克林和加姆森的优秀本科教学七项原则:优质讲授、师生互动、学生参与、主动学习、时间利用、及时反馈和因材施教。①

学术界对于有效教学的研究侧重点是发生变化的。20世纪以前,"教学是一门艺术"的说法占据着主流地位,这一观点主张教学是复杂的、个性化的行为,而没有"公共方法"。因此,有效的教学更多是凭借经验,是一种"约定俗成"的行为,而教学的好坏则取决于教师是否将其视为"良心活"。20世纪以来,心理科学和行为科学蓬勃发展,一些教育家受到这些研究结果的启发,明确提出了"教学是一门科学"的观点。这一立场鲜明、直接,让人们认识到教学并非无章可循,而是依据一定的科学规律,且能够通过科学的方法加以研究。有效教学的概念由此被提出。20世纪70年代之前的三十年间,学术界关于有效教学的研究集中在总结提炼优秀教师的特征和品质。其背后的假定是"优秀教师的教学就是有效的",而什么是优秀的教师就成为有效教学的研究内容。但渐渐地,人们发现,即使有些教师符合人们对优秀教师的认知,但他仍然无法带来好的教学。20世纪70年代后的十年里,学术界发现教师行为是决定教学是否有效的主要因素,于是开始从教师的课堂教学行为切入研究有效教学。与此同时,关于学生发展、学习理论、脑科学以及认知发展的研究已经证明强调主动学习、合作学习并鼓励学生自主探索的教学是有效的。学术界也逐渐认识到教师的"教"只有在被学生接受,并通过学生表现出有效的学习行为和结果时,才真正有效。因此,有效教学的关注点从关注教师教学行为逐渐转向从学生学习行为切入。即有效教学的评价思想从"以教评教"转向"以学评教"。可见,传统的有效教学基本是教师读讲义,学生做笔记,这种观点已被新的认识所超越。关于有效教学研究的动态发展实际上反映了课程质量标准的历史性与动态性。

有效教学的研究主要是国外学者、专业学会等通过文献梳理的方式②,

---

① CHICKERING A W,GAMSON Z F.Development and adaptations of the seven principles for good practice in undergraduate education[J]. New directions for teaching and learning,1999(80),75-81.

② YELON S L.教学原理[M].单文经,等译.上海:华东师范大学出版社,2003:69.

或通过访谈优秀教师等方式[1]，提出卓越教学的诸多原则。然而这类研究更多是对教师"教"的研究，进一步说是对高质量课程的间接研究，其往往通过归纳提炼出教师应该具备的品质和行为，进而推论出一旦具有这些特质便能发生高质量课程。而且，学术界关于课程质量的研究实则存在一种倾向：将课程质量等价于教学质量。虽然学术界已经开始以学生学习效果判断教学质量，但这种研究惯习的影响仍十分强大。

(2)"学"的视角：判断课程质量的趋势

1995年，美国学者巴尔和塔戈首次提出学习范式的概念，由此开启了美国高等教育的整体变革。[2] 我们近些年来也开始关注学生学习研究，研究成果十分丰富。这部分研究以陆根书、吕林海、郭建鹏、汪雅霜、杨院和尹弘飚为代表。他们主要从学习风格[3]、学习方式[4]、学习投入[5]、学生参与[6]、师生互动[7]等微观层面进行研究。吕林海（2020）认为应该按照学生是否采用以及有多少学生采用了"深度学习"法作为判断课程质量的标尺[8]，并从深度学习的影响机制[9]入手分析产生深度学习对课程的具体要求。这类研究以实证调查为主，其结果解释十分有趣，是课程研究中的新增长点。

从学生"学"的视角研判"金课"被视为更具实践解释力的判断标准。吕

---

[1] KEMBER D，MCNAUGHT C.Enhancing university teaching：lessons from research into award-winning teachers[M].London and New York：Routledge，2007：9-11.

[2] 刘青山,刘佳,吴立保,等.学习范式下高校"金课"建设的价值逻辑与路径选择[J].江苏高教,2020(8)：55-63.

[3] 陆根书,于德弘.学习风格与大学生自主学习[M].西安：西安交通大学出版社，2003.

[4] 郭建鹏,杨凌燕,史秋衡.大学生课堂体验对学习方式影响的实证研究：基于多水平分析的结果[J].教育研究，2013,34(2)：111-119.

[5] 汪雅霜.大学生学习投入度对学习收获影响的实证研究：基于多层线性模型的分析结果[J].国家教育行政学院学报,2015(7)：76-81.

[6] 王媛,周作宇.学生参与度的类型与特征探究[J].全球教育展望,2018,47(12)：38-50.

[7] 赵晓阳,刘金兰.学生参与度评价：一种学生主体的教育质量评价方法[J].高教探索,2012(6)：21-26.

[8] 吕林海."深度学习"视域下的大学"金课"：历史逻辑、考量标准与实现路径之审思[J].高校教育管理,2020,14(1)：40-51.

[9] 吕林海."拔尖计划"本科生的深度学习及其影响机制研究：基于全国12所"拔尖计划"高校的问卷调查[J].中国高教研究,2020(3)：30-38.

林海(2020)认为应该按照学生是否采用以及有多少学生采用了"深度学习"法作为判断课程质量的标尺。[①] 有研究同样支持这一观点,认为金课的标准不是老师将课本内容阐述清楚、逻辑严密,而是学生是否学会、理解,是否会应用了。[②] 以"学"的视角切入课程研究,是当前以学生为中心理念的具体体现,钟志贤总结了以学生为中心的理论类型和代表性观点(如表1-1)。

此外,一些关于大学生学习投入的研究成果表明学生投入是影响学生结果的关键因素,而优质的讲授、清晰的目标、及时的反馈、适当的挑战度以及强调学习自主能够有效激发学生的投入。[③] 因此,研究大学生学习的学者建议我国大学要在提高课程挑战度、学生课堂参与、师生互动、小组学习方面着力。[④] 这类研究多以实证研究为主,主张以数据说话,其切入点往往很微观,重在解决影响学生学习的具体因素,并以此反观大学课程教学的问题,提出具体的对策建议。

表1-1 以学生为中心的课程理论类型

理论类型	主要观点
为理解而教	强调对知识的深度理解而非死记硬背;强调(运用信息资源进行思考和行动的)能力而非(去情境化的)知识;强调高阶思维技能的学习而非基本事实性知识的获得
基于问题的学习	主张把学习置于解决某个复杂问题的情境中,学习者是问题求解者,认为这对培养学生掌握解决劣构问题的探究技能和推理技能十分有效
创建学习共同体	强调知识建构的社会性,主张将学习者置于真实的学习情境,认为通过群体学习,学习者不仅能够获得基本技能和基本知识,而且可以掌握如何管理学习
高阶思维技能	关注高级思维技能发展,认为高级思维技能是解决劣构问题的能力,并将自主学习能力/自我调节能力视为高级思维技能培养的重心

[①] 吕林海."深度学习"视域下的大学"金课":历史逻辑、考量标准与实现路径之审思[J].高校教育管理,2020,14(1):40-51.

[②] 夏淑倩.新时代化工类专业课程建设与改革[J].中国大学教学,2019(6):16-19.

[③] 王纾.研究型大学学生学习性投入对学习收获的影响机制研究:基于2009年"中国大学生学情调查"的数据分析[J].清华大学教育研究,2011,32(4):24-32.

[④] 常桐善.中美本科课程学习期望与学生学习投入度比较研究[J].中国高教研究,2019(4):10-19.

续表

理论类型	主要观点
多样性/差异性	强调教学理论多样化的必然性
操作技能领域	强调身体运动技能是人类经验的重要组成部分
情感领域	关注如何有效促进学习者人格、情感、态度、社会性和心灵的发展

资料来源:钟志贤.面向知识时代的教学设计框架:促进学习者发展[M].北京:中国社会科学出版社,2006:29-30.

与此同时,本综述将学生眼中的高质量课程研究也归类于此。马浚锋和罗志敏(2019)通过对一个院系的 298 份学生公选课评价的文本进行分析后发现,学生对课程质量的认知取决于师德师风、授课水平、考试难易程度、作业量、成绩、实用性等因素。基于此,作者归纳出了学生对课程质量的基本判断,即包含教学态度、内容、方式、设计以及评价在内的认知体系。① 虽然学生对金课的认知确实为判断课程质量提供了另一种论证角度,但是我们需要清楚地认识到学生只是课程的关键主体之一,他们对课程的评价更多是一种满意度评价。

3.课程质量从抽象的概念框架向具体的质量指标体系构建转变

课程质量是一个复杂的概念,构成大学课程质量的要素很多。相关研究既有从定性的角度对高质量课程进行特征描述,也有从定量的角度将课程质量这一抽象概念具体化。

第一,通过定性研究描述高质量课程的基本特征。"金课"这一概念在 2018 年被首次提出,它原是政策话语,后被写进教育部文件。随后,高教司司长吴岩(2018)对"金课"做出进一步阐释,指出金课的"两性一度"特征,并以此指导金课建设实践。② 此后,学术界开始对"金课"这一概念做出学理解读。学术界关于"金课"论述的一个重要特点是"特征取向",主要采取从正面总结和反面论述的方式论述金课的特征。

通过正面总结方式论述金课特征的如下:陆国栋(2019)指出金课的三大特征:师生互动、关注过程和严格要求。③ 崔佳等(2019)构建了金课建设

---

① 马浚锋,罗志敏.什么是大学"金课":学生如是说[J].江苏高教,2019(5):60-66.
② 吴岩.建设中国"金课"[J].中国大学教学,2018(12):4-9.
③ 陆国栋.治理"水课" 打造"金课"[J].中国大学教学,2018(9):23-25.

的主体性、基础性和科学性三大原则,这三大原则分别表示学习者有效参与、学习内容聚焦和全脑教学。① 王强(2019)则认为金课具有三个融合特征,一是教学目标与立德树人根本任务融合,二是教学内容与课程思政元素融合,三是传统教学方法与现代信息技术融合。② 李芒、李子运和刘洁滢(2019)提出了"七度"教学观:难度、深度、广度、高度、强度、精度及温度。③这些对金课特征的分析更多是从教师教学的角度进行提炼,可以说只是对课程建设中的一个环节的分析。

在反面论证中,李志义(2018)通过与"水课"的对比,列举出金课的五大特征:高阶课堂、对话课堂、开放课堂、知行合一、学思结合。④ 蔡映辉(2019)给水课进行了如下界定:挑战度低、难度不足、内容过时、教学效果差、以期末考试定成绩的课程。⑤ 对水课的描述性定义中,我们可以看出学者们的关注点更多聚焦于课堂教学上,即课程实施环节,而对课程设计等环节的关注相对不足。

当然,课程质量标准并不是固定不变的。历史上,高效率地将尽可能多的先进知识讲授给学生曾是优质教学的经典范例。⑥ 但时代发展让"高深知识"作为大学课程目标的合理性也遭受了质疑,而建构学生"个人知识"则成了大众化乃至普及化高等教育背景下大学课程的目标选择。⑦ 这类研究以王一军为代表,他的博士毕业论文论证了大学课程发展个体知识的必要与可能。⑧

第二,通过定量研究构建课程质量标准指标体系。学术界的普遍做法是在实证调查中离析出较为合适的因素进行质量标准的构建。现有研究成

---

① 崔佳,宋耀武."金课"的教学设计原则探究[J].中国高等教育,2019(5):46-48.
② 王强."金课"建设的融合创新策略研究[J].中国大学教学,2019(7):67-71.
③ 李芒,李子运,刘洁滢."七度"教学观:大学金课的关键特征[J].中国电化教育.2019(11):1-8.
④ 李志义."水课"与"金课"之我见[J].中国大学教学,2018(12):24-29.
⑤ 蔡映辉.评估与"金课"建设[J].中国大学教学,2019(5):49-54.
⑥ 王洪才,刘隽颖,解德渤.大学创新教学:理念、特征与误区[J].中国大学教学,2016(2):19-23.
⑦ 王一军.大学课程:发展学生"个人知识"的必要与可能[J].高等教育研究,2011,32(4):64-75.
⑧ 王一军.从"高深学问"到"个人知识":当代大学课程的秩序转型[D].南京:南京大学,2012.

果从内容上主要分为两大类。一类是有针对单门课程的质量标准,或某一类型课程的质量标准,或某一类型高校所有课程的质量标准,或涉及整个课程体系的质量标准;另一类是从课程质量形成过程来构建课程质量标准。从研究范式上看,主要是思辨研究和实证研究两类。从具体方法上看主要有文献归纳法、理论模型法、德尔菲法,少量研究运用了扎根理论方法。陆一借鉴国外多套教学与课程评价体系,结合本土实际,设计出3个一级指标、14个二级指标的通识教育核心课程质量评价指标体系,如表1-2。[1]

在线课程质量认定的主要方法是通过德尔菲法构建出质量评价标准和具体指标,也有少量运用扎根理论对文本进行分析;在线课程质量认定的具体内容则主要聚焦在课程资源、课程实施、学习者体验和平台保障等方面。如王璐、赵呈领、万力勇(2017)运用扎根理论,对爱课程网国家精品资源共享课中的用户评价文本进行编码分析,提炼出评判在线课程质量的五个维度:系统特性、视频质量、教师队伍、教学内容、辅助性学习资料。[2] 姚凯等(2017)建立了MOOC综合评价指标体系,主要从课程内容、教学设计、界面设计、媒体技术和课程管理五个方面评价MOOC(慕课)质量。[3] 虽然这一标准为学习者判断在线课程质量提供了依据,但该研究的数据源自MOOC学院网站,样本量并不充分,而且很难辨别评价内容的真实性。

表 1-2 通识教育核心课程质量评价指标体

一级指标	二级指标	
	基本指标	高级指标
教学质量	教学态度、讲课水平、有效指导、提出学业挑战度、激发兴趣	教师个人影响力
学习投入	选课动机、课程参与、课后投入、延伸讨论	学习意义感
学习收获	增进通识学习收获、增进通识理解	经典研读能力

资料来源:陆一.通识教育核心课程质量监测诊断:"高能课"与"吹水课"的成因分析与甄别[J].复旦教育论坛,2017,15(3):53-60.

---

[1] 陆一.通识教育核心课程质量监测诊断:"高能课"与"吹水课"的成因分析与甄别[J].复旦教育论坛,2017,15(3):53-60.

[2] 王璐,赵呈领,万力勇.基于扎根理论的在线开放课程质量评价指标体系构建研究:以国家精品资源共享课为例[J].中国远程教育,2017(11):70-76.

[3] 姚凯,李思志,李艳红,等.MOOC评价模型研究[J].复旦教育论坛,2017,15(3):65-71.

斯隆联盟作为全球领先的在线学习机构,提出了高质量慕课标准,即"有效学习、学生满意度、教师满意度、准入无障碍、成本效益"[①]。这一标准已成为美国在线高等教育质量的重要依据。[②] 美国自2002年便开启了对在线课程的认证工作,其具体工作围绕QM网络高等教育课程认证标准展开,这一标准为认证工作提供了基本依据,具体包括课程介绍、学习目标、课程评价、教学资源、活动与互动、技术手段、学习者支持、可获得与可用性等8个方面。[③] 但QM认证标准仅涉及课程设计层面,而对课程的其他环节没有关注,是一种静态层面的课程质量诊断方式。

通过对上述研究中的具体指标进行分析后,我们可以发现在线课程质量认证标准在课程设计、课程内容、资源管理以及师资等方面的指标设计得较为具体。也不难发现在线课程的质量认证更多是从静态角度对课程设计的规范性予以观照,在一定程度上回避了对课程实施效果的评测。

最后,是关于课程质量标准的研究路径分析与评价。学术界对课程质量标准的研究路径基本可以归纳为"经文献梳理设计出指标—通过问卷等实证方式进行修正—提出对策建议",且指标体系的内容更多偏重课程实施,而对课程设计部分涉及较少。如刘卫东(2019)从课程质量的形成过程离析出影响课程质量的因素,并构建课程过程质量要素模型。[④]

基于上述研究,课程质量标准既是认识论层面上关于质量的某种价值取向,也是实践层面上课程建设的操作指引或原则性规定,即质量指标体系。在认识论层面,现有文献对课程质量观和质量取向的研究为本书贡献了前提性的理论基础;在指标体系构建方面,我们可以发现关于课程质量标准的研究更多聚焦于课程设计或课堂教学质量评价,而较少从影响课程质量的全过程对课程质量进行评价,这是值得进一步探索的方向。一方面,现

---

① 王丽华.美国"慕课"的新发展及对中国的启示:基于对斯隆联盟系列调查评估报告的解读[J].高校教育管理,2014,8(5):34-40.
② MOORE J C.A synthesis of sloan-c effective practices[J].Journal of asynchronous learning networks,2008,12(3):91-115.
③ Specific Review Standards from the QM higher education rubric, Sixth Edition[EB/OL].[2021-10-06]. https://www.qualitymatters.org/qa-resources/rubric-standards.
④ 刘卫东.基于目标-过程结构关系的课程质量评价模型及其实证研究[J].国家教育行政学院学报,2019(7):43-51.

有研究对课程质量要素的界定仍存在差异,对课程质量要素的探索和课程质量框架的构建仍有优化空间。另一方面,课程质量的评价涵盖了教学条件与资源等表层物质技术层面、规范管理等中层制度层面,以及课程教学模式与惯习等深层文化层面。现有研究更多聚焦于课程质量的表层评价,而对中层涉及不多,对深层层面也缺少关注。课程质量评价不可片面强调可观、可测、可查的表层量化指标或硬件指标投入,也需重视对课程质量提升起到根本作用的深层理念、模式运行、组织机制、文化等质性指标的建设发展。

三、本科课程管理的相关研究

(一)现行课程管理的弊端在于抑制了师生主体积极性

国内外文献对大学课程质量保障机制的问题分析结果表明,课程质量不高的原因很大程度上在于课程管理的体制机制与课程改革不匹配。阎光才指出行政部门缺乏真正以生为本的理念和服务意识,过于强调表面文章,导致制度规范越来越多,教师疲于应付。[①] 朱晓刚从管理学角度透视,认为长期受制于学校课程管理模式,教师在课程开发方面无意识,以及教师在"学术自由"名目下,不认真教学,课程评价缺乏依据、课程管理"空心化"等。[②] 从而导致了大学课程价值虚化、行为规则失范、运行保障失效等问题。常思亮指出课程资源不足、管理制度不配套等管理问题让课程改革的推进变得十分困难。[③] 凡文吉从经济学角度分析,大学课程在开发管理、资源流通管理、评价管理等方面面临着资源配置机制不完善的弊端,从而导致了课程资源"诸侯割据"、资源获取"裹足不前"等种种问题。[④] 还有学者从社会学角度出发,课程被视为一种文化资本,与权力、利益等纠葛在一起,具有政治品性,在实际运作过程中则暴露出对权力和利益的过度追求以及课

---

① 阎光才.我国本科教与学过程的特征与问题分析[J].中国高教研究,2020(5):1-8.
② 朱晓刚.课程制度视角下的我国现代大学制度建设[J].高校教育管理,2016(6):46-50.
③ 常思亮.大学课程决策研究[D].长沙:湖南师范大学,2010.
④ 凡文吉.大学课程资本视野下我国高校课程管理的改革研究[D].长沙:湖南师范大学,2016.

程场域中的无序现象。[1]

国外学者 Mohammad K 和 Gibbs T 认为严格的规章制度和传统价值观阻碍着必须发生的课程变革。[2] Anna Hurlimann(2013)通过对墨尔本大学四个通过专业认证的课程进行案例分析后,指出当前的课程管理中烦琐的程序、官僚主义的逻辑是课程建设的主要障碍。[3] 迈斯(Massy)等指出碎片化的沟通机制、资源限制以及不合理的评价激励机制在内的院系文化导致了教师教学的"单兵作战",这也是阻碍教师追求卓越教学的根本原因。[4] 与之相应的,李庆丰(2008)指出,在我国高度中央集权体制下,大学及其教师缺乏对课程研究的意识。因为教师只需要依据实现确定好的课程内容进行教学即可,而不需要参与课程目标的确立、课程内容选择和组织以及课程评价等。[5] 对高等教育的理论研究者而言,因为过多的行政控制,导致他们失去了研究大学课程的机会和可能。[6] 随着大学办学自主权的增加,大学获得了课程生成、实施和评估的制度平台,拥有了选择"教什么"和"如何教"的权力。然而,虽然学校、院系和任课教师通常会认识到课程体系或课程在内容和设计上所存在的严重问题,但是碍于不了解如何进行有序的变革、从何入手、以什么成果为目标,以及教师、课程体系委员会和行政管理人员分别应该承担什么任务,导致他们无法全力投入改革中去。[7]

以上以粗线条形式呈现大学课程管理中的问题,这些问题让我们意识

---

[1] 罗生全.符号权力支配下的课程文化资本运作研究[D].重庆:西南大学,2008.

[2] MOHAMMAD K,GIBBS T.Managing curriculum transformation within strict university governance structures:an example from damascus university medical school[J].Medical teacher,2012,34(8):607-613.

[3] HURLIMANN A, MARCH A, ROBINS J. University curriculum development:stuck in a process and how to break free[J].Journal of higher education policy and management,2013,35(6):639-651.

[4] MASSY W F, WILGER A K. Departmental cultures and teaching quality:overcoming "hollowed" collegiality[J].Change the magazine of higher learning,1994,26(4):10-20.

[5] 李庆丰.大学教学改革应重视对课程知识选择的研究[J].复旦教育论坛,2008(3):27-31.

[6] 胡弼成.大学课程体系现代化[M].长沙:湖南大学出版社,2007:序.

[7] 罗伯特·M.戴尔蒙德.课程与课程体系的设计和评价实用指南[M].杭州:浙江大学出版社,2006:Ⅷ.

到,课程作为大学普遍的"短板、瓶颈、软肋"①,并不仅仅是课程自身的问题,其质量提升离不开与之相匹配的管理机制。而课程管理机制与课程变革相抵牾的根本原因得到了学界的基本共识。即课程管理的最大弊端在于抑制了教师的积极性和主动性。②③ 对此,陆一等提出了一个关键概念"赋能",即质量保障工作应更加应该注意为教师提供专业支持,而非仅仅是监控和评价。④ 也就是说,课程的外在形式和理想构建固然重要,但当忽视了以师生为主体的教与学的活动过程时,这些理想将只是空中楼阁。恰如刘振天指出,课程建设能否取得实效的关键在于教师的认识、理解、参与和作为。⑤

基于现有研究,大学课程的变革需求需要我们突破和超越旧有的管理思想、观念和模式。然而传统的课程管理模式并未发生根本改变,大学课程仍然在传统的行政轨道中运行,教师和学生的学术自主性受到了抑制。我们的课程管理并没有承担起本应促进并保证课程理念向实践转变的责任,反而不断巩固并强化着原有的课程实践。⑥ 恰如周光礼所言,管理的根本误区在于管理面临的最大弊端是高校及其师生缺乏积极性和主动性,责任机制缺失。⑦ 课程管理的根本问题在于忽视了师生主体在教与学活动中的能动作用。不难想象,以旧思维方式实施管理,却试图创造出新理念下的课程变革,无异于缘木求鱼。

(二)课程改革与课程管理改革是一个不可分割的整体

鉴于大学课程管理问题重重。国内学者通过国内外大学教学保障体系

---

① 吴岩.建设中国"金课"[J].中国大学教学,2018(12):4-9.

② 周光礼.从管理到治理:大学章程再定位[J].湖南师范大学教育科学学报,2014,13(2):71-77.

③ 阎光才.高水平大学教师本科教学投入及其影响因素分析[J].中国高教研究,2018(11):22-27.

④ 陆一,林珊,陈嘉.从评价到赋能:大学课程教学质量提升新方法[J].中国大学教学,2020(8):71-77.

⑤ 刘振天.高校课程改革和课程建设切忌重"课"轻"程"[J].中国高等教育,2017(17):49-52.

⑥ 王洪才.大学创新教学是实现"以本为本、四个回归"的关键[J].法学教育研究,25(2):115-125.

⑦ 周光礼.从管理到治理:大学章程再定位[J].湖南师范大学教育科学学报,2014,13(2):71-77.

建设的成功案例分析,认为课程教学的质量保障必须多主体、多要素联动协同。如陈以一介绍了同济大学全方位监控、全员参与的教学质量保障体系。①吴言荪等总结了加拿大大学以学程质量为中心的教学质量保障机制。②如朱欣认为大学教学质量保障不仅需要合理的制度供给,更需要突出教学质量文化的作用。③陈慧等以中山大学为例,认为需要找到教学质量生成的关键控制点,以质量标准为引领,综合制度、规范、文化等多种手段保障教学质量。④除此之外,还有一批学者从组织机构的建设出发,分析教师发展中心和基层教学组织的建设。如汪霞等从大学教学发展中心的建设出发,提出了从观念更新、健全运行机制、构建制度系统、开展多元化活动、体现多元功能等角度促进大学教学发展中心建设的思路。⑤

综合这些研究,大学教学质量保障并不仅仅停留在教学环节上,而是拓展到全要素,不仅仅是教师个人的努力,而是有赖于教师、学生、学校等多方合力,不仅仅依靠制度约束,而且是组织机构、文化、观念等全方面的作用。简言之,大学课程质量保障需要建立全局视野。

(三)课程改革与课程管理改革需协同运行

课程质量不高既有本身的因素,也有外在的管理等因素,那么在进行课程研究时,如何处理二者的关系呢?王伟廉最早对教学改革和管理体制改革间的关系进行了系统论述,⑥第一次将"教学改革"和"管理体制改革"这两种不同类型的改革作为一个整体进行研究,并将其称为教学运行机制改革。洪艺敏则在王伟廉《中国大学教学运行机制研究》一书的基础上,结合自己在教务处的实践工作经历,从大学教学活动中存在"管理不配套"这一普遍现象入手,提出了"协同运作"的基本原则,并构建了大学教学运作配套

---

① 陈以一.高等学校内部教育教学质量保障体系建设的思考:基于同济大学教学质量保证体系的建设与实践[J].中国高教研究,2016(1):51-53.

② 吴言荪,刘誓玲.加拿大大学教学质量保障机制浅析[J].高等工程教育研究,2011(1):105-111.

③ 朱欣.高校本科教学质量保障之省思:从制度到文化[J].高教探索,2015(7):73-77.

④ 陈慧,张晓珠,李小梅,等.研究型大学本科教学质量的长效保障体系研究[J].中国大学教学,2007(4):63-66.

⑤ 汪霞,崔军.本科教学质量保障:大学教学发展中心的建设[J].江苏高教,2013(1):34-37.

⑥ 王伟廉.中国大学教学运行机制研究[M].广州:广东高等教育出版社,2005.

管理的运行机制,实现了在大学教学运作配套管理理论上的创新。[①]

通过这些研究,我们能够确认的是,课程建设不仅包括培养目标的确定、课程的设置、课程的设计、课程的实施和课程的评价等一系列内容,还包括了与之相关的管理内容,绝非是一项可以单独进行的事情,它与诸多方面都发生联系,因而受到多方面制约。而且,当前课程管理体制机制与课程改革的不配套直接制约着课程质量的提升。因此,本书的观点是,课程建设或者说课程改革与大学管理体制的改革是密切相关不可分割的整体。如果不能根据课程改革需要进行相应的管理体制的改革,那么二者将会发生脱节甚至相互掣肘的现象。因此,在分析课程问题时必须将其与之相对应的管理体制作为一个整体加以考虑。

四、大学治理和课程治理的相关研究

治理理论在高等教育领域中的运用主要体现为大学治理研究。而深入到课程这一层级的治理研究尚不系统。在课程研究领域,以治理理念审视和分析课程问题的直接研究十分有限。

(一)关于大学治理内涵及其分析框架的认识并未达成一致

治理广泛运用于各个领域,政治学和经济学的治理研究最有代表性。但治理理论广泛运用于高等教育领域是近几年的事,大学治理研究是治理理论运用于高等教育领域的具体表现。就大学治理的内涵而言,主流观点是"结构说",或者称"制度说",即大学治理是协调政府、管理者、教师、学生、社会等相关利益主体间的权责利关系的制度性安排。[②③] 然而,将大学治理直接视为制度安排的做法自动屏蔽了影响治理的诸多重要因素,因此,李立国在这一观点的基础上,指出大学治理除了包含制度体系外,还包括组织体系、运行体系和评价体系等重要组成部分。[④] 王洪才则充分阐释了大学治

[①] 洪艺敏.高等学校教学运作配套管理研究[M].桂林:广西师范大学出版社,2008.

[②] 李福华.大学治理与大学管理:概念辨析与边界确定[J].北京师范大学学报(社会科学版),2008(4):19-25.

[③] 张维迎.大学的逻辑[M].北京:北京大学出版社,2004.

[④] 李立国.大学治理的内涵与体系建设[J].大学教育科学,2015(1):20-24.

理既是目标、手段、结构,也是结果。① 这些学者的观点我们可以将它归为"综合说"。除此之外,关于大学治理内涵的观点还有"过程说",即认为大学治理是各相关主体的协商式、民主化、平等化的互动过程。通过研究梳理发现,虽然大学治理并没有形成清晰的概念框架,但其内核却是十分清晰的,即参与、协商、责任和共享。实际上,无论是哪一种观点都启发了后辈对大学治理的理解,只是在面对不同的研究问题、出于不同研究目的时选择性地加以使用。

(二)大学治理研究的发展趋势

治理理论在高等教育领域的运用开始呈现出持续深化的趋势。首先,宏观层面向全球高等教育治理、区域高等教育治理等拓展;其次,中观层面围绕治理结构、现代大学制度、大学章程等深入展开;微观层面从院系层面向学科、专业、课程和教学等要素延伸。

1.宏观层次向全球高等教育治理等拓展

大学治理的奠基性研究从宏观层面开始,多为大学外部治理研究,主要涉及大学治理体系、办学自主权、府学关系、社会参与等方面的研究,其主要回答政府、大学、社会和市场间的权力配置问题,以及呼吁扩大和落实大学办学自主权。如宣勇认为必须深化管办评改革,构建政府主导、大学自主办学、市场和社会共同参与的治理体系。② 劳凯声指出大学改革的基本目标之一是要使大学成为真正独立自主的办学实体。③ 在大学治理体系的研究中,"价值—制度—行动"是较为公认的结构,持此观点的有李立国④和许杰⑤。张衡和睢依凡在此基础上提出"价值-制度-行动-结构"的分析框架,并认为结构是治理体系的抽象本质,而另外三者构成了治理体系的实质内容。⑥ 随着大学治理研究的不断推进,一些学者开始向大学以外拓展,关注

---

① 王洪才.大学治理的四种内涵[J].苏州大学学报(教育科学版),2015,3(4):17-19.
② 宣勇.我国高等教育治理:体系构建、逻辑审视与未来展望[J].国家教育行政学院学报,2015(9):3-10.
③ 劳凯声.创新治理机制、尊重学术自由与高等学校改革[J].教育研究,2015,36(10):10-17.
④ 李立国.大学治理的内涵与体系建设[J].大学教育科学,2015(1):20-24.
⑤ 许杰."价值-制度-行动"三维一体:大学治理体系构建的基本逻辑[J].国家教育行政学院学报,2020(10):17-23.
⑥ 张衡,睢依凡.大学内部治理体系:现实诉求与构建思路[J].高校教育管理,2019,13(3):35-43.

区域高等教育治理。① 近些年来,习近平总书记人类命运共同体相关论述提出后,一些学者开始以更广阔的视野审视大学治理,如周光礼在对全球高等教育治理结构的研究中提出国家、市场与学术三种力量的协同治理思想。② 可以说,大学治理研究已经开始向更为宏观的天地拓展,开始关注全球高等教育面临的共同问题,体现出高等教育学者的世界眼光和责任担当。

2.中观层次围绕治理结构、现代大学制度、大学章程等展开

中观层面的大学治理研究主要围绕治理结构、现代大学制度、大学章程、学术权力等问题展开,主要致力于解决大学内部决策权的配置问题。关于大学治理结构的研究可以说十分丰富,其实质是为了实现大学内外部多种力量的平衡。③ 譬如针对大学内部行政权力强势、学术权力微弱的现状,研究者提出完善内部治理结构,实现行政权力和学术权力的合理分治的建议。④ 关于现代大学制度的研究可以说指向了大学治理的结果,其强调的是大学内外部的和谐关系。如张应强等指出现代大学制度对外涉及府学关系,对内涉及学术权力和行政权力关系。⑤ 王洪才认为现代大学制度是一个不断发展的追求目标,其核心特征是大学能够主动回应社会需求,满足社会经济发展需要。⑥ 在大学章程研究中,大学章程趋同或被束之高阁的"大学章程现象"⑦受到了学界关注,有学者指出大学章程能否发挥效率的关键在于其执行力。⑧ 据此,我们也可以对仅仅依赖大学章程文本分析得出结论的做法提出质疑,因为章程文本本身和实践之间的差距决定了这类研究结果的价值将十分有限。在很大程度上,大学治理、现代大学制度、大学自主权的研究几乎都表达了对大学善治的追求,只是在具体研究中因不同情

---

① 刘剑虹,秦启光.政府协调机制:我国区域高等教育治理的重要课题[J].国家教育行政学院学报,2013(5):10-14.
② 周光礼.人类命运共同体与高等教育全球治理[J].探索与争鸣,2019(9):22-25.
③ 龚怡祖.大学治理结构:建立大学变化中的力量平衡:从理论思考到政策行动[J].高等教育研究,2010,31(12):49-55.
④ 董泽芳,岳奎.完善大学治理结构的思考与建议[J].高等教育研究,2012,33(1):44-50.
⑤ 张应强,蒋华林.关于中国特色现代大学制度的理论认识[J].教育研究,2013,34(11):35-43.
⑥ 王洪才.现代大学制度的内涵及其规定性[J].教育发展研究,2005(21):41-44.
⑦ 刘益东,周作宇,张建锋.论"大学章程现象"[J].中国高教研究,2017(3):21-26.
⑧ 朱家德.大学章程实施比制定更重要[J].中国高教研究,2011(6):65-69.

境而各有侧重。

3.微观层次向院系、学科、专业和师生等要素和主体深入

在大学治理研究宏观拓展的同时,大学管理权力的不断下移推进着大学治理向纵深层面延伸,最典型的莫过于院系治理研究。刘恩允提出了学术主导、分类驱动、协同推进的院系治理机制,认为可以通过自下而上的倒逼机制推动大学管理体制变革。[①] 陈廷柱从院系治理结构的角度分析,指出调宽目前相对窄型的院系组织结构,并优化院系权力结构不失为推进院系治理改革的良策。[②] 张德祥等指出新型院校关系是激发大学办学活力、提升办学绩效的关键。[③] 周光礼提出院校两级间建立"学会组织模式为主、科层组织为辅"[④]的运行机制设想。魏小琳指出治理理论视域下的基层学术组织建设应遵循学术本位、学术自治和学术自律原则。[⑤] 这些研究为大学治理的进一步研究奠定了基础、指明了方向。

在院系治理研究得以推进的同时,学科治理也开始受到关注。如陈金圣等认为学科治理应该确立教授委员会的决策主体地位、加强学科组织化建设[⑥]、培育学术文化等[⑦]。总体来看,院系治理研究主要具体围绕校院两级关系、院系治理结构、院系学术委员会、学科治理展开,这类更微观层次的治理主要围绕如何合理处理校院两级的权力关系,以及如何实现学术人员的有效参与。

(三)课程治理是大学治理研究向纵深方向延伸的生长点

外文文献中关于课程治理的研究可以归纳为两大类:一是更多从外部治理的角度来论述课程治理,即国家对课程权力的控制分析。20 世纪 90

---

① 刘恩允.治理理论视阈下的我国大学院系治理研究[D].苏州:苏州大学,2014.
② 陈廷柱.院系治理改革的路径选择及其系统化策略[J].中国高教研究,2017(1):8-12.
③ 张德祥,李洋帆.二级学院治理:大学治理的重要课题[J].中国高教研究,2017(3):6-11.
④ 周光礼.大学校院两级运行的制度逻辑:国际经验与中国探索[J].高等教育研究,2019,40(8):27-35.
⑤ 魏小琳.治理视角下大学基层学术组织的重构[J].教育研究,2016,37(11):65-73.
⑥ 陈金圣,邹娜.论高校的学科治理[J].高教探索,2019(6):16-21.
⑦ 谢凌凌,陈金圣.学科治理:地方高校学科建设的核心议题[J].教育发展研究,2017,37(7):38-45.

年代的时候,美国将治理理论引入课程改革领域,提出联邦政府主要通过国家标准向各州和地方施加压力。① 其"全国学校治理委员会"指出,"启动治理是为了制定游戏规则,即通过法令、集体协商、法律协议、规章制度等手段,将谁必须负责怎样的事情规定清楚"②。重点强化国家领导与地方控制的关系,厘清各级课程决策主体的职能;重视第三方机构和个人在课程政策制定中的作用。

Huisman等(1994)通过国家对课程设计权力控制程度的变化分析,以此考察府学关系。③ Briggs等(2002)指出关于治理的研究和课程的研究大多忽视了对课程治理的研究。他从体制和国家层面研究课程治理模式,并指出教师在课程设计和实施方面必须享有关键责任(自主权)。④ Natalie(2013)则将课程本身视为一种治理技术,是国家管理学校的一种手段,并以此理解课程政策的改革。⑤ Oldham Sam(2017)指出课程治理应该从国家对学校课程的控制转向多元主体参与的网络化治理。⑥

二是微观层面课程治理运行机制的研究。Charlott L. Briggs等(2013)讨论了伊利诺伊大学芝加哥分校牙科学院的博士预科课程,该课程是一个整合了生物医学、临床和行为科学的跨学科课程,为了消除学科间的壁垒,更好地确保这门课程的连贯性,学院设立了新的组织结构,以此负责教师团队、提供资源的二级学院以及负责整个课程管理的课程委员会之间

---

① ELMORE R, FUHRMAN S. The governance of curriculum. 1994 yearbook of the association for supervision and curriculum development[J]. Association for supervision and curriculum development,1994.

② Governing America's Schools: Changing the Rules. Report of the national commission on governing America's schools[R]. Denver: Education Commission of the States,1999.

③ HUISMAN, JEROEN, JENNISKENS, et al. The role of Dutch government in curriculum design and change.[J]. European journal of education,1994,29(3):269-279.

④ BRIGGS L. Models of curriculum governance: a research agenda[EB/OL]. [2021-05-01]. https://citeseerx.ist.psu.edu/viewdoc/download? doi = 10.1.1.501.7240&rep=rep1&type=pdf.

⑤ NATALIE P. Comparison as curriculum governance: dynamics of the European-wide governance technology of comparison within England's national curriculum reforms[J].European educational research journal,2013,11(3):413-427.

⑥ OLDHAM S. Enterprise education: critical implications for New Zealand curriculum governance[J]. New Zealand journal of educational studies,2017(52):331-346.

的协调。①

Dawn Forman 等(2020)分析传统大学学术治理结构中实现跨专业治理的挑战,并通过"国际政治经济学"这门跨学科课程的设立,确立了集中式、分散式和独立式三种课程治理模式。② Floor Velthuis 等(2021)认为课程改革没有按照预期进行的一个未被充分探索的方面是治理,并运用质性分析的方法呈现了不同的治理过程:一是自上而下的严格的治理程序虽然有助于实施教育理念,但却被证明抑制了教师主体的积极性;二是教师获得了很多自由,但却没有产生预期变化。基于此,他指出需要分别明晰界定课程中硬治理和软治理的界限。③

中文文献中直接以"课程治理"为题的研究并不多,王洪才明确提出了课程治理这一研究议题。④ 我们可以将与课程治理相关的研究分为三类:一是强调课程与教学改革的多元主体参与。主要有周彬的《教学治理现代化:时代挑战与实践转向》和郑岚的《现代教学治理的内涵、原则与路径》,文章指出教学治理需要以"多元主体共同参与和协商"为实践方向。⑤ 闫正坤和张萍认为教学治理是参与教学、科研和管理活动的主体间权力关系平衡与博弈的结果。⑥ 刘理和赖静则从价值基础、规制保证和治理操作三个层面论述了教学治理体系⑦。

二是将治理作为一种手段来使用。譬如胡弼成等认为大学教学治理的

---

① BRIGGS C L,PATSTON P A,KNIGHT G W,et al. Fitting form to function:reorganization of faculty roles for a new dental curriculum and its governance[J]. Journal of dental education,2013,77(1):4-16.

② FORMAN D,MORAN M,STEKETEE C. Moving IPE from being "worthy" to "required" in health professional curriculum:Is good governance the missing part?[J]. Medical teacher,2020,42(9):1148-1153.

③ VELTHUIS F,DEKKER H,COPPOOLSE R. Educators' experiences with governance in curriculum change processes:a qualitative study using rich pictures[J].Advances in health sciences education,2021,26(3):1027-1043.

④ 王洪才.论大学的课程治理[J].山西大学学报(哲学社会科学版),2021,44(3):129-135.

⑤ 周彬.教学治理现代化:时代挑战与实践转向[J].教育科学,2019,35(4):17-22.

⑥ 闫正坤,张萍.翻转课堂时代我国高等教育的教学治理与路径探索[J].江苏高教,2017(5):56-58.

⑦ 刘理,赖静.高校教学治理的价值追求[J].教育发展研究,2012,32(9):56-60.

重点和突破口在于打破班级授课制。①张继明针对教学治理实践中大学缺乏教学自主权等问题,提出了通过体制改革、完善评价体系、培育教学文化、创新教学组织建设等建议。②陆国栋则提出治理水课的三大途径:学生中心、学习中心和专业中心。③

三是课程治理中特定类别主体的研究。代表性的论文是高迎爽针对教务处长在大学教学治理中的角色、能力等进行研究,提出了教务处长的领导能力和管理风格直接影响着教学治理效能的假设,并通过实证研究证明了当教务处长采取变革型领导模式时最有利于推动教学改革。④

除了直接以"课程治理"或"教学治理"问题的研究外,在大学治理研究中有一部分关于教师和学生这两个弱势群体参与大学治理的分析中,涉及课程教学领域。这类研究是大学治理向课程领域深入的标志之一。这部分研究主要分为以下三个方面:

一是从学理上论证了师生参与大学治理的必要性和可行性。郭俊分别从人本主义理论、利益相关者理论和学生发展理论论证了学生参与大学治理的合理性。⑤周娜则从多学科的角度论证了学生参与大学治理的合理性。从政治学角度来看,学生参与大学治理是学生权力和权利的体现;从经济学角度出发,学生参与大学治理有利于实现学校利益最大化的基本目标;从社会学角度分析,学生参与大学治理彰显了民主社会的建设要求;从管理学角度来看,学生参与大学治理则体现了分权思想;回归到教育学视角,学生参与大学治理是以学生为中心理念的深化。⑥无论是立论于不同的理论基础,还是多学科视角的融入,都很好地辅证了我们对学生参与大学治理的合理性的认识。我们需要清楚的是,学生参与不仅仅是为了促进大学更好地发展,更重要的是充分关注参与对学生成长和大学育人功能的实现。

---

① 胡弼成,孙燕.打破传统班级授课制:大学教学治理的重点和突破口[J].高等教育研究,2015,36(7):81-86.
② 张继明.我国高校本科教学改革的审视与现代化治理路径:基于20余年来改革历程与治理模式的分析[J].高校教育管理,2020,14(04):115-124.
③ 陆国栋.治理"水课" 打造"金课"[J].中国大学教学,2018(9):23-25.
④ 高迎爽,洪煜.大学教学治理中的教务处长研究[J].国家教育行政学院学报,2020(6):88-95.
⑤ 郭俊.学生参与大学治理的权力研究[D].武汉:华中科技大学,2016:39-53.
⑥ 周娜.学生主体参与大学治理的机制研究[D].重庆:西南大学,2017.

二是分析了师生主体参与课程决策的权力边缘化现象。实践中,师生主体在大学治理中的主体缺失是不容争辩的事实。别敦荣指出学生除了在自我管理方面发挥一定的权限外,实际上对包括大学课程、教学在内的事务发挥不了什么实际作用。① 周光礼等也认为中国没有真正意义上的学生参与大学治理。② 多个实证研究发现教师参与大学治理的最主要动机是维护自身利益。如林炊利开展了一项调查,通过对十所大学 200 名教师的数据分析发现,教师最希望参与的决策领域是科研和晋升待遇③,张俊超对某大学的个案研究也显示青年教师最关心的问题是住房和工资待遇。④ 朱家德的研究发现,教师不仅参与大学治理的比例低,而且参与形式很不合理,多为情绪宣泄式和过激行为式。⑤ 为什么会出现这种现象呢?主流观点将其归因于治理结构,认为根源在于我国大学治理结构失衡、治理机制不畅。除此之外,李立国等突破"结构"视角,从教师"行为"视角进行剖析,认为大学教师参与意愿不强、效果不佳的原因在于教师的个人特点、教师工作任务特性、大学的组织特点以及领导行为。⑥

三是阐释了师生主体参与大学治理的主要形式和具体内容。就师生参与形式而言,一般多以正式组织的形式参与。如学生通过学生会、社团协会等学生组织⑦参与大学的事务管理,教师主要通过教代会、学术委员会等群体性组织参与治理。就参与内容而言,阎光才认为教师在参与不同决策事项时的地位和作用不同,并不是所有事务都需要教师参与,教师参与治理实际上是教师与其他相关群体的合作共商。根据教师地位和角色的不同,可

---

① 别敦荣,菲利普·阿特巴赫.中美大学治理对谈[J].清华大学教育研究,2016,37(4):36-45.

② 周光礼,郭卉.大学治理实证研究,2015—2019:特征、趋势与展望[J].华东师范大学学报(教育科学版),2020,38(9):200-227.

③ 林炊利.核心利益相关者参与公办高校内部决策的研究[D].上海:华东师范大学,2013:85-91.

④ 张俊超.大学场域的游离部落:研究型大学青年教师发展现状及应对策略研究[D].武汉:华中科技大学,2008:85.

⑤ 朱家德.教师参与高校治理现状的个案研究[J].高等教育研究,2017,38(8):34-41.

⑥ 李立国,王梦然.新中国成立 70 年教师参与大学治理的发展历程与制度逻辑[J].国家教育行政学院学报,2019(10):16-22.

⑦ 曹辉.大学内部治理中的学生参与:动因、路径及其实现[J].国家教育行政学院学报,2020(2):48-55.

以分为教师主导、教师与行政平衡参与、行政主导三种类型。① 郭卉指出教师应在学术事务领域参与最多,且发挥决策性功能,而在行政事务领域做到有序参与,发挥咨询建议功能。② 还有研究者认为需要为教师参与课程增权赋能,让教师在课程决策、课程设计和课程评价中有更多发言权。③ 另有学者认为学生参与大学治理的内容包括学校发展规划、学校制度和政策制定、课程设置、教学管理、教学质量监控、奖学助贷评选等等。④

受这些研究启发,我们可以将师生参与课程治理分为广义和狭义两种,广义上的参与是指在决策过程中给予师生知情权和话语权,狭义上的参与即师生通过各类正式组织参与决策过程。而且,鉴于这些研究是出于"参与"的角度,重在分析参与的合理性、可行性和具体范围。因此其内容更为注重"参与"这一行为,而对某一事务的具体参与主体、参与形式和参与程度等更精细化研究还可以进一步探索。譬如,在课程建设过程中,教师该如何发挥主导权,在不同环节该如何参与、需要具备怎样的参与能力等。学生又有哪些参与渠道,其权力的作用范围和实际效果如何等等问题都可以进一步探讨。

(四)大学治理和课程治理研究简评

总体而言,大学治理研究具有以下几个特点:一是多规范性研究,少经验性研究。即现有关于大学治理的研究倾向于依赖逻辑推演、基于理论预设,回答大学治理应该是什么样的,而缺少基于实践材料或数据支撑的现实观照。治理本身是一个实践性很强的议题,从理论到理论的研究对实际问题的解决并无太大裨益。别敦荣指出我们需要超越概念层面的束缚,结合大学发展中的主要矛盾开展实践研究;⑤李立国也希望我们从实然的角度探讨治理实践的具体形式和实际效果。⑥ 二是多宏观叙事,少精细探讨。

---

① 阎光才.高校教师参与治理的困惑及其现实内涵[J].中国高教研究,2017(7):6-11.

② 郭卉.如何增进教师参与大学治理:基于协商民主理论的探索[J].高等教育研究,2012,33(12):26-32.

③ 陈蓉辉,马云鹏.赋权增能:教师课程参与的保障:美国教师"赋权增能"策略及启示[J].外国教育研究,2008(2):17-21.

④ 宋丹,刘晏如,赵哲.大学治理中的学生权力审视及其实现路径[J].大学教育科学,2019(4):41-46.

⑤ 别敦荣.治理之于我国大学管理的意义[J].江苏高教,2007(6):2-4.

⑥ 李立国.大学治理:治理主体向治理规则的转向[J].江苏高教,2016(1):8-12.

大学治理研究十分广泛,涉及理念、目标、主体、结构、制度、机制和文化等几乎大学的所有方面。这虽然有助于我们形成对治理的整全认识,但我们尚需进一步向精细化方向发展,以此实现治理的实质有效。现有研究也确实反映了大学治理研究朝更深更精细方向发展的趋势。三是多"问题—对策"式分析,少分析框架类的建构。治理本身是一个极具争议的概念,尚无公认的分析框架。现有关于课程治理的研究多将治理作为一种具体手段,而缺少构建一个系统性的分析框架来审视课程中的问题。

五、研究述评

通过文献梳理,我们知道本科课程问题重重,然而问题的症结何在?理论有缺陷、实践不配合、体制不健全都可以被认为是合理的解释,但问题的根源在于我们在考虑课程问题的时候,是否把这些因素都当作变量置于整个课程系统中考量?课程问题是一个系统工程,理论研究只是其中一个维度,是一个先导性、必要性的因素,真正变革目的的达成,需要从整体和动态的视角出发,既扎根实践,又能高于实践,从而厘清理想课程的内在机理并寻求外在支持系统的保障,最终实现课程之于人才培养的实际意义。

(一)难点:形成对高质量课程的系统判断

高质量课程的判断标准是引领课程建设的方向,当缺少了明确的方向,所有的行动将杂乱无章,甚至南辕北辙。现有研究对高质量课程的探讨大多集中于应然层面的价值探讨,对建设高质量课程的重要性以及"应该"怎么样讨论得较多,也有少部分学者从单一学科角度提出课程质量的判断标准。但这些课程质量评价标准存在有待完善的地方:一是评价指标属于原则性指导意见,尚缺乏具体的操作化、具体化的指导。二是普遍重视课程实施环节的质量评价而忽视课程设计环节的质量评价。实际上,无论是价值判断、质性描述,还是指标体系构建,都体现着学术界在用不同的方式回答着"什么是高质量课程"这一问题。但大多数的答案从本质上而言是一种描述性的要求,乃至价值引领。这与现有研究背后的方法指导有密切关系,现有研究大多从思辨角度出发,提出应然的方向。虽然贡献了很多真知灼见,但总体上缺乏实证研究,一定程度上降低了研究的说服力。而且对于实践者来说,指导意义不是太大,操作性也较弱。因此,我们可以通过研究方法的改进来缓解相关研究中"事实"与"价值"难以契合的困扰。即本科课程研究的一个迫切任务是扎根一线实践,做一些基础的田野工作。

(二)假设:高质量课程具有统一的内在本质

高质量课程的研究并非凸显不同课程的差异,而是抓取高质量课程的关键共性因素。受现有研究启发,一方面,我们认识到课程质量并非一个确定性标准,而是一个方向性的追求目标。我们要认识到高质量课程是一个动态生成的过程,是学生和教师进行有效互动的结果,既需要关注教师教学投入,还不能忽视学生学习投入,更为重要的是,我们需要关注课程中多个关键因素之间的互动关系。另一方面,虽然课程有类型、学科之分,会受学生特质、学校层次和类别等因素的影响,但我们认为高质量课程从本质上而言具有一致性的核心特征,正是这些核心特征让它能够区别于一般课程和低质量课程。

(三)切入点:治理理念引领一流本科课程建设

通过现有研究,我们可以看到,现有课程研究主要侧重课程内容、课程实施等课程实践要素,对课程主体的互动和权力关系等关注不多。但我们也能看到课程研究中散落着平等协商、共同参与等治理的思想。与此同时,治理研究也有向课程领域深入的趋势。在课程研究中,主要是对课程问题的分析和对理想课程的设想中体现着治理的理念,如有研究者指出课程制度建设中存在主体缺失问题,具体表现为大学在课程开发、设置中的权力有限,教师和学生的参与有限。[1] 再比如,国内外学者从学生学习权的角度出发,认为学生通常只能作为"客体"而存在,我们只是将我们认为重要的东西交给学生,[2]而没有考虑"应该教什么和应该学什么"[3]。学生的不在场状态限制了学生自我发展和自我实现的权利,学生无法依据自身特点自主设计成长之路。[4] 这些研究中已经识别出了一些治理要素,但尚缺乏一个系统

---

[1] 皮武.大学课程决策权力的层级分布及其后果:以X大学的课程决策为例[J].教育发展研究,2013(7):48-53.

[2] YOUNG M.Overcoming the crisis in curriculum theory: a knowledge-based approach[J].Journal of curriculum studies, 2013,45(2):101-118.

[3] YOUNG M. The future of education in a knowledge society: the radical case for a subject-based curriculum[J]. Journal of the pacific circle consortium for education,2011,22(1): 21-32.

[4] 钱大军.学习权视野下的大学本科课程设置[J].教育发展研究,2013(Z1):98-103.

的分析框架。

与此同时,治理研究的微观方向正在向课程、教学领域延伸,而且治理中关于主体参与的研究中已经开始涉及师生主体对课程的主导权。从现有文献中,我们既可以在课程研究中捕捉到治理思想的灵光,也可以判断大学治理研究的深入发展将涉及课程。现有文献为本书提供了很好的线索和证据,本研究将以治理理念为视角,系统梳理课程问题,以此促进课程质量的持续性提升。

第三节　核心概念界定

一、本科课程

今天,当人们说到课程的时候,似乎都能言说一二,但却往往并不指同一含义。课程概念纷繁复杂,语义差异客观存在。因此,在开展具体研究前,我们需要建立统一的对话平台。本书界定的本科课程是指包含"教学"的大课程,具体指人才培养方案中有明确学分的显性课程。

(一)本科课程的多种定义

在西方,"课程"(curricula)原义指"跑道",这一含义中既蕴含着"跑道"本身这一静态概念,也包括了"跑道"与"奔跑者"之间的动态关系。从静态性来看,强调的是知识本身;从动态性来看,课程依赖参与者的创造与选择,既包含了需要学习的内容,也包含了如何学习,还包括了学习者情感、态度与价值方面的变化。在这一认知分析框架中,课程不是再简单地以符号、概念、抽象、结论和概念为形式而存在的知识,而是课程参与者在具体情境中协作和创造过程,这样,课程的每一个参与者都是课程的创造者和开发者。

国内学者对"本科课程"的认识经历了一个日渐丰富的过程,即从静态的"学科"、"内容"到动态的"进程",再到关注学习者的"经验",继而拓展到涉及大学文化、精神等在内的"隐性课程"。随着"本科课程"的认识边界的不断拓展,也加大了理解和分析本科课程的难度。在一些学者看来,这种以课程现象界定本科课程的办法,不但无法穷尽,反而会陷入分析困境。①

那么,我们该如何界定本科课程呢？我们认为对本科课程的界定需要回归课程本质。无论怎么理解课程,课程本质上都是一种育人活动。廖哲勋认为课程的上位概念是教育,需要从教育看课程。那么,从高等教育的角度看课程的话,本科课程是一种可以计划和规划的系统性方案。张圻福从课程定义出发,将本科课程界定为"各类高等院校规定的和大学生自我安排的学习、活动的总体计划及其过程中的非计划因素"②。这一界定是从广义上对课程进行界定,认为本科课程包括了正式和非正式的活动。潘懋元和王伟廉根据课程的相关定义和高等教育的特点,将其定义为"学校根据一定教育目的所建构的各学科和各种教育、教学活动系统"③。周海涛则按照逻辑学原理的种属关系来理解"本科课程"这一概念,他认为本科课程"是一个旨在适应和促进社会、大学生发展的包括课程目标、内容、实施和评价在内的有机的、动态的系统"④。

通过这些学者对本科课程的界定,我们不难发现,无论如何界定,都离不开两对基本范畴:一是社会需求、学科特性和个体发展;二是静态的内容文本和动态的教与学的过程。本书无意消除课程概念的多元性和差异性,这也是无法消除和无须消除的;本书在已有界定的基础上建立一个分析和对话的平台,使本书所使用的大学课程概念同分析及具体实践相吻合。

(二)本书对本科课程的界定

不可忽视的一点是,高等教育与基础教育有着不同的实践范式。高等教育有其自身的特殊性,高等学校的许多特殊问题是普通教育学没有涉及或无法解答的问题。我们不仅要考虑本科课程作为课程的共性,更需要抓住课程在高等教育领域中的理论定位与内在规律。

首先,本科课程是为社会培养人才的重要环节。在界定本科课程时,既要考虑它"是什么",也不能忽视它"为什么",否则将容易陷入主客二分的界定模式。课程的上位概念是教育,大学教育的功能之一是为社会培养专业人才。大学在应对社会发展的新诉求时,往往以课程为突破口达到改革目

---

① 谢冉.大学课程:回顾、反思与视角转换[J].现代大学教育,2014(1):13-18.
② 张圻福.大学课程论[M].南京:江苏教育出版社,1992:4.
③ 潘懋元,王伟廉.高等教育学[M].福州:福建教育出版社,1995:127.
④ 周海涛.大学课程研究[M].北京:中国社会科学出版社,2008:9.

的。① 社会的人才需求决定着大学课程的设置、内容选择等,我们无法脱离社会需求来谈本科课程。自然地,本科课程要为专业人才培养目标服务。这是本科课程的本体职能。当然,本科课程不仅仅是为了服务社会、传授专业知识,其重点指向培养全面发展的人。

其次,本科课程围绕高深知识开展探究活动。无论我们怎么探讨本科课程,都无法脱离知识。知识的性质决定着大学课程的内涵。知识的显性和隐性之分决定了大学课程既包含以基本概念、命题、原理组成的陈述性知识,又包含大量的难以直接言传的程序性知识。由此也决定了本科课程不仅仅是知识传递,而且要注重过程体验。除此之外,本科课程的知识特点表现在"高深性"上。高深性意味着大学课程的知识不仅包括已知的书本知识和经验知识②,而且涉及未知的、尚待探索的领域,③由此决定了大学课程兼具学习与发现的特点。④

最后,本科课程促进学生掌握知识、发展能力、养成良好态度。我国学者郭元祥认为"过程属性是教育的基本属性"⑤,课程作为教育的关键环节,也应被定性为"过程性"的存在,它是一段路程以及不断生成的文本。⑥ 在这个过程中,学生通过自我探索、与他人交流合作等实现自身的发展。大学生是心智发展健全的个体,具有较高的思维水平和独立思考的能力,因此,课程不是强加给大学生的碎片化知识,而是在互动和对话中促进学生建构知识、发展能力并养成良好态度的重要载体。

基于此,本书将本科课程定义为:本科课程是专业依据人才培养目标对知识模块进行排列组合,并通过师生间的交往互动、共同探究等教与学的环节,促进学生掌握知识、发展能力并养成良好态度,以此满足为社会培养人

---

① 郭德红.美国大学课程思想的历史演进[M].北京:中央编译出版社,2007:2.

② 别敦荣.增加课程内涵:高校人才培养模式创新的根本[J].山东高等教育,2017,5(6):12-19.

③ 约翰·S.布鲁贝克.高等教育哲学[M].王承绪,郑继伟,张维平等,译.杭州:浙江教育出版社,2001:13.

④ 刘振天.高校课堂教学革命:实际、实质与实现[J].高等教育研究,2020,41(7):58-69.

⑤ 郭元祥.论教育的过程属性和过程价值:生成性思维视域中的教育过程观[J].教育研究,2005(9):3-8.

⑥ 魏善春.基于过程哲学的课程建构:理念、价值与实施[J].南京师大学报(社会科学版),2016(3):96-104.

才的活动。

(三)本书所限定的本科课程范围

本科课程是本书的重点对象。但是本科课程有诸多分类,既有通识课程、专业基础课、专业核心课和专业方向课之分,也有必修课和选修课之别,还包括显性课程和隐性课程,还出现了新生研讨课、大四顶峰课程等高阶课程,目前还有线上课程、线下课程、混合式课程、社会实践课程和虚拟仿真课程之分。为了建立统一的对话平台,本书需要进一步说明的是:

本书的具体研究对象是专业人才培养方案中有明确学分的课程。首先,虽然隐性课程对学生的成长发展也十分重要,但本书并不对此做详细探讨。其次,因为本书主要探讨的是院系层面的课程治理,所以本书的课程更多指向专业课程,而少有对通识课程的论述。最后,在后续分析过程中出现的"大学课程"均是指称本科课程。

二、课程建设

"课程建设"是本书的另一重要概念。学术界对其理解大致可以划分为广义和狭义两种。广义的课程建设包括课程本身建设及其保障条件的建设,即包括了专业设置、课程设置、内容选择、师资队伍建设、教材建设、课程质量监督与效果评价等等;狭义的课程建设特指课程本身的建设活动,包括课程设置、课程设计、课程实施和课程评价。

本书取课程建设的狭义理解,是指在以学生为中心的教育理念指导下,将不同课程加以排列组合,让各门课程各安其位、各司其职,共同支撑起专业人才培养目标实现的过程,具体包括课程设置、课程设计、课程实施和课程评价。

课程设置是对一个专业的课程进行系统安排,其根本依据是专业人才培养目标。课程设置也属于课程设计的范畴,它是课程设计在中观层面的内容。本书的课程设计是指微观层面单门课程的设计,即根据毕业要求确定课程目标,根据课程目标选择课程内容等。本书在分析时具体围绕课程目标的设计和课程内容的选择与组织等内容进行分析。课程实施可以视为具体的教学活动,是师生主体共同创造的过程。课程评价是为了改进教师教学和促进学生学习做出的价值判断过程。

之所以将课程建设的范围界定在这几个方面,是因为一个专业人才培养目标是前提,我们无法离开课程体系来探讨某一门课程之于人才培养的作用。因此,本书将专业层面的课程设置纳入讨论范畴。与此同时,当我们谈论课程的时候,无法绕开课程目标、课程内容、教与学活动、课程评价等课程的核心要素,如果缺少了这些要素,就不可能全面探讨课程问题。①

三、课程管理

管理的内涵十分丰富,学术界对其释义有多种表述。一是"功能说"。譬如"管理就是决策""管理就是责任""管理是创造环境的过程"等。二是"过程说"。即按照管理的流程进行定义,譬如认为管理就是实行计划、组织、协调与控制的过程。② 三是"方法说",即将管理定义为通过协调、配置组织资源和要素,以此达到目的的活动。我们可以肯定的是,"管理"往往与"规范"、"效率"以及"秩序"密切关联,它是行为主体对特定行为活动进行引导、规范、鼓励、禁止、强制与协调的活动。③

课程管理(curriculum management)是管理活动在课程领域的运用。一般认为,课程管理是指为了实现课程目标,根据与课程相关联的原则、程序和方法,对课程建设与改革过程进行规范、引导与控制,并使之达成预期目标的过程。

课程建设离不开课程管理。课程管理是课程领域的管理活动,需要遵循课程教学的基本规律,目前以学生为中心的大学课程建设诉求要求大学课程管理与时俱进、不断革新,以保证课程质量的持续性提高。本书所批判的是自上而下的垂直式管理模式,这种管理模式的最大弊端在于抑制了师生主体的积极性和创造性,这也是提出课程治理的出发点。

---

① 喻春兰.从泰勒原理到概念重构:课程范式已经转换?:论现代课程范式与后现代课程范式之关系[J].教育学报,2007(3):34-40.
② 李新春,胡晓红.科学管理原理:理论反思与现实批判[J].管理学报,2012,9(5):658-670.
③ 张东.论大学教学管理的伦理诉求[D].重庆:西南大学,2012:23.

四、课程治理

(一)治理

治理(governance)是一个应用广泛、含义模糊的概念。治理研究领域的专家王绍光在对治理概念进行溯源的时候指出,治理源自11世纪末出现的"govern"一词,意指具有权威的统治。13世纪晚期出现的"governance"是指管理和统治某个国家或事物的行为和方式。这一概念在20世纪60年代开始被频繁使用,并在20世纪90年代成为一个热词。[①]

治理的原义指"掌舵",即把握方向,其内在蕴含着目标导向。在朝着这个目标前进的时候,治理要进行权力配置,明晰各主体的权责利关系,让各主体能够各安其位、各司其职,并通过协调、合作等方式达成共识。治理是协调主体间权责利关系的制度安排和具体过程。其核心价值是参与与合作、分权与制衡。治理的根本目的是要把人的创造性最大限度地激发出来,形成一种遵循正确价值取向、朝向一定目标的良好秩序和状态。

不同于管理的命令-服从关系,治理强调通过引导、协商、参与、沟通来达到目的。其典型特征是相互依赖、持续互动、基于信任和规则的协商参与和显著的自主性。[②] 管理则是辅助治理目标达成的必要手段,[③]它能够弥补治理中的效率损耗。简言之,如果说管理是具体的运行过程,那么治理则是确保这种运行沿着正确的轨道进行。"管理"和"治理"就如同一个硬币的两面,谁都离不开谁。

治理和管理各有其适用领域。两者之间虽有联系,但都无法取代对方的作用。部分研究在探讨"管理"和治理的差异时,往往带有一定的价值判断,即通过肯定治理、贬斥管理的方式去辨析二者的不同。实际上,相较于"管理"而言,"治理"是一个更基础的概念。在传统语义中,"治理"作为"管理"的手段出现,是为了达成管理秩序而采取的一种特定方式。在现代语义中,治理的范围超过了"管理","管理"成为达成治理目标的特定手段。

[①] 王绍光.治理研究:正本清源[J].开放时代,2018(2):153-176.
[②] 刘亚敏.大学治理文化:阐释与建构[J].高教探索,2015(10):5-9.
[③] 王洪才.教育治理体系与治理能力现代化论略[J].复旦教育论坛,2020,18(1):12-18.

就现代意义上而言,治理成为管理的前提。① 治理更多涉及决策过程,体现为决策过程中不同主体的参与及其互动机制,更为强调主体间的权责分配。管理更多强调是严格按照现有规章程序来执行。② 也就是说,治理提供了一种运行的基础和责任体系框架,而管理则主要涉及具体的运行过程。

(二)课程治理

"课程治理"(curriculum governance)并非治理理念的泛化,也并非"课程管理"的简单语义替换。而是观念和理念的更新、思维方式的转变,它致力于大学课程质量的持续性提升。课程治理是在高等教育治理现代化过程中凸显高等教育内部发展关键要素的体现。本书将其界定为:课程治理是以尊重教师专业自主权为根本,合理配置教师、管理者、学生、课程专家及社会主体在课程建设过程中的权责利关系,并以平等沟通、协商互动、合作共治的方式实现课程质量持续提高的过程。

首先,课程治理具有多重意蕴。一方面,从治理视角来看,一是从人才培养目标的角度对课程建设进行引导和规范;二是以制度性因素等条件巩固课程建设成果,保障课程治理的有效性;三是各治理主体协商互动,共同作用于课程建设,并不断趋向课程建设理想状态的渐进性过程;四是以文化促进课程主体的内在自觉,保障课程质量的持续提升。另一方面,从课程视角而言,课程治理是规范课程实践活动、促进课程质量持续提升的开放体系,它引领课程走向高质量。

其次,课程治理有具体的任务所指。课程治理的系统性并不意味着课程治理的漫无边际,而是有其自身的问题域。课程治理指向课程设置、课程设计、课程实施和课程评价等课程建设与改革活动。

最后,课程治理并非某一具体的、固化的、可直接套用的框架,而是一套指引大学课程建设的基本规范、共同理念和核心要素。它是一种弹性的、生成性、建构性的模式。其表现形式也是多样的,但其根本是以学生为本这一理念为主线的系列课程实践模式的总和,它是对各种成功的课程建设和管理经验的挖掘与提炼,是对课程建设的多样性和创新性的尊重。

---

① 孙波.公共资源的关系治理研究[M].北京:经济科学出版社,2009:8.
② 阎光才.高校教师参与治理的困惑及其现实内涵[J].中国高教研究,2017(7):6-11.

第四节 研究设计与思路

一、研究问题

本书提出大学课程治理这一基本命题，期望以治理理念引领大学课程建设，从根本上解决现实中大学课程的形式化、缺少规范化的课程建设及其管理问题，实现课程从基于经验的约束与控制走向基于科学的自由与创新，最终促进更多高质量课程的涌现。本书将"课程"与"治理"置于同一语境考量，意味着将大学课程置于大学治理这一宏观格局中思考的同时，考察高等教育核心要素——课程与治理的深度耦合。

治理本身不是目的，治理的目的是服务于质量提升，运用到大学本科课程领域，即如何通过治理促进大学本科课程建设。

围绕该问题，本书主要解决以下几个问题：
1. 什么是课程治理？
2. 我国本科课程治理面临哪些问题亟待解决？
3. 我国本科课程治理的成功做法及其内在机理是什么？
4. 我们该如何通过治理推进一流本科课程建设？

二、研究方法

"研究方法"具有丰富的层次性，人们一般在三种意义上使用这一概念[1][2]：(1)方法论：指导研究的一般思想或哲学基础，包括研究的基本假设、逻辑、程序和原则等。在本书中具体指判断方法是否"规范"和"标准"的理论依据。(2)研究策略：贯穿于整个研究的操作方式，是研究问题的基本角

---

[1] 王洪才.教育研究的基本方法[J].北京师范大学学报(社会科学版),2006(6):21-27.

[2] 风笑天.社会研究方法[M].4版.北京:中国人民大学出版社,2013:7.

度和出发点,例如定性研究、定量研究等。(3)具体的方法与技术:获取资料和处理资料的具体技术方法。在研究的不同阶段需要采取的方法、手段不同,具体包括了资料收集方法和分析方法等。

(一)实用主义方法论

方法论是关于方法的理论,是关于方法之所以成立的理论依据。[①] 即方法何以"合理"。研究方法是根据研究问题来确定的,而这一研究问题适合什么方法,为什么该研究问题要使用某一研究方法,这就是方法论。

对本书而言,需要解决的核心问题是如何实现课程治理。从研究对象来看,课程本身是一个充满智慧、极具生命力的活动,其实践活动丰富且复杂。一方面,我们需要通过理论思辨的方式离析出高质量课程的核心特征;另一方面,为了避免高质量课程建设流于理想类型、空中楼阁,我们必须深入田野,通过已经发生的或正在进行的高质量课程实践,来丰富和检验理论思辨的结果。

本书选用实用主义知识观为方法论指导。实用主义方法论强调研究者可以根据研究问题和具体的需求自主选择定性研究或定量研究,并可以在数据收集和分析时使用多种方法。实用主义的一个立场是,知识能够对实践或实践性事务有用。[②] 对本书的方法论启示是:关注问题解决。课程治理本身是一个实践性很强的问题,其求解方案是多元的,属于应用理论创新。其关键之处在于理论联系实际,关注对课程建设的实际指导作用。因此,实用主义知识观适合本书的研究问题。

(二)以质性研究为主的研究策略

课程实践千姿百态,高质量课程的外在形式也各有精彩,这些特质体现了质性研究数据的非线性、情景化、高度变化的特征。对于本书而言,不仅需要挖掘出高质量课程的具体形态,还需要全面呈现高质量课程的治理实践。在现有研究中,高质量课程并未形成共识性标准。如果我们直接提出假设进行验证式的量化研究的话,则很容易受到质疑。因此,本书直接深入丰富多彩的课程实践,通过质的方法去发现实践中高质量课程是什么样的,

---

① 潘懋元,陆根书,王洪才.高等教育研究方法[M].北京:高等教育出版社,2008:38.

② 朱丽叶·M.科宾,安塞尔姆·L.斯特劳斯.质性研究的基础:形成扎根理论的程序与方法[M].朱光明,译.3版.重庆:重庆大学出版社,2015:5.

以及它形成背后的作用机理。与量化研究通过资料搜集验证假设不同,质性研究并不是用资料去验证自己的"框",而是一个开放的过程,它是在鲜活的实践场域中开拓可能的理论空间。

(三)以深度访谈法和文本分析法为具体的研究方法

研究方法是研究策略的下位概念,指具体的收集资料和处理资料的技术和手段。深度访谈法和文本分析法是本研究的研究方法。

本书经筛选后,共获得36位教师、14名管理者在课程建设方面的成功经验,以及20名学生对所学课程的相关看法与收获。访谈对象的相关信息汇总在附录中。(其中,通过深度访谈法与23位教师、11名管理者和20名学生进行了深度访谈或座谈;通过搜集一流本科课程建设相关的视频分享获得了13名教师、3名管理者的课程建设经验。)

1.深度访谈法

(1)半结构式访谈的选取

访谈法是本书获取实践素材的重要和有效方法。访谈法的种类有多种,根据正式程度的不同,分为正式访谈和非正式访谈。依据研究者对访谈结构的控制程度的不同,可以分为结构型、半结构型和无结构型。[①] 本书采取正式访谈,且采用半结构式开放型访谈。即除了事先设定几个主要问题外,并不事先拟定所有问题,而是根据受访者的不同情况灵活调整、自然生成问题。也就是说,具体的访谈是研究者以一个开放的心态与受访者进行自由交流。

因为本书面临的是一个复杂的问题:高质量课程在不同学校、不同学科专业、不同类型、不同教师间的表现形式各不相同,很难按照严格的顺序问同样的问题。而且本书一方面希望受访者以叙事的方式自由表达自己在课程教学中的经验,另一方面也希望访谈信息的获取是访谈者与受访者在互动过程中信息交流的自然产物,而非受访者的独白。如果严格按照结构式访谈,很容易会因限制访谈对象的发挥而失去很多宝贵的信息;如果完全的开放式访谈也很容易让访谈内容形神俱散成为"闲谈"。基于以上现实和考虑,本书采用半结构式访谈方式,以事先设计的访谈提纲引导受访者积极参与,在具体访谈中保持灵活、开放、随机应变的态度,因人、因情境而异,不强行按照提纲顺序进行。通过与受访者的交流,研究者认识到访谈绝非简单

---

① 仇立平.社会研究方法[M].重庆:重庆大学出版社,2008:225-227.

的一问一答,而是一种研究性交流;也不仅仅是技巧的把握,更是访谈者与受访者情与理的交融。在本书中,几乎所有的受访者与笔者都是初次相识,然而他们几乎都会对笔者"交浅言深",其背后是受访者与笔者之间建立的彼此信任,这份信任弥足珍贵,值得用心呵护。

(2)访谈准备

在具体访谈前,通过查询相关资料尽可能多地了解访谈对象。比如事先在学校官网上查询访谈对象的相关资料,在知网上查询访谈对象在课程教学改革方面的相关论文,以获得访谈对象的基本情况。以此保证能够有针对性地准备访谈问题,保证访谈能够在轻松、愉快的氛围中高质量地完成。

在确定具体的访谈对象后,通过邮件联系方式与受访者获得联系并征得同意后与受访者进行面对面访谈,其中部分受访者因新冠疫情等原因,采取了视频访谈和电话访谈的形式,平均访谈时间为60分钟。访谈均在征得受访者同意后进行录音,未录音的则以笔记本电脑速记的方式进行记录。当然并不是所有的访谈对象都接受了访谈,绝大部分邮件并没有收到回复。但正是这些给予回复的访谈对象一次次地激起并保持着研究者的研究动力。

(3)访谈对象

本书的访谈对象包括教师、学生和管理者。选取一线教师和学生为访谈对象,实际上与本书的主要理念——治理思想相契合。治理理念下的课程质量标准的制定是回应多元利益主体需求。师生作为课程中的关键主体,倾听他们的声音,实际上是体现他们在课程治理中发出声音、实际参与的过程。

首先,一线教师访谈是本研究的重点访谈内容。本研究主要倾听在课堂教学中有一定成绩的教师在课程教学中的成功经验,包括国家一流本科课程的负责人、学生口碑中的好老师、进行课程改革探索的教师、获得教学成果奖的教师。教学名师涉及国家级教学名师,省级、市级或校级教学名师。与此同时,本研究也选取了一些在课程教学方面有深入思考并进行了课程改革的教师,这类教师是本研究不可或缺的访谈对象。本书在研究的伊始阶段主要通过学校官网查找该校教学名师的相关资料查阅该教师的教改论文和相关教学心得,以此初步确定访谈对象。随着研究的推进,《首批国家级一流本科课程公示名单》公布,本研究直接从该名单中进行筛选。本研究主要通过六种途径与访谈对象获得联系:一是在院系网上获得需要访谈的教师的联系方式，直接通过电子邮件方式取得联系。二是导师带着笔者与管理者进行访谈并建立联系后，笔者再通过该管理者的帮助访谈到目标教师。三是熟人引荐。四是笔者参加厦门大学教师发展中心举办的一流课程建设沙龙，向参加经验分享的教师进行请教。五是笔者参加与一流本科课程建设的相关线上会议，在分享者公开联系方式后进行请教。最后是与本科生交流，了解学生认可的好老师。

需要说明的是，研究本意是选取"学生喜欢"的课程，但后来发现"学生喜欢"的课程很有可能是"水课"，因为这类课程很轻松地就能拿到高分。也就是说学生喜欢的评价方式是学生主观感知和喜好偏向，其评价标准是学生满意度，而非课程质量。而且，高质量的课程往往因任务相对重、挑战度相对高而并不一定受到学生喜欢。还有一个重要的原因是，现实中的一些评选结果并不一定反映真实情况，如有一位在"X大学最受欢迎喜爱的十位教师"评选榜单上的教师（一位分管教学的副院长）说道，"这个评选其实是这样的，老师们说我们都推你，然后他们就把票都投给我了"。因此笔者调整了方向，选取"学生认可"的教师。这类教师的识别，主要通过咨询高年级学生"作为过来人，如果真正想对自己发展有帮助、能真正学到东西，您会给学弟学妹推荐哪位老师的课？"和"上过哪些痛并快乐着的课程？"这样的问题，以此筛选访谈对象。

其次，学生访谈是本书不可或缺的重要补充。以A教师为例，在访谈A教师之前，或当成功访谈A教师后，会尽可能地访谈上过A老师课程、对A老师课程有体验的学生。除此之外，研究者通过朋友介绍等方式和一些本科生取得联系，了解他们对自己上过的课程的看法。

最后，管理者访谈是本研究的关键内容。本书选取一流学科建设单位或一流专业建设单位负责人进行访谈，这些管理者中有部分和上述教师有重合，他们既是专业负责人，也是积极进行课程改革探索的领头人。其中，管理者来自厦门大学、北京大学、北京科技大学、中国矿业大学、中南大学、山东大学、合肥学院、宁波工程学院、西安欧亚学院。

2.文本分析法

首先，本书的文本分析是对文献进行梳理。通过对现有研究的梳理，对大学课程的研究现状和基本问题有一个较为全面的了解，并在现有文献基础上找寻新的突破点。其次，文本分析的另一个重要工作是对访谈材料的分析。访谈材料主要由访谈录音转录整理而成。再次，本书还对相关文件和案例集进行了分析。相关文件主要包括访谈对象关于课改的论文以及官方报道。本书通过在知网上搜索访谈对象的课改或教改论文,并搜集关于访谈对象的官方报道以及访谈对象的自我感悟等,将其整理、打印,并结合访谈内容进行深度分析。因为并不是每一位访谈对象都有相关报道和论文发表等,所以这一资料来源主要为了尽可能地丰富材料。除此之外,本书还访问了多所高校的学校网站、教务处网站、教师发展中心网站,搜索学校层面关于课程建设与改革的相关文件、优秀教师的相关报道、教师评聘制度、课程管理制度等政策文件,院系层面关于课程改革的具体制度文件,教师个人的教学大纲等。案例集主要是《复旦大学"以学为中心"的混合式教学案例集》。最后,本书的文本还包括在知乎上搜集到的关于本科生对本科课程的看法。

三、思路设计

围绕如何通过治理推动一流本科课程建设这一核心问题,本书依循"理论探讨—问题审视—经验挖掘—对策路径"的思路推进研究。如图1-2。

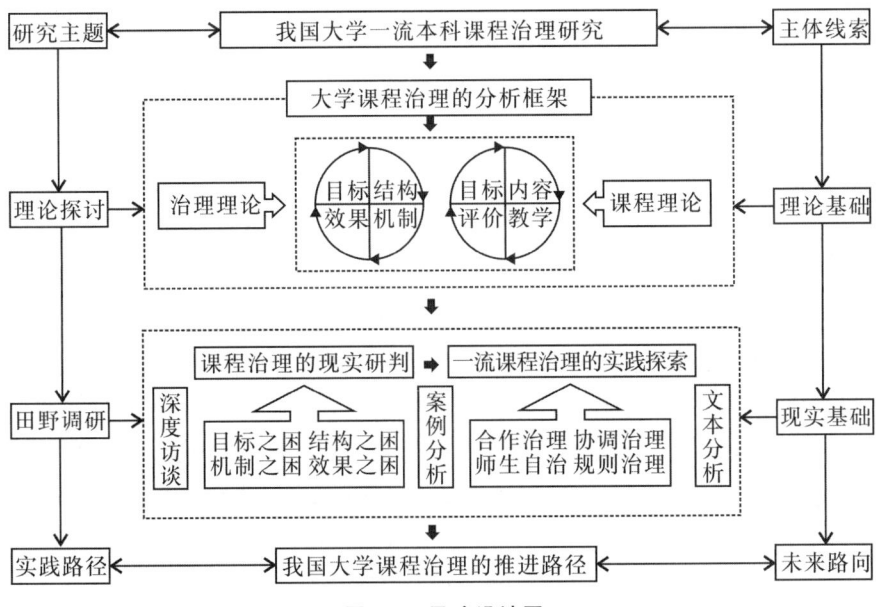

图1-2 思路设计图

四、内容安排

目前的课程管理主要围绕传统以教师为中心的课程模式所建构起来的,并不适合新的以学生为中心的课程建设与改革诉求。本书将治理思想引入课程研究并贯穿课程建设全过程,是对新时代课程建设新诉求的有效回应。

第一章绪论部分主要介绍选择课程治理作为研究主题的缘起和意义。在明确研究主题后,通过对几个关联的领域进行综述后确定具体的研究问题。与此同时,绪论部分对文章的主要概念进行界定,并对全文的思路进行了设计。

第二章奠定课程治理的理论基础。本章结合课程本身固有属性,运用治理理论的基本观点,阐释了课程治理作为一种新的引领课程建设的思维方式和行为方式的必要性和可行性。厘清了课程治理的基本内涵以及本研究的具体研究边界,并建立了贯穿始终的"目标—结构—过程—结果"的课程治理分析框架。

第三章分析课程治理的现实问题和阻力。本章主要包含了两方面内容:一是大学本科课程建设过程中的质量问题,这是课程治理的最直接对象。二是课程本身问题之外的阻碍课程质量不高的关键性因素。在具体分析时,将课程问题的范围界定在课程设置、课程设计、课程实施和课程评价四个环节,并以"目标-结构-过程-结果"这一分析框架来分析具体环节中的问题。

第四章挖掘我国本科课程治理的成功经验,剖析课程治理的内在机理。这一章的分析建立在深度访谈基础上,在分析过程中同样以"目标—结构—过程—结果"来组织这些零散的、鲜活的访谈材料。具体呈现在课程设置、设计、实施和评价中分别受到怎样的目标指引;有哪些主体参与、分别拥有怎样的职责权限;各主体通过什么方式参与、具体的参与内容有哪些、有哪些机制保证各主体有序参与、有效参与;以及最后形成了怎样的治理结果。也即是说,在治理目标指导下,形成了怎样的治理结构,这样的治理结构借助怎样的治理过程发挥作用,最终实现了什么样的治理结果。

第五章结合课程治理的现实问题、约束条件,借鉴优秀经验,明确课程治理的具体路径,主要从目标、结构、过程和结果方面提出课程治理的基本路径。

第二章

课程治理的理论探讨及分析框架

课程治理是引领课程建设的新的思维方式和行为方式。那么,这一判断和分析的理论基础何在?本章通过对治理理论进行阐释,论证了治理理论运用到课程领域的必要性和适切性,并借鉴学习科学的理论成果明确本科课程改革的方向目标。以此为理论基础,本章回答了究竟什么是课程治理,课程治理为了什么,课程治理的主体有哪些,治理对象是什么,课程治理要达到什么样的效果等问题,同时建构了"目标—结构—过程—结果"的课程治理分析框架。

第一节 本书的理论基础

一、治理理论及其对本书的适切性

治理是一个十分流行、使用广泛,却又极富争议的研究议题。"治理"(governance)最初意为"掌舵"(gubenare),和"统治""管理"并无本质区别,且经常交替使用于政治学领域。我国古代的"治国"之说也是在统治和管理的意义上加以使用。其词意变化发生于20世纪60年代。而且,与我们了解到的兴起于公共管理学科的不同结论是,王绍光通过词源分析,指出governance一词在20世纪60年代的时候经常出现于高等学校管理的期刊著作中。到20世纪末的时候,在福利国家危机、发展中国家经济衰退和全球化浪潮的冲击下,世界银行等国际组织和新公共管理理论界等推动其成为超越管理的一种新模式。于是,自公共管理学科后,治理开始在政治学、经济学、社会学等多个学科领域获得了话语权。当然,治理理论并非特指某一具体理论,而是由系列理论组成的理论丛林。以管理学科为例,其公共治理作为治理的一个分支,本身又包含了网络化治理、整体性治理、新公共服务治理、数字治理等等理论分支。

(一)治理理论的基本内容

1.治理理论的渊源:后现代主义思想

从社会管理的历史进程考察,治理理论可以溯源至后现代主义思想。有学者从人类探求社会稳定秩序的发展史角度考证,指出现代性认为人类社会总是确定的、有规律可循的,可以通过理性设计实现井然有序。因此,现代性社会高举理性大旗,引导人们走出了蒙昧的中世纪,从而也使得绝对主权的观念长盛不衰。随着后现代主义的兴起并波及社会各个领域后,独断的国家权威、确定性的制度设计、僵硬的官僚体制与灵活多变的时代格格不入。于是,人们开始重新考量和反思人类理性的有限性,并开始对现代性支配和管理社会的观念产生怀疑。尤其是其机械化的管理活动对人的个性的拒绝招致了人们的批判。在现代性所推崇的权力中心主义管理模式下,人的个性和自主性不仅不被尊重,反而被认为是错误的来源。时至20世纪70年代,后现代的学者们给世界带来了多元主体合作互动的治理轮廓,他们极力解构权力中心主义,强烈要求恢复被边缘化的主体的地位。从而,作为一种试图消解现代性绝对主权观念,蕴含不确定性、差异性等后现代意蕴的治理理念日益崛起。随后,非政府国际组织的作用日益凸显并发挥积极作用,治理也迎来了世界性繁荣和共识。

也有学者从治理理论的基本观点进行反向推导,追溯到了其背后蕴含的后现代色彩。该学者认为,治理理论是对现代性中确定、权威、规律的解构,可以用"权力分散化"和"自主治理"来概括。它强调不确定性、差异性和多元性,极具后现代气质。王刚和宋锴业从语言哲学和后现代哲学这两大流派开始溯源,认为这些后现代思想促进了治理理论的形成和演变,并指出治理理论与后现代主义具有解构性和建构性的双重契合。[①] 一方面,后现代主义的核心旨趣是解构,注重边缘化、反单一中心,而治理理论试图消解科层等级制下的单一权力观与其一脉相承。另一方面,后现代主义提出注

---

① 王刚,宋锴业.治理理论的本质及其实现逻辑[J].求实,2017(3):50-65.

重整体的生态观,强调系统各要素之间的相互依赖关系。这与治理理论主张的主体间的依赖关系不谋而合,因此治理具备建构的特征。

在高等教育研究中,同样有学者指出了大学治理中打破官僚制、消解绝对权威的后现代意蕴。① 还有学者从知识转型角度出发分析大学治理模式的变革,该学者认为现代社会的大学是以理性为基础的自治模式,现代社会的大学是以追求科学知识的管制模式,后现代社会的大学则以协商知识为表征的共治模式。而我国大学治理正处于两种模式的碰撞中。②

2.治理的本质:配置主体权责利的制度安排

虽然治理理论迅速确立了自己极具影响力的思想意涵,即多元主体参与协商,并广为学术界使用。但表面的认同并不能掩盖深层思想方面的分歧。在备受关注和广泛应用的同时,治理在国内外却都是一个极具争议的概念。目前,综合中西方关于治理的理解,可以大致划归为三类。一是"规范性"取向。这是源自西方的一种主流观点,即强调多元参与和民主平等。二是"目的性"取向,将治理视为手段和工具,譬如治国理政、环境治理等等。三是"超越性"取向,将治理是对传统管理、统治和管控的超越。大多数情况下,人们一提到治理,便将"多元主体参与"与其联系起来。但当这一理解被运用于我国场域时,既在理论上受到了质疑,也在实践中面临着矛盾的境地。在理论上,一些学者对"多元主体参与"提出了质疑,认为它并不能反映治理的本质。在实践中,这一理解却难以解释我国实践中的很多成功案例:譬如虽然多元主体并没有平等共治,但却取得了很好的治理效果。再譬如即使多元主体参与了,也并没有带来良好结果。

在本书看来,多元参与只是治理的一种形式或者说特征,并不能够揭示治理的本质。首先,治理并非要建立完全均等的多元关系,我们需要区分治理领域,对于不同的治理事项需要区别对待,同时也要注意到治理并非完美的万能之策。其次,治理不是僵化、机械的理论套用。治理是一个在实践中通过多种方式不断协调主体间的关系以达成共同目标的过程。我们需要基于实际问题探索本土化的理论,在具体运用过程中,需要警惕依赖既有理解去"框住"复杂的现实。最后,虽然治理在理解上有分歧,似乎是一个无所不装的框,但它并不是没有共同的对话平台,也不是漫无边际。基于治理实践,

---

① 魏海苓.论大学治理的现代性与后现代性[J].高等教育研究,2005(3):23-27.
② 李曼.论大学治理模式变革的知识逻辑[J].教育研究,2015(3):56-63.

我们可以找出共性因素和本质特征，即治理离不开"配置主体权责利的制度安排"。不同的制度安排则体现出不同的时代特征和治理理念。由上，治理的本质是一种配置权责关系的制度安排，多元参与只是治理的形式之一。

3.治理的关键：主体间权力的相互依赖性

治理理论认为个人或机构单独行动都难以解决所有问题，因此问题的解决需要依赖众多利益相关者采取有效的集体行动。是故，治理理论秉持开放的姿态，认为利益相关者都是整体中举足轻重的一部分，并都拥有治理的权力，所以都是治理的主体。在治理过程中，各治理主体间互相依存。这种"权力依赖"关系决定了各主体在达成目标过程中需要通过协商、互动、交换资源等形成共识，而非强制和压迫。这样，治理主体之间便是一种平等的伙伴关系。

因此，我们说治理的关键并不只是表面的参与主体多元化，而是在于各主体间的相互依存关系。这种相互依赖的权力关系决定了治理过程并不是僵化的，而是具有极强的实践性和灵活性，是切切实实发生在主体的互动关系中的。治理主体可以根据问题解决的需要创新治理活动，而治理规则有效性的根本要求在于通过增进治理主体间的相互理解来减少冲突和矛盾。而制度则为主体的互动行为确立了规范的基础。除了政策、规章、法定程序等正式规则外，治理过程中还包括非正式的约束力量，这种非正式约束是对正式规则的修正、补充和拓展。

4.治理理论的人性假设："复杂人"

治理理论的人性假设是"复杂人"。这一人性假设认为，个体在做出某项行为时，他的动机并不是单一的，而是复杂的。他们在做出行动时，既有私心，也会考虑公共利益。正是基于这样的假设，才会有了各个主体间的合作。又因为行为主体只具有有限理性，所以，为了克服这种不足，需要多主体之间进行充分的交流与互动。在沟通对话中，治理主体会反求诸己，自觉约束自己的不合理行为和要求，进而通过合作实现彼此之间的共同利益。在治理理论的复杂人假设下，人们的需要和利益诉求是多变的，会随着阅历、承担的责任、扮演的角色等变化而发生改变。该人性假设解释了工作、组织和个人之间的最佳关系，即个体虽然需求和动机不同，但胜任感可以说是激励个体持续行动的最主要需求。当个体的胜任感得到满足后，便会产生新的、更高的目标追求。

(二)治理理论的适切性

治理理论在课程领域的适切性不是由该理论的广泛应用性可论证的，

也非在其他研究中显示出的强大解释力所决定的,而是源自课程本身的诉求。无论是来自实践哲学课程流派理论家的观点,还是课程本身的固有属性,抑或课程建设中的现实问题,都促使我们用治理理念去审视大学课程的建设与发展。正是两者的内在契合关系,本书期望借治理赋予课程建设以内生动力。因此,与其说治理理论适用于大学课程建设,不如说运用治理理论引领和指导大学课程建设。

1.来自实践哲学课程理论流派的支撑

实践哲学视野中的课程理论缘起于课程改革运动受到了来自教师的消极抵触。基于此,以斯腾豪斯、艾利奥特、施瓦布等为代表的课程改革发动者开始反思,为什么初衷良好的改革无法激发教师的参与热情和责任意识？他们基于课程改革的道德合理性和政治合法性,认为课程改革不是技术活动,而是具有价值冲突和不确定性的复杂情境下的决策活动,因此需要借助审议和实践理性加以解决。在他们看来,课程改革的目的在于实现课程资源的公正配置,达成公共利益。那么,如何公正地分配资源呢？实践哲学流派的理论家认为应该通过集体审议的方式保证决策程序和资源分配方式的民主性,譬如施瓦布提出了"折中"与"审议"的治理方式。基于此,课程改革具有集体协作性、互主体性、教育性、目的向善的实践判断活动等特点。其中,(1)集体协作性是指课程改革是作为集体的交往协作活动,集体审议和决策是其基本方式。(2)互主体性是指课程改革主体的多元性特征,在课程改革的审议和决策中,以个体形式参与或以群体形式参与的利益相关者都是主体。(3)教育性是指相关主体在互动过程中相互教育。(4)目的向善的实践判断活动是指教师不仅仅是按照既定程序进行活动,而是将促进学生未来发展作为实践的首要准则。与此同时,他们认为课程改革作为一项集体审议活动应将其权力逐步交给面向课程一线的教师和学生。在具体决策过程中,决策结果不是预先指定的,而是让不同利益群体在决策过程中拥有充分的发言权。实践哲学流派反映了课程改革中的多元冲突和整合需求的现实,突出了课程改革中人的因素,强调了人的选择性和责任意识,他们的很多观点实际上蕴含着治理的思想。

2.本科课程本身的固有特性与治理理念相契合

课程从本质上而言是培养人的活动,它是一种独特的教育实践。首先,课程是一种根植于智慧的理智行动,凝聚着教师的创造精神、彰显着教师的个性。在课堂场域,不同的教学场景、各不相同的学生群体让教学受到太多不确定性因素的影响,时刻充满着未知和挑战,从而也就难以直接套用某种固定程式,而需要教师充分发挥教学智慧应对千变万化的教学实践。正如斯蒂芬所言,"教学好比是在教育领域中进行的激浪漂流"。其次,课程本质上是教育活动,教育不仅仅是知识的堆积,更重要的是对主体的解放。它需要教师真正关注学生的成长、关注学生心灵的启迪和灵魂的塑造。显然,控制与约束是无法完成这样的使命的,而只有学科知识和讲授技能的教师也是无法胜任教学的。再次,课程富含情感体验和精神建构,是理智与情感的统一。课程的关键主体——教师和学生都是富有情感和个性的主体,他们不是机械地传递和接受知识,而是在情感交融、心灵交流、智慧碰撞中实现自我生命的绽放。从课程的内生品质来看,课程实践变革的动力源于师生主体的互动,尤其是教师的创新潜能和主体精神,最终取决于教师对教学的热爱和责任,这种责任感和使命感无法通过外在的强制获得。课程本身固有的属性决定了其主体的复杂性特征,而治理理论的"复杂人"假设十分契合课程实践的丰富性和复杂性。借助于"复杂人"的人性假设,我们既要将教师看作是有利益追求的,也要将它们看作是超越利益追求的。一方面,我们需要利用人的超利益性的属性,激发教师的责任感和事业心;另一方面,我们也需要利用人的自然本性来设计机制以此实现目标。由此,我们必须改变传统的管理模式,对教师进行引领和支持,给师生创造自由探索的空间。可见,治理的诸多要素内在地与新的课程理念相契合。因此,与其说提出课程治理,不如说课程治理是课程管理变革的必然方向。

3.本科课程的建设需求趋势呼吁治理

课程从来就不是价值无涉的。课程建设的价值主体面临着多元化和分化的趋势是课程建设必须面对的客观事实。正如有学者指出,课程改革的实质是课程相关主体对课程权责与利益的调整与重置过程。以课程知识的选择为例,选择哪些知识进入课程,实际上渗透着不同利益的选择。但如果课程知识选择的决策权完全由教师掌握,那么教师很大程度上只会根据自己的研究兴趣出发进行选择,有时甚至完全出于私利。不难想象,这将直接对学校发展和学生成长带来负面影响。但是如果只是为了满足社会需求,那又无疑培养了工具人。实际上,在大学拥有办学自主权之前,我国大学课程的开发一直由国家控制,管理者成为权力的唯一合法主体,自然地承担起管理协调课程的职责。随着市场经济的发展,本科课程建设过程中的各种关系出现了新的变化,社会的期许、学生的发展、教师的需求等多种利益格局并存迫使课程必须引入多方的智慧和力量。可以说,课程的各项活动就是一项涉及不同价值主体和不同利益主体的复杂性实践。但不同主体所代表的利益诉求和思考问题的角度各不相同。因此,在面对群体性参与时,就需要创建多主体参与的规则,阐明不同主体的角色,建立相应的组织机构,创新制度安排,形成相应的运行机制,运用先进的文化组织动员,以及保证各主体相互配合,达成最大的利益共识。而这恰恰是治理理论所要回应的问题。治理理论认为,权力不仅仅来源于职位权威,还建立在主体间形成的相互合作和彼此信赖的关系基础上。从这个角度而言,治理理论对推进大学课程建设具有重要的理论指导意义。

二、学习科学的理论成果为本书提供了科学依据

(一)课程学习要与学生的生活建立起关联

1.建构主义理论与学习科学的发展

传统学习理论以客观主义为指导,将学习等同于知识的获得,具体的过程则是由教师向学生传递来完成。教师所关注的是学生能够记住多少知识,而学生学习质量的好坏则取决于他所再现的知识与教师所传输的知识的相似程度。因此,学习就是知识再现的过程。20世纪80年代末兴起的建构主义学习理论有着完全不同于传统学习理论的假设。在建构主义学习理论的场域中,知识是学习者自发建构的。学习者通过人际互动、协商交流等方式主动建构着自己对世界的理解和认识。基于这样的知识哲学观,学习是内外部要素共同作用的结果,从而推动了教育关注点也从教师教向学生学的转变。

虽然学习理论流派纷呈、视角多元,但众多的理论流派却在理念和方法上达成了共识。在学习理论的研究者眼中,学习既非单向传输,也非被动接受,而是学习者积极主动的建构过程。在学习理论的指引下,人们愈发清晰地认识到学习是学生自主建构的产物,大学则需要为学生创设有利于其学习的支撑环境,以此提高学生的学习质量。逐渐地,以教师为中心的"传授范式"的围墙在内外部力量的作用下被不断突破,以学生为中心的"学习范式"逐渐成为引领高等教育变革的行动方向。

建构主义理论家坚信,意义是情境化的或者内含于真实情境中的,当我们把观念从情境中抽象出来时,观念就失去了意义。建构主义者们坚持认

为知识是根据由个人(或群体合作)与世界的互动和对世界的经验建构出来的。建构主义将人们对课程教学的关注点从传递知识向创设学习情境转变。而大学及其教师的职责在于促进学生参与到其所创建的情境中去。相应地,教学方法也随之发生变化,教学不再是让学生复制已知的事实、概念等,而是支持和指导学生自主探究。这些认识上的变化促成了学习科学的诞生。新出现的学习科学为设计有意义的学习经验提供了丰富的理论假设。由此,得到了关于教学的基本原则。这些原则围绕促进学习展开:(1)参与解决真实世界的问题;(2)激活已有知识;(3)演示新知识;(4)应用新知识;(5)整合新知识。

学习科学与传统教学科学在理论和实践上有着本质不同,具体如表2-1所示。在学习科学的场域中,学习环境具有十分重要的地位,而学习者必须参与到复杂的、具有挑战性的真实情境中去。在这样的学习环境中,学习是交互的、合作的,是在自发建构的共同体中解决困扰自己的问题,建构对知识的整全理解。

表2-1 实证主义认识论和建构主义认识论的观点、框架及实践

认识论观点	设计框架	设计实践
实证主义 • 知识独立于学习者而存在 • 有绝对真理	客观主义 • 把外在的知识传递给学习者 • 安排各种条件来促进特定目的的实现	教学设计 • 课堂 • 控制的 • 教师指示,学习者接受 • 目的是预先确定好的 • 活动、材料、评估是由教师推动的 • 由教师根据各种成果进行评估
相对主义 • 知识是由学习者建构的 • 真理是情境性的	建构主义 • 引导学习者建构知识 • 提供丰富的协商和意义建构情境 • 知识是内在建构的	教学设计 • 环境 • 学习者中心 • 教师促进、学习者控制 • 学习目的的协商确定 • 真实的学习问题和情境 • 活动、材料和评估是情境驱动的,也是个别化建构的 • 分享成果与反思

资料来源:R.A.瑞泽,J.V.邓普西.教学设计和技术的趋势与问题[M].王为杰,等译.上海:华东师范大学出版社,2008.

2.关于学习本质的认识变化

学习就其本质而言,是个体与环境相互作用而获得经验的活动。人们对学习本质的认识在历经联结学习理论、认知学习理论,再到企图融合各派理论而形成的折中主义学习理论后,愈发深刻和全面。相较于以实验室为主的学习研究,学习科学将其关注点聚焦在真实情境中的学习问题。

学习理论从行为主义、认知主义到建构主义的跃迁刷新了人们对知识获取的经典认识。20世纪上半叶,行为主义指出学习是"刺激-反应"的联结,并基于此提出"学习是反应的强化"。认知心理学家认为这一观点过于强调死记硬背而对其展开批驳。于是,他们提出了"学习是知识的获得"这一新隐喻。根据这样的认识,学生被视为一个空的容器,教师的职责就在于用知识将这一"容器"填满。这一学习观最大的弊端是忽视了认知主体具有的巨大能动性,以及将复杂的学习过程简单化。

20世纪80年代,建构主义者对学习研究进行了全面总结与进一步推进,人的学习的建构本质、社会协商本质和参与本质则越来越明朗,并进一步确立了"学习是知识建构"的学习隐喻。20世纪的最后十几年里,情境理论开始盛行。其主要观点是,知识是个人与社会或情境之间的联系以及互动的产物,而非心里内部的表征。其关注的重点是创建"实习场"。这个实习场中的问题实际上就是学生以后走向工作、面向实际生活所要面对的真实问题。

通过上述关于学习本质认识的变化,我们能够发现,学习是一种自主探索和认识世界的方式。传统教学过于注重碎片化知识的灌输,而忽略了促进学生对知识的深度理解和自主建构,从而导致了一个严重的后果,即容易产生"呆滞的思想"——这种思想仅仅满足于接受,而缺少反思和检验,更不用说结合自己的经历等进行创新。更为甚者,学生失去了对学习的兴趣和热爱,更不用说持续创新了。因此,我们需要关心的是,如何为学生学习创造条件,培养学生的学习能力,以及让学生形成对学习的热爱。而这根据上述的研究结论,这都离不开将课程教学与学生的生活实际相关联。

(二)大学教学的关键在于促进学生深度学习

关于学生学习研究的根本目的不单纯在于描述学习规律,而且在于为其直接波及的大学课程与教学研究提供理论基础。学习质量是课程质量的核心,而学习方法则是考察学习质量的重要指标。研究表明,深度学习方法作为产生高质量学习结果的关键方法,是高质量课程的过程性和结果性体现。深度学习要求学生不仅仅停留在知识的记忆层面,而且能够理解知识背后的原理和相互关联,并运用知识解决与自己生活实际密切相关的问题。深度学习的研究体现了高等教育学领域对学习本质的回归。基于此,我国学者认为若要培养大学生的实践能力和创新能力,就必须创造条件,鼓励学生更多地采用深度学习方法。而教师也需要从关注学生"学了多少"向关注学生"怎么学"和"学会了什么"转变。

　　深度学习在教育学领域的应用始于对学生学习过程的关注。20世纪70年代,马顿(F. Marton)和萨乔(R.Saljo)对大学生的阅读现象进行研究,开创性地运用"现象描述分析方法"分析大学生的自我陈述,即以定性的扎根式研究从学生视角得出概念。研究发现学生采取了两类不同质的方法:深度方法和浅层方法,得出了学生学习结果的差异和学习方法的差异互为关联的结论。基于此,他们在《论学习的本质区别:结果和过程》中首次提出"深度学习"概念。

　　在马顿和萨乔的研究基础上,比格斯(J. Biggs)运用量化研究方法,开发了可观察的学习结果模型——SOLO分类法。SOLO主要依据学习的复杂性程度对学习结果进行分类(如表2-2)。该模型能够有效验证学习方法与学习结果之间的关系。在这一层级划分中,我们可以看出,高阶思维和能力是深度学习的典型标志。在比格斯提出SOLO模型之后,国外学术界围绕其展开了丰富的研究,其研究结果都证明了深度学习法有利于高质量的学习结果的形成。

　　随着研究的推进,深度学习的内涵不断得以丰富。人们发现学习过程是一个复杂的多变量过程,它不仅是对认知的控制,还包括了情感、信念、个人努力等控制与管理。于是,进一步的研究开始观照学习过程的外部环境,开始关注学习的社会与情境认知层面,强调文化、环境、情感、社会交互等对个体学习行为的影响。以比格斯为代表,学生学习基于两个理论基础——信息加工理论和学习方式的情景化。即除了学生对学习的认知外,深度学习还源自学生的情感、意志,以及他与社会的互动。在这一观点提出后,学界开始转向对学习过程的外部环境的研究。这一研究取向基于情境学习理论,其特点在于强调经验,注重社会建构,但对学习过程的内在解释不足。

表 2-2　学习的层级划分及其特征

学习的层次	层级特征
第一级:前结构水平	使用不相关的信息,或无有意义的回答
第二级:单一结构水平	仅关注一个相关方面
第三级:多元结构水平	关注了多个相关特征,但并没有将这些相关特征整合在一起
第四级:关联结构水平	不同部分被整合到一个关联的整体中,形成了结构化的理解
第五级:延伸性抽象水平	超越所给信息归纳出结构,并能应用到新的和更广泛的问题情境中

资料来源:约翰·B.比格斯,凯文·F.科利斯.学习质量评价:SOLO分类理论(可观察的学习成果结构)[M].北京:人民教育出版社,2010.

在前人研究结果的基础上,研究者越来越清晰地认识到,深度学习是一个发生在真实且复杂的社会情境中的多变量交互过程。深度学习不仅是获得知识,更多是通过积极参与到具体情境中建构知识的过程。在2010年的时候,美国基础教育深度学习研究项目将深度学习进行了划分,将其界定在认知、人际和自我三大领域中。由此也澄清了人们对深度学习的更整全理解。首先,深度学习不仅是学习者对信息的加工过程,而且蕴含着学习者在投入过程表现出的情感、意志以及兴趣等。其次,深度学习不是静态概念,而是需要学习者在认知、情感和行为上的全面参与,是涉及学习者认知发展、学习参与和自我发展的动态过程。最后,深度学习并不是一个平面的概念,而是一个有立体感和层次性的体现,因为学习者的认知发展是一个非线性的动态过程,既可以从低层次阶段向高层次阶段发展,也可能会在不同阶段间来回移动,还可以同时处在不同发展阶段。

以上对深度学习进行综述的目的并非研究这些理论本身,而是服务于研究需要。深度学习的研究体现了高等教育学领域对学习本质的回归。

(三)确立了以学生学习为中心的变革方向

高等教育正在发生着一场从教的范式向学的范式的转变,大学正在从提供教学的机构向产生学习的机构转变。

1.传授范式与学习范式的比较

世界高等教育领域正在进行着一场"以学生为中心"的改革。这一理念的更新推动了本科教育的范式转变,新的学习范式逐渐形成。传授范式源于工业化对效率的追求,旨在满足社会需要的大批量的专业人才。在这种需求导向下,教学是一种典型的"以教师为中心"的实践范式,表现为教师在固定场所向学生传授固定的知识。教师教学任务量的完成即等于学生学习的完成。而学生的学习需求、探究兴趣、学习方式、学习效果等没有得到应有的关注。传授范式以教师为中心、以内容为导向,注重结构化知识的传授。学生学习的责任也理所应当地由教师承担,人们普遍认为,学生学得如何取决于教师教的水平,教师教学水平和教学方法则成为人们关注的焦点。教师也毋庸置疑地认为自己要把课程内容讲透彻、讲清楚、讲完整。

随着信息化的发展、高等教育普及化的来临,知识的获取方式发生转变,学生的需求日渐多元与复杂,教师的知识权威身份也日渐瓦解,以教师为中心的理念也已失去了生长的土壤。为了满足学生发展需求和学习需求,教师必须转变身份角色,成为学生发展的引导者和促进者。与此同时,学习理论的大发展推动着大学使命从"教授知识"向"产生学习"转变。学习理论的发展颠覆了传统的知识观、教学观和学习观,人们逐渐清晰地认识到大学的使命不再是传授知识,而是为了产生更好的学习。1995 年,"学习范式"正式以学术语言出现在公众视野中。巴尔(Robert B. Barr)和塔戈(John Tagg)合作的《从教到学:一种新的本科教育范式》一文从范式的高度重新审视了本科教育的教与学,首次提出了"学习范式",并详细凝练了学习范式与传授范式的诸多不同,具体从使命和目的、成功的标准、教与学的结构、学习理论以及角色特点等方面完成了对学习范式的刻画(如表 2-3)。

表 2-3 教学范式与学习范式的对比

	教学范式	学习范式
使命和目的	提供教学	产生学习
	传递知识	促进学生自我建构知识
	提供课程和学位项目	创造环境和体验
	追求高质量教学	追求高质量学习
	使各类学生获得入学机会	使各类学生获得成功
成功的标准	输入、资源	学习、学生的成功
	课程开发和拓展	学习技术开发
	资源数量和质量	成果的数量和质量
	入学率、学费增长	总体学习增长和效率
	师资和教学质量	学生和学习质量

续表

	教学范式	学习范式
教与学的结构	原子式的;部分先于整体	整体式的;整体先于部分
	时间是常量,学习是变量	学习是常量,时间是变量
	50分钟的课堂,3学分的课程	学习环境
	课程在相同的时间里开始和结束	环境随时服务于学生
	一名教师,一间教室	任何学习经验都有效
	独立学科和系	跨学科/系
	覆盖内容	明确的学习结果
	终结性评价	课前/课中/课后评价
	教师打分	外部评价
	学位等于学分累积	学位等于获得特定的知识和技能
学习理论	知识存在于外部	知识存在于个体头脑中,由个人经验构建
	知识由教师传授给学生	知识是建构和创造的
	知识是累积的和线性的	学习是框架的构建
	学习是以教师为中心和主导的	学习是以学生为中心或主导的
	需要师生都在场	需要学生主动在场,教师非必须在场
	课程和学习的竞争性和个体性	学习和学习环境相互支持与合作
角色特点	教师是传授知识的学科专家	教师是学习环境的设计者
	教师和学生相互独立	教师和学生在团队中一起学习
	院校支持和服务于教师和教学	院校帮助学生成功
	教师将学生分类	教师培养每个学生的能力
	任何专家都能教学	促进学习是有挑战性的、复杂的
	线性管理;独立运行	共同管理;团队合作

资料来源:BARR R B, TAGG J. From teaching to learning:a new paradigm for undergraduate education change[J].The magazine of higher learning,1995,27(6):12-26.

实际上,两种范式并非截然不同,其根本差异在于教育伦理观念的对立。与传授范式追求的工具价值和社会逻辑不同,学习范式强调内在价值和人本逻辑,它关注的是学生在探究知识过程中感受到的学习乐趣。虽然学习范式尚未形成一个完整的权威的定义,但它为我们重新审视本科教育提供了思维方式和视角的转换。它意味着高等教育从使命、文化到课程、教学的根本变化。在新的范式指引下,我们需要重新审视并设计大学课程,重新定义教师和学生的关系,实现从对"教"的强调转向对"学"的关注。

2.学习范式的基本内涵

(1)学习范式带来的是大学课程的整体性转变

学习范式带来的是高等教育的整体转型,它不是孤立的、零碎的改变,而是系统性变革。它意味着高等教育理念、课程、教学、学习、评价和管理的整体变革。其整个话语体系是基于学生中心的:大学的使命是产生学习,大学的主体是学生,大学课程教学的中心是学生学习,课程评价和管理聚焦于学生学习成效。首先,学习范式并非仅仅是技术上的提高学习效率的手段,而是理念指引下的高等教育价值重塑。其并非是与"传授范式"对立的概念,也非排斥教师"教"的作用,其本质是希望融合"教"与"学",以此促进学习。其次,因为根深蒂固的观念难以短时间内改变,师生的认同和观念的转变也是一个漫长的过程,走出原有制度框架下的舒适地带更是一个挑战。所以,理念到实践中的多重限制决定了其必须以系统的变革来实现整体超越。

(2)学习范式的核心理念是"以学生为中心"

传统的教学范式建立在"以教师为中心"的理念指导基础上,学习范式的核心理念是"以学生为中心"。两者都是一个整体性的概念,无论是巴尔和塔戈总结的六大维度,还是康普贝尔和史密斯的14个要点,在赵炬明那里都被凝练为"以学生发展为中心、以学生学习为中心、以学习效果为中心"。[1] 这一新的范式要求我们以新的眼光审视高等教育。它要求有关教育学的活动都能够围绕学生展开,从学生学的角度思考。这就与传统教学有着根本的区别,传授范式对效率的追求使得我们"已经本末倒置了:我们的学校是时钟和日历的俘房,学生成长的边界是由时间表决定的,而不是为学生和学习制定标准"。学习范式对人本价值的追求将重点转向学习,它以学生发展需求为中心,将学生学习置于中心地位,以此实现高质量的学习结果。传统教学与以学生为中心的教学的区别具体如表2-4所示。

---

[1] 赵炬明,高筱卉.关于实施"以学生为中心"的本科教学改革的思考[J].中国高教研究,2017(08):36-40.

表 2-4 传统教学与以学生为中心的教学

	传统教学	以学生为中心的教学
认识论	归纳主义,事实和记忆	建构主义,探究和创造
教学假设	任何学科专家都会教学	教学是复杂的,需要一定的培训
知识	由教师向学生传输	由师生共同建构
学生	教师知识传递的被动接受者	积极的知识建构者、发现者和创造者
学习方式	记忆等浅层学习	关联等深度学习
教师的目标	将学生进行等级分类	培养学生的能力和素质
学生的成长和目标	学生竭力完成教学要求,获得某一学科的证书	学生尽力在一个更宽泛的系统内关注持续的终身学习
学习环境	竞争性的个人行为	学生的合作学习,教师的团队合作
学生责任	在课堂学习、听课、记笔记、做作业、参加考试等	听课、记笔记、做作业、参加考试、更多的课外学习、与他人合作、评估自己和他人的学习、展示自己的学习成果、解决真实的问题、承担学习的风险等
权力	教师拥有并实施权力、权威和控制	学生被授权,权力在学生内部和师生之间共享
评价	常模参照(根据正态分布曲线打分),课程结束时给学生定等级,强调学了多少,终结性评价	标准参照(根据预先设定标准打分),以课堂表现和学习档案为依据,课程结束时评价学生完成预定学习目标的情况,教学过程中持续性评估
技术	练习和实践、讲解	解决问题、合作、交流、表达

资料来源:L.迪·芬克.创造有意义的学习经历:综合性大学课程设计原则[M].胡美馨,刘颖,译.杭州:浙江大学出版社,2006:15.

(3)学习范式从关注"教"转向关注"学"

学习范式是一场从关注"教"到关注"学"的范式变革。它以提升学生学习效果、促进学生发展为目标。学习范式将大学的责任从高质量教学(讲授、演讲)转移到学生学习上,大学要为学生的学习效果负责。大学的目的不是传递知识,而是为学生主动建构知识创造良好的环境和积极的体验。因此,学习范式的目的不是提高教学质量,而是为了不断提高学生的学习质量。虽然大学充足的办学经费、丰硕的科研成果、卓越的教授、完备的仪器设备等对课程质量的影响至关重要,但这些却只是课程质量的"输入"端,学生的学习收获与发展才是课程质量的本质内容。因此,在评判课程质量的时候,我们的标准并不仅仅在于教师的课前准备有多充分、课程内容有多恰切等等诸如此类,而是这些外在因素是否真正促进了学生学习质量的提升。譬如,我们将关注点从"课程内容是否丰富"转向"学生学到了很多内容",从"教师授课清晰有条理"转向"提高了学生参与的积极性"等等。简言之,好的教学并不一定会产生好的学习效果。如果说教师只关注自己做了什么,关注如何提升教学水平,而忽视了学生是如何学习的,那么即使提高了教学水平,也不一定会带来好的学习效果。在学习范式下,我们是从学生的学习效果来证明教学的有效性,因此,学习效果成为高质量课程的判断标准。

(4)学习范式最明显的特征在于师生权力的重新配置

学习范式带来的最显性的变化便是师生间权力的改变。两种范式区别的本质在于对学习的控制权。传授范式下,教师是课程活动的发起者和组织者,其对学生学习活动的控制权合理且正当,因为他是拥有知识的"圣人"和"权威",所以其角色就是一个知识传播者的角色。但现实情况却是,即使教师辛辛苦苦地传授知识,也不能保证学生能够学完所有知识。学习范式则认为学习是学生的权利和天性,控制了学习就等于控制了学习者的主体性。基于此,我们便能更好地理解师生角色的转变:学生不再是被动的无知者,而是学习活动的主导者,是具有内在需求的学习主体;教师的角色是学习环境的设计者,通过创设合适的、有效的学习环境,帮助学生产生高质量学习。因此,对教师而言,其真正需要做的是,激发学生学习动机,帮助学生成为高效的终身学习者。

(四)建立了课程活动的分析框架

高质量教学旨在为了促进高质量的学习。在推动传授范式向学习范式转变过程中,比格斯的3P模型在高等教育领域产生了深远影响。① 他提出的"前提-过程-结果"的教学模型以"为学而教"为理论指导,建立了课程活动的分析框架。

1."前提—过程—结果"教学模型

在比格斯看来,教学的根本目的是促进学习,教师要为学生创造有效的学习环境,成为学生学习的促进者。比格斯构建了"前提(Presage)-过程

---

① 张红峰.从建构到一致:学习理论在高等教育领域的发展与实践[J].中国高教研究,2012(3):15-20.

(Progress)-结果(Product)"的教学模型(如图 2-1)。这一模型的特别之处在于它是围绕学生学习构建的模型。在整个模型中,教师的"教"只是作为学生学习的"前提"。也即是说,教师的"教"会对学生学习产生实质性但非决定性影响。在这个模型中,核心是学生的"学习过程",结果是为了产生高质量的学习。从整个系统来看,前提、过程、结果形成了一个闭环。前提中的个体因素和教学因素是独立变量,学习过程构成了中介变量,学习结果是因变量。这些变量虽然彼此独立,但都相互作用、彼此关联。前提中的学生因素和教学情境因素共同决定了学生的学习方法,学生的学习方法直接影响着其学习结果。

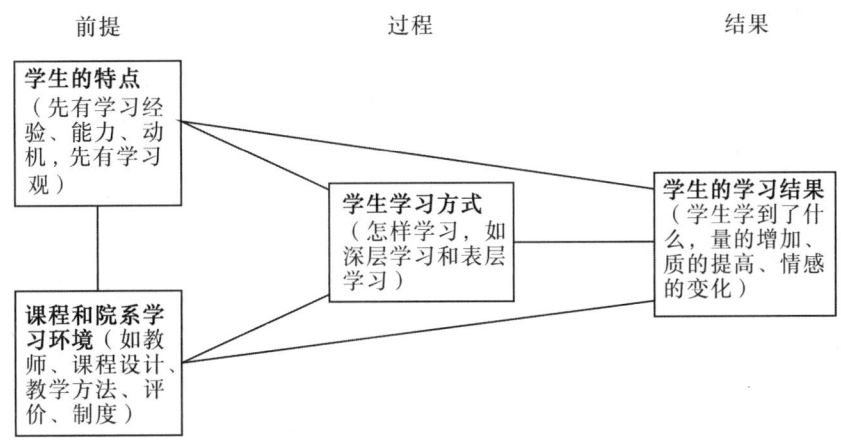

图 2-1 比格斯 3P 教学模型:学生学习"预测/前提-过程-结果"模式

资料来源:根据迈克尔·普洛瑟和基思·特里格维尔所著的《如何提高学生学习质量》一书进行优化并绘制。

首先,"前提"包含了学生因素和整个教学情境。教师的"教"不仅仅是为了教,而是要基于学生先有基础,强调了教学要将学生视为主体,并以学生的已有知识和经验作为教学改进的关注点,以此激发学生采用深度学习方法。这无疑是对传统"教师讲-学生听"这一单向教学方式的超越,从更广义层面而言,它实现了从"教"到"学"的范式转变。

其次,"学习过程"是 3P 模型的核心,学生学习方式差异是影响学习结果最关键的影响因素,好的教学就是尽可能地增加能够促进学生采用深度学习的因素,以此促发高质量学习结果的产生。可见,学生学习质量的高低不仅在于教师的教学,关键还在于学生的投入与参与,是师生共同作用的结果。学生和教师对学习结果同样地负有不可推卸的责任。当然,"学习结果"并非这一闭环的终点,而是作为进一步提升教学的起点和依据,即课程教学的进一步改进是以学生学习结果为基础。

2.比格斯3P模型对大学课程与教学的启示

学生对学习情境的感知受到学生原有经验和当下所在的教学环境的双重影响。学生采取什么样的学习方法,与他们对所处的学习环境的认识有关,而不同的学习方法又将导致不同的学习结果。这样的一个过程并不是一个因果过程,而是一个不断相互作用的体系。

学生对特定学习情境的感知决定了他选择什么样的学习方法,明确的课程目标、优质的教学、拥有学习自主权等会促进学生采用深度学习。越来越多的研究证明了对学生学习方式产生影响的背景性变量不仅是教学情境,而且"学生对学习环境的感知"也是重要的中介变量之一。学生选择深度学习方法与其对清晰的课程目标的感知、对学习自主权的感知、对高质量课堂教学的感知、对教师教学的感知等之间显著相关。学习者对学习任务的不同层次理解和感知会产生不同层次的学习结果。[①] 拉姆斯顿的研究报告对学习方法和学习结果间的相互关系进行了说明:当学生觉得学习负荷繁重、把学习看作是知识量的增加,或是对知识的记忆背诵时,往往会更倾向采用表层学习方法;当学生认为教师的教学是高质量的、教师对课程有着明确的目标和要求、自己能够自主选择学习内容时,则更容易采用深度学习方法。[②]

国内学者的研究同样证明学生的课堂体验直接影响其学习方式,其中当学生感知到融洽的同伴关系和以学生为主体的教学方式时,他们更倾向于采用深度学习方法。[③] 更细致的研究显示,"兴趣与满意度""互助合作""选择权""秩序""矛盾"等因素能够有效促进深度学习方式,而"少数人控

[①] 闫建璋,朱豆豆.深度学习视域下的大学有效教学策略[J].现代教育管理,2020(5):116-121.

[②] 迈克尔·普洛瑟,基思·特里格维尔.理解教与学[M].潘红,陈锵明,译.北京:北京大学出版社,2007:82.

[③] 郭建鹏,杨凌燕,史秋衡.大学生课堂体验对学习方式影响的实证研究:基于多水平分析的结果[J].教育研究,2013,34(2):111-119.

制""难度过大"则更容易导致浅层学习方式。①

这些研究结论表明大学课程教学有章可循:大学教师首先要指导学生是如何看待评价的,然后要根据学生的实际情况布置任务和确定任务难度,以此确保学生的学习负荷是合适的。与此同时,还要保证学生对学习的目标和要求是清楚的。当然,教师还需要适当控制课程难度,以及有意识地增加师生互动和同伴互动。

第二节 课程治理的基本释义

这是一个治理的时代,在治理理念被引入大学场域后,引起了从理念到制度以及行为等方面的连锁反应。课程治理是大学治理体系中的重要组成部分,其核心是将治理理念与课程改革实践相结合,探索治理理念下的课程质量提升路径,最终实现促进学生全面发展的追求。治理理念的引入意味着大学课程及其建设在理念和实践方面的全方位改变,课程治理既是实现"好的治理"的过程,也是追求"好的课程"的过程,更是促进学生全面发展的过程。

一、课程治理的内涵与研究边界

课程治理既是基于治理理论和大学课程现实的价值选择,也是课程建设中具有方向性和规定性的重要命题。课程治理建立在传统管理弊端和课程建设变革趋势的基础上,其提出绝非偶然。课程管理在本质上体现的是一种控制、约束和规训的力量,这其实是与大学课程教学的自由、个性、民主特性相背离的。传统课程管理在实践中的失灵表明,与控制、等级、封闭、僵化密切关联的管理逻辑已经无法承担起一流本科课程建设的重担,必须诉诸治理。以多样性、个性化和民主化为典型特征的课程治理是一流本科课程建设的必然趋势。但无论是课程管理,还是课程治理,其不能丢掉"课程"

---

① 陆根书.大学生感知的课堂学习环境对其学习方式的影响[J].复旦教育论坛,2010,8(4):34-46.

空谈管理或治理,"课程"与"管理"抑或"治理"的关系恰如"足"与"履"的关系,如果我们"削足适履"那将本末倒置。

(一)课程治理的基本内涵

在课程治理过程中,规范得以形成、秩序得以建立、利益得以协调、课程质量得以提升。对课程治理来说,"治理"是形式、手段和过程,"课程"才是本体。显然,"课程"成为把握课程治理内涵的关键,超脱"课程"的"课程治理"则失去了课程治理的品性与意义。

其一,课程由谁治理?即课程治理主体。这里的"主体"是在课程设置、设计、实施和评价过程中充分发挥自主性、积极性和创造性的个体或群体。在传统集权式的管理体制下,中央政府和教育行政部门是课程的决策者、监督者和评价者,而大学和教师只是课程的实施者。当时对课程的管理只限于教学管理。随着大学自主权的下放,大学拥有了自主设置课程的权力,大学管理者、教师、学生和用人单位都开始拥有了参与课程决策的合法性前提。他们对课程的设置、设计、实施和评价拥有一定的建议权、决策权、监督权和评价权。这个时候,课程治理的主体除了政府以外,还纳入了高校、教师、学生、管理者、用人单位等。

其二,课程需要治理什么?即课程治理对象和内容。具体包括直接对象和间接对象。直接对象是课程建设中的具体实践问题。这里明确的是,"课程"是本体,我们不能离开课程而就治理谈治理。因为课程中的问题纷繁复杂,所以我们尚需对课程问题进行划分,以便确定研究的边界。我们将课程中的问题划归为课程设置、课程设计、课程实施和课程评价几个方面。需要说明的是,虽然课程设置是对课程体系的设计,也属于课程设计,但我们在这里将其单独列出来是因为课程体系的设计和单门课程的设计不属于同一层次,也面临着不同的问题。鉴于此,课程治理的对象便是课程设置、课程设计、课程实施和课程评价中不利于学生发展的质量问题,以通过这些问题的解决促进课程质量的提高。课程治理的间接对象是蕴含在课程建设与改革背后的深层次的观念、制度、机制和文化等问题。

其三,课程如何治理?即课程治理的手段和方式。治理手段是指治理主体实现治理目标的所有途径。如果说课程治理是过河,那么治理手段就是"桥"或"船"的问题。从治理的概念内涵来看,治理强调主体间的权责利的合理配置和制度安排。与管理强调的命令、控制等手段不同,治理的手段不仅包括制度规范、政策规章等硬手段,而且更为强调平等交流、充分协商、关系治理等软方式,以此激发起教师的责任感和事业心。

治理手段具有多重面向的特征,一些本质不同的治理手段可能表现形式一致,而一些表现形式不一的治理手段可能本质相同。有些治理手段前后关联,有的则同时使用。即使理论上区分了它的性质和特征,在实践中也难以分离开来。从逻辑上看,治理手段和治理目标之间存在一定程度的关联性。也即是说对于某些目标而言,总存在某个或某些最优的手段。但这一假设在课程治理的实践中却很难进行验证。一是治理实践的复杂性使得我们很难将治理工具进行区分,更不用说论证其绩效了。二是课程治理实践中存在很多相关变量,我们很难分清是什么样的治理工具发挥了贡献。治理手段实际上是治理过程的制度化显现。正如萨拉蒙所说,治理手段不是自由的或短暂的,也不是或然的或机遇性的,而是制度化的。① 它规定着治理主体和组织间的互动模式,决定谁能参与,各自的角色是什么,彼此间如何联系等等。

其四,课程治理的效果如何？即课程治理的目标追求和最终结果。如果说课程治理的主体和对象是从实然层面来分析,那么课程治理的目的和结果则是从"应然层面"来分析。课程治理的结果具有多种表现形式：

(1)课程治理的终极目标在于促进学生全面发展。课程治理是"基于课程"的治理,它因"课程"的限定而表现出与其他治理活动的不同,当偏离了课程来谈课程治理只能是抽象意义上的概念演绎。因此,在运用治理理论分析课程问题时,要考虑课程本身的属性。课程作为育人实践,它的价值追求是促进学生的全面发展。基于此,课程治理的"应然"目标自然地指向促进学生全面发展。

(2)课程治理是为了实现"好的课程"这一目标。从课程体系层面看,一是不同功能定位的课程分工明确、各自承担应有的角色和作用,发挥应有的效用。有承担专业学习必备的核心素质的核心课程,它应该在课程体系中起到中心地位；有承担学生综合素质培养的外围课程,它在课程体系中起到支撑作用。二是各课程间层级清晰。有适合新生学习的过渡性课程,也有促进高年级学生综合能力培养的挑战性课程；有初步培养某项基本能力的课程,也有进一步加强该能力的课程,更有培养综合应用该能力的课程,还

---

① 张璋.理性与制度:政府治理工具的选择[M].北京:国家行政学院出版社,2006:21-22.

有评价该能力的课程。三是课程之间整体关联,相互作用、相互依存和相互制约。课程体系是一个整体设计的系统,并不是随意设置、毫无关联的课程都能够纳入到课程体系中来。

(3)课程治理是为了实现"好的治理"这一目标。课程治理的直接目的在于实现"好的课程",终极目标在于促进学生全面发展。与此同时,课程治理的过程也是优化权力配置、完善制度设计、培育良性文化的过程,即实现"好的治理"的过程。因为在"好的课程"以及促进学生全面发展这一目标的实现过程中,离不开多元参与、协商共识等治理的手段的保障。"好的治理"既体现在课程制度的完备完善、课程组织形式的多样合理等方便上,也表现为教师有充分的自由、积极投入教学、对教学有着足够的热情;学生能够独立承担起学习的责任、主动投入学习、对学习有着浓厚的兴趣;管理者统筹资源、提供足够的服务支撑教师教学和学生学习。

通过上述分析,课程治理是规范和引领课程建设的理念指引、思维方式和行动逻辑,其指向不仅包括课程体系设计、课程内容更新、教学方法革新、课程评价方式变革等基本内容,涉及管理者、教师、学生、社会等多重主体,而且关联着课程建设在整个教育领域和社会范围内触发的种种影响。因此,课程治理这项系统工程不单纯依靠课程硬件条件的补给、课程内容的更新和课程实施方式的变革所能完成。它涉及深层次的观念更新、制度设计、机制创新和文化培育,需要超越单纯技术与方法的层次和具体微观层面的局限,从系统关联及变革的角度考量课程质量的整体提升。

(二)本书所限定的课程治理研究边界

1.课程治理的层次意识

课程治理是一个系统工程,涵盖了从课程体系到单门课程,从课程设计、课程实施到课程评价等多个环节,由此涉及多层次的利益主体、权力结构和决策问题。在具体分析之前,我们首先要清楚是在哪一个层级进行分析。正如克拉克·克尔在分析高等教育管理体制时强调研究者要有"层次意识"[①]一样。我们在分析时可以借助层次分析,从纵向上认清不同层次中的课程治理的主体结构以及权力模式,以此帮助我们更清晰地把握课程治理的运行机制。约翰·I.古德莱德(John I.Goodlad)的课程层级理论将课

---

① 约翰·范德格拉夫.学术权力:七国高等教育管理体制比较[M].王承绪,译.杭州:浙江教育出版社,2001:207-208.

程分为理想的课程、正式的课程、领悟的课程、运作的课程和经验的课程。王伟廉将本科课程设计分为三个层次：以学院层面的课程设计、培养方案的设计、单门课程的设计。① 在每一层次，涉及的关键主体不同，关于课程活动的决策内容也不同，不同利益主体在课程不同层次拥有的决策权不同，由此表现的行动逻辑也不同。厘清课程治理过程中的各行为主体及其权力边界是课程治理过程中的必然要求。因此，本书并不单纯呈现课程治理主体，而是将治理主体与课程本身的层次相结合进行阐述，以此厘定具体的治理场域。

课程治理具体包括了国家的对教育目的、课程理念的引领；高校层次的课程规划；院系层次的课程设置；教师层次的课程设计、实施和评价。以上共同构成了大学课程治理的层次性（如表 2-5）。

国家层次的课程治理以指导思想、教育目的和课程目的等基本理念问题为主，引领高校课程建设的方向，往往以政策、文件等形式体现，其作用范围辐射全国高校。如《教育部关于一流本科课程建设的实施意见》从理念、目标、内容、评价等方向为课程建设提供了努力方向。除此之外，国家在课程方面已经赋予了高校一定的自主权，如课程设置、教材选取等。当政府与高校之间从控制与被控制关系转向协商关系时，政府必然会向高校问责，而制定标准往往成为问责的主要方式。如我国设立国家教材委员会负责审查国家课程设置和课程标准制定工作，并出台《全国大中小学教材建设规划（2019—2022 年）》。② 如《普通高等学校本科专业类教学质量国家标准》明确专业类培养目标、专业参考总学时或学分、教材及参考书，列出专业类知识体系和核心课程体系建议③等等。因此，制定课程质量标准规范大学课程的实践活动，降低课程活动的主观性和随意性也是国家层次课程治理的组成部分。

---

① 王伟廉.高等学校本科课程编制的层次问题[J].高等教育研究，2002(5):64-68.
② 中华人民共和国教育部.描绘时代教材建设蓝图《全国大中小学教材建设规划（2019—2022 年）》发布.[2020-01-15].http://www.moe.gov.cn/jyb_xwfb/xw_zt/moe_357/jyzt_2020n/2020_zt04/baodao/202004/t20200409_441835.html.
③ 中华人民共和国教育部.《普通高等学校本科专业类教学质量国家标准》有关情况介绍[EB/OL].[2018-01-30][2020-06-13].http://www.moe.gov.cn/jyb_xwfb/xw_fbh/moe_2069/xwfbh_2018n/xwfb_20180130/sfcl/201801/t20180130_325921.html.

表 2-5　课程治理的"主体-层次"划分

层次	治理内容	治理主体	作用范围
国家层次	教育目的、课程理念、政策制定等引领性内容	政府	全国高校
高校层次	人才培养目标、课程结构、课程类型、学时学分等	管理者、教师、学生、用人单位	学校的全部课程
院系层次	人才培养方案制订、课程设置	管理者、教师、学生、用人单位	专业课程体系（课程设置等）
教师层次	进行课程设计（明确课程目标和组织课程内容）、课程实施和课程评价	教师、学生、管理者、用人单位	单门课程和课程群

学校层次的课程活动主要围绕人才培养目标的确定、课程的价值取向、课程目标、课程基本结构（譬如课程的类型结构、课程的学时结构和层次结构等）等。目前，这些活动主要由学校层面负责，多为教务处领衔，通常以学校课程政策或制度的方式呈现出来，如培养方案的指导性意见等，譬如对课程结构和类型、比例分配、课时数、毕业要求等做出规定。如《北京大学本科人才培养方案（2020）文科卷》的指导意见中规定：准予毕业的总学分一般为140学分左右；公共基础课的必修学分要求在39~48学分之间，专业核心课学分要求小于30学分。① 在学校层级的课程治理活动中，课程决策的作用范围覆盖全校，以行政部门管理者为主导，吸纳教师、学生和用人单位等主体的意见。

院系层次的课程活动主要是根据学校定位和学校课程政策制度，设计出专业人才培养的课程体系。院系层次的课程决策在学院层面做出，通常以具体的专业人才培养方案呈现，决策的作用范围涉及院系各专业人才培养。院系层面的人才培养方案往往体现院系特色，且动态调整。在这一层次，一般由分管教学的副院长或系主任组织任课教师共同讨论，同时也会有用人单位的参与，以及征求学生代表的意见。因此，院系层次课程治理的作用范围是整个专业的课程，需要统筹课程与课程之间的关系，做到各门课程各安其位、各司其职。

---

① 北京大学教务部.北京大学2020版本科专业培养方案修订的指导意见[EB/OL].[2020-12-01]. http://www.dean.pku.edu.cn/userfiles/upload/download/202009211533394297.pdf.

教师层次的课程活动包括课程的设计、实施和评价。在设计环节,主要是由承担课程任务的教师对某一门课程内容进行具体设计,具体以课程大纲的形式呈现。有的是以教师个体的形式进行课程内容的决策,也有课程组、基层教学组织等教学团队进行的决策。在实施环节,是教师将"领悟的课程"转化为"运作的课程"乃至"经验的课程"的过程。实际上,前两种课程往往紧密联系、很难分开。在这一过程中,课程治理是要消解传统的教师与学生之间控制与被控制的现象。教师不再是单纯地向学生灌输固定的知识,而是师生共同参与到课程中去,自由平等地对话。教师的责任也不仅仅是传授知识,而是帮助学生建立起知识与生活经验的联结,帮助学生去发现、建构和创造知识,而学生也担负起学习的责任,成为课程的贡献者之一。最后的评价环节则由师生共同分享评价权。

2.本书聚焦专业课程体系和单门课程的治理

课程治理可以从国家层次、高校层次、院系层次和教师层次进行分析。本书主要聚焦在院系层次的课程设置环节以及单门课程的设计、实施和评价环节。

从理论方面而言,不同层次的课程治理,需要不同治理主体根据不同的治理目标,承担不同的角色功能、发挥不同的作用。管理者、教师、学生和用人单位分别在不同层次对大学课程建设发挥着直接或间接的作用,他们表现出不同的角色,拥有不同的权力,承担不同的责任。从实践方面看,在课程治理的某一层次很可能会发生部分治理主体被排除在实际的治理过程之外,从而导致治理主体的单一化和边缘化。也即是说,并非所有的治理主体都能拥有实际的权力。是故,界定课程治理层次后,当我们集中在一个特定层次进行分析时,就容易把握治理的边界和治理主体的作用空间。

课程治理的不同层次具有相对的独立性,同时又与其他层次相互关联。需要解释的是,虽然课程设置(对课程体系的安排与设计)和具体的单门课程设计都可以划归为课程设计范畴,但本书将其分开处理。原因在于从课程治理的层次来看,两者分属于不同的层次,在具体实践过程中,治理的具体内容、各主体的权责划分和行动逻辑并不一致。因此,本书将其划分为两个阶段进行分析。

课程治理的不同层次由不同的治理主体构成,不同治理主体承担的任务和角色各异,其权力大小和责任边界也不相同。不同层次中的治理主体的行动逻辑也不相同。从关联性来看,一方面,不同层次课程治理的结果会相互影响。譬如课程设计的结果直接对其后续环节课程实施产生影响,而课程实施过程反过来也会影响课程设计。另一方面,同一治理主体会出现在不同层次的课程治理中。以教师这一关键主体为例,他会在各个层次的课程治理中发挥作用,但在不同层次、不同阶段,其参与的程度和拥有的权力并不完全一致。最后,不同主体间存在不确定性、相互依赖等关系。任何一个课程主体都不可能独自完成课程治理的目标。

二、课程治理的理念引领

课程治理是以一种全新的理念来引领并服务于课程建设与改革需要的过程。理念是一种积极的、能够对实践活动产生所期待的结果的思想认识或观念看法。[①] 人们可以对事物有自己的认识、看法、期望等,但只有那些经过理性思维过滤后的认识才有可能成为理念。课程治理理念是课程治理主体对课程治理活动的基本看法和对课程治理规律的理性认识。只有在切实可行的理念指导下,才有可能实现治理目标。在以学生为中心的课程建设需求下,传统的课程管理首先需要的是更新理念,为课程建设提供服务与支撑。

(一)合作共治

治理理论认为个人或者机构单独行动难以解决所有问题。一方面,以共治理念引领课程治理是由课程建设本身的复杂性决定的。课程建设涉及多环节、多主体、多要素、多层次,存在很多管理盲区,如果单纯地依赖管理者或教师的投入很难实现课程的高质量发展。管理者的愿景和目标离不开教师的认同,更离不开教师的行动。同样地,教师的教学离不开学生的支持和配合。只有在这些相互依赖的主体间形成基本共识,才能够获得课程质量的提升。

另一方面,以合作共治理念引领课程治理是由本科课程建设的基本趋势决定的。当前,以学生为中心的课程理念改变着传统课程的方法论基础,于是有了互动与交往、对话与沟通、参与与建构等方法的出现。如果仍然采取控制性、标准化、统一化方式,最多只能维持着最基本的课程秩序,而将无法激发出更多的高质量课程。而现实也告诉我们,虽然课程一直被管理,但

---

① 别敦荣,王严淞.普及化高等教育理念及其实践要求[J].中国高教研究,2016(4):1-8.

课程质量问题却频频发生。因此,必须以新的理念促进以学生为中心的课程变革。在具体课程治理过程中,管理者、教师、学生和用人单位都必须扮演积极的角色,彼此协力;既要关注整体利益,也要保证各个主体的诉求得以满足,进而发挥管理者、教师、学生和用人单位的合力作用。

(二)权力共享

课程治理的重点是权力的共享,权力不仅仅集中在管理者手上,而是开始在教师、学生、用人单位等主体中流通、分享。值得注意的是,课程治理遵循的是分权逻辑,而非授权逻辑。不同于自上而下的授权,分权倡导主体间的平等协商与自治。这样,课程各个主体间的权力结构由此发生变化,各主体之间建构的是一种网络状的平等关系。在这一网络关系格局中,管理者、教师、学生和用人单位之间并没有主次之分,而是相互依赖的关系,他们在达成共识的基础上采取有效的集体行动。

我们以教师和学生间的权力关系为例,在传统课程中,教师对教学权力的独有是毋庸置疑的。长期以来的集体惯习都是由教师决定着学生的学习内容、学习进程,这一点似乎未曾被质疑过。这一实践根据源于"教师中心"拥护者的论点,他们认为学生是没有能力提高自己的学习的。[1] 但是教师施加的这些权力控制对学生的学习究竟起到了什么作用却是不得而知。而且,这一控制面临着很大的不确定性,因为学生是一个能动的主体,学生可以决定学或不学。当学生决定不学时,教师便陷入了困境。这种情况下,教学并不一定能产生预期的学习结果。

当以权力共享的理念来认识师生间的权力时,虽然教师对学生的学习做出关键的决定,但他们不再会替学生做关于学习的所有决定。这表面上看是教师对学生的赋权,实际上是教师和学生共同且充分地享有课程权力。从本质而言,是师生解放的过程。"解放"旨向"主体的诞生"[2],意味着师生可以不受传统惯习的制约和权威的命令,自主地、创造性地思考与行动。[3]

不难预测,权力共享对教师而言无疑是很大的挑战,因为这意味着教师需要放弃传统体制赋予他们在课程中的权威地位,而这种权威身份和地位

---

[1] MALLINGER M. Maintaining control in the classroom by giving up control [J]. Journal of management education,1998,22(4):472-483.

[2] 张华等.课程流派研究[M].济南:山东教育出版社,2000:9.

[3] 付光槐.论教师教育课程的价值转向:从技术旨趣、实践旨趣到解放旨趣[J].国家教育行政学院学报,2017(8):34-39.

自其成为教师这一角色便自然地拥有。因此,我们可以说,课程治理中权力分享的理念是对传统权力结构和课堂上权威角色的批驳,使各种不同的学习成为可能,从而激发教师的投入、学生的兴趣,最终发挥课程的育人功能。

(三)协商互动

协商互动是课程治理的理念之一。这一理念是与课程理念的更新相伴而生的。以学生为中心的课程理念强调必须发挥师生主体的主体性,教师不再是被动地执行任务,学生不再是接受式学习。课程理念的更新要求课程的管理改变以往自上而下的监控和管制,转向诉诸师生主体的创造力和自主性。培育集体精神,创设相互尊重、相互信任的氛围。这便要求给予师生主体平等协商、互动交流的机会,当师生主体的意见得到尊重,利益诉求有了表达的渠道时,将有助于提高师生主体参与课程治理的积极性。

协商互动不仅仅发生在管理者和师生以及用人单位之间,还体现在教师和学生之间。可以说,协商治理的理念内含着重建传统教与学关系的意蕴,它颠覆了传统的师生关系。在传统师生关系中,师生更多程度上是线性垂直的"传输-接收"关系,这种关系决定了教师在互动过程中的绝对主体地位,预设了教师能够独自完成教学任务,而学生在互动中的主体性则被抑制。如此,在这种单向的、垂直的"控制-服从"格局中,正常的师生交往活动被简化为单向度的教师控制。有实证研究表明,大学课堂中"讲授"和"讲授+形式性提问"的教学方式高达 92.7%。[①] 这一惊人的数字迫切需要我们思考师生间权力格局和新型师生关系的建构。所以,课程治理要改变的是传统师生关系中实际存在的"主次地位",它拒绝表象的参与,拒绝师生间"刺激-反映"的单向过程,而是形成教师和学生、学生与学生之间的多向输出与输入的协商互动关系。

(四)建立共识

在课程治理的不同环节,不同主体的参与条件、参与形式、参与程度和参与内容都有可能不同,但其核心都是在各方平等参与、自由表达、多元协商中达成共识的过程。这个共识是以专业人才培养目标为起点的,根据学生毕业所要求的知识、能力和素质要求进行相应的课程建设活动。虽然各主体间的共识在课程建设的各个环节中表现是不同的,但各个主体间的共识都是以人才培养目标为中心。譬如在课程设置环节,课程治理的主体需

---

① 陈时见.大学教学改革研究[M].重庆:西南师范大学出版社,2007:2-3.

要吸纳教师、管理者、学生和用人单位共同参与决策。而在具体的课程实施过程中,课程治理的主体则"凝聚"为担任某一门具体课程的教师以及他的学生。往更细处分析,课程治理是管理者和教师、教师和学生之间通过沟通、协商形成共识的过程。我们知道传统课程更多情况下是教师在管理者要求下按照学科逻辑体系,以最方便教学的形式传递着课程内容,然而往往面临着来自学生的拒绝。诸多教师感到苦恼:为何自己如此辛苦备课,却得不到学生的任何响应。实际上,这种独白的教师课程是传统课程的典型特征。在这种确定的、预设的环境中,课程是一种自上而下的意识渗透,教师是被动的执行者,学生是被动的听众,课程对师生而言都是不得已完成的任务。课程治理强调师生主体通过协商达成共识,这无疑是对学生主体地位的恢复。以课程中的"重难点"为例,教师的"教学难点"是不是学生的"学习难点"呢?当以学生为中心时,教师上课的重点和难点不再是教师臆想的"教学难点"和"教学重点",而是学生的"学习重点"和"学习难点"。因此,这里的"共识"建立在促进学生学习的基础上,共识达成的关键则在于寻找教师"教"与学生"学"的契合点上。教师以促进学生学习的方式,搭建所教内容与学生学习之间的有效关联,并要保证以此为依据对学生的学习进行评价。这种共识的形成尤其会让学生对自己所学承担起责任,并建立对教师的信任关系。

三、课程治理与课程管理的区别

"治"与"管"一字之差,首先蕴含的是课程建设在理念上的重大更新与变革,同时也是新的课程建设规范的形成与确立。从治理视角出发看待大学课程建设必然带来理念和实践上的创新。课程治理与课程管理在价值导向、权威来源、技术方法、权力运行、决策方式上有着质的不同(如表2-6)。

表2-6 课程治理与课程管理的比较

	课程治理	课程管理
价值导向	主体发展	任务达成
权威来源	专业权威	职位权力
技术方法	建构性规范	控制性规范
权力运行	开放性互动	封闭式控制
决策方式	分权式协商	等级式决策

(一)价值导向不同:课程管理着眼于任务达成,课程治理关注主体发展

不同的价值理念背后有着不同的理论基础,传统课程建立在传统知识观、行为主义学习理论基础上,课程实践具有确定性、客观性和普遍性的特点。课程管理也由此遵循准确性、一致性、可量化和效率优先等规范和价值。在具体实践中主要以行政手段减少执行过程中的偏差,力求课程的规范有序和基本任务的达成。由此伴生的管理聚焦于教师技艺纯熟的程度、教学任务量的满足与否,对学生的管理则停留在到课率、毕业率、学分绩点上。

建立在新型知识观和建构主义基础上的课程强调不确定性、生成性和开放性,承认多元性、差异化和人本性。治理理念的多元、协商、共治特征契合课程实践的固有特性,为课程理念的落地和课程主体地位的发挥提供了条件。在具体实践中,课程治理强调发挥主体的积极性和创造性,保护教师的专业自主权。如果说课程管理着眼于教学工作量等基本任务的满足,在实践中容易"见物不见人"。那么课程治理则致力于课程品质的提升和师生主体的发展。值得注意的是,我们并不是说舍弃课程管理,而是从理念、制度、技术和文化上实现对课程管理的超越以及对现有课程建设的引领。课程治理不是简单地将师生视为管束的对象,而是尊重其意志和权利;不是粗暴的命令和强制,而是倡导激励和协商;不是单纯依靠结果控制,而是强调治理主体的民主参与过程。简言之,治理本身并不是目的,而促进学生全面发展才是治理的根本目的。

(二)权威来源不同:课程管理强调职位权力,课程治理主张专业权威

课程管理的权威源于管理者的职位权力,管理者往往将教师视为下属,其基本程序是施以控制和期望服从。行政权威是控制性的,强调统一和服从,往往弱化了行政的服务和引领功能。但是如果只关注外在制度规范的约束而忽视教师主体责任感的养成,只会带来教师表面的顺从和低层次的课程,教师倾向于完成规定的最低任务量,至于完成的质量高低以及是否有利于学生成长则很少被顾及。这种情况下,一旦外在约束消失,教学活动很有可能陷入混乱、无序和散漫的状态。

课程治理强调以专业思维审视课程,强调教师的专业自主权,鼓励教师探索个性化教学实践。专业权威是自主的,它内在于教师自身的学识经验、教学能力和专业素养中。它不是依赖职位等级强迫教师服从,而是建立在尊重、信任、忠诚的关系基础上影响教师的情感和信念,以此唤醒教师内心深处的责任感和使命感、主动性和创造性。如果说行政权力是迫使个体服从的制度力量,那么专业权威则是源自个体的信服而产生的自愿服从。故而,专业权威表现为一种凝聚力,这是一种全体成员为了课程质量的提升而表现出的责任感和使命感。这种力量源于教师群体对共享价值观、信念和理想的追求。它使得教师在课程教学方面的投入不是靠外在检查实现的,而更多受到教师内在的自律意识和强烈的责任心驱动,这一内在驱动力促使教师不断提升自我和帮助学生成长。

(三)技术方法不同:课程管理强调单一性约束,课程治理主张多样化规范

新的课程理念的萌生预示着以传统规范为标准的课程已经失去了基础,必须以新的规范引领课程建设。课程治理和课程管理都强调规范,但课程管理强调的是基于约束和控制的规范,主张借助行政手段,通过自上而下、持续不断的控制以达到维稳的目的。大多是通过出台政策、下发通知等方式层层下达,基本上是一种以文件执行为主要方式的形式管理,缺乏稳定的、持久的、系统的制度化建设。由此往往带来被动和僵化,随之而来的是主体热情的消失、投入的减退、创造性的压抑。当教师和学生失去创造性时,课程教学便仅仅停留在基本任务量的完成上,而缺乏追求更高质量课程的动力。

课程治理是建立在主体互动基础上自主建构的多样化规范,它以协商、互动为手段,实现创新性变革。与管理形塑的整齐划一和表面有序不同,治理追求的秩序是多样共生和内在有序。其具体手段是体系化的、多样化的,强调不同治理方式的组合使用,以及注重对柔性治理方法的使用。其主要思路是将教师从烦琐的事务中解放出来,给教师更多的自由探索空间,让管理真正服务教学、引领教学,让教师有时间、有条件研究课程教学、创新课程教学;将学生从知识的束缚中跳脱出来,和教师共同参与到意义的建构中来。以此激发教师和学生的积极性、主动性和创造性,为高质量课程的涌现创设宽松的环境。

(四)权力结构不同:课程管理强调等级式控制,课程治理追求开放式互动

管理逻辑下,课程是一个静态的管理对象,主要是由管理者对教师和学生实施的管理行为。与其说是对课程的管理,毋宁说是对教师和学生的自上而下的规训,教师和学生一样是外在于课程的。在满足一道道看似正确的严格要求下,师生的创造性和激情被一点点地消耗,精疲力尽。虽然新的课程理念主张课程的自主建构,但往往是管理者"自主"下的教师"建构"。

管理的逻辑巩固着传统大学课程模式，以教室为物理边界，自动屏蔽着可能的相关主体。这种管理行为能够带来即时的、短暂的效益，却难以实现更高、更远的目标追求。

治理逻辑下，课程是一个开放的系统，汇聚着包括教师、学生、管理者、用人单位的利益诉求。课程治理主要处理这些主体间的权责关系，通过汲取各方智慧，以此实现课程质量的持续性提升。在这一过程中，权力的运行是多向的，强调上下互动。治理的力量来源于群体对共同价值、信念的追求，它是主体的自愿参与而非强迫行为，各个成员对共同体的承诺和责任促使主体间的相互帮助和网络状的合作。

(五) 决策方式不同：课程管理采取经验式决策，课程治理提倡分权式协商

课程管理在于追寻确定性的预期目标，其目标在于效率。课程管理实现目标的具体手段是通过上行下令的权力控制。具体来说，管理逻辑下，课程是教师在单位时间内尽可能多地将知识传递给学生，管理者和教师、教师和学生之间是一条垂直的权力等级链。权力控制也因此成为课程管理的突出特征。可以说，课程管理是在既定的目标下，以权力控制为手段，追求目标实现的效率。

课程治理的基本目标在于促进课程相关主体间的协调关系，通过合作协商的手段协调目标冲突，最终以合作共同达成目标。课程治理是以整体的视角为课程管理创设一个适宜的环境，是对课程实践设计的一种制度安排。如果说课程管理是在具体运行层面实行的组织、领导与控制，那么，课程治理则是立足于最大化发挥整个系统的效能。课程治理承认课程是帮助学生学习的有效载体，因此，治理是创设一种学习环境，促进学生学习，这与学习范式下的课程理念是一致的。

不难发现，课程治理规定着课程建设的基本框架，保证课程管理沿着正确的目标和方向发展。课程管理则是为课程治理提供行动支撑，规定着课程建设的具体路径和手段，以此保证课程治理设定的基本框架的有效性。

第三节　课程治理的分析框架

治理理论为本书提供了审视课程问题的基本视角和分析框架。本书根据治理目标、治理结构、治理过程和治理结果这一完整的闭环,[1][2][3][4]构建课程治理的"目标-结构-过程-结果"分析框架。分析框架确立的是变量与变量间的相互关系,这些变量被假定用来解释一系列现象。[5] 本书构建的这一分析框架是对课程治理复杂实践的概括与简化。具体来说,治理目标为课程治理明确了行动方向,这一方向决定了治理结构的选择,治理结构有赖于具体的治理过程发挥功能,最后体现为一定的治理结果。

一、课程治理的目标

治理目标是课程治理旨在达到的预期结果。课程治理的目标可以从过程性目标和结果性目标两个方面来分析。

一方面,课程治理的过程性目标是实现"好的治理",即通过制度建设等方式引导课程各主体发挥实际作用,尤其是发挥教师对课程的专业主导权。具体体现在课程制度建设更为完备、成熟、系统,譬如课程委员会制度、课程审批制度、课程大纲制度、课程评价制度等等一整套制度体系。因为传统的课程管理形成了以管理者为唯一主体的行动方式,这样造成了多元利益需求无法满足的问题。课程治理旨在引导师生等课程治理主体自由表达不同的利益诉求,并有效行使自己的课程权力,以此促进课程治理兼顾多方利益诉求。

另一方面,课程治理的结果性目标是实现对高质量课程的目标追求,即"好的课程"。我们在谈课程治理的时候,需要避免就治理而谈治理,而必须将课程置于核心地位,将课程建设与治理变革结合在一起,以治理引领并服务于课程建设。课程治理最终是要提高课程质量,服务于学生发展,进而满足社会对人才培养的需要。因此,课程质量的判断标准在于以学生发展为出发点,对社会需求给予具体回应。

---

[1] 王洪才.论大学的课程治理[J].山西大学学报(哲学社会科学版),2021,44(3):129-135.
[2] 王洪才.大学治理的四种内涵[J].苏州大学学报(教育科学版),2015,3(4):17-19.
[3] 王洪才.大学治理:理想·现实·未来[J].高等教育研究,2016,37(9):1-7.
[4] 顾建民.大学有效治理及其实现机制[J].教育发展研究,2016,36(19):48-53.
[5] 保罗·A.萨巴蒂尔.政策过程理论[M].彭宗超,钟开斌,等译.北京:生活·读书·新知三联书店,2004:7.

课程治理的双重目标是密切相关的,即通过"好的治理"这一过程性目标实现"好的课程"这一结果性目标,而"好的课程"这一结果性目标体现了"好的治理"的实际效果。

二、课程治理的结构

治理结构的意义是根源性的,离开治理结构谈治理是没有意义的。治理结构是治理理念的具体表现。治理结构的实质是利益分配,它本身是一种规范,其表现形式多样,有的表现为具体的组织实体和规章制度,还有的则通过无形的关系形式表现出来。治理结构回答了各主体的参与形式、参与途径、参与效果等问题,譬如不同主体是以个体的形式还是以组织的形式参与,是形式参与还是实质参与等等。

(一)课程治理涉及教师、学生、管理者、课程专家、用人单位等多主体

对课程治理的结构进行分析,实质上是对主体权力的分析,即如何平衡各主体间的权力配置和利益调整。课程治理的利益主体涉及教师、学生、管理者和用人单位。这里的"主体"是指在课程设置、设计、实施和评价过程中充分发挥自主性、积极性和创造性的个体或群体。具体包括作为政策支持者的政府,作为专业权威代表的教师,作为需要被核心考虑的学生主体,作为统筹、资源调配与服务者的学校管理者,以及作为协助者的用人单位。

首先,教师在课程治理的结构中处于中心地位。在大学这一特殊的学术组织中,"具有专业知识的人员在大学事务中应享有更多发言权"[1]。这是大学治理也是课程治理的根本特征。因为教师是课程设计、实施和评价的真正主体,是课程建设中不可替代的主体。如果教师不能够积极投入,发挥主体作用,那么将无法达成课程治理的目标。在课程治理中,教师或以群体的方式发挥决策权或建议权,或以个体的方式做出决策。譬如,在课程设置阶段,教师通常作为群体发挥主导作用,其代表的是专业权力。在课程设计阶段,教师会在群体研讨的基础上进行自主决策,创新课程结构和内容。只有当教师的积极性能动性得以发挥的时候,学生才能最大限度受益,这时,教师才可能将学生发展作为自己课程教学的首位追求,才会从激发学生

---

[1] ROSOVSK Y H. The University: an owner's manual[M]. New York: W.W. Norton,1990.

主体性角度思考课程与教学,才可能将自己的专业发展和学生的发展统一起来。也就是说,在课程治理中,教师处于治理结构的中心,其他主体都是协助者、保障者、参与者和服务者。这是课程治理的本质特征,也是课程治理的特色所在。

其次,学生越来越成为事实上的课程治理主体。身处信息时代和知识社会的学生个体,从理论上并在现实中越来越成为大学课程治理的重要主体。从理论上看,无论是受教育权、学习权,学生都具有成为课程治理主体的条件。学生有能力也有权力参与到课程治理中来。尤其是"以学生为中心"这一理念打破了传统课程中利益主体的权力格局,确认学生在课程活动中与教师共享权力,认为学生同样可以参与课程决策环节。其背后的假设是:在适当的引导、支持和帮助下,学生有能力参与课程的各项活动。其实质是以学生为中心、以学生参与为途径、以满足学生需求为目标。从实践中看,信息技术平台的教育中的广泛应用、高等教育大众化为学生利益主体的权力提升准备了客观的技术基础和经济基础。

再次,管理者在课程治理中起到组织、支持和服务作用。管理者包括国家层面、院校层面和院系层面。本书主要探讨的是院系层面的课程治理,因此这里的管理者主要限于院系层面,譬如教学院长、系主任或专业负责人等。管理者的职责权限在于沟通、协调、组织和服务。他们除了与代表专业权力的教师合作决策外,更多的职责是为教师的课程教学提供支持和服务,为促促进教师的专业发展与学生发展有机统一创造条件,或通过建立制度机制,或通过文化培育等方式保障教师在实现这个目标过程中不受阻碍。

复次,课程专家是课程治理过程中的重要支持者和监督评价者。当前,以学生为中心、课程思政、各类专业认证和评估等新要求纷至沓来,教师、管理者都无法独立完成极具专业性和科学性的课程建设活动。这时候,课程专家在把握教育规律、课程建设规律方面有着独到的优势。通过课程专家的有效介入,能够帮助教师合理地设计课程,帮助管理者更好地制定课程评价指标,并对课程质量进行监督和评价。

最后,用人单位越来越关注和参与到大学课程建设中来。在现代社会,知识已经成为社会发展和科技进步的决定性生产要素。20世纪80年代以来,产业界乃至整个社会与高等教育的关系越来越紧密,尤其是产业界对高等教育的影响越来越大,市场需求日益成为高等教育发展的强劲动力。如校企合作建立研究院和实验室,企业直接参与大学人才培养方案和课程体系制定,企业参与大学课程内容设计等等。可以说,用人单位在大学课程中的参与者决策越来越凸显,他们的参与保障课程决策的结果不至于脱离社会需求。

(二)课程治理结构的关键是确保教师专业权力发挥主导作用

大学早已走出象牙塔,外部需求从根本上改变了大学课程的实践逻辑。大学课程建设需要兼顾学生成长、学科发展和社会需求,是一项需要多元主体共同参与的系统工程。因此,治理理念下的课程建设就是让传统管理逻辑下被忽视的教师、学生和用人单位都能够以主体的身份参与到课程建设中来,并且能够在不同程度上通过特定的方式影响课程决策。课程本身的专业性决定了课程治理是基于专业权力的学术治理,由此也决定了教师是课程治理中最有发言权的主体。若要推进课程治理的常态化展开,则必须发挥教师这一关键行动者的智慧和力量,并借助教学共同体机制实现课程基于专业权力做出专业决策,以此为课程质量的持续性提升提供基本制度保障。专业决策依托于教师的专业研判能力。这就要求教师应该具备相应的专业能力和责任约束来主导课程治理,以做出遵循教育规律、促进学科发展、回应社会需求的正确决策。换句话说,这对教师的自治能力提出了很高的挑战,而这恰恰也是课程治理的难点。

课程治理的关键在于确保教师的主体性及其专业权力的发挥。但强调教师群体的关键主体地位和决策权并非意味着课程建设中的重大事务全权交由教师负责,而完全屏蔽了管理者和外部社会力量的介入。因为课程并不是独立地对人才培养发生作用,而是以整个体系的方式实现专业人才培养目标。而且,课程的类型和功能之别经常需要不同院系的学术机构和行政系统间的协作。不仅如此,教师的自主决策容易掉入学科本位主义的误区,也容易忽视专业发展和整个学院学科战略布局。所以,课程治理是在确立教师的主导地位、尊重教师的专业自主权的前提下,正确认识其他利益相关者的支持者、协助者和辅助者作用,科学处理课程建设内外部利益相关者在课程重大事务决策中的参与度和话语权。通过给予他们提供建设性意见或建议的机会,以平等交流、自由表达、互动协商的方式达成各主体间的共识。

三、课程治理的过程

本书分析框架中的"治理过程"是基于治理本身的动态性、过程性特征考虑的,既包含了具体的制度,又体现了行动主体与制度的互动过程。治理过程要回答的问题可以归结为:如何促进各主体产生参与动机、如何保障各主体规范参与、有效参与并持续参与。

(一)课程治理过程是一种制度性安排

在关于治理的诸多研究中,往往十分强调治理结构,其分析也集中在对治理结构的分析上。本书认为,除了对静态的结构进行分析外,还应体现治理本身的丰富性和动态性,因此,治理过程是本分析框架中的重要一环。治理过程要解决的核心问题就是,如何在治理理念指导下让治理结构发挥实效。

一方面,治理过程在于如何激发个体或群体的某种行为的发生,而这种被激发出来的行为正是组织所期望的,借此行为的实施能够有效实现组织目标;另一方面,治理过程在于约束个体或群体的行为,这些被约束的行为不是组织所期望的,可能对组织目标实现产生阻碍作用。因此,治理过程包括了如何激发主体的积极行为以及抑制与积极行为相反的行为。因为组织目标的实现有赖于组织内部各个主体的合作与努力。如果没有激发或约束的制度安排,则很难实现组织目标甚至个人目标。简言之,治理过程解决的就是激励和约束两大问题。

更进一步说,课程治理过程是激发和约束课程场域内部个体和群体的行为而进行的制度安排。这里的个体和群体包括教师、学生、管理者以及用人单位等课程的利益相关者。其核心问题就是通过怎样的制度安排,激发有助于课程治理目标实现各种行为以及抑制和约束不利于目标实现的行为。如规定以哪种方式参与是合法的,哪种方式参与是受到鼓励的和提倡的,以及应该享有哪些权利和义务,这些都是需要明示的。[①] 譬如教师精心设计课程、认真组织课堂教学、教师间相互交流研讨等不仅有益于学生发展需求,也有益于教师专业发展,而课程治理就是要通过机制设计促使这样的

[①] 王洪才.论大学的课程治理[J].山西大学学报(哲学社会科学版)[J].2021,44(3):129-135.

行为出现。当然,制度安排的关键在于妥善处理课程相关主体间的相互关系,使得教师、学生、管理者等能够心情舒畅、全身心地投入课程实践活动。其关键在于如何使课程教学规范有序,又为师生发挥主动性和创造性留下足够的空间。

(二)课程治理是正式机制和非正式机制共同作用的过程

治理理论不仅包括对行为主体间权力关系的结构描述,还包括主体间互动的动态实践过程。那么如何促进行为主体有效互动,这便需要借助一定的治理过程。治理过程从本质上看是一种制度安排,从这种意义上看,课程治理是将课程问题的"经验性做法""技术性操作"推向"制度设计和安排"的过程。治理过程是课程治理的核心环节,是治理主体共同协商、决策并行动以实现高质量课程这一目标的互动过程。课程治理过程需要一定的制度进行规范、协调和引导。制度不仅仅构成了对治理主体的基本约束和激励机制、划定了治理主体的行为边界,也为治理主体提供了行动舞台。但是仅仅凭借正式的"硬"制度难以真正解决课程中的各种问题。而且传统课程管理的弊端就在于将师生的教与学活动则视为简单的重复性劳动,认为只要具备了管理的技术,便能实现高质量的课程。这一认知遮蔽了课程的复杂性特征,其结果往往是起不到应有的作用。课程的复杂性和不确定性说明课程治理中既包含一定的"硬"要素,也有"软"要素。因此,譬如师生共同体的建立、关系的维系、组织文化的形成等"软"因素同样是课程治理必须依赖的重要部分。

因此,这就决定了课程治理在运行过程中包含双重机制:正式的治理机制(包括权力配置、规章制度、组织结构、政策导向等)和非正式的治理机制(包括信任、关系、管理风格、组织文化、管理支持、身份认同等),两者是交互作用、相互补充的关系。正式治理机制主要是通过赋权和制度设计等正式组织安排,如制度、规章和政策等。这些制度和规章具有约束和激励的功能,它们界定了各主体在行动中的职责和权限,让各主体明确什么可以做、什么不可以做,以及违反了规定后会受到怎样的惩罚,以此实现对行为主体在意愿和行为上的约束。非正式机制则是一种关系机制,也被称为关系治理,其特征在于灵活性。主要通过信任、关系、文化氛围等进行激励和协调的相关机制设计或制度安排。其以内部激励为特征,以主体间的情感基础为联结,借助心理契约和良好的社会关系发挥作用。与此同时,非正式机制十分强调信任的作用,这在一定程度上缓解了由制度和规范带来的压力,从而让课程的关键主体——教师和学生能够感受到更多的自主权和组织支持,进而能够在宽松的环境中产生更多的创造性想法。

是故,课程治理是正式治理机制和非正式治理机制的交互作用过程。正式治理机制着眼于完善的治理结构设计、合理的权力分配以及组织变革的支持。它明确规定了课程相关主体的责任与权利,为协调课程实践活动提供了有力保证。非正式治理机制则营造了一种良好的组织氛围,它对具体的方法路径不做过多约束,鼓励创新,引导主体发挥创造性和主动性。在具体的治理实践中,这双重机制交互发挥作用,从而呈现出多样的治理模式。我们甚至可以假设,在课程建设的不同阶段,这双重机制的组合是会发生动态变化的。譬如,在探索阶段,正式机制的治理作用可能更为明显,而在成熟阶段,非正式机制的治理作用可能更为明显。但无论哪种治理机制,其都是通过激发师生参与课程建设的积极性和主动性,同时围绕协调课程多元主体间的权责利关系展开。

(三)课程治理过程的构成:决策、执行和监督

"过程"回答的是"怎么办"的问题。上文将治理过程笼统地划分为正式机制和非正式机制。当然,还有一些研究从激励机制、制衡机制、决策机制、利益分享机制、信息沟通机制、约束机制、声誉机制[①]等进行分类阐述。如果说从类别的角度来分析治理机制,我们很难穷尽。因此,本书以治理主体的具体行为过程为基点,将治理过程拆解为决策、执行和监督三个相互关联的运行过程,即权力的生成与结构、权力的行使与流通、权力的协调与监督。它们不仅仅是一种具体的方式、方法,而且是从具体的流程出发来分析课程治理的实际运行。

首先,决策过程。决策是治理的核心环节,具体包括了由谁来决策(决策主体)、如何决策(决策方法、形式和途径)、决策机构(决策的组织结构)等。决策过程需要考虑决策主体是否代表了多方利益、决策程序是否科学规范、决策结果是否具有广泛的认同性等等。因此,本书认为决策过程还包括权力主体的生成与遴选机制。

其次,执行过程。执行过程是指权力的有效运行,各个权力主体如何把握好权力的边界,做到职责明确、各司其职、相互配合。课程治理最终要落

---

① 李维安,李勇建,石丹.供应链治理理论研究:概念、内涵与规范性分析框架[J].南开管理评论,2016,19(1):4-15.

实在师生主体的行动上,即使再好的治理结构、制度设计,如果得不到教师和学生的理解和支持,就难以转化为课程治理的内在动力,就难以从根本上改变传统的课程管理模式,就只会徒有"治理之名"。因此,在具体运作过程中,要让师生能够接触、理解并认同新的课程理念,认识自己在课程治理中的角色与地位,形成科学的认知,达成基本的共识。

最后,监督过程。监督的作用在于确保课程主体是否规范行使自身的权力,避免权力的失范,以及提供纠正不足的建议和风险防范的举措等。监督可以通过多种方式、方法的运用,维系各治理主体间的相互制衡关系,实现治理机制的有效运转,以此达至预期目标。所以,我们也可以将其视为课程治理的保障环节。监督既有外部的监督,也有主体的自我监督。

四、课程治理的结果

在治理理念的指引下,通过治理结构的制度安排以及相应的治理过程,产生一定的课程治理结果。当然课程治理的结果并不一定全是好的。但是当治理结构是合理的,运行过程是顺畅的,那么基本可以实现良好的结果。本书认为,课程治理的最直接结果是实现高质量课程。那么,我们首先需要对高质量课程有一个较为清晰的理论判断。本书提炼出高质量课程的五大关键特征如下。

(一)高质量课程以学生为中心为核心理念

每一种课程实践背后都蕴含着一定的教育理念。精英高等教育时代,大学的任务是传播人类文明,尽可能快地将最先进、最系统的知识传递给青年一代。于是,"以教师为中心"的理念正确且合理。在"以教师为中心、以教材为中心、以课堂为中心"的理念主导下,课程围绕知识和教师展开,教师因其道德表率和知识先知者的身份获得绝对权威。因此,教师理所应当地安排教学活动,学生和教师之间是服从与被服从关系。教师唯一的任务就是传递知识,学生唯一的任务就是存储知识。高等教育普及化带来了学生需求的多样化,信息化发展使得知识存储变得不再重要,大学的职能也相应发生了转变,大学的中心任务不再是传递知识,而是为了发展学生、培养创新人才。自然地,学生的需求成为大学课程必须关注的重点,课程内容的选取、方法的设计等都开始围绕学生发展展开。加之脑科学、学习科学等理论进展,更是确立了以学生为中心理念的必要性和科学性。

"以学生为中心"既是核心理念,也是必要条件和基本前提。离开这一前提,我们所呈现的高质量课程都是不存在的。以学生为中心强调的是以生为本理念,尤其是它把学生放在教育目的而非教育对象的位置上,包含了尊重学生的主体性、接受学生的不足、发现学生发展的可能性等等。它改变了"游戏规则",从而意味着整个"游戏过程"各方面的变化。具体到课程建设中,意味着课程目标、课程内容、教学方式、课程评价、师生关系等各方面的根本改变。

首先,教师需要尊重学生的主体性,帮助学生成为学习的主人。学生是大学存在的根本目的,[①]大学应以促进学生最大发展为根本目的。这就对教师提出了新的要求,教师需要有高质量的时间投入并依据学生发展要求设计课程。教师在课程设计时考虑学生多样化需求、课程内容注重联系学生的生活实际、教学方法以促进学生学习为标准。在课程实施过程中,教师不再是唯一的规则制定者,他赋予学生学习选择权、在课堂上和学生分享权力。譬如让学生参与课程讨论的规则制定等,和学生共同决定学习任务等。其次,教师需要放下自己的权威姿态,能够接受学生的不足。这就要求教师在日常教学中给予学生试错的机会,平等地与学生交流,耐心地等待学生的成长与改变。最后,教师需要发现学生发展的可能性,促进学生的最大发展。每个学生都是一个特别的个体,其性格特点和优长不同。教师需要创设情境、适当刺激,以激发学生发展的各种可能性,从而帮助学生更全面地认识自我和超越自我。

虽然教师和外部条件能够促进学生的学习,但学生的学习效果最终取决于自己。重要的是实现学习权力和责任从教师身上向学生身上的转移。对学生而言,最重要的是转变传统学习方式,主动探究,学生要学习如何独立思考问题,如何与自己的生活世界建立联系,如何利用好奇心发掘自己的学习能力。当然,学生自主管理自己学习的前提是对自己的学习拥有话语权,并能够承担以往在以教师为中心的模式下由教师替他们承担的责任。

(二)高质量课程以促进学生能力最大发展为根本目标

以学生为中心的理念包括了促进学生能力发展这一目标。课程作为育人实践,其根本在于促进学生的最大发展。最大发展是全面发展、主动发展

---

① 张中原,扈中平.教育人性化的三重遮蔽与敞明[J].华东师范大学学报(教育科学版),2015,33(02):1-9.

和实质发展,尤其表现在能力的最大发展上。只是因不同学科专业的不同,具体课程对具体能力的培养有所差异。以工学为代表的硬科学,其课程更为强调学科知识体系的严密性和准确性,课程内容在选择上注重与学生的职业发展密切相连,且注重事实、原理和概念的讲解,注重培养学生应用专业知识解决实际问题的能力。以历史、文学为代表的软科学的课程结构则更为开放,其课程目标并不追求唯一准确的答案,而是强调培养学生批判性思维、创造性思维、分析和综合能力、口头表达和书面表达能力。①

能力培养作为高阶目标,与传统只关注知识记忆这一低阶目标有着很大不同。在我国的大学课程中,"系统知识传授说"主导着课程目标的确立。长期以来,在人们根深蒂固的观念中,课程就是传递系统梳理后的人类文明。由此,"记忆与理解"这些系统性的学科知识成为课程的全部目标。而现实情况是,学生甚至连"记忆"的这一层次的目标都不能完全达到,更遑论分析、综合、评价等高级思维能力的实现。课程目标有诸多不同的分类,如本杰明·布鲁姆在《教育目标分类学》中将教育目标分为三大领域:认知领域、情意领域、动作技能领域。② 其中最被广为使用的是认知领域中的六大维度:记忆、理解、应用、分析、综合、评价。在迪·芬克看来,高等教育领域中一些新的学习需求已经超越了认知领域分类法,甚至超越了认知领域。迪·芬克由此提出了有意义学习的六大目标:基础知识、应用、综合、人文维度、关心和学会学习(如图 2-2)。即在课程结束时,(1)学生将理解并记住课程中的关键概念和原理等;(2)能够运用这些知识解决具体的问题;(3)能够理解所学课程与其他课程之间的逻辑关联;(4)能够认识到所学知识背后蕴含的个人意义和社会意义;(5)能够持续关注该课程并有继续学习更多相关知识的愿意;(6)在课程结束后拥有持续学习相关知识的能力。③

"掌握知识"或者"系统知识传授"这一传统目标在学生需求多元、学习范式兴起、学习科学大进展的多元冲击下,开启了向"发展能力"转变的征程。一方面,传授范式和学习范式代表了思考课程的重大范式转变。两种

---

① 陆根书,彭正霞,胡文静.不同学科大学生学习经历差异分析[J].苏州大学学报(教育科学版),2014,2(1):64-73.

② B.S.布鲁姆.教育目标分类学:第一分层 认知领域[M].罗黎辉,等译.上海:华东师范大学出版社,1986:135.

③ L.迪·芬克.创造有意义的学习经历:综合性大学课程设计原则[M].胡美馨,刘颖,译.杭州:浙江大学出版社,2006:26.

图 2-2 迪·芬克有意义学习分类法

资料来源：L.迪·芬克.创造有意义的学习经历：综合性大学课程设计原则[M].胡美馨,刘颖,译.杭州：浙江大学出版社,2006:24.

范式的运作方式截然不同,在以教为中心的理念下,教师面对的问题是在单位时间内能够完成多少教学内容,教师对学生应该学什么的理解是：知识A、知识B……即知识的不断累积增长。学习范式强调在理解知识的基础上向更多元的学习目标发展,即能力的培养(如图 2-3),它体现在学生能够运用知识解决问题上。在运用知识解决问题的过程中,学生无法直接照搬或套用现成知识,而需要将"高深知识"内化为"个体知识",继而对这些知识进行联结、重组、转化和整合并应用于具体情境中,正是在这样的过程中,学生的能力方得以形成。

另一方面,学习科学的研究表明,学习不仅仅是吸收知识,它是指运用

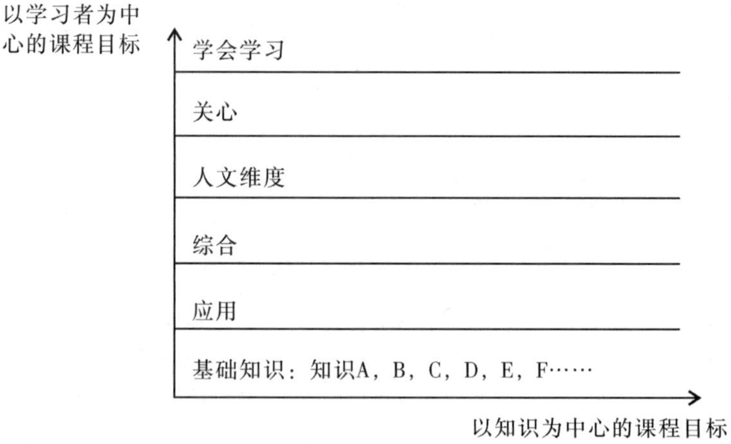

```
                以学习者为中
                心的课程目标 ↑
                              ┌─学会学习──────────────
                              │
                              ├─关心────────────────
                              │
                              ├─人文维度──────────────
                              │
                              ├─综合────────────────
                              │
                              ├─应用────────────────
                              │
                              └─基础知识：知识A，B，C，D，E，F……
                                                            → 以知识为中心的课程目标
```

图 2-3　两种范式下的课程目标比较

资料来源：L.迪·芬克.创造有意义的学习经历：综合性大学课程设计原则[M].胡美馨,刘颖,译.杭州：浙江大学出版社,2006.

知识的能力。① 根深于我国课程论中的一个观点——教学在本质上是一种特殊的认知过程,这一过程在实践中具体表现为学生的认知主要是掌握已有的知识,而认知过程就是在教师领导下接受知识。基于这一认识思路,学生便只能"接受""掌握",这样推断,学习的本质便成了接受和内化。然而,学习科学的研究结果表明,学习是自我建构的过程,学生只有自主建构才可形成自己的知识体系,这一过程无法由他人来代替完成。而高等教育的使命就是产生学习,培养学生的能力,促进学生的最大发展。

促进学生能力发展是以学生为中心理念的直接反映,这一高阶目标具体指向了高阶思维、高阶能力、高阶学习和高阶知识。② 高阶思维属于认知范畴,它和记忆、理解等低认知水平的心智活动不同,它是一种能够批判性思考、自主决断和创造性思考的思维能力。若要将其与布鲁姆教育目标分类进行对应的话,可以说是其中的后三类。高阶能力是指能够自主学习、自主解决问题的能力,这种能力是高级思维能力的具体体现。高阶知识是一

---

① 泰利·道尔.如何培养终身学习者 创建以学习者为中心的教学环境[M].广州：华南理工大学出版社,2014：5.
② 钟志贤.面向知识时代的教学设计框架：促进学习者发展[M].北京：中国社会科学出版社,2006：82-85.

种建构性知识,也可以理解为个体知识、隐性知识等,它与被动接受的碎片化知识不同,它是个体在问题解决、自主探索与建构中生成的个体知识。高阶学习则是运用高阶思维进行的深度学习,它体现的是个体积极主动的学习。①

(三)高质量课程以学生有效参与为显著特征

学生实现最大发展是评判课程教学质量的根本标准,而学生是否实现了最大发展,则是以学生是否有效参与教育教学活动为基本标准。② 当学生没有积极参与,那么既能够反映课程设计有问题,也说明教学效果不佳。另外,根据学习科学的理论研究成果,深度学习是高质量课程的关键标志。而深度学习这一兼具心理和行为的活动,其外显标志是学生主体能够积极有效地参与到课程学习中来。这一科学的研究成果同样证明了学生有效参与是决定课程质量高低的中介变量和显性标志。③

强调学生有效参与是对传统传递性教学的根本性颠覆。建构主义认识论及其知识观宣判了"传递""灌输"等知识教学观的无效,奠定了学生参与的合法性基础。④ 两者在知识观和学习观上的基本假设是截然不同的。在客观知识论下,学生学习是外部驱动下的被动学习,学生学习兴趣不高、动力不足。知识建构论则认为知识是学生主动建构的,当缺少了学生参与,真正的知识便不可能发生。学生参与体现的是教与学的互动理念,这一看似理所当然的观点,在20世纪80年代却是备受争辩的观点。在缓慢的推进过程中,人们才逐渐接受并认可了学生在课程教学活动中的重要作用。

从认识论的视角出发,知识可以从隐性知识和默会知识两个方面进行理解。真正的学习一定涉及知识的默会维度,默会知识并非发生在实验室中,也非停留在书本上,而是与学习者所处的生活实际密切相关,是发生在一定情境下的产物。知识的默会本质启发我们:虽然一直以为我们信奉的逻辑是传递和分享知识,但是仍是一种线性的传递逻辑。也即是说,通过先

---

① 钟志贤.教学设计的宗旨:促进学习者高阶能力发展[J].电化教育研究,2004(11):13-19.

② 王洪才.论大学的课程治理[J].山西大学学报(哲学社会科学版),2021,44(3):129-135.

③ 王洪才.论大学的课程治理[J].山西大学学报(哲学社会科学版),2021,44(3):129-135.

④ 刘宇.学生课程参与论[M].济南:山东教育出版社,2012:65.

拥有知识的人向缺乏知识和经验的人讲授,以此实现知识的流通。但是,这种试图通过对知识加以描述的方式并不十分有效,很多时候,这种行为是"徒劳的"。不用说实现知识的完美再现,更不用说实现知识的创新。因为真正的经验是显性知识所依附的默会知识,这种知识总是与特定的问题或任务情境联系在一起,是无法单独存在语言符号中。而只有参与才是获得默会知识的根本条件。①

学生的有效参与与形式参与、机械参与以及部分参与不同,它是一种深度参与、主动参与和全员参与。具体包括主动思考与反思的认知参与、积极与他人互动交流的行为参与、身心投入的情感参与。学生有效的认知参与表现在学生在学习过程中能够运用深度学习方法探究知识,关注知识间的相互关联,能够建立起新旧知识的关联,并在脑海中形成属于自己的知识树。学生有效的行为参与表现在学生在课程学习中能够主动且自由地表达自己的观点。积极与老师和同学交往,以及课下还能为课程学习付出时间。当学生进行有效的情感参与时,学生往往会在课程学习中感受到成就感,对自己的专业有清晰的认知,对学习产生兴趣,并与同伴建立良好的关系。

有效参与要求学生必须表达自己的观点和看法,这是学生有效参与的行为状态的表现。在课程实施过程中,常常会有很多内容需要师生共同研讨、分析和评判,学生往往需要在与他人的交流中积极思考,形成自己的独立判断。如果学生只是"认真听讲"而不积极表达观点则不具备有效参与的基本条件。② 也许会有观点认为有些学生确实在思考,只是没有发言,但如果学生不将自己的观点呈现,那么便失去了思维碰撞的可能,也无法判断自己的观点是否经得住推敲。学生有效参与是其表达课程权力的主体意识和主动行为。当学生作为积极的参与者参与到课程学习中时,教师也需做出相应的角色定位设计。此时,教师是学生参与的支持者、促进者和引导者,会通过小组讨论、情景教学等多种方法促进学生参与。学生参与意味着学生和教师在课后都要进行资料搜集等大量的准备工作,如果学生不进行充分准备,那其参与将是不彻底的、有限的、低层次的。这对教师来说要恰当地选取课程内容,鼓励学生表达自己的观点。如此,课程在学生与老师、学

---

① 赵健.学习共同体:关于学习的社会文化分析[M].上海:华东师范大学出版社,2006:47-48.

② 刘宇.学生课程参与论[M].济南:山东教育出版社,2012:188.

生与学生间形成的网络共同体中实现着意义建构。

学生有效参与的现实基础是赋权,即恢复学生在师生关系中的权力主体地位。学生参与课程既能实现让课程建立在学生需求之上,又能让学生对课程有自主感和拥有感。有效参与是一种"全员参与"[①],全员参与指的是参与机会的最大化,是给予每个学生平等的参与机会,承认每个学生对课程的贡献。传统灌输式教学的高控性环境直接拒绝了学生的参与,长期在这种高控性环境下进行学习,学生已经形成了集体沉默的惯习,这背后是一种权力不对称下的学生对教师的依赖关系和服从惯习。学生参与则要求打破传统以教师为中心的线性垂直的权力关系,形成平等的网络权力格局。它意味着传统师生关系的改变,意味着师生权力结构的改变,意味着学生作为平等主体和教师进行互动交流。与此同时,也体现着教师课程观念的变化,教师愿意分享权力且相信学生的能力。实践中,教师往往因为单位时间教学效率的规约和对学生能力的担心不得已放弃或拒绝了学生参与。当学生能够在课程学习中自由表达自己的观点、诠释并建构个体知识时,教学便不再是教师从外部作用于学生的过程,而是促进学生学习的过程,才是真正体现学生参与的真正内涵。

(四)高质量课程以问题探究为基本过程

高质量课程的目标是实现学生的能力发展,而问题探究则是实现这一根本目标的基本过程。探究始于问题,问题激发探究。[②] 探究是主体在面对困惑和疑难时引发的解决问题的内在需求。

一方面,问题探究是课程学习从知识向能力转变的必要方式。我们的课程目标强调知识运用,知识运用不仅仅指运用所学知识解决书本上的课后习题,更关键的是解决实际问题。两者都是知识运用,但两者的区别在于前者属于认知取向的知识应用,后者属于实践取向的知识运用。[③] 实际问题与结构化的书本知识不同,它涉及结构不良领域,具有高度情境化且并不

---

① 王炎,程红艳.全员参与式课堂探究:让每位学生成为课堂的贡献者[J].教育理论与实践,2017,37(28):60-64.
② 徐学福.探究学习教学模式[M].北京:人民教育出版社,2018:39.
③ 张琼.知识运用与实践能力培养:兼论以实践能力培养为导向的教学改革[J].全球教育展望,2011,40(3):28-33.

清楚需要运用哪些概念、规则和原理等特征。① 这些实际问题的解决无法直接运用存储的结构化知识,而是需要建立起问题情境和知识间的关系,为了建立这种关联,学生便需要通过查阅资料和与他人交流等方式搜集新的信息。与此同时,学生需要调动头脑中的旧知识,去建立与新知识间的联结,并根据具体的情境需求对旧知识进行改造,最终通过新旧知识的整合实现问题解决。传统教学背后隐含的假设是:知识的获得和知识的应用是两个独立的阶段。即学生必须先学了才会用。在问题探究过程中,学生的知识学习和知识应用并无严格的先后顺序,而是相互交织,实现了知识学习和知识应用的双向建构。问题探究将知识与其应用的条件一起"镶嵌"在具体的问题中,通过问题的解决,学生获得了知识,也具备了灵活应对实践的能力。在问题探究过程中,知识学习的目标、内容和方式都发生了变革。教师通过创设知识运用的实际问题情境,为学生知识获得和能力生成提供具体支撑,学生的知识学习始终与真实问题情境保持密切关联。

问题探究是一种情境性活动,它不仅强调知识获得这一结果,而且更为强调知识在实际中的具体运用。若要实现这一目标,学生首先需要掌握必要的基本知识,继而运用所学知识解决问题。学生在进行问题解决时,不仅仅有个体内隐的思维活动,还包括外显的与教师、与同伴交互的实践活动,因此,问题探究也是一种社会性活动,②体现个体学习和团队学习的相互作用。在师生所构成的探究共同体中,教师和学生、学生和学生之间通过互动、对话、交流实现知识的分享、应用和创新,学习的结果对整个共同体都是有益的。问题探究体现着学习方式的变革,反映着我们大学课堂主攻方向的变化,意味着大学课程不再以知识灌输为根本途径,而是以学生自主建构知识为必要途径。这正是回应了课程目标从知识向能力的转变,即教师的"教"从传递结构化知识向创设真实情境转变,学生的"学"从寻找确定性答案向应用知识、解决实际问题转变。

另一方面,问题探究要求学生必须主动地投入学习。传统教学是从让学生掌握系统知识的角度出发,有利于教师采用讲授法的方式,让学生接受

---

① JONASSEN D H .Instructional design models for well-structured and ill-structured problem solving[J].Educational technology:research and development,1997,45(1):65-94.

② 陈琦,刘儒德.教育心理学[M].2版.北京:高等教育出版社,2011:167.

式学习。与传统教学不同,问题探究强调知识不是作为结论性的定理直接呈现给学生,而是镶嵌在真实的问题情境中。它解决的其实是传统课程中理论与实际相脱节的弊端,强调知识与其运用情境的依存关系。教师通过转化知识呈现的方式,设计情境化、与实际生活相关联的真实问题,让学生的整个学习过程围绕问题分析和解决而展开。学生需要运用已有知识发现问题,制订问题解决方案,并通过查阅资料、与教师交流以及与同学交往合作等主动探究行为习得情境中隐藏的知识。学生的探究意识是可激发的!教师的作用就是创设问题情境,将知识还原到生活中,帮助学生建立起书本知识与现实生活间的联结,并激发学生的认知冲突。正是情境和问题中的不确定性刺激着学生现有的学习舒适区,让学生似曾相识却又困惑不安,这种内在的解决需求会让学生有着强烈的学习动机,进而促使学生主动学习。

  问题探究是建立起学生个体经验与书本知识间有效链接的关键。探究学习是一种主动学习的方式,其基本原理是:学习不仅仅是信息的传递和接受,它首先是一种知识的自我建构。换句话说,问题探究的本质和核心是学生个体知识的自主建构。探究是问题解决的过程,对于学习者来说,他所面临的问题往往难以直接从书本上找到答案,而是需要他主动通过资料收集、与同伴合作等多方面的努力才能加以解决。[1] 不难发现,问题探究因学生知识结构、思维能力的差异以及探究的不可预见性,需要教师的参与和指导,因此,问题探究是教师主导、学生主体的活动。一方面,问题探究的常见问题在于陷入教师中心主义的误区。也即学生根据教师提出的问题和设计的方案,按部就班地执行由教师设计好的步骤,最后呈现出教师想要的答案。虽然教师的指导确实能够减少学生走弯路的可能,但却也抹去了学生从挫折中体验学习的机会。另一方面,问题探究有别于学生在好奇心驱使下的盲目和低效的活动,也不是让学生孤立地开展探究活动。探究活动有多种形式,既可以是师生之间,也可以是生生之间,但其根本是通过平等对话达成共识。如果说教师通过清晰的讲授,然后再辅以一定的练习加以巩固,让学生理解并记住了这个知识点,那么这并不是探究过程。问题探究要求学生独立自考,自己做出决定或选择,在探究活动的各个阶段都能够充分发挥主动性、能动性和独立性,而非按照教师安排好的途径和方法"探究"。

---

[1] 任长松."探究"概念辨析[J].全球教育展望,2014,43(8):3-11.

(五)高质量课程以学生学习兴趣形成为结果

传统课程过于强调对知识的重视,课堂教学以灌输为主,抹杀了学生主动学习的兴趣,学生学习的结果更多是知识的积累。高质量课程区别于一般课程的典型特征之一在于它点燃了学生求知的欲望,促进学生形成学习兴趣,并进一步体现为探究能力的形成。当学生对学习产生兴趣时,他的学习便会是积极的、主动的且快乐的,而不会觉得学习是一种外在的任务和额外的负担。也就是说当学生在兴趣驱动下学习时,其学习自然地会从被动向主动转变、从外部动机主导向内部动机主导转变,而这个过程恰恰是学生探究能力形成的标志。[①] 也正因如此,我们将学生形成学习兴趣视为高质量课程的结果,这一结果也是课程建设从知识向能力转变的重要体现。

"学习兴趣是指个体对学习的一种积极的认识倾向与情绪状态"[②],它是促进学生求知的内在力量。学习兴趣与学生投入之间存在相互作用,当学生产生学习兴趣时,他便会积极且主动地投入学习,相应地,学生投入越多越容易产生或提高学习兴趣。[③] 虽然学生投入学习不仅仅是因为兴趣,也有可能是源于外部压力,但这种外部压力在一定条件下会因学生投入带来学习的满足感,进而转化为学习兴趣。这一过程机制可总结为"压力-投入-兴趣"[④],用通俗的语言来表达便是"痛并快乐着"。这一机制的成功运转不是仅仅依赖知识灌输所能实现,而是需要教师创设问题情境,让新的情境与学生旧有知识间产生矛盾,激发学生的认知冲突,引发学生求知的需要,并给予学生自主探究的权力。而学生在求知需求的驱动下,会主动付出时间查阅资料、主动与老师以及同学交流讨论,以此解决心中的困惑。

在寻求问题解答的过程中,学生信息搜集能力、批判性思维能力、合作交流能力等逐渐形成的同时,也形成了对学习行为的满足感和成就感,这种满足感和成就感会进一步激发学生持续投入学习。学习的满足感表现在学

[①] 王洪才.论大学的课程治理[J].山西大学学报(哲学社会科学版),2021,3(44):129-135.

[②] 付建中.教育心理学[M].2版.北京:清华大学出版社,2010:104.

[③] 何旭明,陈向明.教学公平对学生学习兴趣的影响研究[J].中国大学教学,2012(7):81-84.

[④] 何旭明,陈向明.教学公平对学生学习兴趣的影响研究[J].中国大学教学,2012(7):81-84.

生积极的情感体验上,表现为学生通过学习感受到兴奋、自信和成就感等。这种满足感一方面源于因行动受到称赞和奖励,另一方面源于通过学习受到教益,学会了真本领,从而有了获得知识和技能的充实感。也即是说,学生学习兴趣的形成实际上是一个"需要—学习动机—学习行动—结果满足—学习兴趣"的发生过程,也是一个从知识灌输到能力形成的过程。当学生产生了学习需求、付诸行动,并产生了满意的学习结果时,学习兴趣产生了,能力也提高了。在学生觉得学习有趣,并感受到学习的乐趣后,便会进一步地将这种乐趣转化为持续学习的内在驱动力。学生的学习也就实现了从外部要求的规范性投入转向内部自发的、主动的投入,继而产生进一步探究更具挑战度的问题的目标追求。

大学课程治理是对课程建设实然状态的反思和对应然状态的探索。在时代背景发生了质的变化时,大学课程也相应需要发生根本性变化。大学课程需要在理念、目标、内容、方法、师生关系等方面做出全局性的整体变革。但课程管理的思维还停留在传统范式中,管理模式并没有担负起这些内容的变革,反而固化着传统大学课程模式。传统课程与创新人才培养目标及其应具备的基本素质格格不入,师生主体积极性不高,由此造成了实践中的诸多困境。无疑,课程管理是必不可少的,课程实践活动的有效运行必须以管理为基础,课程实践中的人、财、物等诸多要素需要管理的协调和推动。课程管理对确保课程的统一性、规范性,稳定课程秩序具有一定的积极意义,但课程管理面临的最大弊端是高校及其师生缺乏积极性和主动性。[①]这一问题的解决难以依靠行政命令或口号主义,而是需要课程相关主体的积极行动,而且是一种创造性的行动,这种创造不仅需要课程建设的理念更新,而且需要课程建设的制度创新,通过创建有效的行为方式进行引导,如此就是一个挑战性极强的治理课题。为此,需要制订参与规则,建立相应的组织制度,订立相应的运行机制,特别是需要确立一种先进理念进行引导,也即要建立一种先进的文化来进行组织动员。这种组织动员需要阐明参与课程建设的意义,阐明不同角色的作用,阐明具体的行为规则,其实就是要建立一种新的思维方式和行为方式。这既是一种观念文化的建设,也是一种制度文化的建设,制度文化就是通过建章立制,将新的角色责任合法化。

---

① 周光礼.从管理到治理:大学章程再定位[J].湖南师范大学教育科学学报,2014,13(2):71-77.

此外它还是一种行为的文化,①因为它需要树立一些典型案例协助推进实施,使主体把这种行动作为自己行为的参照等,让主体更直观地意识到参与课程建设的急迫性和自身行为的规范性等。

---

① 王洪才.论大学的课程治理[J].山西大学学报(哲学社会科学版),2021,44(3):129-135.

第三章

我国大学本科课程治理的现实问题及阻力分析

本章所回答的是课程治理的对象,即"治什么"的问题。课程治理最直接的对象是在课程建设各个环节中出现的质量问题。本章运用本书建构的分析框架具体分析在课程设置、课程设计、课程实施和课程评价等不同环节中呈现出来的治理问题。与此同时,深入剖析影响课程治理的制约因素,以此做到有的放矢。

第一节 课程设置:目标导向不足,结构意识薄弱

在大多数情况下,我国大学课程设置是由学校教务管理部门根据学校人才培养总目标进行通盘设计,二级教学单位则配备教师提供相应的课程。这种模式对于维持课程体系的稳定性具有一定积极意义。但其弊端也显而易见,即往往为了维持稳定秩序,而缺少整体性的变革与设计。尤其是随着人才培养的多元化需求日益迫切,高等教育普及化趋势的不可阻挡,我们已经难以再按照精英教育时代的逻辑来设置课程体系了。精英时代的课程体系完全按照学科逻辑结构确定,强调学科知识的系统性和完整性,主要是为了便于传授知识和促进科研。显然,在新形势下,这样的课程体系已经难以满足外部社会需求,集中表现为人才培养入口和出口之间的矛盾,即大学培养出来的学生难以满足社会发展需求。

一、课程设置受行政中心主义影响至深

在课程设置环节,深受行政中心主义影响,权力集中在管理者手中,教师和学生的权力被忽视。在行政驱动下,"等级"和"服从"表现出强劲势头,行政逻辑作为制度逻辑发挥作用,学术逻辑处于边缘地位缺乏合法性支撑。当等级观念主导着课程管理时,行政命令便成为主要的手段,而这一手段若要发挥作用,往往需要通过拉开管理者和被管理者之间的等级来实现。这时,资源控制、工作安排等渠道便成为主要的实现方式。譬如,院系管理者根据学校课程建设的需求命令教师从事课程改革任务。管理者依靠正式职权直接进行指令性管理。而且,行政逻辑旨在追求效率,在追求效率的过程中,课程设置十分偏重硬性的规制性制度,虽然能够快速规范主体行为,但往往不利于师生主体积极性和治理能力的持续性提升。通过行政驱动的力量来推进课程建设与改革,"一刀切"是最典型的运作方式。譬如虽然不同学科、不同专业的人才培养目标不同,但绝大多数学校都是由学校层面统一规定大学英语、大学计算机、高等数学等公共基础课,并没有考虑到公共基础课对不同专业学生能力和素质需求的不同支撑。

二、权力结构呈现出以管理者为中心的科层式布局

在等级与效率并重的管理理念下,课程设置环节的权力结构自然地是一种以管理者为权力中心的科层结构,表现为管理者为主体、师生为客体的直线关系。教师和学生在课程治理过程中始终处于权力结构的边缘,话语权微弱。

(一)管理者的行政权威主导课程设置决策

课程设置的决策权由行政权力控制有其历史渊源。自20世纪50年代全面推行专业设置制度后,国家按照专业在各个大学推行统一的教学计划。而教学计划的制定一般由国家教育行政部门先委托一所高校,由委托高校提出教学计划草案,而后教育部组织召开座谈会讨论实施办法,着重讨论课程体系的设计,关注专业课和基础课的比重、各课程之间的联系、各课程课

时的学期分布,以及生产实习等环节的安排。① 在统一的教学计划执行后,不同大学的相同专业便具备了同样的课程体系。

直到20世纪80年代,政府开始从微观的大学课程场域退出,转向宏观的课程政策调控后,大学开始拥有了自主设置课程、制订人才培养方案等权力。但在实际运行中,大学课程设置依然停留在行政权力的场域中。一般地,课程设置的总体工作由学校教务处提出要求,行政体系施加的行政命令直接影响着院系的课程设置。学校层面会对人才培养方案中包含的公共课、必修课程、选修课的学分比例、实践课的学分比例、毕业总学分等等提出总体性要求,落实到院系则常常成为系主任或院系分管教学的副院长的合作"专利"。为了争取学校资源获得肯定,他们通常根据学校政策要求制定出课程体系,而教师承担什么课程大多是由学校和院系领导分配的。这些管理者往往对自己在课程设置方面的权限并无明确规定,而一线教师已经十分适应这一模式。由此,在课程设置决策的主体关系上,管理者处于绝对的主导地位,教师扮演的则是管理者意志的执行者。

(二)教师"无权参与"与"不愿参与"

课程不是教师的私人事务,②并不因为某一位教师教学任务的完成而立马见效。它依赖于全体教师的共同努力和相互配合。虽然每一位教师有其自己的独立工作任务,但课程与课程之间却是一个存在密切逻辑的关联的整体,都是课程建设中不可或缺的重要构成部分。它们之间彼此独立且相互关联,共同支撑起专业人才培养目标的实现。但现实中教师职业的"专业个人主义"③特征决定了教师在绝大多数情况下都是依靠自己个人能力来解决课程教学中的种种问题,教师之间的关系往往不是相互支持,而是相互隔离的状态,"独立"往往是绝大多数教师的日常状态。现实中,不少老师并不清楚自己所授课程在整个人才培养体系中的地位。他们往往只关心自己所授课程,甚至认为参与课程设置是自己的额外付出和负担。一方面,对于长期依附于确定性教学的教师来说,出于对传统教学生活的眷恋,部分教师更愿意停留在"心理舒适区",不愿承担改革面临的不确定因素和挑战,他

---

① 陈兴明.中国大学"苏联模式"课程体系的形成与变革[M].北京:社会科学文献出版社,2012:60.
② 徐继存.论课程责任及其履行[J].课程·教材·教法,2018,38(3):37-43.
③ 张侨平,林智中,黄毅英.课程改革中的教师参与[J].全球教育展望,2012,41(6):39-46.

们采取换汤不换药的迂回方式排斥着课程改革,秉持"中庸之道"而"自觉"让渡了参与课程设置的权力。[①] 自觉成为边缘者的教师,很大程度上是因为课程责任意识的淡漠和建设能力的缺失。当然,这与教师的个人利益不无关系,研究表明,教师参与治理与自身利益呈正相关关系,他们会主动放弃与自身利益关联度低的事务决策。[②]

另一方面,课程设置需要一个专业的所有教师齐心协力、达成共识,设计出相互之间密切关联、层次递进的课程体系,以此促使人才培养目标与课程设置无缝衔接。以课程设置中的课程连贯性为例,它因学科不同而表现出较大差异。譬如数学、物理等基础学科,则十分强调系统性。这样的学科在课程设置时强调按照课程内容的难易程度进行编排。而有些学科,譬如社会学、教育学等则规避了这样的问题。但即使是对同一学科而言,不同教师对课程安排顺序的认知也有差异。以生物学为例,有的教师认为应该先教微观生命形态细胞,然后再拓展到宏观的生态学;有的老师则认为应该先让学生对生态学有一个宏观层面的把握,然后再进入微观的细胞世界。而这些问题的解决无疑需要广泛的教师参与,以达成基本共识。但在大多数的课程设置中,管理者常常以管理思维对待教师,彼此之间缺少充分的、平等的交流,导致课程设置在并没有基本共识的情况下就要求被执行。概括来说,在课程设置中,教师之间是一种"非合作性"的行为逻辑。

(三)学生参与率低且参与途径有限

学生在课程设置中呈现出"低参与性"的行为逻辑,具体表现为能够参与到课程设置中的学生极少,多以个别学生代表通过意见反馈的形式参与。简言之,总体参与率低且参与途径单一。作为以人才培养为本体职能的大学来说,学生本应是课程设置中地位最重要、影响最直接的主体。但由于高等教育本身极强的专业性和学科性,以及课程设置需要具有一定的知识要求和市场需求判断,导致在课程设置的决策中往往很难觅得学生的身影。虽然这一挑战不足以成为忽视学生在课程设置过程中的主体地位,但学生主体被"悬置"的事实却是实实在在地发生了。我们的课程设置常常是在学

---

① 容翠.教师课程权力运行的困境及其救赎[J].教育理论与实践,2017,37(2):28-30.

② 孟新,李智.教师参与大学内部治理的困境及化解之道:基于场域的视角[J].现代大学教育,2018(6):82-88.

生不在场的情况下开展的。一般地,一个专业课程体系的设置往往会依据教育部专业教学指导委员会制定的核心课程。虽然这些核心课程具有权威性,但这些核心课程在设置时往往是由教育部组织的学科专家负责的,如此,学生缺场就使课程设置在程序上缺乏了正当性。① 而院系管理者往往基于经验,或自己的意志"预设"学生的利益诉求,②进而进行课程设置。然而这些课程是否真正满足了学生的发展需求和意志则缺乏有效论证。课程设置或是侧重于知识体系本身的完整性,或是强调知识的应用性特征,而常常忽视了学生的发展与成长。正如有学者分析,大学本科课程是在学生"不在场"的情况下,由专家学者根据学科体系和市场需求设置出来的,学生在课程设置方面的作用极小。③ 学生最多只是充当影响层,他们的需求最多通过非正式的渠道有限地反映到决策层中。

三、管理者和少数精英代替了师生主体的权力行使

(一)决策环节:管理者个人的经验式决策

1.决策方式以管理者个人经验式、非组织化决策为主

课程设置多由院系分管教学的负责人和教研室主任或者专业负责人以经验式、独裁式、模仿式的方式做出应对学校政策认可的课程体系。他们通常直接绕过了专业人才培养目标这一环节进行课程体系改革,倾向于移植其他学校的教学方案,而对本校学生的生源特点和学校的发展定位考虑不足。对不同课程完成什么目标以及对不同课程间如何分工协作的问题也缺少深入思考。正如一位学者所言:处于"中心"地位的大学总是被处于"边缘"地位的大学模仿,它们的课程、教材,甚至是考题都会被照搬,而不管是否合适。④ 加之对市场需求等缺乏深入调研,进而导致了课程体系缺乏合力,且容易在课程安排过程出现诸多问题。譬如课程与培养目标之间关联

---

① 钱大军.学习权视野下的大学本科课程设置[J].教育发展研究,2013,33(Z1):98-103.

② 夏泉源,赵书山.高等学校本科课程设置的伦理关切[J].高教探索,2020(3):50-55.

③ 钱大军.学习权视野下的大学本科课程设置[J].教育发展研究,2013,33(Z1):98-103.

④ 李海芬.高等院校课程知识特性的探讨[J].江苏高教,2011(4):69-71.

性很弱或根本没有关联性,先修课程和后续课程的顺序不合理,本应该安排在不同学期的课程被安排在同一学期,不同课程内容重叠,课程衔接方面有缺口和冗余现象①等等。一位专家在本科教学评估中对某校的124门课程进行审查时发现,该专业中有的人才培养目标被过度培养,而有的目标则被虚置。②另外还有一些新设的跨专业课程,通常需要在本院系和外院系的教师间进行协调,这时候如果仅仅依赖分管负责人来修订课程体系,就会遇到一些意想不到的阻力和障碍。毋庸置疑,这样的课程设置难以满足用人单位的人才需求,也难以满足学生的成长需求。甚至在国外也有类似的情况:"课程改进,从传统上说,是教师的义务,重新设计课程体系则由系里专设的委员会负责。"③显然,这种决策方式严重背离了课程的专业性和民主性属性。即使是一些设计良好的课程体系也难以有效落实。可以说,由管理者个人做出的非组织化决策方式从根本上违背了课程治理的要义和民主的精神,而缺乏科学清晰的培养目标,也导致了课程教学无源之水。

2.决策过程偏重临时组织和走形式

受行政管理思维的严重影响,课程设置的决策呈现出非组织化的特征。即决策不是在组织框架内,既未经由规范的课程制度认可的程序,也没有基于广泛的师生参与。目前很多大学多以"系"这一级组织为课程教学研究的基层单位。但这类组织在很大程度上也被行政力量把持,表现出一定的科层化倾向,这种倾向直接影响着课程教学这个小场域。譬如一些基层教学组织成为行政组织的附属机构,大量事务性工作淹没着课程改革应有的研讨活动。且日常工作偏向硬性沟通方式,常以命令、强制等方式做出决定,缺乏常规性的机构和组织方式,且缺乏相应的议事规则和程序。由此极易造成教师对管理者及制度的不信任。譬如需要对课程设置进行沟通协调时,管理者往往会召开临时会议,而这些会议在一些教师看来只是形式和过场,甚至成为一些教师的抱怨会,难以发挥真正的协调功能。

如上所述,教师更多是一个"教学个体户",通常各自为战,对参与课程

---

① 巩建闽,萧蓓蕾,董文娜.课程矩阵:一个课程体系设计分析框架探析[J].高等工程教育研究,2014(6):178-184.

② 周海银.论大学教师课程建设的教育自觉[J].山东师范大学学报(人文社会科学版),2019,64(5):86-94.

③ 罗伯特·M.戴尔蒙德.课程与课程体系的设计和评价实用指南[M].黄小苹,译.杭州:浙江大学出版社,2006:10.

设置和改革缺乏足够的兴趣。① 我们甚至能看到,学校层面的课程建设口号轰轰烈烈,而教师们"隔岸观火"、静坐不动,既不反对、也不关注②的情况。教师对顶层决策结果的无视和沉默与其在课程设置过程中的缺席不无关系。由于长期在课程设置中缺少表达利益诉求的机会,教师们并没有足够的热情参与进来。因此,虽然专业教师普遍认同课程体系改革的必要性,但当面临着课程体系需要改革,需要教师参与到课程体系设计中来的时候,他们却对参与课程体系设计的热情不高,③并认为课程体系设计的权力由院系负责人持有。正因如此,课程体系的设计往往不能从专业人才培养的角度出发进行全局性、整体性的变化,而只是微观层面的调整,譬如课程数量的增减,而大多数情况下是"做加法";与此同时,还表现专业课之间争夺课时的矛盾较为突出等问题。

"初级财务会计"是我们会计学专业的入门级课程,我们主要要让学生学习会计循环以及相关的内容。但我们专业给它安排了3个学分,以我个人多年的教学经验,这些内容只需要12～18个学时就足以完成了,那这么多学时就必然要安排与之对应的课时。所以很多老师为了填满课时,就把"中级财务会计"的内容拿到这门课上来。既然这样,为什么要为这门课安排这么多的学分和学时呢? 市场需要? 学生发展需要? 还是教师需要? 这都是我们要思考的问题。

——JS1-20200401

(二)执行环节:课程任务是自上而下的事务性工作

当课程体系被确定后,便涉及课程的分配问题,即教学任务的分配。基于上述权力支配的理念,具体的分配工作是以服从为原则的。然而,权力行使主体和权力执行对象只有在存在共同认同的时候,职权方可发挥实际效用。也即是说,在管理者个人经验化决策的情况下,如果师生不认可这一决

---

① 王颖,陆昉.本科课程设置与改革的关键因素分析[J].复旦教育论坛,2010,8(6):51-55.
② 朱晓刚.课程制度视角下的我国现代大学制度建设[J].高校教育管理,2016,10(6):46-50.
③ 巩建闽.高校课程体系设计研究:兼论OBE课程设计[M].北京:高等教育出版社,2017:289.

策,那么在具体执行过程中很难达到预想效果。尤其是当教师的薪酬与课时密切相关时,课程设置和课时分配就已经预先设定了利益格局。因而教师作为理性人就可能在课程体系的制定阶段,从个人利益出发来考虑问题,而不是从实现培养目标的视角来考虑问题。

1. 行政指派的分配方式与教师的消极对待

在人才培养方案确定以后,课程体系中的每一门课程都需要由相应的教师承担。这时,系主任便面临着教学任务的分配工作。其分配方式的具体方法是行政权威和学科领域传统的结合。一方面,系主任会通过行政命令的方式进行任务指派。最极端的情况是独断式的任务分配模式,即系主任将每个学科的全部教学任务的信息予以垄断,然后根据每位教师先前的教学任务承担情况,指定教师该学期应当承担的教学任务,教师彼此只知道自己要教什么课。但更多情况下,系主任并没有太大的权力,他们关注的重点是如何保证课程顺利开出,而课程改革与研究等关涉课程质量提高的问题只能退而求其次。

另一方面,除了行政手段的强制外,还有各种传统和惯例在支配着教学任务的分工。这是源于学科领域的传统,譬如一些院系和专业经过多年的发展和积累,已经形成了一种不成文的规则,即在原先设计的专业人才培养方案中有某一门课程,本来是交由某一位教师承担起教学任务的。所以,多年来,不管发生什么情况,只要该教师身体情况允许,他就继续负责这门课程的教学。久而久之,就成为"课霸"[①]。当然,如果某一位教师对某一领域有着独到的理解和深厚的功底,那么由他来教授这门课程并无不妥。但问题在于,即使"课霸"的课讲得不好、内容陈旧过时,需要精简或淘汰时,也不让别人抢了自己的"饭碗"。

> 其实每个老师都会有一门自己主讲的课程,有的老师长期只上、只会上他那一门课,可是这个课真的已经非常过时了……有些时候尤其是知识分子其实还蛮难搞的,都觉得自己挺好的……
>
> ——NUFE-JS1-20200317

---

① 王伟廉. 关于中国大学教学运行机制的构建与改革问题[J]. 煤炭高等教育, 2001(6):2.

但是,在课程分配过程中面临着许多需要协调的问题。譬如,因为大学教师的研究领域和课程的知识领域有着密切的相关性,所以对于专业基础课而言,往往可以被多名教师胜任。而教师所教课程越是与自己的专业相近,那么在备课中所付出的劳动成本就相对更低。由于每个人都是理性人,都不愿意付出更多的成本,那么安排谁来上就是一个需要协调的任务。

譬如,以一位教师承担一门课程两个班的教学任务和承担两门课程各一个班的教学任务为例,显然备两门课要比备一门课付出的劳动更多。但其最终被计算的教学工作量却没有区别。还有一种情况是,往往在人才培养方案调整的时候,会出现一些新的课程,这就需要安排相应的教师从事该门课程的教学。一般地,往往会落到新教师的身上。但如果没有新教师则需要重新指派。但更多情况下,接受一门新课程,不仅意味着接受多余的教学工作量,还意味着更多的备课量。

这时候,当教师不被激励时,他便会选择消极地对待教学,甚至拒绝这样的任务指派。虽然从理论上看,通过行政命令的方式将教学任务分配给教师的效率很高。但却面临着诸多问题。尤其是当行政权威强化为专制时,则会带来教师作为被管理者的"心理成本"。当教师迫不得已接受他本不愿意接受的教学任务时,这种心理上的不情愿便会转化为教学工作中的消极行为。这种消极行为甚至会导致教师和管理者之间的冲突和对抗。

在行政指派的课程分配模式下,教师的行为更多受制于管理制度的规范和约束,只是被动地执行决策结果。显然,这种做法直接忽视了教师在课程体系建设中的主体地位,教师往往以执行者的身份参与到课程中来。当缺乏了一线教师的参与,很可能会使理想的课程体系走向虚无。当教师困束于教条时,他的学生也将很难成为具有创造性和批判性的人才。

> 我大二学的一门"中国经济史",但给我们讲课的老师是研究政治历史方向的。开学第一堂课他就跟我们坦白了,说他也不理解教务为什么安排他来教,但他的态度是既来之则安之,他随便讲讲然后我们随便听听,只要弄得不是太难看就行。我印象中他有三整节课都在给我们讲人类的族群生活,讲大猩猩是怎么交配的……然后课堂主要部分就是学生讲PPT。
>
> ——SUFE-XS1-20200129

2.学生只能接受被安排好的课程

课程设置是涉及学生切身利益的事项,本应学生充分参与,但他们却缺场了。对学生而言,所学专业的课程是在他们没有参与,也没有提出意见的情况下设置的,他们只能被动接受已经安排好的课程。学生在课程设置中的缺场直接体现了课程设置缺乏正当程序。而且,学生在课程设置中的缺席直接影响了他们对课程的知情权,加之专业课教师更多关注自己所授课程,也很少向学生从整个课程体系的角度阐明课程间的相互关联,从而很多学生对专业培养目标都没有清晰的认识,也不知道课程之间的关联性,甚至不知道所学课程的目标。①

> 我学工商管理类的(工商管理和会计专业),要学铁道概论、现代工业技术理论,这还是必修,不是选修,里面讲各种机床、车床、铣床、数控,我完全不知道我什么要学。我知道的是我们艺术学院、外国语学院的都要学。就是因为我们是交通大学,学校称之为学校特色。
>
> ——ECJU-XS1-20200815

学生对课程也缺乏足够的选择权。

> 我们学校专业开的多还杂,因为不知道要怎么把专业的学生培养好,进而开设的课程很乱、很杂,学生自然学不进去。我同学在的学校,每个专业都开得很精,因为他们的专业培养方向十分明确,课程也是精心挑选的。
>
> 我们要上"管理学""教育管理学""管理心理学""人力资源管理""组织行为学",还有"学生事务管理",开这么多课,其实许多内容都是重复的。真不知道为什么要开这些名称不同、内容基本一样的课。
>
> ——ZD-XS1-20200822

当然,也不乏一些学校已经将选择机制引入学生学习场域。但情况并非那么简单。因为学生所能够了解到的关于教师的信息并不全面和正确,

---

① 巩建闽.高校课程体系设计研究:兼论 OBE 课程设计[M].北京:高等教育出版社,2014:13.

从而导致学生在进行选择时往往是随机的、盲目的。甚至更糟糕的情况是,还会有个别学生在选择课程时投机取巧。即学生之所以会选择某个教师的课,只是因为该教师的课程较之其他教师更容易获得高分。

(三)监督环节:课程设置缺少有效的监管与协调

1.形式化审查,"课程=课程名称+教师姓名"

在一些高校,课程去留的程序简单且较为随意,缺乏课程认定制度。基本"一门课程=课程名称+教师姓名"提交给学院,由教务处备案便可。①而且,"因人设课"现象较为普遍。当然,"因人设课"并非全无道理,在一些情况下,充分发挥教师优长来设置课程是合理的。我们这里所批判的"因人设课"是指课程体系中的部分课程并不是根据人才培养目标中学生发展所需要的知识、能力和素质进行组合,而是根据现有老师能开设什么样的课来设置,或是因照顾教师工作量的完成需要来设置。而这些被设置的课程内容本身已经无法适应时代需要,但是譬如因为有些年长的教师只会教授这门课,所以为了"保护"这些教师的利益,而仍然保留了这样内容陈旧的课程。这可谓是"以教师为中心"的最直接表现。这类"因人设课"既离不开人才培养目标不清晰的原因,也归因于课程设置缺乏严格的审批机制。目前,我国高校还普遍缺少有关课程增设、调整和淘汰的规范程序和办法,从而表现出现实中随意开课的问题比较突出②,进而导致开设的课程对人才培养目标的支撑度不够。

> 比如我们院有一位老教师马上就要退休了,他的这门课确实落伍了,但是他只会上这门课,而且让他现在去更新课程内容、去学习那些新的程序设计也不现实,所以我们就是为了照顾他,还保留着那门课。
> ——FAFU-JS2-20190714

2.协调方法偏重临时沟通和硬性指派

协调主要是通过命令的形式,使教师无条件地服从决策结果。譬如,一些教学管理者会利用自己的职位权威迫使教师不得不承担某一门课程的教

---

① 周海银.论大学教师课程建设的教育自觉[J].山东师范大学学报(人文社会科学版),2019,64(5):86-94.
② 包水梅.论"潮课"与高校公选课的人本逻辑[J].大学教育科学,2013(3):34-36.

学。即便教师不愿意,但还是被迫接受了任务指派。但也不乏教师抵触的时候,那么这种教师与管理者之间的冲突与对立直接影响到教师教学工作的积极性。这无疑也会使教学管理者的行政权威下降,从而影响到今后各项工作的开展。

3.缺少激励教师投入的有效机制

大多数高校在课程设置方面缺乏必要的制度保障,尤其是涉及职称评聘等关系到教师个人发展和利益分配问题上时,教师参与课程设置的工作往往不被认可。而且学校的课程改革政策更有利于单门课程的改革与建设,许多高校的金课建设、标杆课程建设、教学竞赛等课程建设政策更多地聚焦在单门课程上,无疑固化了教师对自己所授课程的独有关注,而很少将自己所授课程纳入整个课程体系进行思考。虽然课程质量的提升有赖于教师的责任感和使命感,但是我们不能仅仅寄希望于"教学是良心活"的慰藉,课程中诸多问题的解决需要一定的政策和制度激励。

四、固化的课程体系难以满足多元主体的权益诉求

在课程设置中,培养目标不清晰、相邻或相近课程重复度高、先修课程和后续课程关系混乱,不仅学生可选择性低,用人单位的诉求也很难以满足。尤其是"计划式"的课程体系同"市场化"的学生就业之间缺乏有效衔接。

(一)学科型课程体系悬置了学生和社会需求

从课程设置的结果来看,即使发展定位不同的学校也表现出同质化现象。大多数专业的课程设置强调学科自身的知识体系,主要是一种学科知识型、理论型的课程体系。它主要遵循学科本位价值取向,强调学科知识的系统性、专业化。虽然这样的课程体系对于系统性知识掌握有很大裨益,但也存在一些硬伤。譬如费安玲等基于五所法学强校的实证调查发现,这五所大学虽然很注重对学生进行系统全面的专业基础知识的培养,但却极大地忽视了对学生法学思维方式的培养,譬如以培养法学思维方式为目的、以传授方法性知识为主要内容的类似法学方法论、法学哲学、法学逻辑等课程

竟没有一所学校开设。① 表面上看,大学课程设置没有建立起能力培养和课程之间的有效关联,也是缺乏顶层设计和对人才培养的整体考虑。实际上,这是在课程设置过程中忽视学生发展、忽视社会需求的典型表现。对学生而言,以学科知识逻辑为依据的课程顺序安排,缺少对学生认知特点和学习基础的关注。譬如,虽然调查报告显示48.6%的学生认为法理学最难学,②但大多数高校遵循传统法学教育的"先法学理论,后部门法学"的顺序,将法理学课程安排在大学一年级。③ 对用人单位而言,普遍反映学生缺乏岗位需求的知识和能力储备。

> 我们专业的整个课程体系主要是以"财务会计"和"管理会计"为框架进行延伸、拓展,进而实现整体设计。这样的课程体系确实能够符合传统企业的实践需求。但是现在还这样,就远远落后于企业发展了。我们会计学本科生培养和会计人才市场对会计专业人才的知识与技能需求之间是明显脱钩的……而且,我们"管理会计"的主要内容涉及长期投资决策的方法,这部分内容与"财务管理"有很大交叉,但两者都是在介绍基本概念和基本方法,并没有体现出差异和梯度。
>
> ——CUEB-JS1-202100301

(二)课程设置中的利益冲突难以调和

在我国,大学教师承担的教学工作量与其薪酬有着密切的关系。在一些高校的制度规定中有明确要求,当教师的教学工作量不能达到一定标准时,教师就不能参加职称的评定。这直接决定了在课程分配过程中存在着明显的利益冲突。在管理者个人决策的情况下,如果变革能够增加利益,往往会受到推崇。但如果变革不仅需要改变业已习惯的思维方式和工作方式,而且还减少了既得利益,那么往往会受到抵制。对教师而言,一旦课程改革涉及自身利益时,例如,课程的增加、删减、合并或整合,课时的压缩与调整,课程内容的删减与增加时,课程体系的改革必然会动了一线教师

---

① 费安玲.中国法学教育本科课程体系设计改革研究[M].北京:中国政法大学出版社,2016:103-114.
② 施蔚然.我国法学本科专业课程设置研究[J].法制与社会,2013(4):229-232.
③ 费安玲.中国法学教育本科课程体系设计改革研究[M].北京:中国政法大学出版社,2016:229.

的"奶酪"。尤其是要在课程体系中删除某一门课程,而这门课程恰恰是某位教师长期承担且十分熟悉的课程;或压缩教师的课时、删减教师熟悉的内容时,教师会以各种各样的方式表现出对课程改革的抵制。以对课程体系的"做减法"为例,有的教师在学科逻辑的浸润中深信学科的系统性与完整性不可破坏;有的教师强调教科书是许多高校指定的"考研教材";更多的教师认为压缩和删减课时将完成不了教学任务;有的老师将课时量的多少视为课程的重要程度,竭力捍卫自己的课时;有些承担后续课程的教师则认为学生对先修课程的知识掌握不牢,必须保证课时量。对于课程体系的"做加法"的需求时,有的教师会以各种理由借口推脱,而这项任务往往落到了新进的青年教师头上。如此,教师对管理者抱怨连连,管理者则认为教师群体责任意识弱。即便是一些动机良好的工作在失去教师群体理解和认同的前提下,也面临难以推展的尴尬境地。

第二节 课程设计:设计能力欠缺,囿于学科逻辑

课程设计的普遍问题反映为教师在进行设计时往往只从自己"教"的方便的角度进行设计,过于注重学科知识的学科性和系统性,忽视了与学生日常生活有关的应用性知识,脱离了学生的生活实际,忽视了学生的学习与发展需求。

一、课程设计深受学科中心主义左右

课程设计对学科性和系统性的追求深受学科中心主义影响。学科中心主义是指在课程设计中过分关注脱离实际生活的抽象知识的堆积,且各门课程之间壁垒重重,难以相融。在这种课程设计中,知识是第一位的,能力、情感、态度等则是附属的。因此学科知识占据非常重要的地位,往往优先于课程目标而存在。对大学课程而言,知识越多、越严密便意味着课程和教这门课程的教师也就越好,而严密性与标准性也因此成为课程设计的准则。以至于教师在接到一门课程任务并开始进行课程设计时,他最先考虑的往

往是自己要教什么内容。也即是说,课程设计是从学科知识开始的,教师对课程内容的选择则是在熟悉的学科领域里选择熟悉的学科知识,十分强调学科概念和原理,而与生活相关的应用性知识被排除在外。这是一个普遍现象,在笔者跟随导师进行调研的过程中,一些教师表达了他们对课程改革的困惑,在他们的观念里,一定要传授给学生足够多的知识,而压缩课时或者需要对课程知识体系进行重新设计时,对他们来说是无法做到,也是无法理解的。

说到底,这还是"以知识为中心"和"学科本位"的观念根深蒂固。它遵循的是"内容越多、课程越好"的标准。而从更深层分析,固定的课程内容也就限制了教师专业权威的发挥,实际上,教师参与课程设计的权力是被隐性规训了。对学生而言,知识学习便成了首要任务。因为学科知识体系本身的完整性和严密性,自然地将课程教学的范围、顺序和进程封闭在一个既定的框架中,进而将社会需求、学生需求等隔离在外。对学生而言,他们一个很深的感受是,大学四年所学的内容到社会上用不上、不会用。

二、权力结构表现为以任课教师为唯一主体的封闭式结构

(一)任课教师基于经验的个人决策

在大学办学自主权下放之前,我国大学的课程设计和执行是分离开的。课程的设计主要是由教育主管部门全权负责,通过制定统一的教学大纲,[①]并据此规定了不同大学同一门课程的统一的教材、讲授重点、教学方法。对大学而言,课程是法定的、刚性的、必须执行的制度文本。大学更多需要考虑是在法定课程制度控制下的教学问题。对教师而言,他们作为实现外在目标的技术实施者,[②]只需要执行对已安排好的课程就好,他们要思考的问题更多是"如何教"的问题。当时,教育主管部门不仅决定着课程目标,也决定课程内容,教师在课程设计中几乎不发挥任何作用。

随着政府逐渐改变原有计划经济体制下课程安排的利益格局,逐渐从

[①] 王伟廉.高等学校本科课程编制的层次问题[J].高等教育研究,2002(5):64-68.
[②] 刘青山,刘佳,吴立保,等.学习范式下高校"金课"建设的价值逻辑与路径选择[J].江苏高教,2020(8):55-63.

微观的大学课程知识选择、课程内容组织、教学方法统一等领域中退出,并成为宏观层次通过课程政策彰显其作为大学课程治理的主体地位时,大学在专业设置、教学计划、教学大纲制定以及教材编写的权力进一步加强。课程问题成为大学需要思考的重要问题了。与此同时,大学教师也需要从课程大纲的被动执行者向课程的主动设计者转变。但现实却是,因长期依赖统一的教材,教师更多停留在执行者角色上,缺乏进行课程设计和创新的意识、动力和能力。现在,学校层面更多是对院系提出课程开设的要求,而至于课程的目标、内容选择等则几乎不参与决策,由此院系成为课程设计的主要管理者。在院系层面,课程设计的主要决策权则由任课教师拥有。但教师却很少思考自己所授课程在整个课程体系中的定位,也未能关注所授课程对整个专业人才培养目标的支撑。

(二)学生鲜有机会参与到课程设计的决策中来

在课程设计过程中,学生基本是一个接受者的角色。他们并无权对课程的目标、内容等发表自己的意见。而也少有教师会调查学生的需求。学生常因知识储备和能力水平因素被排除在课程设计之外。他们不仅没有机会参与课程设计,缺少相应的建议权,而且对课程设计结果的知情权也被剥夺了。在本科课程学习期间,学生几乎没有见过课程大纲。任课教师往往根据学科体系和研究兴趣进行设计,而缺少对学生的学情特点和发展需求的考虑。

三、固定的学科知识体系代替了教师的创造性设计

(一)决策过程:任课教师的经验式决策

因为整个课程体系在设计时便存在因人设课、临时凑课等问题,所以即使是被列入人才培养方案的课程,其目标也可能是模糊的。因而我们经常能看到的是,很多教师并不清楚自己所授课程在整个课程体系中承担的角色和能够发挥的作用,甚至也不清楚自己的课程要达到什么目标[①]。教师更多是凭经验和研究兴趣对课程进行设计,他们更多地站在"自我"立场,根

---

① 陈则航,程晓堂.英语专业基础课程教学:问题与对策[J].外语界,2015(6):11-18.

据自己的兴趣专长,而较少考虑人才培养目标和学生的知识背景。①

在具体决策过程中,存在将教材等同于课程的倾向。然而,教材却往往追求自成体系和自身的完整性,加之教师彼此之间缺乏沟通和交流,导致课程间的重复现象十分严重。经常会出现同一个知识点的重复讲授或者被同时忽略。但大部分教师已经习惯用教科书设计课程和规划教学,教科书的章节安排就是课程内容的安排,要实现这一重大转变不仅需要教师为之付出心血,而且对教师课程设计能力也提出了挑战。尤其是对于一些工科教师而言,其难度尤甚。

(二)执行过程:知识为王,教材至上

1.课程目标的确立:单一的知识目标

更多情况下,课程目标多为教师在没有经过学情调查、学生需求分析的基础上自行根据经验确定,抽象且笼统。如"本课程培养学生的读写能力",再如"本课程要求学生掌握核心概念"等等表达,这样的目标既没有说明掌握什么核心概念、如何才叫掌握,也没有说明需要掌握到何种程度,是需要学生记住了、理解了,还是要在实践中去解决问题。因此,这样的目标表述既难以评价学生在课程学习结束后的目标达成情况,也无法让学生清楚地知道自己的学习任务,更难以指导课程内容的设计与规划。其根本原因在于课程目标不具有可操作性。甚至出现同一门课程在面对不同专业的学生时,目标也不曾调整。

> 比如说我们有的老师利用整个暑假时间非常认真地备课,每个单元的内容都要规划得非常认真,即使学时不够,也要想方设法把所有内容都讲出来,巴不得全部讲给学生听。这种态度是非常好的,但是就是我非常用力地讲给学生听,到最后学生不爱听或者听不进去,然后我们就感到非常失落,甚至是伤心。觉得我们这么一腔热情对待学生好像感觉付诸东流。实际上如果我们换一个角度来思考,我们传统上关注的是内容,是我要怎么教,而不是从学生的角度出发,学生能够学到什么。
>
> ——FAFU-JS1-20200822

---

① 李海芬,戚业国.课程设计管理:高校公共选修课建设的关键[J].教育发展研究,2006(7):8-11.

2. 课程内容的选择与组织:几本书的拼盘

传统上,教师在设计课程时,往往更精于自己所教课程的概念和原理。所以他们通常并非先设定课程目标,而是首要考虑的是所教课程该选择什么样的内容。而在选择什么内容时,总体是依据教材来确定的。教师在备课时,通常是先找来几本教材,然后将几本书中的章节标题作为知识点,进行整合便完成了备课。甚至一些教师的教学大纲就是某一本教材上的章节目录。因为课程内容和教学时数都是依据教材确定的。所以,课程大纲实际上是就是将教材中规定的教学内容按章、节进行排序,并匹配相应的讲授学时。教师的每一章、每一节乃至每堂课的内容被安排得明明白白,教师需要在规定的学时内完成。但每一章、每一节和每堂课的教学内容能与专业人才培养建立怎么样的联系,以及具有什么样的贡献却没有被思考。从而,"教师教不明白、学生学不明白"。①

课程内容的组织则按照学科知识的结构逻辑进行排列,强调学科知识体系的系统性和完整性,很多课程的内容安排甚至就是教材的章节再现。由此,一门课程就是一本教材。每门课程都体现出尤为系统且完整的知识体系,以至于课程内容越来越多,自然需要的课时数也就越来越多。在此逻辑下,教师越来越感觉到有限学时和无限内容之间的矛盾冲突。

教师基本以基本概念和基本理论讲授为主,而学生主要学习知识的概念、原理和理论等,然后再现和复制这些具有很强理论性和学术性的知识。而正是这理论性和学术性的内容在面临高等教育普及化时代的学生时,失去了原有的吸引力,这些按照学科逻辑组织的课程内容再难以激发学生学习的积极性。除了失去了学生的青睐以外,外部社会的发展促使知识和技术生产越来越倚赖学科的交叉与融合,越来越强调知识生产的应用场景,传统按照学科逻辑排列的课程内容正面临着巨大挑战。

(三)监督过程:缺乏对教师课程设计权力的规范和约束

在课程设计环节,教学大纲对教学发挥的规范和指导作用很小,更多是管理者由上而下地对教师施加的一种任务要求。教师只要将教学大纲上交给教学管理部门即可,管理层并没有对教师提交的课程大纲进行实质性审查,仅仅起到备案检查的作用。从课程目标的确定到课程内容的选择与组

---

① 李志义.解析工程教育专业认证的成果导向理念[J].中国高等教育,2014(17):7-10.

织,都缺少必要的筛选把关。甚至很多课程大纲没有课程目标,只是一张教学进度表。① 一项针对某大学的实证调查结果显示,在抽取的 69 份课堂大纲中竟有 96.6% 的大纲不符合要求,②且具体内容的撰写主要以章节目录的方式列出主要的课程内容,这种方式占比达到 63.5%③。

就教学大纲所呈现出来的内容来看,教师和管理者似乎具有相同的信息量。但是,实际上关于这个教案本身的其他相关情况,譬如是新准备的教案,还是老教案的翻新,还是其他教案的抄袭,这些对于管理者来说是不清楚的。对教师而言,教学大纲成为应付检查的工具,教师在上课时并不会严格遵循课程大纲中的安排,实践中,教学大纲和课堂教学其实是脱节的。

> 我当时就按照学校的要求,参考其他老师编的,问编过的老师怎么搞,我就怎么编,但老师上课是不会先看课程大纲的。
> ——YNU-JS1-20210303

四、课程设计对学生生活实际观照不足

(一)课程设计过于重视学科知识的系统性和完整性

传统的课程设计是学科导向的,它主要依据学科划分的原则。说到底,课程设计更为注重学科需要,而忽视了专业需求。课程内容组织的学科逻辑主要表现为,教师在课程内容选择与组织时,优先考虑的是学科知识的系统性和完整性,而很少面向社会需求及关注学生兴趣和个性发展。最典型的表现就是课程内容按照学科知识的结构逻辑排列,过于强调概念和理论的系统性,很多课程的内容安排甚至就是教材的章节再现。这一设计逻辑的深层哲学基础是"科学理性主义",它以知识为出发点和目的,④指向知识

---

① 洪艺敏.高等学校教学运作配套管理研究[M].桂林:广西师范大学出版社,2008:29.
② 张光.高校课程大纲的功能和要件:兼论我国大学课程大纲制度之现状[J].清华大学教育研究,2011,32(2):40-46.
③ 张光.高校课程大纲的功能和要件:兼论我国大学课程大纲制度之现状[J].清华大学教育研究,2011,32(2):40-46.
④ 陈明,王骥.大学通识课程体系范式变革:从学科逻辑向生活实践逻辑的转换[J].江苏高教,2019(7):24-31.

的发展。往往是从特定学科领域中选取相关内容,然后按照学科知识固有的逻辑结构将其架构起来。它是一种演绎式的推理方式,按照学科知识体系层层递进,往往从基本的公理、原理、概念出发,继而推导出下一级理论,最后再用这些理论分析实际问题。它有利于学生快速掌握系统的理论知识,有利于知识的学科性传承。其背后蕴含着越简单形式的知识内容越有利于学习的假设。然而,这种简化学习内容的方式将知识剥离于情境之外,往往造成了只得其表,不得其意的学习状态。

> 传统课程是围绕知识点来组织的,强调系统性,要求学生在这门课中把知识掌握了。但学生想要的是直接能够解决问题的能力……传统的内容组织就是按照知识点组织的,我们把文件、函数、字典集合、数值、字符串、序列罗列到一起,这样这门课就讲完了,但这样的讲授很难让学生拥有解决实际问题的能力。
>
> ——WUT-JS1-20210208

不难发现,基于学科逻辑的课程设计,理论知识成为大学课程的主要内容,而实践性知识则缺少应有的份额。教师习惯于采用先理论后应用的模式,倾向于先给学生呈现基本原理。学生往往最先接受最顶端的原理,而这些原理是经过高度抽象的方式形成,对于缺乏实践经验的学生而言,很难真正理解并内化为自己的知识。因此只能作为一个旁观者,等待教师的讲授。其实这一课程设计逻辑并不符合学生的认知逻辑,它割裂了知识和生活的联系,学生只能依靠"记忆性的理解"来完成暂时的内容存储。而且,在课程设计中,学生被认为是"后知者",没有机会参与课程设计。教师潜意识地认为,课程是外在于学生的客观真理,追求的是统一、规范和效率。由此而磨灭的是学生的兴趣、创新和个性。显然,这种基于学科知识本位的课程设计很难激发学生的学习兴趣。而且,学科逻辑背后的知识观是比较偏狭的,局限在认知领域。若要真正激发学生的学习兴趣,课程内容设计必须建立起学生个体经验与知识间的密切联系,这样才能够让学生这一主体参与到课程学习中来。

(二)课程设计忽视能力培养

精英高等教育时代,大学致力于培养各传统领域的专家、学者。普遍认为知识积累到一定程度后会自动发生效用,正所谓"腹有诗书气自华"。这一假设得到了"系统知识传授说"的强有力支撑,"系统知识传授说"认为系统性、权威性的学科知识是人类探索的宝贵财富,因此课程教学的根本任务就是将最先进的学科知识系统的传递给学生,以此减少学生探索知识的路程,便于其尽可能快地抵达科学高峰。基于此,课程目标集中在认知领域,局限在记忆水平的学习。于是,经过系统整理的学科知识被视为最有价值的、需要传递给学生的宝贵财富。

"系统知识传授说"背后是一种单一的"宏大知识"观,它携有很强的理论癖好:理论知识是最值得被获得的知识,学生生活需要的知识和学生成长过程中建构的个体知识都是微不足道的。[①] 于是,备受尊崇的是知识的科学性、系统性和权威性,而知识的适用性、实用性被忽视。在传统课程教学以传授系统知识为根本目的导向下,理论知识的功用被不自觉地无限扩大,并成为大学课程的唯一目标。然而,理论知识并不是大学课程的全部,知识"达标",并不代表学生的真正"成长"。

(三)课程设计与社会发展脱节

从课程内容选择来看,课程内容陈旧、挑战度低,难以满足学生学习需要已是不争的事实。麦可思一项针对2017届的本科生调查数据显示,38%的学生认为课程内容陈旧或不实用。[②] 对学生而言,他们缺少根据自己学习兴趣选择学习内容的权力。有一些教师长年不更新课程内容,即使课程内容已经十分陈旧,甚至在出现明显错误的情况下也不加改正,对学生造成了困惑和误解。

> 我们老师真是祖传PPT,书里的表述都换了很多次了,他还是原始版本的。
>
> ——JU-XS1-20200827
>
> 我们有个教"教育网络应用"的老师,作业超级超级多,还用的翻转课堂,然而学的东西是PPT制作、PS,都是最低端的那种,我们个别同学的PS技术都比他好。
>
> ——ZD-XS2-20200823

---

① 王洪才.大学创新教学:缘起·现状·趋向[J].四川师范大学学报(社会科学版),2017,44(6):71-79.

② 搜狐网.高校"网红课"频出,教学创新该考虑了[EB/OL].[2019-03-06]. https://www.sohu.com/a/299363188_121294?_f=index_chan25news_315.

不仅如此,很多课程内容陈旧,而社会丰富的实践案例在书中难觅踪迹。社会主体需求被忽视表现在课程内容落后于经济社会发展,新知识、新技术、新应用不能及时体现在教学之中。

实际上我们在课堂上大讲特讲的"长期投资决策项目的数量评价方法"并不是企业进行长期投资决策所重点关注的,他们关注的是国家和区域的产业政策、人力资源政策以及市场竞争环境等等。所以,反而是这些直接影响到企业长期投资决策的根本性问题,我们并没有关注。而且现在企业的经营环境变化非常大,比如海尔的"自主经营体"、中粮的"五步组合论"等等,这些在实践中出现的新的有效的管理工具并没有在我们的课程中体现出来。

——UIBE-JS1-20200531

我现在其实挺难过的是,我从来没有上过"数据库"这门课程,其实我们在做很多项目的时候,在数据库这个方面有太多心得了。所以我有时候听到教"数据库"的老师在那侃侃而谈,但讲的还是我以前读大学时候、20年前的那些理论。我觉得我要是学生,我肯定把这样的老师赶下台去。因为你讲的完全是脱离实际的。事实上,现在跟20年前的计算机的硬件水平已经差太多了,当时存储空间特别小,所以我要寸土寸金地去节省,而现在更多的时候我在乎的是查询的效率和性能,可能浪费一点空间,我也不在乎,所以我说这样子,你光用这样的理论给学生讲完以后,这学生能设计出好的数据库来,那才叫见鬼了。

——NUFE-JS1-20200317

第三节 课程实施:以教师为中心,学生较为被动

课程实施过程中的普遍问题是学生的主动性不强。即使教师放权让学生主动学习,但却往往流于形式。教师主要使用讲授法完成知识的"输入-产出"过程。但实际上,教师和学生都处于被动状态,教师教的权力被隐性剥夺,学生学的权力被动失却。对教师而言,要为工作量奋斗,对学生而言,

学习成为枯燥的任务。

一、课程实施深受教师中心主义控制

在传统课程教学中,教师的主要目标就是在规定的时间内完成一定数量的知识传授。人们普遍认为,教师"教得好",学生自然便能"学得好"。于是,教师关心的是"教什么"和"怎么教",各种有助于提高教师讲授的技巧因此备受推崇。教师为了高效地将系统的科学知识传递给学生,往往会帮助学生绕过知识探求和摸索的过程,直接获得答案。整个教学是在教师控制的过程中完成的。也正因此,学生所接受到的知识都是高度抽象的、脱离自己生活经验的,从而导致课程教学难以真正激发学生学习兴趣。为了快速接受知识,学生只好选择记忆和机械重复的学习策略,并逐渐成为一个依赖性强、主动性缺失的个体。正如一位学者所言,"传统学校的制度化教育以日历为中心,所有的一切活动都围绕日历运转,学校的课程规划、教学和管理、组织机构的运行、学生学位授予等都似乎是时间的产物……学年、学期、学分、学时、课时等等术语已深深地烙在教师和学生心中。学校中的这一切反映了以时间为基础的课程运作方式,即我们所谓的'知识体系'的课程。实际上,课程的结束以学期的结束而结束,而非随着学生学习内容的结束而结束"。[①] 而为了保障教学任务的稳定秩序和顺利完成,管理者常将教学的所有活动纳入规范化和程序化的运作空间,教师被动"卷入"其中。在追求知识传递的效率中,教师成为教书匠,学生失去了学习的动机和兴趣,教师和学生似乎都成了内容的"奴隶"。

二、权力结构呈现出以知识传递为中心的垂直式分布

(一)教师对教的主导权受到行政权力的束缚

在课程实施过程中,管理者和教师的权力关系表现为,管理者以行政权力限制了教师有关教学的主导权。管理者行政力量的发挥主要通过课时量的满足与否、备课材料的有无、是否发生教学事故、是否运用多媒体等技术,

---

[①] SPADY,WILLIAM G.Organizing for results:the basis of authentic restructuring and reform[J].Educational leadership,1988,(10):4-8.

甚至讲授法的占比、前排落座率等手段,以此实现对教师教学权力的控制。以教学方法改革创新为例,高校的一般做法是以自上而下的路径推展。往往是学校教务处下发通知文件,安排学院申报、立项,并分配相应的名额。行政主导的性质与特点十分明显。[①] 虽然这种模式有利于进行大规模的改革活动,但其被动式的管理和严格的权力等级也严重束缚着教师对教学的决定权。在这种以"命令-服从"为特征的模式下,从学校、院系到教师都会认为教学方法改革是一种自上而下的任务。对学校来说,改革是因为国家政策要求;对院系而言,改革是学校的行政要求;在教师看来,改革是命令与口号,他们甚至已经习惯将自己定位于服从者和执行者,习惯搁置自己的需要和意愿,无意识间否定了自己在教学中的主体地位。当然,也会有一些愿意主动改革的教师,他们希望变革教学方式,但却被管理者以学生安全为由予以推脱,或面临着大量繁杂的审批程序。

与此同时,在行政权力作用下,教学工作量甚至成为大学教师的负担。对于部分教师而言,虽然教学任务影响着薪酬,但教学工作的好坏却与下阶段教学任务的获得并没有直接影响。因此,当获得期望的教学工作量后,至于教学的好坏,则已经不那么重要了。

管理的逻辑是"管"的好,便能"教"的好,从而学生就能学的好,课程质量就会高。但这背后是管理者与教师间身份的等级关系,也是自上而下的教学控制。虽然大学教师的教学需要被合法的限定,这是课程教学维持基本秩序的必然要求,也是课程管理的本质要求,但当管理者用"管"对教师的"教"进行过多控制和干预,对教师的"教"设置了处处详密的规章监督时,教师教学自由就被剥夺了。

(二)教师和学生之间是一种控制与被控制的权力关系

从教师和学生之间的权责关系来分析,教师和学生对学习权力的获得似乎是不言自明的。这种不言自明的权威来源于两点。一是教师的职业身份赋予了其权威地位,在传统的课堂中,教师是课程活动的发起者和组织者,是拥有知识的"圣人"和"权威",其对学生学习活动的控制权合理且正当,理所应当地成为"主导人"和"控制者",享有绝对的控制权和主导权。享有绝对的控制权和主导权。教师控制着课程内容、决定着学生该学习什么内容,控制着教学进度、决定着学生的学习过程,并对学生的学习成效享有

---

① 易高峰.大学教学管理改革之深化:症结与超越[J].江苏高教,2008(1):72-75.

最终决定权。二是知识是课堂中权力分配的基本依据,①教师作为先知者自然拥有了知识权威。在传授传授范式中,教师和学生中间有一条明显的分界线:教师知道一切,学生等待着被注入内容和观点。教师对学生的知识基础设定为零,或者假定学生对要学习的内容一知半解。教师对学生的这种判断从本源上预设了师生关系的等级性。于是,在传统师道尊严观念下,学生不敢主动与教师对话交流。教师对学生的这种权威是根深蒂固的,也被视为理所当然的。而学生的角色则是一个被动、依赖、消极、缺乏信心的学习者。学习的动力来源于考试和分数。在如此非常"成功"地培养依赖型学习者的制度下,绝大部分学生几乎没有做过有关学习的决定。这种权威性、指令性的行动直接降低了学生的学习动机。② 正如戴维·米德伍德指出,"学习者喜欢在纪律和友善之间求得平衡的教师。他们不欣赏教师过度控制,这会导致教师强权;也不喜欢教师毫无权威,这会导致偏离有效教学的中心。他们希望教师与他们一起学习,引导他们而不是控制他……"③。

三、教师用"教"的权力代替了学生"学"的权力

在具体的课程实施过程中,教师和学生都处于被动状态,教师对本应担负起的教学责任没有自觉承担,学生对应有的学习责任不自知。虽然关于教学的改革要求越来越多,硬件设施不断改善,规章制度越来越多,但教学质量却低迷徘徊。

(一)决策过程:经验式模仿与讲授法地位的确立

1."大学教授就像他们的教授教他们那样去教授"

在大学课堂里,教学长期以来重视的是经验层面的传承,不乏有许多教师仍在用"昨天"的观念教"今天"的学生,并试图让他们适应"明天"的生活。在课堂教学环节,普遍做法表现为教师运用讲解的方法将结论性知识讲给

---

① 施兆莉.学生课堂权力、师生关系与课堂代际资源分配[J].教育理论与实践,2018,38(31):57-60.

② 玛丽埃伦·韦默.以学习者为中心的教学:给教学实践带来的五项关键变化[M].洪岗,译.杭州:浙江大学出版社,2006:66.

③ 戴维·米德伍德,尼尔·伯顿.课程管理[M]吕良环,译.杭州:浙江教育出版社,2008:8.

学生听，①受课时等约束，教师为了节省时间，往往在讲解过程中省去了知识发现和生成的过程，通常会采取讲授的方式尽可能多地在45分钟内输出更多的课程内容。学生则是走进教室、仔细听讲、记好笔记、完成作业，确保将知识装入头脑，然后应对考试。而当以学生为中心的课程要求教师花费课堂时间发展学生学习技巧和学习意识时，对一些教师来说甚至是偏激的观念。在教育理论研究者眼中，如何处理培养能力与掌握知识之间的关系这一个看起来发腻的老问题，在一线实践者上眼中却没有被清晰地认识。其实不乏很多教师十分认真，试图通过提高讲授水平、改进自己的教学技巧来吸引学生。但他们的关注点仍是"我"（教师）在做什么，而非学生在学什么以及怎么学。这也是传统教师发展项目采用的路径，即通过对教师教学行为施加影响，希望以此改善教学。对大部分教师而言，教学更多是经验式、常识性的模仿活动，而学生实际的学习需求却没有得到满足。

  特别是我们工科的老师是直接从博士毕业就当上讲师，听听别的老师怎么讲的，然后他的老师怎么讲他就怎么讲。我们都没有研究过这些。原来我也是我的老师是怎么讲的、我周边的老师是怎么讲的，我就跟着怎么讲。也没有人特别地来指导……

——SU-JS1-20200605

2. 讲授法成为知识传授的"高效之选"

"系统知识传授"对知识系统性和完整性的强调使得讲授法成为最"有效的"方法。而且一些教师往往认为讲得越完整、越精细越好。但实际情况却是，学生埋头于细节，得到的反而是碎片化的知识。正如有学者所言，我们把大量的时间和精力花费在不断"搬运"建筑材料上，最后的结果就是一堆没有"关联"的杂乱冗长的知识点。② 讲授法的合法性根植于认知理论。认知理论认为个体学习的本质是获得知识的外在形式，并将这些外在的符号性内容进行再现。③ 这一理论的哲学思想是二元论的，认为知识是独立

---

  ① 别敦荣.大学教学改革新思维和新方向[J].中国高教研究，2020(5):66-70.

  ② 光明社教育家.宣勇：大学应该教什么样的知识给学生？[EB/OL].[2021-04-16].https://view.inews.qq.com/a/20210416A03LMW00.

  ③ 姚梅林.从认知到情境：学习范式的变革[J].教育研究，2003(2):60-64.

于个体的客观对象,是去情景化的。基于此,学习是发生在个体内部的思维活动,而与外部环境并无关联,即使脱离了具体的实践情境,个体也能够形成对客观世界的认知。于是,课程教学可以脱离情境,直接教给学生系统的客观知识,当学生复述或再现与教师传授的知识高度重合时,就意味着学生获得的知识。不难发现,在这一课程教学过程中,学生的知识学习是封闭的、独立于外部情境的。学生看似掌握了知识,但却难以举一反三,更不用说学以致用了。虽然在特定的历史时期,教师讲授能够满足大多数学生的需求,也体现了工业化时代对效率的追求,但其明显的缺陷是容易成为教师的"一言堂"和形成学生被动学习的惯习。虽然讲授法本身并不能成为抨击对象,但在新的时代,大学课程必须思考如何防止"讲授"沦为"灌输"的极端化倾向。然而,现实却是55.8%的教师仍使用灌输式教学方法。①

(二)执行过程:教师权力的隐性剥夺和学生权力的被动失却

1.教师权力的隐性剥夺:管理控制下的任务执行

在传统课程观念下,教学活动被视为教师对学生的知识传递,这为管理逻辑在课程实践中的运用提供了依据。因为这种观念下的教学与程序性的生产活动并无二异,是一个以知识为中心的指令性输送计划,即由技艺娴熟的教师传递给学生,所以教学便是一个能够被程序化和机械化的过程。因此,教师只需将课程内容原封不动地传递给学生,就实现了教学目标。从表面上看,教师是传授者,学生是接受者,教师似乎拥有绝对的权力。实际上,教师的权力以一种更隐蔽的方式被剥夺了。因为教师拥有的传授权力是一种被制度赋予的执行权力,而这种权力以服从为前提。所以,教师只是被当作一个"代表",被"派"到课堂上完成以文本形式呈现的教学任务。② 管理者出于对教学质量监督的考虑,将上课时间地点、讲授时间多少作为检查内容,并进行强制性统一规定。这些细化的内容并不是基于学科专业和课程性质,而是出于管理方便和效率。从而,富有教育意义的课程不是由教师创造性地"教",而是约束在管理者的"管"中。不难想象的是,教师的"教"只能是在管理控制下的任务执行。譬如访谈中的一位教师表现出对管理工作的不满:

---

① 任平.高校教师教学方法运用现状调查[D].重庆:西南大学,2010:19.
② 李海英.课程权力:协商课程的一种追求[J].全球教育展望,2005,34(9):47-50.

……要求我们教师上课必须要穿西装、打领带,这些形式的东西,不一定就能上好课。我们开始都是用板书,后来要求用PPT,后来发现问题了,又逼着老师写板书。因为有些公式还必须要推导,但是用PPT,老师都把公式打好了,那么学生思考的过程就没了。但这些都是教学管理部门规定的,这有好的一面,但也不应要求老师都必须要做这个,我们都经历过这个。实际上管理部门是追求那种形式、结果,都是为了追求时髦。你说这有什么成绩,如果说真有成绩,那就是开始有10%的老师用PPT,现在被你逼到有50%、80%用PPT了,但是用了这个之后,教学质量提高了多少。

——USTB-JS1-20191209

2.学生权力的被动失却:教师用"教"代替了学生"学"

传统观念将教师这一职业喻为无私的代表、奉献的象征。似乎安排学生学习进度、提出需要解决的问题、分析问题、给出答案、总结讨论、解决难题等等就是教师的本职所在。而"高效教学"就是教师在单位时间内向学生传达尽可能多的知识。教师往往直接为学生讲授事实性结论和概念性知识,以一步到位的方式帮助学生直达知识之巅,却无意中遮蔽了充满趣味、坎坷和惊喜的思维过程,[①]学生则成为在静态的、枯燥的、封闭的知识通道中急速穿行的独行者。在这个过程中,课程的发生完全仰赖于教师的教,只有通过教师的教授和讲解,学生才能够获得知识。于是,教师习惯于将课程内容讲授得天衣无缝,使学生提不出问题。而此时学生的学习是个人主义的,主要依靠自己的记忆和理解。当知识传授成为大学的根本目标时,教师自然地成为课程活动的中心。这种教学逻辑强化着学生对"师者权威"的认知,学生与教师之间是一种等级制的关系。尤其在基于矩形法则、讲台与课桌间高低的空间格局规制下,客观上形成了教师与学生的等级结构。[②]

显然,在当前非常成功的培养强依赖性的学习者制度下,很多学生没有做过关于学习的决定。长此以往,学生已经习惯并安于一种相对无权的状

---

① 关少化,李庆丰.学生视角的大学教师学科教学知识分析[J].中国大学教学,2016(7):80-83.
② 熊和平,王硕.教室空间的建构及其对课堂教学改革的启示[J].教育发展研究,2017,37(Z2):25-30.

态,继而难以意识到需要承担的学习责任;教师也会因自己的专业性而理所当然地对教与学的过程拥有绝对的权威。一方面,教师难以放弃教师权威带来的优越感;另一方面,学生难以跳出"学生本分"的束缚。在课程学习过程中,学生基本是在教师讲授的环境下,以被动的状态对待课程。实际上,课程接受者的角色是对学生拥有的课程权力的剥夺,尤其是对学生独立思考空间的剥夺。学生似乎是一个工具人,即使对所学内容没有兴趣,也能够配合教师完成课堂听讲等必要的程序。在这样的情况下,学生也失去了对学习负责的责任。

> ……其实原本在教学过程中,我在课堂当中是喜欢给学生写代码、做演示的,但是慢慢地我发现,我做我的,那么他们就变成了是一种无脑式的 copy,就是我敲什么他敲什么,有时候连项目的名字,或者说有些文件命名,比如说我写了我自己名字的字母简写,那么学生就会照抄不误。
>
> ——NUFE-JS1-20200317

(三)监督过程:僵硬的规则约束着教师的教学创新

1.以监控为主的督导制度偏重维持教学秩序

管理思维在教学保障中的普遍做法可以归结为"强制"和"监控"。因为管理者和教师之间存在信息不对称的问题,当然,管理者的一个普遍做法是通过监控的手段加以解决。"监控"有自上而下的教学督导组听课、有同行听课,还有自下而上的学生信息员制度等等。通常教学督导的听课由教务处组织,成立督导组。从督导组的人员构成来看,这些督导组的老师基本上是退休的老同志,包括退休的二级学院院长、团委书记、机关职能部门的负责人等。不难看出,他们与一线教学有很大距离,也并非完全合适的。从教学督导的具体工作来看,督导组的听课一般是"三期检查":期初、期中和期末。但基本上是对教学秩序或考试秩序的检查,然后由督导专家撰写听课情况表备案。从教学督导的作用来看,他们对教师教学的帮助并没有产生实质性作用:

> 听课这个事儿,就是做个记录完成这个任务,最后记录本往那一放,其实对老师也没有反馈,对教师的教学改革可能没有一点触动。我

认为这可能需要我们关注。

——FNU-JS1-20191204

对教师而言,也十分容易引起反感情绪:

> 所谓的专家就是退休很多年都没在一线上过课了,甚至有些人就是做领导的,根本没讲过课。包括我们现在也经常参加教师教学的研讨,有很多大牛在上面讲得轰轰烈烈,但是这些人其实多少年都没给本科生讲过课了。虽然督导组可以在屏幕前把课堂录像调出来,比如会说你的课堂前排没有做人,有学生在玩手机,但我觉得就是只能看到形式上的东西,你要是真的是实质的东西,他真的看不出来。

——SU-JS1-20200605

除了自上而下的教学督导对教学进行监控外,还会有同行听课。但有的老师为了完成听课记录的任务,而借抄别人甚至请人代写,以此应付学校的检查与评估。① 因此,同行听课在实践中的实际效果也令人深思。

2.缺乏有效衡量教学质量的科学标准

教学质量评价是高校的常规性工作。但从总体上来看,教学质量评价缺乏科学、有效的衡量标准,现有的评价结果也往往被用于考核和监督教师教学的手段和工具,其价值目标收效甚微。首先,一般的教学质量评价标准很少关照到不同学科的教学规律和特点,很难客观公正地给予针对性的评价反馈,对教师教学能力提升的促进作用很小。其次,教学质量评价标准少有关注不同教师的教学风格和个性,常以同一个模子来套用,消磨着教师的教学热情和创造力。教师作为评价对象,迫于管理压力而处于被动应对状态,他们往往以"走过场"的态度接受评价,对评价结果表现出"优不喜,差不忧"的心态。最后,作为教学质量评价的组成部分之一,学生评教往往沦为学生配合学校完成的一项任务。对学生而言,参与评教只是不得不完成的硬性任务。从而使得本应作为优化管理和促进教学的学生评教难以发挥其应有的价值。

---

① 罗华陶.大学本科教学改革的困境与出路:基于范式转换视角[J].北京社会科学,2020(1):73-81.

工作前两年,我教学热情、积极性也高,课后也愿意和学生打成一片,"得天下英才而育之"的喜悦之情让我深信教师是所有职业中最具有获得感的职业。然而,丰满的理想遭遇骨感的现实却让人很沮丧……我比你多三篇文章,你比我少一本专著,我还有获奖,我在职称竞聘时就比你占优。可是,教学你能数数吗?你给我数一个看看!有人拿教学工作量来算,那问题马上来了,教学能只看数量吗?你一学年上了七门课,我只上了三门课,是不是可以说你就比我强?何况不少学校对教学的考核只是满足最低要求即可,再多也体现不出你的应有价值。还有人说那就看学生评教呗!评教确实是一个重要参考,优化课堂教学和督促激励教师有一定的作用,但是影响学生评教的因素除了教师态度和教学水平外,还有课程难易程度、课程考核指标设置以及教师的授课风格等诸多因素。一句话,教学能量化吗?如果量化会带来更多麻烦,不能量化,那该如何评价?真是让人两难!

——SU-JS1-20200401

评价机制因教学质量难以测量而直接导致了教学的地位被弱化,大学教师基于投入/收获的计算,往往会在科研上进行大量投入,而这最直接的后果就是影响着老师对课程教学的投入。这一问题的关键在于缺乏有效衡量课程质量的评价标准。

四、学生学习兴趣得不到有效激发

在课程实施过程中,由于教学过程缺乏有效追踪和适时调适,学生学习困惑往往没有得到及时解决,学生学习兴趣得不到有效激发,表现为个别参与、被动参与和形式参与。

(一)学生个别参与:独白式的沉默式课堂

教师对学生学习权力的控制和对学生学习责任的剥夺,会在实际教学中产生两种后果。第一个后果是学生对老师权威的"拒绝",表现为"沉默式课堂"。虽然教师掌控着绝大部分权力,但学生可以拒绝接受这种权威,一个明显的表现就是学生可以决定自己学或者不学,当学生决定不学时,教师便陷入了困境。在我们的大学里,被冠以"播音员""夹带私货"的老师和成为"低头族""睡觉族""逃课族"的学生成为大学课堂的真实写照。学生为考试分数而学习,老师为了课时量而教书,着实成为学生口中戏谑的"一群为了学分看着手机的学生和一群为了工资看着天花板讲课的老师"。沉默式课堂是当前大学课堂的典型特征,这被吕林海喻为中国大学的"独有式"现象。如果按照"安静(silence)—回答(answer)—对话(dialogue)—批判(critical)—辩论(debate)"的五重境界来看观察大学课堂教学,那么大多数课堂无疑属于最底层。惯常的表现是,教师满堂灌、照本宣科的教学方式占用了课堂上的全部时间,其结果是学生的参与度几乎为零,即使有参与,也是个别同学的参与。通过学生访谈我们获得了课堂教学的现实:

  我们有的老师上课从头到尾念讲义,大作业直接让神仙学生去斗法,留下普通学生一脸懵。

——THU-XS1-20210228

  我们有个老师上课就是念PPT,念完PPT就放视频,放完视频接着念PPT,念完接着放视频……

——HU-XS1-20210301

(二)学生被动参与:依赖性强,学习动机低

  学生被动参与的表现即依赖性强,学习动机低。因为学生是在学习动力不足的状态下被动地参与教学活动,配合教师完成规定的目标,缺少足够的机会和空间发挥自己在课程中的主体作用。所以学生学习责任意识淡薄、主动学习精神欠缺,这也是当前大学课堂的突出问题。当学生对自己的学习缺乏主动探索精神,只是单纯接受老师传授的知识点时,就无法体会到"疑",自然也就提不出问题,这是大学生在学习中的最大短板,也是大学课程质量不高的根本原因。① 当学生失去了决定自己学习进度、学习效果的权力后,长久以往,便会对教师形成依赖,等待着老师要求自己做什么和不做什么,学生的学习就变成了完成老师交代的任务,更多时候是等着老师来提供答案。于是,我们也不难见到的是:老师尝试着在课堂上进行互动。老师先是抛出了问题,课堂上瞬间十分安静,有的学生赶紧低着头看着书本,有的用询问的眼神看着其他人,有的放下手机抬头望了望老师,有的无动于衷干着自己的事情。于是,一段时间的沉默后,教师"妥协"了,给出了正确

---

① 余文森.论大学课堂教学的三个"应然"[J].中国大学教学,2018(4):43-47.

的答案。

(三)学生形式参与:共谋式的"假面舞"剧场

除了上述典型的"沉默式""满堂灌"课堂外,还存在一种更为隐蔽的形态。即学生与教师的"共谋",表现为形式化的热闹课堂。这类课堂从表面上看起来并不沉闷,课堂上热热闹闹、一顿互动,有小组讨论,也一本正经留一些实践类的大作业。但对学生而言,却几乎没有收获。甚至课堂也被戏谑为"师生戴着镣铐共跳假面舞"。其实这类互动只是停留在表面上的形式性互动,并不是有效的互动,更不用说激发学生高阶思维能力了。而且课程挑战度低,课程内容对学生也没有吸引力。在这样课堂中,教师深谙课程教学之"技巧",学生也与之附和。这类课程在形式上没有任何不妥,但是学生却收获甚少。然而,这样的课程在学生眼里却是"相当划算"和"声名远播"的课程,因为作业只需要花很少的时间就能够很容易地完成,而且老师人还很和善,关键是分数还不低。正如学生说:"性价比简直不要太高"。这种浮于表面的形式追捧可以说是"水课"的"高级"形式了。而内容挑战度高的课程反而被认为是老师"刻意为难"。不难想象,教师"消极配合"、学生"配合表演"的教学质量状况该有多令人失望。

第四节　课程评价:标准较为粗放,导向功能不强

课程评价的问题表现为,通常以一张标准化的试卷来作为评判学生知识获得多寡的依据,而对学生的能力发展关注不足。在具体评价中,评价细则并不十分明确,主要是教师基于经验的粗放式评价,而学生主要通过记忆的方式来获得高分,是一种"考试型学霸"。

一、课程评价被应试中心主义加持

应试中心主义表现为学生的学习仅仅是为了应付考试拿到学分,即为了分数而分数。受这种分数至上的观念左右,课程评价并不是考虑是否达

成课程目标,而是过于关注学生的成绩高低。最常用的评价模式就是"常模参照"[①],常模参照是一种基于比较的评价方式。为了便于对学生进行比较,就需要标准化条件,标准化条件便意味着统一:统一的考试时间、统一的考试题目、统一的标准答案。我们通常看到的是,在以这种方式运作的大学里,教学占据了学年的大部分时间,最后几周是紧张忙乱的评价。

在常模评价中,评价结果是在教学之后基于学生的比较做出的,而非基于预先设定的标准,整个评价的过程也全部由教师掌控。因此,学生之间必须角逐高分,自然地,学生和学生之间形成了竞争性的关系。而为了整合不同院系的成绩评价结果需要一个统一的基准,那就是呈正态分布的成绩统计。无论哪个专业的学生达至标准的实际情况如何,成绩都是按照正态分布曲线划分等级。正态分布通过一个数字让管理者快速且方便地了解到学生成绩是否在自己的控制范围内。包括教师、管理者甚至学生自己,都认为少数人的学习特别出色,大多数人学业良好,少数人学习较差。

二、权力结构呈现为以分数为中心的单一式布局

在课程评价过程中,教师是学生学习结果的唯一决定者,拥有对学生成绩的全部决定权。但实践中,教师的课程评价权受到行政权力的制约,行政主导的管理模式在很大程度上削弱了教师对学生的管理和评价权。这是因为看似教师拥有评价学生、给定成绩的权力,但是这种权力却是一种被严格约束和控制的权力,往往来自学校和院系行政力量的强力控制。行政系统会通过及格率、优秀率、考试成绩的正态分布、考试难度以及考试题型等等,控制着教师对学生评价权的行使。教师对学生的评价权受到干预和限制。譬如,一些院校规定闭卷考试必须由选择题、判断题、填空题、简单题、论述题五个部分组成。而学生则被排斥在课程评价之外,在评价活动中是一个被动的接受者。尤其是对学生学习至关重要的自我评价权和相互评价权被剥夺,学生的学习积极性得不到有效调动。对学生而言,他们最为关注的是课程分数;对教师而言,他们只要保证学生分数总体上呈现正态分布便万事大吉;管理者则通过学生的分数快捷便利地掌握教师的教学情况。从而,分

---

① 约翰·比格斯,凯瑟琳·唐.卓越的大学教学:建构教与学的一致性[M].王颖,丁妍,译.4版.上海:复旦大学出版社,2019:146.

数成为课程评价的重心,教师、学生、管理者都围绕分数开展活动。

三、单主体评价代替了学生评价权的行使

(一)决策过程:教师做关于学生成绩的全部决定

从考核主体来看,教师是考核的唯一主体,负责设计考题、实施考核和评定结果。学生总体上是以被考核者的身份出现在课程考核中。从考核内容来看,专业课教师决定着对所授课程的全部内容。主要以书本教材知识为主,记忆性成分占比过大。对一些基础课而言,也主要是以考核基础知识和基本理论为主。[①] 从考核方式看,教师几乎享有绝对的控制权,主要以书面考试或论文考察为考核方式,忽视评价对学生学习的促进作用。从考核形式来看,一般地,学生最终成绩就是以平时出勤、课堂表现、作业和考试等部分进行加权核算。平时分和期末考试的占比基本维持在 6∶4。但更多情况下,这种比例的加权随意性较大。从考核结果来看,学生获得的是一个笼统的分数。对学生而言,学习一门课程是为了获得学分,而缺乏对学生学习过程的关注。而且学生被排除在评价过程之外,学生参与评价和自我评价的权力被剥夺。

(二)执行过程:师生主体进行利益互换

1.教师"酌情"给学生进行分数的"优化"

虽然一些教师的课程评价是由平时成绩和期末考核组成,但平时成绩的评分标准十分模糊,且没有清晰的评分规则。因为教师对学生平时成绩的监控存在一定的盲区,学生也没有有效行使自己评价权的权力。所以,学生课程成绩基本以最后的考试为定论,反映的是学生对知识记忆的效果。从考试结果来看,教师对这一评分拥有绝对的控制权。平时分基本是教师在全体学生的考试情况的基础上"酌情"做出的,学生获得的只是一个简单粗放的总体成绩。一位学生说道:

> 平时成绩完全是看老师给你打,如果你看一个学生的成绩在60~65分之间,并不代表他真的及格了,一般代表老师非常"努力",那是期

[①] 李晓东.高等代数课程考核方式改革的探索与实践[J].黑龙江高教研究,2015(4):153-155.

末看你卷面成绩低了,捞一捞你。

——NBUT-XS3-20200828

2.学生鲜有评价自己或他人的权力

首先,从平时的课程作业来看,尤其是小组作业,在绝大多数情况下成了一个人的作业,其余同学搭便车的现象十分普遍。

> 基本上一个小组里面就一个做的。有些同学就是不管别人做不做,反正他就是不做……一般一个小组里面都不做的可能性极低,基本就是:一个人在为这份作业努力,还有一个人象征性辅助一下,其他人全摸鱼……老师只需要你们小组做出来就好了,要是我是老师的话,我也嫌麻烦一个个去问。

——FU-XS1-20200828

对学生而言,只要能够回忆出一定数量的事实性信息就可以顺利通过考试。有些学生为了获得好成绩,甚至总结出了"考试攻略":

> 一定要让老师记住你,把你的脸和名字对上号,我们学校水课的课堂一般很多人都会抢着占后排的座位,以便在下面做其他事情不被发现。这种时候你每节课去坐第一排,老师讲的时候在下面"嗯嗯"地附和回应他,给他留下你觉得他讲得很有意思的印象,老师心里自然而然地对你产生好感。下课的时候再去问他个问题,随便和他讨论几句,平时作业什么的不要太水,基本上就稳了。当然选择大于努力,选课的时候去问清楚,选给分 nice 的老师也是必要的。

其次,从期末的课程考试来看,闭卷和笔试是最主要的形式。学生基本是在最后的考试周疯狂背题,"考前突击"则成为我国大学生的常态,甚至被戏谑为"励志故事":

> 一个只有高中文化程度的小伙子,仅凭自学就在两周内掌握了十

几门大学课程。这不是励志故事,是期末考试前的我。①

以笔者亲身经历来看,笔者本科时候的一位室友平时喜欢熬夜看剧,经常缺课,对课程的投入少之又少。但临到考试周时,她便开始向平时认真学习的同学借笔记突击,熬夜奋战;对于需要完成大论文的课程她则拖到最后,等其他同学都做完以后,将大家的作业汇集到一起汲取优长,最后提交自己的版本。无疑,她的期末考试成绩十分理想。这种现象并非个例。

> 我们老师平时上课整天吹牛秀自己的辉煌历史,秀自己孩子聪明伶俐,然后等到期末给我们题库、划重点,同学就刷夜狂背、刷高分……每门课我和我的室友都是一晚零基础速成。

最后,从考试结束后的课程反馈来看,教师反馈十分滞后或直接没有反馈。因为学校基本都是学生考完试之后就进入寒假或暑假了,所以就直接回家了。老师也不会给学生的考试予以反馈,学生最终在教务系统中查到的只是一个分数,至于为什么是这样的分数,学生本身并不清楚。

> 我辛辛苦苦做了两周的大作业得了 91 分,我室友随随便便交了作业竟然也得了 90 分。
>
> 其实我上大学那会,我们的很多课程会在最后两周时间让你完成一个类似课程设计的任务。我们以前也这么干,要求学生用最后两周来完成这个项目。但是我发现那个是有个问题的,因为那个项目做完了或者说还在做的过程当中,其他课程已经开始考试了,甚至可能一做完学生就要回家了。很多时候可能就是三个人一组,但只有一个学生在做,其他的同学可能就是抱个大腿。而且做完了也没有任何的改进和反馈,因为学生都打包回家了。老师最多能做的一件事情,就是给他一个成绩,其实这个成绩你说是中等、良好、及格,它没有任何的后续了。
>
> ——CUMT-JS1-20201209

---

① 华立励志故事[EB/OL].[2018-12-30].https://www.sohu.com/a/285750682_172586.

3.学生利用评教的权力与教师进行"交换"

因为在很多高校,行政部门将学生评教的结果作为教师绩效考核的重要依据,学生评教也因此影响到教师的切身利益。于是,教师为了获得较高的学生评教分数,不得不采用一些策略加以应对。譬如释放给分高低的信号,而学生则会向高年级学生打听该门课程以往的给分情况,由此形成对课程成绩的预期。因此,学生对该门课程的预期分数建立了学生评教分数和教师给分之间的关联。这也就是我们常常听到教师和学生共谋,互打高分。哈巍老师的实证研究结果表明,学生和教师之间确实围绕评教分数和课程分数产生了"合作"。① 这种利益的"交换"实则是行政权力控制下的实践失灵。

(三)监督环节:行政主导,正态分布

管理者在课程评价环节中的作用主要体现在监控方面。我们也不排除有一些教师试图改革评价方式,但因审核程序复杂,导致教师不愿意给自己找"麻烦",只好回到制度规定下的忠实实行者。在访谈中,一位教师谈到,他希望改变计算机类课程单调的理论传授方式,培养学生计算思维和设计能力。于是,他改变传统以讲授为主的教学方法,开展项目设计、小组互动等多种教学活动,当然这些改变最终需要相应的考核来评价。于是,他试图变革考试形式,不再以考试出选择题的形式考核学生,但在最终考试的时候却因学校高度标准化考试要求制约,她不得不使用闭卷考试的形式。因为制度系统支持的仍旧是传统学习方式。在这样的考试导向下,学生的学习很有可能仍旧是以发现事先就有的确定答案为方向,最终又陷入了"考前突击"的浅层学习方式。当教师在课程教学上的投入和智慧难以在制度层面得到承认的时候,对课程的重视只能是教师在有限的精力与更多的课程投入之间的艰难抉择。不仅会让有意改革的教师谨小慎微,而且很难吸引更多的教师参与到整体改革中。在制度要求和专业坚守的夹缝中,教师难以真正拥有专业自主权,无法主导并创造性地开展课程探索,他们仿佛是"戴着镣铐的舞者"②,充满了无力和无奈。

除了对考试题型的要求外,考试成绩的"正态分布"要求可以说是常模

---

① 哈巍,赵颖.教学相"涨":高校学生成绩和评教分数双重膨胀研究[J].社会学研究,2019,34(1):84-105.
② 王平.基于教师改革信念视角的课程改革困境反思[J].中国教育学刊,2014(8):86-90.

参照评价的常见形式,它成为大学生考试成绩的"标配"。"正态分布"从表面上看,是教务管理部门的严苛要求,但是深思背后,实际上是教师的评价规则不明确,无法客观公正地为学生评分,从而让"正态分布"成为掩盖这一本质的"借口"。显然,学生对此是十分不满的:

> 考得太低不行,太低说明卷子难了,要有几个高分,都考得太高也不行,说明你这老师出的卷子简单了。不如教务处每年直接编个成绩算了,好看还省事……我当时卷面分数98,结果总分才89。老师给的解释是90分以上的不能超过多少多少。如果是我不努力,就让挂科来惩罚我,而不是一堆89分来折磨我。
>
> 说实话,中南的很多学生是真的努力。我寝室的几个女生平时就算学的踏踏实实,到期末也会复习到半夜,就算这样也拿不到好分数,为什么?因为学校规定每个老师给的90分以上的人数不能超过10%。也就是说强迫你进入内卷,就算你已经优秀到远远超过90分,也拿不到90的分数,老师不能给呀,要给你低分把你考试分数拉下来。
>
> ——CSU-XS1-20200911

四、学生学习动机功利化和学习方式浅层化

以闭卷考试为主的考核方式使得学生能力、态度的考核成为死角,结果性评价的应试导向,对学生的学习动机、学习方式和学习态度都造成了损害,其与创造性人才的培养背道而驰。

(一)学习动机:绩点为王,"这个会考吗"

在教师眼中,评价是在系列教学活动的最后,但对学生而言,评价是在课程学习的开端,学生的学习更多是为了最后的分数(如图3-1)。当考试只需要临考前背诵一下便能取得好成绩时,学生平时的学习动机便会受到打击。而且,当前的分数体制给学生传达了一个讯号:唯一值得努力的是你能从中获得分数。学生学习课程就是为了获得学分,课程对学生而言是"学分累加"的砝码,而非"能力增长"的基础,当学分积累到一定额度时,便可以获得学位证书。这无疑形成了学生的功利化学习动机。当学生的学习是以通过考试获得学分,或以高绩点获得奖学金和保研资格时,学习便失去了本身的意义。

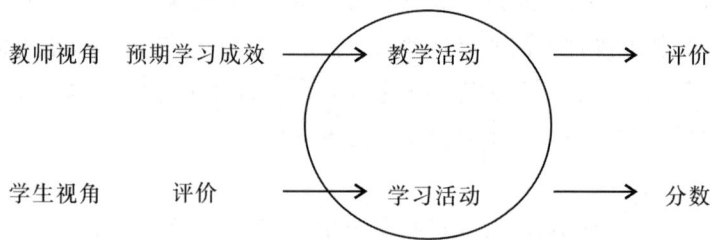

图 3-1 教师和学生看待课程的不同视角

资料来源:约翰•比格斯,凯瑟琳•唐.卓越的大学教学 建构教与学的一致性[M].王颖,丁妍,高洁,译.4版.上海:复旦大学出版社,2015.

学业评价机制对分数的偏重,更让学生"视绩点为王",为了争取保研资格、出国名额、获得奖学金等,他们往往会选择"水课"刷分,而去旁听含金量的课。一位同学说道:

> 曾经有一门"普通物理"和一门"英文普通物理"摆在我面前,我就想啊,"普通物理"有啥挑战,要选就选英文版。结果呢,期末考个八十几分,别人选"普通物理"的都九十多分。所以啊,又不看你课程难度的,GPA 为王,干吗跟自己的 GPA 过不去啊。
>
> ——ECNU-XS1-20200617

与其说学生有目的的追求知识,毋宁说他们成功获得了学分。这一现象若得不到遏制,则很有可能发生"逆向淘汰"的现象,使得鲜有的真正"金课"被孤立。

(二)学习方式:考前突击,浅层学习为主

一方面,结果性评价的应试导向"激励"了学生基本采用以记诵为主的浅层学习方式。实证调查结果显示,73%的学生认为课程学习以应试为主要目的,主要考察对知识点的记忆情况。① 一项调查显示,研究型大学中 62%的学生表示考前突击一下就能取得不错的成绩。② 学生只要在考前将

---

① 吴凡.我国研究型大学课程目标与课程评价问题研究:基于"985 工程"高校大学生学习经验调查[J].中国高教研究,2017(10):98-102.

② 吴凡.我国研究型大学课程目标与课程评价问题研究:基于"985 工程"高校大学生学习经验调查[J].中国高教研究,2017(10):98-102.

知识背诵下来,考试时"再现"这些内容便能取得不错的成绩。

另一方面,对学生而言,似乎努力学习和临时抱佛教的区别并不大,而且努力了也不一定能够取得好成绩。因此,学生采用的学习方法往往不是支持或推动着深度学习,而是在传统课程考试中获得成功所需要的策略——建立在记忆和背诵基础上的浅层学习。与其说是学习深度不够,倒不如说是学生的策略性选择,他们只需要记忆并在考试中复现这些知识便能够取得高分。他们对老师的认知是教师有权力决定他们的分数,他们对教师的期待则是告知什么知识是需要的,哪些答案是对的,成绩合格和不合格的标准是什么。

> 我大一上学期尝试了一下,等到期末两周去突击,考了专业第五,虽然成绩不错,但是心里还是好难受,不喜欢这样的自己。然后大一下学期认真学,却考得更差,还不如突击。
>
> ——CDUT-XS-20191229

第五节　课程治理的阻力分析

课程建设与改革复杂、艰难且显效慢,可以说是高校中最繁杂、最困难的系统。一方面,它波及范围广、显效周期长、涉及利益多,需要一线教师和学生的参与;另一方面,其改革惰性大、所处重心低,但又缺乏内在的、自发的动力。这些相互抵牾的特征决定了其难度之大。恰如哈佛大学前校长德雷克·博克所言,"改变一个课程体系比搬迁一座坟墓还要难"[①]。因为这涉及固有利益的调整、责任的到位,以及不确定性的挑战,最为关键的是来自传统惯习的阻力。这些阻力会慢慢地变成一种潜在的不良文化,继而影响着课程治理的速度和质量,如果我们想要取得实效,必须有足够的耐心、付出足够的时间、投入足够的精力。本书提出课程治理,是对追求高质量课程的理论和实践探索,这是一个不断改变和缩小现行课程与理想课程之间的差距的过程。在这一过程中,既涉及理念、制度、组织、文化等各方面的创

---

① 佐藤学.课程与教师[M].钟启泉,译.北京:教育科学出版社,2003:176.

新,也涉及个体思维方式和行为习惯的改变,必然会遭遇多重阻碍。课程治理需要明晰这些阻力及其对应的主体和支撑的条件,做到有的放矢。

一、目标之维:传统观念的束缚

任何改革都须以相应的目标为引领,治理理论对大学课程建设的引领首先体现在理念层面。然而我们传统管理的理念根深蒂固,要实现课程治理还需要一个漫长的阶段。

(一)确定与统一

一方面,我们的管理者绩效意识强烈,更多追求课程建设的立竿见影。他们十分强调预期结果,重视对确定性的追求,往往不能容忍不确定性,而这恰恰与课程建设中的不确定性相背离。这种背离制约着课程治理的改革与探索。在实践中,管理者往往希望帮助教师省去那些不确定的探索过程,以此尽快地达到课程改革目标,这种"拔苗助长"的行为无疑引发了课程改革的形式化。我们不乏看到热闹非凡的课程改革图景:表演式的教学竞赛、随处可见的翻转课堂、精心包装的示范课和观摩课……然而,课程建设"繁荣"景象背后隐含着深深的危机,在热闹的改革中,学生依旧是循规蹈矩地听着教师讲授,当然也不乏学生依次登场"表演"。但徒有改革之形的课程往往只是换汤不换药。以期用技术的完美和炫目来彰显成功,只会让课程改革流于花样翻新。当然我们也不能否认的是,这种热闹可能是在课程改革探索中表现出的不成熟。实际上,课程改革是一场脚踏实地的耕耘,甚至是"静悄悄的革命",体现管理成效的短期效应并不代表课程建设与改革的真实进展。对教师而言,课程理念与管理实践的双重标准让他们深感无奈与困惑,被要求"跳舞",却又被套上"枷锁"。"是不是变革的主人、有没有官方的支持、会不会令人厌倦和增加负担、有没有安全感和回报等都会成为变革的阻力"。[①] 究其根本,课程管理的根本误区在于以旧思维方式实施管理,却试图创造出新理念下的课程变革。我们的课程管理并没有承担起新的需求下的课程建设,反而不断巩固并强化着原有的课程实践。

另一方面,课程理念的落地是一个漫长的探索过程,势必会是一场充满

---

① 张侨平,林智中,黄毅英.课程改革中的教师参与[J].全球教育展望,2012,41(6):39-46.

不确定性、尝试性、探究性的艰难过程。课程治理意味着打破师生的心理舒适区,向未知冒险。这种不确定性带来的是教的有限性和单一性与学的无限性和多样性之间的矛盾,带来的是与师生传统课程观念和活动的根本性背离。显然,用模糊和不确定性代替已知,往往会让主体表现出紧张和疲惫感。① 在面对不确定性时,教师往往会更倾向维持着由权威身份带来的"心理舒适区"。对长期依赖教科书进行课程内容设计和开展课程教学的教师而言,要转向以学生效果为导向进行课程设计则是对其习以为常的教学生活的重塑。教师不仅要放弃驾轻就熟的工作方式,还要转变传统师道权威的尊贵角色,甚至还要面临着诸多不确定性,以及由此带来的不安全感。那么,维持现状总比面对自己无法掌控的不确定性要容易得多。如此,教师对传统教学生活的眷恋和对不确定性的焦虑与观望也就不难理解了。舒适区的突破既需要教师的内生动力,更离不开教师本身的专业能力。

> 打造高效的金课,就是要打破心理舒适区。也就是说其实我们传统的教学就是我们最熟练掌握的教学方式,属于我们的舒适区。跟学生一样,就是最传统的方式,我在课堂上灌输,我的学生回去做一些作业,这个是大家都很熟悉的"教"跟"学"的方式,是舒适区。如果我们要构建金课的话,就要挑战自己的能力能够承受的学习区,但也不要一口气吃成一个胖子。就我刚才的各种方式,在能学会的这样的一个前提下进入学习区,挑战自己,改变我们的教学模式、教学方式、教学手段等等,然后要经过大量重复的练习,还要反思反馈,我们肯定就能达到熟练。这时候的学习区自然就变成了我们的舒适区。然后我们再进入下一个挑战,不停地挑战,那么我们的舒适区就会越变越大,我们的整个教学质量就会提升,我们的课堂很可能就已经打造成了金课堂。这样的话我们的各大金课打破的其实是自己心里的舒适区,去带着学生一起挑战,这就是有挑战的课程。
>
> ——FAFU-JS1-20200822

(二)服从与听话

长久以来形成的以教师为中心的课程理念,不断巩固着教师知识权威

---

① 许高虹.学校变革的内部阻力与克服[J].教育发展研究,2008(Z2):81-83.

的角色定位,进而决定了教师在课程中扮演"演员"或"主角"的作用,学生充当"群演"或"观众"的角色。教师的这种权威来源于其职业身份,当他获得了教师这一职业身份的时候,便自然地获得了这一项法定权威。而"听话""顺从"则是"好学生"的身份表征。如此,"命令-服从"便成了师生间最正统的关系。

  在一些教师看来,老师教得好,学生自然便能学得好。尤其是他们表达了对学生的"不放心"和对学生的参与能力表示质疑。而且,在绝大多数教师心中,学生的学习差异就归咎于他们在学习动机、学习能力以及文化背景等方面的差异。更多情况下,学生的能力水平被认为是决定学生学业表现的最重要因素。如此,课程成了一份固定的内容,只要被教师讲述过,就被认为是完成了课程目标,而学生如何学习这些内容、学得如何却似乎更大程度上是学生的天赋和能力差异。通常是这样的:"现在的学生不比以前了,我辛辛苦苦准备的内容他们根本就不听,他们吃不了苦,任务稍微重一点就叫苦连天。"无疑,在这种"归咎学生"[①]的教学观下,当教学出现困境时,其原因往往会被归咎于学生缺乏某些特质,譬如大众化时代的学生缺乏学习动机,缺少追求学术的能力等。虽然这种观念并不存在于每一位教师身上,但至少说明了这一现象的真实存在。

  而当我们切换到以学生为中心的课程时,要求以学生为主体时,便意味着平等对话、互动交流,这无疑是对师生行为方式的根本性转变,其阻力可想而知。教师往往很难放弃传统的学科权威形象,[②]尤其是对一些老教师,对他们而言,长久以来的教学已经"成型了",不仅难以改变,而且会形成路径依赖。譬如讲授的惯习,追求标准与统一的惯习,依赖教材的惯习,控制教学过程、单打独斗的惯习。[③] 惯习强大的延续性会固化教学行为方式、束缚教师的教学观念,进而表现出对新观念的排斥和行为方式上的保守性。其最消极的作用是导致教学的呆板和僵化。

    信息学科推陈出新很快。一些旧课的改造,老师不愿意动。比如

---

  ① 约翰·比格斯,凯瑟琳·唐.卓越的大学教学:建构教与学的一致性[M].王颖,丁妍,高洁,译.4版.上海:复旦大学出版社,2015:13.
  ② 黄显涵,李子建,罗厚辉.课程改革中教师挑战与困境:中国大陆教师的个案分析[J].教师教育研究,2017,29(4):92-97.
  ③ 王彦明.论教学习惯[D].南京:南京师范大学,2012:116-122.

数电、模电。新技术都出来了,咱们还是八九十年代的教材,教师都教惯了之后,大家都不愿意去改造。

——XMU-GL3-20200724

而让学生主动探究,在一些教师眼中本身就是对教师职业的巨大冲击。毕竟教师的教学权威不仅仅是存在了千年传统的权威惯习,而且是"集体无意识"的牵引。若要放弃,谈何容易! 即使有教师尝试创新,但在实践中又容易回到灌输、考试等传统路径上。

(三)被动与接受

教学不是教师的一厢情愿,即使当教师转变观念、放下权威,也很难脱离学生的配合完成教学。其遭遇的很大困境是来自学生的抵触。固有的思维模式让学生难以适应以学生为中心的课程变革,甚至对教师要求他们担当的新角色和新责任产生抵触情绪。历经多年的学校教育,学生早已对课程形成了固有看法,且适应了自己在课程中应该承担的角色和责任。长久以来的学习经验让学生习惯了听课、记笔记、划重点、背诵等取得好成绩的学习技能。学生将自己的角色定位为听话的学生,只需要认真听讲,便能通过考试。新的角色定位和他们一贯以来接受的课程有所出入,与他们一直以来的学习模式不符。他们无法继续再延续从小学到高中的那套学习习惯了,当课程需要开展问题探究时,当教师试图与学生开展互动时,学生往往怕提问题,更提不出来问题。访谈中的诸多教师提及:"我们中国学生最大的问题是提不出来问题。"对学生而言,改变学习习惯,即使是不好的学习习惯,也是意味着要他们放弃在过往学习行为中一些熟悉的、安全的东西。

尤其是教师对学生提出了自主学习的要求时,学生往往认为教师放弃了知识传授的责任。长期以来的被动式学习和应试教育让学生习惯了"老师讲-学生听"的教学模式,学生认为课堂是教师的,并没有意识到自己是课堂的主人这一身份。"对许多学生而言,老师若不讲课,那他就没有在教学"[①]。而且,学生的角色和责任也发生了转变,他们需要独立完成大部分的课程学习,需要独自阅读、独自查阅资料、自己规划学习时间,还需要和同伴合作完成任务……新的角色和责任要求付出更多的时间、投入更多的精

---

① 泰利·道尔.如何培养终身学习者 创建以学习者为中心的教学环境[M].周建新,译.广州:华南理工大学出版社,2014:19.

力,并需要学生为自己的学习做出决定、承担更多责任。学生很快便会意识到这对他们来说意味着"更多的作业和任务",甚至是相较于以往学习付出的额外努力。尤其是在讨论过程中,当很多问题并没有唯一正确答案时,学生会认为讨论是没有结果的。这时,对绝大多数学生而言,新角色让他们不知所措,更多的任务更让他们内心开始抵触。一位进行课改的教师说道:"我并不是学生都喜欢的老师,因为我的课堂任务很重,很多学生都不愿意来。"

(四)效率与量化

管理者常以效率为目标,以方便管理为标准,以监控为主要方式,并对复杂的课程教学进行简单裁剪。在效益优先的原则下,师生主体本该享有的自主性以及参与决策的机会被搁置一旁。于是,量化成为其最基本的特征,加之市场法则的影响,大学管理者对显见的、短效的成果有着特别的青睐。科研成果因其见效快、易量化的特征备受管理者重视。随着管理者将对科研成果的量化方法和数字化表达运用到了课程管理上,课程管理逐渐体现出一种用数字化表征合乎准则的倾向。课程也被简化为"规定的工作量"和"技术性的体力活",教师完成既定的教学任务便是达成了规定的统一标准;对学生而言,课程便是培养计划中的学分,学生学完了课程便能够获得相应学分。于是,课程成为技术训练,完成一门课程的最快捷的办法就是教师单向传授。虽然这样的课程能够在尽可能短的时间内给学生呈现尽可能多的课程内容,但却磨灭了学生的求知兴趣和探索过程。在学生心里,去上课就是去积累知识,就是听教师传送知识。逐渐地,学生就会养成依赖教师的习惯。这无疑与以学生为中心这一课程理念强调的自主探究和个性建构南辕北辙。从本质上看,管理逻辑更适合简单劳动和基本规范要求,而对于复杂性工作则需要向人本、文化层面发展。

二、结构之维:科层等级的制约

(一)课程管理组织的科层化倾向削弱了教师的专业权威

结构之维的阻力表现在学术组织机构的科层式动作削弱了教师的专业权威,让教师失去了在整个权力网络中的主导身份。我们可以从学术组织的运行过程中得以窥见。组织运行从本质上说受制于组织的"结构-功能"

约束,也即是说组织运行体现的是对组织结构中某种功能的实现。① 我国大学组织结构与行政组织结构有很强的同构性,表现出明显的行政属性。这一属性表现在课程管理的组织机构基层教学组织上,凸显出诸多问题。从基层教学组织的定位来看,"模糊"是其主要特征。虽然我国大学基层教学组织进行了多次改革与调整,但其功能似乎一直没有得到很好的定位,突出表现为过于强化行政功能或研究功能,而忽视了其服务课程建设的根本使命。而且一些在探索改革中的基层教学组织并不十分清楚究竟自己是以科层为主的行政组织,还是以专业为主的教学组织,抑或是以学科为主的科研组织。从职能权限方面看,"虚化"是其主要特征。多数高校为了追求绩效而弱化了基层教学组织机构的功能。具体表现在基层教学组织权力分配失衡上,基层教学组织的行政管理职能突出、自治权力虚化、学术权力边缘化,有关课程的职能权限主要集中于行政管理者身上。教师往往更多投身于论文发表和课题申报上,少有顾及课程教学,基层教学组织的教学研讨功能流于形式。即使有个别教师有意愿开展课程改革,但也因缺少专业人员指导、缺少合作伙伴、缺少政策保障和资金支持而进展艰难。

(二)等级式的权力运行束缚着主体的投入与热情

课程治理过程中面临的阻力还表现在等级式的权力配置上。传统的课程管理过程过于强调自上而下的权力控制,而对自下而上的反馈与协商机制关注不足,基层教师之间缺乏横向互动与交流。由此导致诸多课程问题被忽视和掩盖。我们见到的只是教师整体忙于各种会议、疲于听课评课,本应帮助教师提升专业能力却沦为徒增教师的负担。

一方面,课程管理的等级化让课程主体的创新性失去了前提基础。自上而下的机制使得教师关于课程教学的活动都要受制于外在的规约和控制,教师更多表现为贯彻执行的角色。而行政管理者利用课程管理本身固有的严密的科层特性,紧紧地将课程的决策权掌握在自己手中。这一权力强大到甚至可以随时、直接地干预到教师的专业活动。而处于学校行政管理和科层组织最低端的教师,其个人能够决策的专业活动空间受到严重挤压和束缚。

另一方面,课程管理僵化的机制束缚着教师的投入与热情。新的理念之所以难以落地,是其在实践过程中失去了应有的前提。以课程评价为例,

---

① 李爱民.对中国公立大学组织的社会学分析[J].现代大学教育,2007(3):10-14.

新的课程理念要求从侧重知识转向侧重发展，其前提是避免仅用考试的单一形式来评价，但是这一前提在实践中往往流于形式。因为我们的大学生都是以考试分数换来的学分。也就是说，当教师试图在课程教学中纳入新的课程理念、进行创新，但却被标准化、控制性的管理"封印"了。虽然说管理是大学课程基本秩序保障的内在要求，但管理实践却将规训和控制渗透在课程中，课程对师生而言，是既定的任务安排，难有自主作为的空间；课程对管理者而言，是具有统一性和同质性的对象，而非具有多样性和创新性的丰富世界。正如刘易斯·科塞（Lewis Coser）所言："管理者有一种天然的倾向，他们在全部工作中实行某种最低限度的统一模式，以减少可能的多样性。"①

管理者在实践中常常表现为以控制性管理达到规范要求，而忽视了主体的创造性。我们看到的是例行惯常的教学大纲审查，教师出勤情况的检查，大量的表格填写，行政力量安排的同行听课等等。虽然这些管理手段维持了基本的教学秩序，但往往停留于形式、背离了教师的本心与初衷，教师疲于应付大量的繁杂性事务，无心投入课程教学，教学热情也因此受到重创。这背后是管理者信奉的同一性逻辑，即否定、拒斥和压制他者的逻辑。② 其特点是由权力主体在否定了异质性和差异性的前提下，做出的统一性行动方案。当这种统一化走向极端，便会陷入教条主义。虽然标准化、统一化有一定的好处，对师生制定合理的规范也是应有之举，但僵化、死板的规定，就成为机械化和教条主义了。标准化的管理抹杀着师生的创造性与积极性。从而，我们看到的是满足底线标准的低品质课程，而非在引领性标准下的多姿多彩的高质量课程。管理者追求的不应该是满足底线标准的统一化，而是以引领性思维允许高质量中的多元化。课程改革需要一定的张力，但管理却有意无意地抵消着这种张力，让束缚在旧的管理理念下的教师开展创新性课程教学的改革，无疑是给奔跑的士兵背负上重重的沙袋。

三、过程之维：柔性机制的不足

课程治理是教师的自我革命，也是学生的自我革命。然而传统的惯习

---

① 刘易斯·科塞.理念人：一项社会学的考察[M].郭方，等译.北京：中央编译出版社，2004：309.

② 徐继存.学校课程建设的辩证逻辑[J].教育研究，2018，39(12)：48-55.

如此之大，以至于教师在新的理念指导下总会不自觉地去适应或匹配传统接受式的课堂实践，结果就会出现新的理念与原有实践框架的冲突和不适应。长久以来，我们已经习惯了教师的绝对权威地位和教师全盘掌控教学进度，师生间已经形成了固定的授受模式，这种模式深刻地影响着师生认知和行为。让教师放弃部分权力不容易，让学生为自己的学习负责任更不容易。这种改变不仅需要勇气、信念和意志，更需要理论、方法和技术，还需要投入大量的精力、时间和情感。当缺乏有效的促进机制，课程治理将难以推进。然而，长久以来的课程管理主张刚性、机械的运行方式，过于强调正式机制的作用，对非正式机制关注不足。从而，过于僵硬的管理方式往往难以调动师生这一关键主体的积极性和能动性。但课程治理若要真正发挥实效，则必须经过教师主体的积极行动、学生的配合。这就需要在推进课程建设过程中，合理统合正式机制和非正式机制的协同作用。

拒绝和抵触是变革中的自然产物和主体的适当反应，它告诉我们哪些是需要优先处理的事项。在推进课程治理的过程中，既有制度供给不足的"硬缺陷"，也面临源自治理理念的"软约束"。不难发现，单独依靠自发的力量难以对现有稳定、平衡状态产生明显冲击。教师一般局限于自己承担的课程的改革，当然这还取决于教师个人的观念突破和意愿。因此，如果没有强大的外力和制度保证，难以真正撼动整体变革。但实践表明，单纯的外力带来的变化是短暂的，必须结合内在动力，才能实现持续、稳定的变化。因此，只有通过"倒逼式改革"与"内生式变革"相结合的方式，才能实现课程质量的持续性提升。

四、结果之维：有效制度的缺失

(一)职称评聘制度是制约教师投入课程的根本因素

自近代大学以来，科学研究的作用愈发显著。从目前的世界大学排行榜来看，虽然其评价指标体系和观测点各有侧重，但都表现出对科研成果的高度关注。[①] 如 QS 和 THE 大学排行榜指标体系中与科研相关指标的权

---

① 周光礼,武建鑫.什么是学术评价的全球标准：基于四个全球大学排行榜的实证分析[J].中国高教研究,2016(4):51-56.

重占60%,而关于教学的则占比30%。[①] 这一比例的悬殊可以看出目前的大学评价指标体系背后隐射着科研重于课程教学的价值判断。在高校里,科研成果直接决定着教师的职称晋升,高校对科研指标有着严格的定量要求:科研经费的多少、发文的期刊级别和数量等。这一倾向强化着高校管理部门对科研产出成果的认可,进而强化着大学教师对科研的优先方向。

而更为关键和根本的是课程质量难以像科研成果那样易于量化和比较,目前尚未有制度化的衡量标准,也缺乏科学专业的评价机制。一些高校在教师教学质量评价方面就是"走过场",导致了课程质量的要求在实际操作中成了"软指标"。对课程教学的评价仅仅体现在课时量上,教师的隐性时间和精力的付出并没有得到承认。对课程投入多、教学好的教师激励不够,投入少、教学差的教师也不会因此受到惩罚。如此,便无法做到优胜劣汰。教师在顾此失彼、权衡利益后,也只能二者择其一:

学校又不看你教学,发文章、拿课题才是王道。

——JS-TU-20200514

显然,评价机制因课程质量测量的盲点形成了对课程的"挤出效应",课程地位因质量难以衡量而被弱化,大学教师基于投入/收获的计算,往往会在科研上进行大量投入,而这最直接的后果就是影响着老师对课程教学的投入。

(二)教师主体在制度设计中治权不足甚至缺失

师生是课程治理的关键主体,但在课程治理中却不占主导地位。治理课程本是教师分内的义务和自然的权利,但他们却缺少应有的治理权。而管理者的使命就是为了维持秩序,一旦出现根源一致但表象不一的课程问题时,管理逻辑下的行动模式往往是出台更多的、全新的规章制度。但这些看似"系统""科学"的制度设计,往往成为管理者"在其位谋其职"的"托词"和"证明",它们极大可能因缺乏相关主体的参与而失去可操作性。于是,名目繁多的制度规范越来越多,标准化的操作程序越来越机械、相应的监控手段越发让教师无奈,教师在严密的制度安排下愈发感受到压迫感。在各种

[①] 陆根书,罗继军.世界大学排名与一流大学建设[J].高等工程教育研究,2016(1):51-57.

教学会议、公开课、教学督导等名目繁多的检查中,教师的日常教学生活被"妥帖"地安排着。外在的种种规制不但支配着教师的行为、约束着教师的教学理想和志向,而且麻痹着教师的自主性和创造性。本应充满个性化、多样化和创造性的课程实践被统一化、标准化和模式化了。虽然外在标准有利于我们了解什么是好的课程,但当过于使用标准来限制和约束教师教学行为时,便会使教学个性淹没在求同中。长此以往,带来的只会是思想的匮乏、个性的淹没和创造力的消失。

为了维持稳定的秩序,管理者常以约束和控制为基本手段对复杂的课程教学进行简单裁剪。管理者一方面希望教师对课程做出革新,另一方面又以各种规矩约束着教师行为。譬如,有大学对课程考核方式和学生成绩做出刚性要求,规定考试的试卷必须是五种题型,要求学生的成绩呈正态分布,规定学生成绩的优秀率甚至不及格率。在过分细化而又苛刻的管理细则中,教师不得不对自己可能的创新思想进行清洗,以制度化派生的行为准则调整自己的行为,以便符合统一的标准。一旦教师将规范制度视为理所当然,依赖管理者的意图和指令行动时,便极易变得被动、依赖、消极、旁观,缺乏主动探究和改进教学的意识。本应该富有创造性的教学活动受制于行政程序。管理主义将层级监视、标准化评价引进教学工作的日常运转上,教学被简化为可被量化的数据,与科研一同被嵌入管理体制并与教师的薪酬、职称挂钩。

(三)大学课程制度更多是出于管理方便和权力巩固需要

制度具有控制和规训作用。[①] 在众多的课程制度中,有的是确保教师日常活动正常运转的基本保障,有的是教师处理日常事务的主要准则和行为管理,有些则是约束教师裹足不前的借口和保护色。课程制度内容的合理性和科学性决定着教师对课程的投入程度与努力方向。合理的制度会保持适度的张力,在刚性约束和适度弹性中保持平衡。然而现行制度体系控制有余而弹性不足,既有制度对于有意改革创新的教师并不友好,教师的教学自由往往被认为是对正常课程秩序的挑战。虽然教师被视为教学的主体,但其个性和创造性也受到了巨大压制。对教师而言,旧的制度依然如故,它们刚性、保守,强调稳定、可控和统一,并以强大无比的力量左右着教

---

① 李洪修.学校课程改革的制度困境及其调适[J].社会科学战线,2014(8):221-224.

师的言行。不难发现,课程制度的服务对象主要是管理者。对教师而言,他们作为制度制定的接受者和制度实施的被支配者,已然被烦琐的表格填报和教学检查牵扯了太多精力。管理上的方便消耗着教师的热情,极大增加了他们应付制度的成本。而且学校对教学工作量的底线要求无形中强化了教师们的"应付式教学"和"经验式教学",长此以往形塑的将是标准化的教书匠。

恰如米歇尔·克罗齐埃在其著作中提及的那样:"在任何方面都不像在教育体系方面那样,由上而下推行的规章制度以其如此明确和多样的条款束缚和控制着整个生活。这种学校生活由一个僵硬的……都统一的、必须严格执行的、有着详细规定的规范所限定。这一规范预见并规定了一切:精神和身体的作息,教学的内容和方法,课堂用书……上课、自习、课间休息……着装等等,凡此种种,无所不至。这些规定是针对老师的,更是针对学生的,这是有预谋地在扼杀天生的好奇心、本能的研究精神、与众不同的独创性以及个性……"①

然而,值得深思的是,在制度越来越多且愈加繁杂的同时,制度却又极为缺乏。譬如教学大纲制度并不完善,譬如教师对学生课程评价的档案记录和解释依据缺少制度要求,譬如一门课的申请、审批、修订、取消等缺乏相应的制度规范。如果教师借以教学自由的名号不按教学进度安排课内容,对学生的成绩评定也缺乏相应依据等,那将直接影响学生的学习方式和学习质量。因此,这些规范并不是与教师教学自由相背而行,而是保障教师的课程探索在规范化而非随意化的轨道中前行。除此之外,大学课程绩效难以有效测量,教师的晋升考核制度又偏向了科研,尤其是研究型大学,它的组织身份决定了研究与教学间的主次关系,如此更难以保证教师投入课程教学。②

---

① 米歇尔·克罗齐埃.科层现象[M].刘汉全,译.上海:上海人民出版社,2002:290.

② 崔乃文,李梦云.困境与出路:"以学生为中心"的本科教学改革何以可能[J].现代大学教育,2017(4):97-103.

第四章

我国大学一流本科课程治理的实践探索

本章通过剖析课程建设不同环节中的目标引领、权力结构、运行过程和实现结果,以此呈现我国本科课程治理中的优良实践及其内在机理。具体分析是什么样的目标引领着不同环节的治理?在这样的目标指导下,有哪些主体参与决策?他们分别承担什么样的角色、发挥怎么样的功能?为了激发各个主体做出期望的积极行为,有哪些有效的制度创新和机制设计?以及最终在各主体的通力合作下形成了怎么样的治理结果?

第一节 课程设置:基于课程委员会制的合作治理

课程并非孤岛,而是通过整个体系的形式共同作用于专业人才培养。不同课程在同一课程体系中的地位和作用不同,同一门课程在不同课程体系中的定位和作用也不相同。如果我们就某一门课程来孤立地分析和探讨,带来的很有可能不是人才培养质量的整体性提升,反而是偏见的渊薮。因此,在探讨相对微观层面的单门课程之前,我们尚需厘清相对中观层面的课程体系问题。所以,本节将课程置身于整个课程体系中来思考,从整个专业的课程设置角度出发进行探讨,以此为后续单门课程的分析奠定良好基础。

一、以需求导向和合作共治为目标追求

同传统以行政驱动的任务执行不同,课程设置环节的治理注重需求导向。在课程设置的具体活动中,不是借助行政力量来控制,也不是通过等级来拉开差距。而是基于专业人才培养目标,基于学生毕业所需的知识、能力和素质需求,基于毕业要求达成度开展课程建设。其最终目标要求课程体系能够满足学生发展需要、满足社会需求,表现在培养目标清晰且各门课程与专业人才培养中所要求的能力与素质形成映射和支撑关系。这就要求制定清晰的人才培养目标,各门课程则要构成对学生能力和素质的有效支撑。

需求驱动和合作共治是密不可分的,需求驱动建立了培养目标与课程体系之间的密切关联,从而每门课程都是实现专业人才培养目标的重要组成部分。在这种逻辑关系中,每一位教师都是实现人才培养目标中重要的一分子,他们共同担负实现专业人才培养目标的责任,彼此之间通过合作共同实现目标。这无疑增加了教师对于专业人才培养的集体感和责任感。在需求驱动和合作共治的理念指导下,师生、校友和企业等利益主体的诉求、责任和参与备受重视。以管理者为代表的行政权力并不是退位或缺位,而是给予学术权力以充分的支持。课程设置的权力配置注重强化学术权力的主导地位,其他权力则起到支撑和辅助作用,以此做到上下协同、相互配合。

> 我们整个学院长期以来是以这种集体的、共同的合作多,这个合作精神比较重要,我们总结出来九个字,"敢为先、重细节",然后再来还有一个是"合为贵",它不是"和",是合作的"合"。它强调"合",你"和"但可以不"合",但是"合"就必须要"和"产生效果。所以我们强调"合为贵",实际上在课程教学上也长期是这样一个状态。
> ——XMU-GL1-20200715

二、以学术权力为主导的多元主体共治结构

课程设置依据人才培养目标确定专业课程体系并设置具体的课程。其参与主体包括了管理者、教师、学生和用人单位。由学院正副院长、系主任、专业负责人、师生代表和用人单位代表构成的课程委员会是课程设置决策

过程中的最高权力机构,它实现了在多元主体参与的前提下由学术权力发挥主导作用的初衷。

(一)管理者是课程设置的"总工程师"和引领者

在课程设置环节的管理者是指学院的正、副院长、系主任和专业负责人。他们既是行政负责人,也是学术带头人,既具有来自行政权力赋予的治权,也具有源自学术权威带来的威信,更有源于自身魅力和品格带来的感召力。双重角色使他们具有动员资源、组织保障的优势,而且比一般教师更为了解本院系的发展和不同教师的情况。因此,在课程体系需要优化的时候,他们往往以组织者的身份组织人才市场和学生群体的需求性调研,以协调者的身份提高教师研讨的效率。而且我们知道,在长期的行为惯习下,大学教师更多是"各自为政",相互间缺乏必要的交流。如果单纯依靠教师个体,很难形成相应的协商研讨机制。无疑,课程体系的总体设计往往是由一个强有力的管理者引导,并通过管理者组织相应的讨论活动,有效地促进教师间的交流,从而提高效率、达成共识。与此同时,这些愿意担负起课程设置责任的管理者对课程教学有着十分深入的思考,具有提高课程质量的意愿和魄力,而且其学术造诣和教学能力令人信服,能够在不同意见间进行协调、沟通,能够营造积极参与的院系文化氛围。尤其是教学副院长,他对教师的影响力不仅仅单凭行政权力,其本身的学术影响力、个人魅力和人格特点也起到了重要作用。这种独立于行政权力的隐性权力更多是以信任、尊重、志同道合等形式发挥作用。

(二)骨干教师作为课程委员会成员参与课程设置的决策

教师作为课程的关键主体,其有权参与课程设置的决策环节,教师在课程设置中的话语权是教师职业身份所带来的固有权力。当课程设置环节缺少了教师主体的参与后,很有可能使得完美的课程体系难以实质性地落实。从参与范围来看,以专业为单位,全体任课教师都参与到课程设置的讨论中来。从决策权力来看,并不是所有教师都拥有决策权,骨干教师因其对课程拥有更为专业的判断能力,通常能够充分行使自己的学术权力,参加到课程设置的决策中来;普通教师更多发挥建议权。从参与途径来看,骨干教师通常作为课程委员会的核心成员会参与到课程设置的决策中,其他教师往往通过座谈会、研讨会等形式在讨论环节发表自己的意见,表达自己的需求等。从参与形式上看,一般的任课教师参与课程设置的形式往往以群体方式参与,他们主要为优化课程体系建言献策,并在相互交流、协商的平等关系中达成对课程体系的共识。这个环节通常不是一次完成的,有的时候甚至需要多次的讨论与交流,最终通过彼此间的交流探讨形成课程体系的优化方案。因为课程体系中的每一门课程最终需要由任课教师去落实,所以在研讨过程中往往以全员参与的形式开展。而参与课程设置决策是教师这一利益群体的意志表达和诉求体现,能够增强教师对课程的归属感和责任感。

(三)学生需求通过问卷、座谈等形式被综合考虑

学生是课程最直接的受益者。在课程设置过程中,其利益诉求是被置于关键地位考虑的。学生不是课程设置中被动的管理对象,也不是单纯的享有者和"消费者",而是有权利表达诉求的主体。在课程设置过程中,他们具有参与权、知情权、建议权和选择权。学生参与课程设置往往以间接参与的方式进行。间接参与是指学生作为被咨询者参与课程设置,一般由管理者或教师通过问卷发放了解毕业生或在校生代表对原有课程体系的意见。这种情况下,学生参与课程设置的权力较低,学生并不直接对课程设置进行决策,而主要以提供反馈意见的方式参与。在一定程度上,这是一种间接参与。学生意见的有效与否取决于院系对学生意见不同程度的采纳,当学生意见合理时,院系一般会采纳学生的意见。直接参与的方式则是院系或专业通过邀请毕业生和在校生给现有课程体系提建议,了解实际情况。这时候,他们的意见会作为课程体系完善的不可忽视的关键信息。当然,除了这样的正式方式,还会有教师通过非正式的方式与学生交流互动,了解学生对现行课程体系的看法。但因为课程本身需要经费支持,涉及师资、教室、实验室等各类资源,体现着学校的人才培养理念,关联着学科发展和专业建设,所以课程设置在最终决策时会结合现有条件有选择地采纳学生的意见。

> 还有就是把以前的学生召集回来,校友相当于是一个联系,让他们提一些课程安排、学习内容和实践实习的内容,包括哪些课讲得不够,哪些课纯粹多余……还有在校生各个年级学生都要提意见,你学完这学期了感觉怎么样。学院会专门组织,由学生代表提意见,一个专业三四个,人多的专业七八个人。对学生意见,我们认为可行的会接受。
>
> ——CUMT-GL1-20191207

(四)用人单位作为课程委员会成员参与课程设置决策

用人单位的需求是大学课程设置不可忽视的一个重要部分,尤其是对

一些应用性很强的专业。甚至一些用人单位的选择偏好成为影响课程设置决策的直接依据。譬如一些企业行业协会制定本行业所需的从业标准和资格,从而影响学校专业的课程设置,有些大学直接将从业资格所需的知识结构纳入课程设置或教学内容中。用人单位既可以以直接参与的方式影响着课程设置的决策,也可以以间接参与的方式对课程设置产生影响。直接方式是院系以聘任的方式请企业人员加入其课程委员会中,并作为课程体系审定的核心成员。这样,用人单位直接参与专业人才培养方案制订,为课程体系设计提供直接的建议,这些建议将在具体的课程体系中体现。间接方式是在专业人才培养方案制订中考虑行业发展需求,用人单位并不是直接参与到课程体系设计中来,但其诉求也是能够被考虑的。譬如在一些校企合作的案例中,企业希望在课程体系中增设某些课程,院系则会在考虑资源条件等基础上充分吸纳企业意见。

我们每次开人才培养方案修订会的时候,都会请企业的人、其他优秀的兄弟院校的专家进来论证课程合不合适。他们会跳出我们学术人员的思维习惯,从行业需求的角度分析和评价课程。

——CUMT-GL1-20191207

三、以基层课程管理组织为抓手实现学术权力和行政权力的合作

本书在对各主体角色定位和权力关系分析的基础上,继续剖析课程设置环节的治理过程,即上述以课程委员会为组织形式的多元共治结构如何发挥实质作用。

(一)以学术权力为主导进行合作决策

在课程设置环节,代表行政权力的管理者负责引领、组织和统筹,他们收集用人单位和学生的利益诉求,通过课程组等学术组织机构吸纳普通教师参与,共同协商讨论后,由代表学术权力的课程委员会发挥决策权。

1.学术权力通过课程委员会发挥引领作用

在课程设置环节,课程委员会作为决策组织,负责人才培养目标修订、课程体系调整的最终审议和决策。课程委员会设主任委员一名,一般由院长或分管教学的副院长担任。课程委员会成员还包括系主任、专业负责人、

骨干教师、用人单位代表等。他们定期召开例会，在特殊情况下，主任委员可召开临时会议。在具体表决过程中，每位委员都有一票表决权，既有采用无记名投票表决的方式，也有采用协商一致的表决方式。从理论上讲，行政权力的大小一般取决于职位高低，而学术权力的分配和行使逻辑则建立在专业能力的大小上。在实践中，骨干教师因其在专业能力上更胜一筹，而且对整个专业课程体系的更全面的体认和把握，往往作为课程委员会的成员之一发挥决策权，普通教师则主要发挥建议权。用人单位在课程设置过程中拥有建议权和决策权。譬如一些院校会以聘任制的方式聘任企业人员作为课程委员会的成员，以此发挥用人单位的决策权。学生在课程设置过程中主要发挥建议权。院系管理者一般会在制订培养方案时通过问卷或座谈会的形式搜集他们的意见和看法，涉及的学生主体既有在校生，也包括校友。也就是说，在课程设置环节，课程委员会综合考量院系资源、师资条件、学生和用人单位需求做出最终决策。与此同时，学术权力的权威作用并不是垄断和控制，而是在决策过程中发挥引领作用、提高决策的科学性。这就实现了民主决策和尊重学术权威的有机融合，保障了学术权威的核心地位和引领作用。

……企业人员参与的话，我们是通过聘任的方式，让他成为我们教学委员会的成员。然后，每次我们修订人才培养方案的时候，都要求他在场一起决定……我们会给他一定的劳务费……

——XMU-GL7-20210510

2.创新基层教学组织形式实现决策重心下移

课程设置必须统筹不同课程间的协调与配合，以此实现课程体系对人才培养目标的有效支撑。骨干教师因具有更为丰富的教学经验和更为深厚的学术造诣，而在某些关键性问题上，比如对整个专业课程体系的把握、对课程内容的了解程度等等，会具有更深刻的认知和更精准的判断。因此，他们通常作为课程委员会的成员参与到课程设置的决策中。在具体决策过程时，骨干教师拥有决策权。但与此同时，一些院系以"全员参与"为目标，尊重每位教师的发言权和决策权，并通过促进教师之间平等的沟通和探讨来消除彼此间的观点分歧，最终达成理解上的共识。

普通教师的参与主要是通过"课程组"这样的组织机构及制度保障来实现的。我们知道，在现实中，普通教师更多只对自己所授课程感兴趣，而对课程体系设计缺乏关注。但若要实现课程设置环节决策的科学性和民主性，则离不开教师群体的广泛参与。为了促进普通教师广泛参与和"全员参与"，厦门大学化学化工学院将课程管理组织机构向下延伸，打破系的界限，设置了课程组这一扁平化的组织机构。课程组以课程间的关联性和课程建设需要为原则设立，围绕主干课程将相关课程组织起来，覆盖全院所有课程。就每个课程组而言，拥有独立运作的空间，可以自主管理、调配课程资源，负责教学大纲讨论、教学队伍建设、课程质量建设、课程经费管理等。课程组的组织架构并不是纵向的科层制，而是以横向的合作互动机制为主。通过课程组这样的组织机构，教师之间得以以群体的方式交流与合作。

课程组有制度化的工作制度，譬如课程组组长责任制、组内教师共同讨论课程大纲、定期的教学交流研讨等。这些制度让每一位教师都能参与进来，从而能够反映、表达、维护自身的利益，并从各自的研究方向对课程设置提出建议。这一正式的课程管理组织不仅可以强化教师的身份认同，还可以实现教师个体专业权力的组织化，以此使个体化的专业权力形成整体性合力。一方面，保障了教师在决策中的参与度、话语权和影响力，凝聚教师群体共识；另一方面，保障了课程设置的决策结果建立在教师集体共识基础上，而非被少数人垄断。可见，课程组的组织机构及其制度保障有效实现了课程决策重心的下移的同时，让教师成为课程决策过程中的主体，进而实现了课程治理和大学治理的有效耦合。

3.通过制度性规约实现决策过程的规范化

课程设置在决策过程中遵循科学、规范的程序，并由学术主导的决策机构负责。从学校层面看，如厦门大学人才培养方案制订的指导意见中，要求学院在广泛调研国家社会需求、行业产业发展、利益相关方（师生、校友、用人单位等）需求的基础上，根据学校定位和专业特色，并和国内外各5所高校进行比较研究，进而制订培养方案。经由校外专家论证后，继而提交学院课程委员会审议通过，分管教学院长、院党委书记审批通过，教务处初核，校外专家评审通过，学校课程委员会审议通过，学校审核通过后，方执行（如图4-1）。[①] 再如汕头大学出台《汕头大学本科课程设置和开设管理办法》，规定课程体系的设计由各学院院长、系主任和专业负责人负责，吸纳学院课程委

---

① 厦门大学教务处.厦门大学培养方案修订流程[EB/OL].[2018-08-22].https://jwc.xmu.edu.cn/2018/0827/c2193a350104/page.htm.

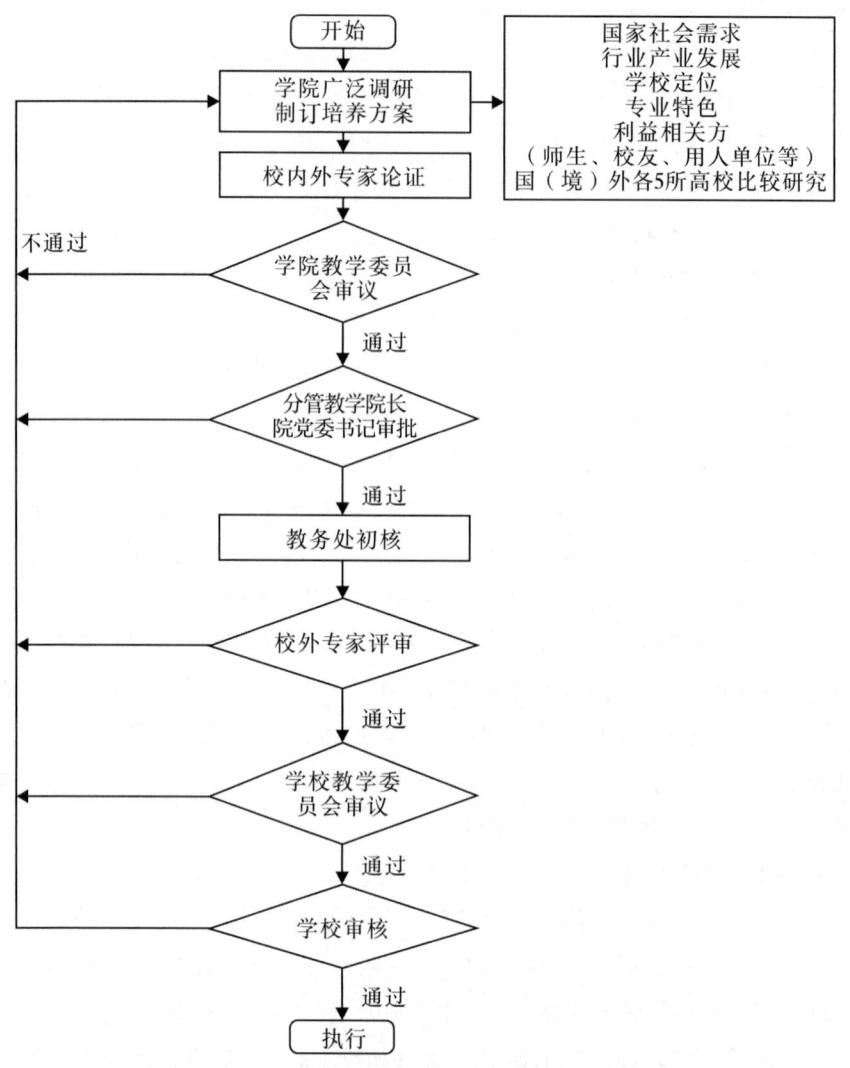

图 4-1　厦门大学人才培养方案制订流程

资料来源:厦门大学教务处.厦门大学培养方案修订流程[EB/OL].[2018-08-22].https://jwc.xmu.edu.cn/2018/0827/c2193a350104/page.htm.

员会、行业企业代表、各专业教研组参与研究。而且,一门课程需不需要开,开在什么学期,需要多少学时都是在充分讨论和论证的基础上决定的。如复旦大学要求每一门新开的课程都需要充分论证该门课程对实现专业培养目标所具有的必要性和科学合理性。

(二)管理者统筹领导和基层教学组织自治相结合

整个院系的组织架构呈"院-系-基层教学组织"的结构,专业的作用实际上已经被淡化了。在课程设置执行过程中,先由系主任负责组织人才培养方案讨论和师资的协调等。当这一任务完成后,到了正常的课程运行时,系这一层级的作用也就不那么重要了。这时,日常教学事务的正常推进和真正抓手是借助基层教学组织来落实。

1.建立平等的沟通协商机制,达成人才培养目标共识

在专业人才培养目标的具体制订过程中,院系分管教学的院长、系主任、专业负责人起到组织和领导的作用。首先,他们和学术造诣深、教学经验丰富的骨干教师进行初步研讨,围绕市场需求,通过问卷、走访等方式灵活多变地征询企事业单位对人才的质量标准要求。继而从学生的毕业出口倒推,根据企业所需的能力要求设置并调整课程体系。然后,在基层教学组织会议上,每位专业教师对课程体系充分发表自己的见解和意见。在此过程中,企业负责人、校外专家、学生代表等也参与到决策中来,大家彼此之间是平等的协商伙伴。这样的研讨往往是多轮的。随后,在充分研讨基础上,院系教学指导委员会对人才培养方案做出初步论证。此时,每门课程及其课时分配都得到认真分析。由此形成的人才培养方案初稿则由校内外专家进行论证,论证后会上报学校教学管理部门,由教学管理部门组织专家对不同专业的课程计划进行终审,一旦审议通过则由学校公布实施。最后,在各主体达成共识基础上实现责任到位。

调研中一个二级学院的管理者针对人才培养目标修订问题,先由专业负责人和系主任调研企业需求,具体通过问卷、访谈等形式了解用人单位对毕业生知识能力素养的需求,继而组织骨干教师对毕业生应具备的能力开展广泛的讨论,在初步筛选出能被广泛认可的41种能力后,利用问卷、座谈等形式征求全体教师对这些能力重要程度的看法,给予教师思考和讨论方案的机会。在多轮讨论之后,通过对数据的聚类分析确定出该专业毕业生所必备的5大类能力。最终,根据讨论结果对课程体系进行调整。这一过程本身就是凝聚人心、深度沟通的过程,任课教师的主人翁意识得到激发,而且对能力培养的意识大大提高。实际上,这一参与的过程比设计本身更为重要。

2.通过群体研讨的常态化机制,解决毕业要求指标点的有效分解等问题

教师群体间的探讨以提高课程质量为导向,围绕具体问题展开,在制度

化的交流研讨过程中,学院的管理理念与工作流程也逐步渗透到日常的课程管理中,课程组织管理机构的运行也进一步制度化。

一方面,以实现毕业要求指标点的有效分解为例。为了实现毕业要求对培养目标的支撑、将毕业要求落实到各门课程中去,还需将毕业要求分解为若干个指标点。而指标点的分解既要体现毕业要求对培养目标的支撑,又要考虑该指标点下的其余课程之间的相互协调。显然,院系管理者难以凭借一己之力完成这一工作。这时候,定期的交流研讨机制会让更多的教师共同参与。通过管理者和教师发挥群策之力,经过反复多次研讨和修改,确保每一项毕业要求都有被充分支撑。一般而言,一项毕业要求分解为3~7个指标点,且各指标点之间的内容相互独立、不覆盖。一个指标点的达成往往由2~4门主要课程支撑,其余课程则起辅助作用。

与此同时,毕业要求指标点的分解还存在一个难点,即虽然某些限选课也支撑着指标点,但不能确保每个学生都会选这门课,这样的话,就容易出现指标点的落空。因此,限选课对指标点的支撑则通过限选课课程组的形式来实现,即一个指标点由限选课课程组这一整体作为单位来支撑,这个组内的任意两门课程都可以相互替代(如表4-1)。

表4-1 限选课程组的权重支撑方式示例

限选课程组	指标点 5.2	指标点 10.1	指标点 10.3	选课要求及课程支撑权重
课程组1: (1)英语口语——交际与文化 (2)英语口语——思辨与学术 (3)高级英语B (4)职场英语		0.2	0.2	课程4选1:每门课程支撑权重与课程组的支撑权重相同
课程组2: (1)网络编程技术 (2)Java程序设计 (3)人机交互与动漫设计	0.6		0.2	课程3选2:每门课程支撑权重是该课程组的支撑权重的1/2

资料来源:杨燕,马永强,唐慧佳,等.提高毕业要求达成度评价质量的几个关键问题[J].计算机教育,2017(6):62-65.

除了上述难点外,还存在的问题是,专业教师更多能够对专业能力形成共识,而对一些通用能力的认可度相对较低。因此,管理者会与这些教师在多次平等、包容、开放的研讨过程中,提高专业教师培养通用能力的意识。通过不断深入的讨论,管理者和教师之间达成了共识,并认为这些能力是可以在课程中进行有意识的培养的。这种讨论是在一个融洽的关系中进行,是在教师之间彼此信赖和彼此认可的氛围中达成共识的。这样也就避免了毕业要求分解过程中教师只为追求自身利益的机会主义行为发生。

另一方面,以课程间的有效衔接问题为例。在实践中,某一培养目标往往需要若干门课程"分工合作"、共同实现,有的课程可能起到核心作用,有的可能起到辅助作用。为了保障该培养目标在不同课程中的有效衔接和顺利实现,共同承担这一培养目标的任课教师会共同参与和协商。因为重要的培养目标往往无法依靠一门课程来实现,而需要将这一目标分解到多门课程上,发挥多门课程的组合作用。就同一培养目标而言,有的课程先初步培养,有的课程进一步加强,有的课程进行应用检验。也就是说,先修课程的教师需要和后续课程的教师之间进行协商沟通,减少不必要的内容重复和脱节,避免某项培养目标在某一门课程中受到影响。譬如有时候会遇到课程本身很好,但组合在一起不一定能实现功能上的整体优化。因此,这时,教师在讨论过程中会将单门课程置于整个课程体系中去考量,明确每一门课程在课程体系中的地位、作用和性质,以此寻求课程间的最佳组合。而且,具体讨论的内容会细化分解到每门课程的具体目标上,保证每一位任课教师能够认可并落实到自己所任课程的目标上,从而能够在后续工作中制订出实现目标的具体设计方案,这样才不会让人才培养目标落空。

> 如果课程放不对位也不是高质量,比如这门课本来是大一学的,但是你把它放到大三去,或者本来大三的课程你让他大一上,那他很多知识点都没学,他就学不进去。我们有这种课的,我们"基础会计"原来的位置就很滞后,在大二下学期才开,但我们很多学生反馈要考会计证,但这门课还没开,所以后来我们讨论以后就做了调整。就是课程的结构、课程群之间的衔接也是很关键的。
>
> ——NUFE-JS2-20190319

譬如,在厦门大学新闻传播学院,其广告学专业对学生的广告策划能力要求较高。那么在其专业课程体系中,"广告文案写作"的课程相当于对这一目标的初步培养,"广告策划"则是对学生广告策划能力的进一步加强,而"平面广告设计"则起到对学生广告策划能力的检验与评价功能。教授这三门课程的教师在课前会就具体的内容安排、不同课程的顺序安排等进行交流探讨,达成彼此间的基本共识。这样就有效避免了可能会遇到的教学困境:后续课程教师认为该讲的没讲,或者认为学生应该具有了某方面的能力基础,却发现没得到培养。

3.通过激励相容机制,保障教师合作得益

实际上,不乏有一些教师会在课程体系改革过程中持观望态度,他们担心付出不被认可。尤其会关注额外的工作量、课时量的计算等问题。那么,如何吸引这些教师的投入呢?在实践中,组建教学团队是一个有效的做法。教学团队本身是由优长互补、责任共担、愿景一致的教师组成,可以为这些教师带来共同的利益诉求,在提升课程质量的同时促进教师的专业发展。这一机制是"激励相容"机制,[①]其设计的机理在于促使参与者在实现个体利益的同时能够为了集体目标而努力。

> 我们几个是一个课程团队,课程团队要满足大家的诉求。一是做了事情不白做。我们的课程群中有一门"软件工程实践",这门课不是按照上一堂课算一个学时,我们是按照课程设计的方式,就是按1个学生算1个学时,那么60个学生,我们做两周,那就是120个学时,我们就把这些课时分给各个老师,这样就相当于老师的助教工作得到了回报。二是产生效益。同时我们在课程教学中把我们这门课的经验引申到他的课程中,那么其他教师也可以借鉴这些经验申报教改项目。这种方式根据每个教师的兴趣,如果他兴趣比较高的话就参与申报,如果他兴趣不高的话,那就把课时给到就可以了。
>
> ——HNU-JS1-20210306

(三)刚柔并济化解课程设置中的矛盾冲突

1.遵循"文化取向"的制度设计,营造重视课程的全员共识

"文化取向"的制度设计是通过制度化的规定形塑组织期望的价值观,从而在长期的相互作用过程中,组织成员对什么是重要的、有价值的问题形成共识。课程体系改革首要面临的问题是如何吸引一线教师参与,这其实是改革动机问题。学院管理者对改革的重视程度和支持力度,在改革的推动中起着关键作用,直接影响着教师的参与。在调研中,一所高校二级学院

[①] 张欣,刘幸菡.高校教师个体行为与组织目标激励相容问题研究[J].经济与管理研究,2010(3):123-128.

的院长认为吸引教师参与的关键在于在学院内部和教师群体中间形成一种改革的紧迫感和危机感,即当下的课程体系已经到了不得不改的程度。于是,该院长通过定期举办的学术动员报告,邀请兄弟院校来做关于课程体系改革的交流研讨,和骨干教师一同去其他学校交流学习,并指出问题的严重性和紧迫性,从而让一线骨干教师认识到自己所在学院的课程教学与同类院校以及国外院校之间的差距。通过在全院营造重视课程的价值观,使教师接受变革与创新所倡导的规范和价值,让追求卓越成为教师群体内部共同的"集体自我意识"。但是因为改革不可避免地带来利益的变化,不乏教师会有犹豫和担心。所以除了创设心理危机外,该院在改革前期举行了多次的教师座谈会,听取教师的意见、困惑和担忧,和教师共同探讨改革的具体办法,从而为教师群体创设心理上的"安全感"。

2.通过制度化规定,保障人才培养方案的优化不流于形式

为了保障人才培养方案优化过程的民主性、科学性、规范性等不流于形式,西安欧亚学院通过制度化的方式保障了整个人才培养方案的优化过程。即当院系调整人才培养方案时,除了最终的培养方案外,还需要提交《行业发展需求分析报告》《数据梳理情况报告》《用人单位调研问卷》《数据分析报告》,以及访谈过程资料、会议纪要、课程与岗位对应表等材料(如图4-2)。

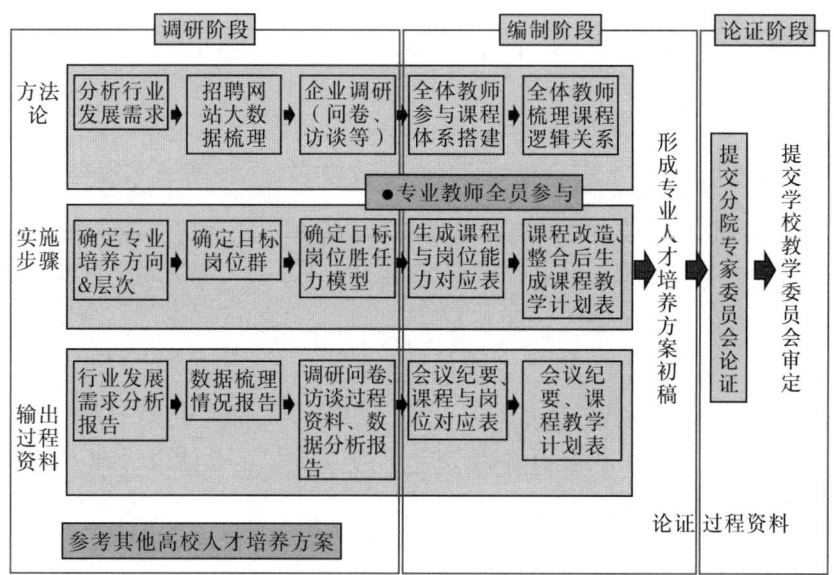

图4-2 西安欧亚学院人才培养方案制订流程

3. 通过教师群体的责任共担,确保课程有效支撑毕业要求指标点

在毕业要求指标点和课程之间建立起密切的联系后,便需要将其交由具体的教师来实施。由于不同教师自身的能力特点各异,一方面,这些指标点并不是每一位专业教师能够胜任的;另一方面,有些教师就非常愿意也能够承担这样的培养目标。所以一些管理者在与教师进行协商过程中,会充分尊重教师的意愿,确保被选择用于支撑某一毕业要求指标的课程,其选择的合理性一定要得到任课教师的认可,因为毕业要求指标点只有被教师真正认可的时候,才可保障该指标点在后期的课程教学中能被有效落实。

这些问题的解决和实现都是建立在管理者和教师之间的平等、大量的讨论基础上实现的。这种以尊重教师为原则实现责任共担的机制具体表现为,开放式的交流、坦诚的信息共享以及出现问题时的协作解决。主要通过教师间的相互理解、沟通和交流,增加课程治理的柔性。这一机制遵循两个基本原则。一是信息的公开性。所有与教学任务分配有关的信息在参与承担教学任务的教师中间公开。二是分配方案的多样性。即在整个任务分配中,可选择的方案并不是教学任务分配者唯一的方案,其中参与教学任务的全体教师也能够提出各自的任务分配方案。这两个特征对于将教师凝聚为一个合作的团队方面有重要促进作用。

四、建立起培养目标、毕业要求与各门课程间的紧密联系

我们无法脱离课程体系而就课程谈课程。一个专业内的课程是一个相互关联、彼此支撑、共同实现人才培养目标的整体。人才培养目标的确定是课程设置的最重要和最基础环节,它是人们对学生完成学业后的发展预期,即本专业培养什么样的人。专业人才培养目标是学校对自身、对学生和对社会的承诺,也是对学生学习结果的期待和要求。它往往根据本校培养目标,结合国家对该专业人才培养的要求而确定,是本校人才培养目标在该专业的具体化。我们知道,现代社会对学生沟通能力、表达能力、合作能力、创新和批判性思维等提出了更高的需求,但由于长期在知识灌输的传统模式下,这些能力的培养并未落到实处。因此,培养目标最终实现的关键在于,将毕业要求分解落实到具体的课程教学中去,从而使实现各门课程各安其位、各司其职。

人才培养目标需要细化为具体的毕业要求,具体毕业要求中对毕业生提出的知识、能力和态度要求则需要通过与之相对应的课程来实现。当每一门课程都能有效完成时,整个人才培养目标便能得以实现。在访谈中,教师们十分清晰地知道自己所授课程所支撑的具体毕业要求,即课程的"支撑度"。在他们看来,一门课程的开设还需要考量学校类型、专业差异、学生基础以及资源限制等多个要素,即课程的"契合度"。

> 比如同一门课,给会计学专业的学生开和给工商管理专业的学生开,肯定是不一样的;同一门课给你们厦大的学生开和给我们学校的学生开,肯定也是不一样的,这就是契合度。
>
> ——CMUT-JS1-20191208

这里,我们借助林健的绘图来呈现从培养目标落实到具体课程的过程(如图4-3)。在从培养目标到具体的课程中间,"毕业要求"也即是图4-3中的"培养标准"(毕业要求)充当了桥梁的作用,它是对培养目标的细化,并对应到匹配的课程中。在这一实践转化过程中,课程矩阵提供了将这一目标落地的可能。① 课程矩阵是一种直观的、将专业人才培养目标分解并落实到相应课程或培养环节上的有效方式,有时也被称为课程地图。

课程矩阵展现了毕业要求和课程体系之间的关系。它实际上就是一个包含"毕业要求"和"课程"的二维矩阵,其中横坐标为毕业要求,纵坐标为课程,两者之间具有对应关系(表4-2)。从横向上看,我们能够清晰知晓落实某一培养目标需要通过哪些课程;从纵向上看,我们能够明确每门课程在实现培养标准中的地位和作用。从整体上看,我们能够看出某一门课程支撑哪些培养目标,也能看出不同课程对同一培养目标的支撑度,其中L表示弱支撑,M表示中等支撑,H表示强支撑。这个支撑度的确定往往是由任课教师共同参与讨论并达成共识的结果。还能够看出课程和课程间的相互关联。显然,课程矩阵能够让我们发现课程体系设计中的问题。因为在这一个二维矩阵中至少有一行是非空的,即某一项培养目标至少能被一门课程落实。所以,当横向单元格中出现空值的时候,便能够发现某一项

---

① 巩建闽,萧蓓蕾,董文娜.课程矩阵:一个课程体系设计分析框架探析[J].高等工程教育研究,2014(6):178-184.

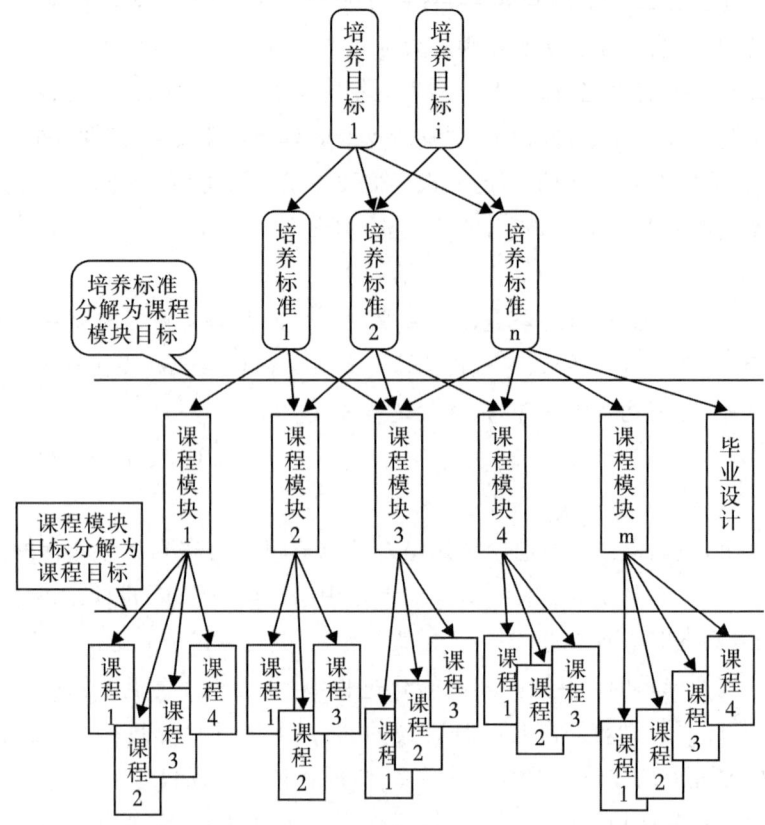

图 4-3 专业培养目标的分解与落实

资料来源:林健.新工科专业课程体系改革和课程建设[J].高等工程教育研究,2020(1):1-13.

培养目标是缺少课程支撑的。相应地,我们也能够发现是否存在过度培养的情况。

表 4-2 课程地图示例

课程	毕业要求							
	指标点 1-1	指标点 1-2	...	指标点 2-1	指标点 2-2	...	指标点 3-1	...
课程 1	M	M						
课程 2				H	L			
课程 3	L						H	

续表

课程	毕业要求							
	指标点1-1	指标点1-2	…	指标点2-1	指标点2-2	…	指标点3-1	…
…				M				
…								

以某高校视觉传达设计本科专业的"平面构成"课程为例,该门课程是面向大一学生的学科基础课。在专业课程体系当中,"平面构成"作为学科基础课,它为后续的"装饰与图案"等4门专业课程奠定理论和技能的支撑。该专业共有32条毕业要求指标点,"平面构成"这门课程主要支撑指标点1-1和2-1,同时也支撑指标点3-4(如表4-3)。据此,我们可以清晰地看出"平面构成"这门课程支撑的具体的毕业要求,明晰该门课程对人才培养目标的贡献。

表4-3　A大学视觉传达设计"平面构成"课程地图

毕业要求	毕业要求1			毕业要求2		毕业要求3				…	毕业要求12	
	专业知识			问题分析		设计/开发				…	终身学习	
	1-1	1-2	1-3	2-1	2-2	3-1	3-2	3-3	3-4	…	12-1	12-2
平面构成	▲			▲					△			

▲表示强支撑,△表示弱支撑。
资料来源:教育部学校规划建设发展中心应用型课程建设联盟·师说课改第三讲直播课。

第二节　课程设计:基于课程团队的协商治理

课程设计有宏观、中观、微观之分,宏观层面的课程设计是对一所大学课程的整体安排,中观层面的课程设计是对一个院系或专业的课程的整体安排,微观层面的课程设计则是对某一门课程的具体安排。[①] 本章第一节的课程设置更多是从中观层面对专业层面的课程体系进行分析,接下来的

---

① 刘献君.论大学课程设计[J].高等教育研究,2018,39(3):51-57.

内容将聚焦单门课程的设计展开,具体围绕课程目标的设计与课程内容的组织展开。

一、以融会贯通和联系实际为目标追求

课程设计中的最大问题是固守学科、脱离实际。为了解决这一普遍问题,课程设计环节的治理提出了两大目标追求,即注重建立起课程体系中每门课程之间的密切关联,以及密切联系学生的生活实际。

一方面,每门课程都是实现专业人才培养目标不可或缺的重要组成部分,不同课程之间相互依托、相互支撑。在课程与课程之间的关联性和逻辑性下,每一门课程的任课教师都需要担负起共同实现专业人才培养目标的责任。这也就提出了课程设计的另一个目标,即注重课程与课程之间的逻辑关联。不难判断,这就要求教师之间以开放的姿态进行沟通研讨,共同商讨如何更好地设计课程,以此实现课程目标。

另一方面,课程设计环节的治理在于关注学生学习需求和发展状态,使课程联系学生的生活实际,让学生真正认识到课程"学有所用"。课程设计是通过改进"供给"来满足学生的"需求",以此促进学生有效学习。简言之,课程设计是理论联系实际的重要环节。与此同时,课程设计是一项专业性、科学性很强的工作,它遵循着一定的规律和理念指导。课程设计的出发点是学生的学习成效,即通过该门课程,学生能够在知识、能力和态度方面发生怎样的变化。这就对教师主体的创造性提出了很高的要求。教师需要保持课程内容的实用性、前沿性和挑战度。

二、以课程负责人为主导的开放式结构

通过上述课程设置的具体分析,我们知道,课程目标并非由教师个人自行决定的,而是取决于专业人才培养目标,由专业人才培养目标分解而来,是专业人才培养目标的一部分。在具体的课程设计过程中,除了课程负责人本人之外,作为教师群体的课程团队、作为意见反馈者的学生以及课程专家和管理者都对课程设计发挥着重要的作用。

(一)课程负责人是课程设计的决策者

在课程设计中,教师是一个设计者,也是主要的决策者。这时候,他的

决策权要大于在课程体系设计中的决策权。他清晰地认识自己所授课程是整个课程体系中不可或缺的一个重要组成部分。他基于学生原有认知结构和水平设计课程,帮助学生发现新旧知识之间的关系和连接,让学生知道知识产生的情境条件,引导学生在情境中抽象出概念的本质特征,识别情境中的碎片化的信息,将其上升为概括性概念。与此同时,课程设计也是凝聚集体智慧达成共识的过程,需要教师团队的共同参与。有的是由相近课程或平行课程的教师组成课程组,有的是成立教学团队,有的是通过教研室,无论哪种方式,都是让教师可以就课程内容及其设计问题自由地发表自己的意见,平等地进行沟通和协调。进而通过教师之间的对话与协调,改变教师根据个体经验独立理解和设计课程的现状,最终由课程负责人拥有对课程的"解释权"。

(二)学生成为课程设计的参与者

学生是课程的关键利益相关者,他能够根据自身的学习经验和所学知识为课程设计提出建议,以此提高教与学之间的关联性。而这也是课程设计回应学生与发展诉求的体现。学生参与课程设计是学生权力主体彰显的重要体现方式。但理论上学生参与的可行性与必要性,并不等同于其在实践中有着参与的可能性。在课程设计环节,学生参与主要依赖于教师观念的转变和相应赋权。那么,在课程设计过程中,是否教师赋权就是将决策权完全交由学生呢? 如果不是,那教师又该承担怎样的权责呢?

本书根据访谈材料的梳理后发现,教师在课程设计中必须承担起主导责任,学生则主要以参与者的身份协助教师进行课程设计。也就是说,学生的参与主要是一种"弱参与",即掌握决策权的仍是教师,学生的需求反馈是为了教师能够设计出更适切的课程。学生具体享有多大的权力则取决于教师的赋权。因为学生参与课程设计的形式和具体内容间密切关联,难以硬性分割,所以本书在尝试了依次按照参与程度、参与形式、参与内容的写作失败后,便以赋权程度为主线,"拎起"学生参与的形式和内容。赋权度是指学生对课程的控制受制于教师权力的约束。结合教师赋权度的高低,我们将学生在课程设计不同环节的参与程度分为以下几类:低赋权参与、中赋权参与和高赋权参与(如表4-4)。

表 4-4 学生参与课程设计决策的三种形式

学生角色	学生作为被咨询者	学生作为协商者	学生作为决策者
赋权程度	低	中	高
参与内容	为了有效设计课程，教师会征询学生对这门课程的建议	为了规范教与学的活动，师生共同制定活动规则	为了提升学习效果，学生和教师共同设计课程
参与形式	问卷、座谈、课程作业、在线平台等	师生协商	师生协商
决策形式	教师基于学生反馈控制决策	师生共同决策	学生在教师引导下自主决策
学生主导性	弱	中	强

资料来源：自制。

在课程设计环节，学生既可以作为被咨询者为教师提供信息，也被作为协商者和教师共同决策。从学生作为被咨询者的角色来看，学生可以在课程目标设计方面发表意见、提供建议。就目前我国大学课程治理所处的阶段而言，学生参与课程设计的权力较低，他们并不直接对课程设计进行决策，而主要以提供反馈意见的方式参与。一般地，学生可以通过数据反馈的途径参与课程设计。譬如，一些教师会在课程设计之前对学生进行一些小调查，以此了解学生的学习基础。

（三）管理者通过组织审查保障课程设计质量

在课程设计环节，以教学副院长为代表的管理者主要以引领者、服务者、支持者和监督者的身份出现。除此之外，教师发展中心和教务处等相关人员也作为关键主体参与进来。他们作为"智囊团"，既帮助教师规范地进行课程设计，也承担着保证课程设计质量的责任。为了确保教师自主决策的科学性和规范性，管理者会借助审查机制对教师决策结果进行审核。教师最终呈现的课程设计方案会以课程大纲的形式出现，而管理者的工作则是组织相关专家对课程大纲的内容进行实质性审查。

> 毕业要求就是制定课程目标的依据，因为我们参加了工程专业认证，是要求满足用人单位需求的……大纲是通过专业协调、商量得出来的。不是老师随机去做的。然后课程大纲是在讨论完了之后，由主讲老师写出来，由主管教学的院长审核以后就按照这个做了。
>
> ——CUMT-JS2-20191211

(四)课程专家以关键主体身份介入课程设计

以学生为中心的理念挑战着教师的课程设计能力,也冲击着教师的传统思维方式。很多教师并不知道如何科学地设计课程目标、组织课程内容等。课程专家因其在课程研究中的独有优势,通过对教师进行培训和平等沟通的方式,帮助教师转变观念,以及更好地进行课程设计。

三、以课程标准为引领实现教师专业权力的发挥

课程设计环节的治理在于如何促进教师回应多元主体的诉求,尤其是学生的诉求,并利用课程标准规范教师专业权力的行使。

(一)决策过程:课程负责人自主决策和课程团队集体决策相结合

课程目标并不是任课教师自己凭借经验制定的,而是将该门课程置身于整个专业人才培养中考量,依据人才培养目标分解得来的。因此,在设计过程中,教师会综合学校发展定位、社会发展需求以及学生专业背景、知识经验基础等先决条件,清晰地定位该门课程在整个课程体系中的位置。在明确专业人才培养目标的前提下,合理设计所授课程在知识、能力和素质方面的目标,以此实现对课程目标的科学决策。

一方面,自主决策是指任课教师本人拥有对该门课程设计的最终决策权。虽然是任课教师自主决策,但院系也会通过创设研讨氛围,让教师在与其他教师交流的过程中完善课程设计。在具体讨论过程中,其他教师享有建议权,他们可以提出自己就课程的知识点安排、课时分配、方法选取等方面的专业意见。而课程负责人拥有最终的决策权。最终的结果是在集体探讨后由主讲老师做出关于自己课程的决策。

> 当然你也可以有建议,因为我们的主讲人觉得这个课哪些需要补充,哪些不合适,咱们都可以商量,我们要看说的有没有道理。一般以主讲老师为主,大家提不同意见,合理的是会被接受的。毕竟没有十全十美的,就像检查完了提出一堆意见,分析后认为可行的才做。
>
> ——CUMT-GL1-20191207

另一方面,协商决策是指相关课程的教师在一起共同协商。尤其是对一些专业基础课或需要多名教师合作的跨学科课程时,往往是由相关课程

组或课程团队共同协商决定。他们在具体协商过程中,会基于学生反馈意见和学情,通过多次、平等的沟通与交流,达成最基本的共识。访谈的结果显示,理工科的教师更容易形成一致看法。

  我们本身是一个教学团队,所以在一起讨论也很方便。我们在开设之前就进行了很多轮的课程研讨,在这个过程中也听到了很多不同的声音。比方说,要追求理论的系统性和完整性,觉得要丢掉哪一个可能都不合适,流体力学也要教,弹性力学也要教,什么都要教,这是一个声音。第二个声音是说这些学生可是交大前5%的学生,可能都是未来的科学家,所以一定要讲深,讲得浅了都不行,内容一定要特别深。如何对待这些不同的声音,我们要回答一个问题,为什么要让电信学院和生物医学学院的学生来学习力学?我们就思考,人类是生活在1g加速度的这样一个世界里面,我们时时刻刻都受到地球的这样的一个吸引力。那么了解力、知道力、如何与力相处是作为人的基本素养。那么既然这样的一个非机类的学生,他在大学4年里边只学这样一门力学课,那么这时候就需要为这些学生量身定做才行。

——SJTU-JS1-20200703

(二)执行过程:在规范与自由之间实现教师的专业自主权

1. 明确课程定位,规范课程目标设计

在明确了某一门课程所承担的具体毕业要求后,接下来的工作就是制定课程目标。专业教师在开设课程时,首要思考的是自己的课程定位。课程定位是一门课程在所属专业课程体系中的前后逻辑关系,既要明确其前序课程,即学生必须掌握什么知识才能达到这门课的要求;也要明确其后续课程是什么,即该门课程是为学生学习哪些课做准备。我们可以将其理解为"支撑度"。

  首先要明确这门课在人才培养中的定位。从知识方面来看,我的课程目标需要在一般意义上对营销学理论有个全面的认识,形成营销学学习的整个体系框架。因为我这门课程中的很多章节后续都会延伸成一门课,所以我要把整个框架搭起来……

——NUFE-JS2-20200319

明晰课程定位后的工作就是制定课程目标。课程目标是由教师所授课程对应的毕业要求决定的。教师需要通过课程大纲明确呈现毕业要求在自己课程中的落实程度,即将课程所对应的毕业要求细化成清晰、可评测的能力目标,并能够从学生角度进行描述。由此,形成课程目标与毕业要求的对应关系图(如表4-5)。而相关负责的主管领导将对制定好的课程大纲进行实质性审核,主要从专业角度审查课程目标确定、课程内容选取、教学方法安排等等是否科学合理,以及目标、内容、活动和评价之间是否具有一致性。

表4-5 某大学"工业工程"课程目标与毕业要求对应表

序号	毕业要求指标点	课程目标1	课程目标2	课程目标3	课程目标4	课程目标5
1	毕业要求1-1	L3	L4	L2	L2	L3
2	毕业要求6-1	L2	L3	L3	L3	L2
3	毕业要求7-2	L3	L4	L1	L2	L2
4	毕业要求11-2	L2	L2	L2	L3	L3

资料来源:受访者提供的"工业工程"课程大纲节选。

在定制好学习目标以后,就可以设计相应的学习活动、学习评测,这三者必须是要有关联,不能说目标设计很漂亮,然后放在那扔在一边,活动是活动,评测是评测。就是我定了这样的目标,我该怎么去实现,就是怎样达到这些目标。然后围绕这个目标开展教学活动,目标是多维度的,活动也要有多维度的评估,你不能说开展的活动没有任何的评价,那个不算有效的活动。

——FAFU-JS1-20200822

我们的课程目标是与毕业要求紧密关联的,我们的专业毕业要求有12大点,我们这门课可以支撑的是第二个大点"工程知识"、第三个大点"问题分析"、第四个大点"设计/开发解决方案"、第十一个大点"沟通"、第十二个大点"项目管理"。每个大点下面,我们的毕业要求又提出了很多支撑的指标点。这门课程能够具体支撑哪些指标点,进而支撑我们的毕业要求,我们做了详细梳理,最终得出了我们课程的七大目标。这些都是需要我们在课程大纲中呈现的。

——SDU-JS1-20200826

除了明确一门课程的整体目标外,还会有一些院系要求教师详细地梳理出每一次课程的教学目标,以此帮助学生明确自己的阶段性学习目标,提高学习效果。

> 同时我们专业也做了一个相对来说比较繁杂的工作,就是去梳理我们每一堂课的教学目标,从认知领域到技能领域再到情意领域,那么学生每一堂课学完了之后,就可以去对照,这样也方便学生自己做一个自我考核。以及我的课的部分教学内容我会采用什么样的教学方式,大概会用多长时间全部都会给到学生。
>
> ——SWJTU-JS1-20200827

2.正视学生发展需求,实现课程内容的重组与创新

在明确了人才培养目标和具体的毕业要求指标点后,我们便能够确定一门课程包括的具体知识、技能和态度要求。这些具体的态度点、知识点和技能点被称为"课点"[①],它们是课程的最小单元。课程目标的实现是以所有的课点目标完成为标志的,而整个专业人才培养目标的达成是以每门课程目标的实现为标志的。既然课点的数量是不变的,那么就可以通过将这些课点进行重新排列组合,以此实现功能的最大化。

课程内容的组织与设计是十分体现教师自主权的地方,也是非常能够体现教师创造性的地方。当然,这也离不开教师间的相互合作和思想碰撞。为了真正落实以学生为中心的理念,一线教师多采用将课程内容模块化处理的设计。课程内容的模块化本身并不影响课程内容的"数量",其重构的是课程内容的"序量",实现的是课程内容的"质量"。

(1)借助问题导向与项目驱动,实现课程内容的解构与重组

在对课程内容进行解构和重构过程中,基于问题/项目是普遍的做法。即将学科知识打乱、拆散,梳理出核心知识点,继而将这些知识点融入或者说嵌入到具体的问题/项目中去。这些问题/项目便是一个个知识模块,问题/项目的解决便是知识的掌握,也是能力的获得。问题或项目的设计并非随意的、随机的,而是系统的、有规律的。项目和问题的设计以贴近生活、解决实际问题为核心。一般按照先浅后深、先具体后抽象、先简单后复杂的原

---

① 唐德海,李枭鹰.大学课程计量研究初论[J].大学教育科学,2018(6):61-66.

则,建立起问题/项目和课程之间的关系,从而形成多层次、渐进式的探究梯度。其中,较低层次是了解课程的核心内容,较高层次是理解课程的核心内容,高层次是对所学知识的应用和解释。随着问题循序渐进的解决,知识的掌握由浅入深、能力的培养由低到高、学生的学习主动性由弱到强。

对于学术性较强的课程,问题导向是一种常用的方法。以"抽象代数"这门课程为例,这门课以抽象概念"著称",学生学起来十分吃力。和一般的"抽象代数"先"群"后"环"再"域"的内容安排不同,天津大学的一位教师依据学生接受概念由具体到抽象、由熟悉到陌生的特点对课程内容进行重新编排(如表4-6),尤其注重让学生了解到这个概念产生的背景以及如何应用它们解决具体的问题,以此帮助学生克服因概念抽象带来的学习困难。在具体的内容结构编排中,该教师以经典的数学问题为导向,通过在问题解决中反复出现需要学习的概念,让学生认识到概念本身只是被赋予的一种意义,重要的是要学会如何应用。

这位老师谈道:

> 很多学生对"抽象代数"这门课的印象,就是学了一大堆"群、环、域"的基本概念,学完了仍云里雾里。其实数学中一些基本概念的引入以及它们性质的研究讨论,都是为了描写和解决一些数学问题而产生的副产品。如果仅仅只学习这些概念,而不去了解其产生的背景和要解决的问题,就如同一个英美文学专业的学生专注于学习古典英语的词汇和语法,而不去了解莎士比亚一样。什么是我们"抽象代数"的"莎士比亚"?毫无疑问,就是数学历史上一些有名的经典难题。对这些问题的描述和解决,实际上就产生了现在"抽象代数"中"群,环,域"等基本概念……

——TU-JS1-20210319

表4-6 "抽象代数"课程内容设计

第一章 群、环、域的基本概念	第一章 代数学发展简史
1.域的定义	1.1 代数学概述
2.环的定义	1.2 代数学的发展
3.群的定义	
4.同态与同构	

续表

第二章 唯一分解整环（UFD）	第二章 同态与同构
1.环论的基本知识	2.1 集合与关系
2.唯一分解整环	2.2 映射
3.多项式环中的不同约元	2.3 代数运算与运算律
4.多变元多项式环	2.4 同态
	2.5 同构与自同构
第三章 域扩张	第三章 群
1.基本概念	3.1 群的基本概念及性质
2.可构造域	3.2 变换群
3.分裂域	3.3 群的同构
4.可分扩张与正规扩张	3.4 循环群
5.群与域扩张	3.5 子群与子群的陪集
	3.6 Lagrange 定理
	3.7 置换群
	3.8 商群
第四章 群论初步	第四章 环
1.等价关系与商群	4.1 环的基本概念与性质
2.可解群	4.2 交换环
3.单位根群与对称群	4.3 多项式环
4.Galois 群的可解性	4.4 整环的因式分解
5.Sylow 定理	4.5 环的同态与同构
第五章 模论初步	第五章 域
1.模的定义	5.1 域的基本概念及性质
2.有限生成模和矩阵	5.2 有序域
3.有限生成 R-模的结构	5.3 扩域
4.结构定理的应用	

资料来源：1.访谈对象提供；2.丘维声.近世代数[M].北京：北京大学出版社，2015.

对于应用型较强的课程，教师一般会依据课程目标，将具体的课程内容编排成不同的任务项目，而且不同项目的难度梯度是逐级递增的。在表 4-7 中，"工业企业财务分析"是课程中的项目之一，该项目本身包括了一些子目标，以及每个子目标所覆盖的知识、能力和素质要求。这样，就可以通过学生的学习产出测量来判断该项目是否完成。这一项目的实现则表示其做支撑的具体的课程目标的实现。当一门课程中所有项目的实现则意味着该门课程目标的达成。

表 4-7 "工业企业财务分析"项目目标及其学习产出测量

"工业企业财务分析"项目	任务目标1:能够识别工业企业财务报表的主要元素	任务目标2:掌握偿债能力、盈利能力、营运能力指标,并能做相关分析	任务目标3:理解发展能力指标,并能做相关分析	任务目标4:掌握综合分析指标,且能够进行综合分析	任务目标5:有较强的全局意识、关键意识和责任意识	学习产出测量
知识点1:财务分析的意义、内容、要求和步骤	▲			△		1.准确描述出财务分析四个阶段,至少说出10个步骤中的6个关键步骤; 2.应对企业管理者不同需求,至少正确做出2个以上报表分析方法; 3.根据下发报表,在四种方法任选两种进行计算,数据嵌入指标内涵中,指标内涵解释无误。
知识点2:财务报表分析的基本方法	▲			△		
技能点1:能够计算相关指标,并初步分析	▲	△	△	△		
态度点1:能够理解趋势与对比的基本含义				▲		
...						

以项目重组课程内容的方式本质上是以能力为中心、应用知识的过程。即将课程设计的重心从"知识中心"向"能力中心"转变。譬如电子科技大学的一位教师在介绍他所教授的"嵌入式实时操作系统的设计与开发"课程时,谈到该课程的内容组织并不是以知识体系的方式来建构的,而是以一个操作系统的设计和实现为主线来组织的。从而,学生在完成操作系统的设计实践后便能获得相应的能力。我们再看来一个"Python程序设计"课程内容的设计。

我们在教学内容组织方面采用的是"先能力后知识"的轴翻转模式。如何掌握能力呢?我们是通过做一些实际的项目来实现的。轴翻转就是先提出能力要求,那么掌握这样的能力需要掌握哪些知识?这些知识未必是严格完全按照教材的顺序,我们可能会有一些后面的知识拿过来先用,这个时候我们并不要求学生掌握,只是让学生知道这个知识可以用在这里,解决这个问题就可以了,这样通过不断地出现,那么出现的次数多了,学生自然就可以掌握了……比如设计"模拟单词猎手游戏"程序,这是读取一个文件把单词提取出来,并统计这个单词出现的次数。它包括读文件、单词统计、抽取单词、模板字符串、猜字母拼单词五个问题,这五个问题在我们原来的教学中是5个例子,我们在讲"切片"的时候举个例子、讲"随机数"的时候举个例子、讲"字符串"的时候举个例子……我们原来是围绕知识去设计例子,那么现在我们是围绕能力来设计案例。以前我们在讲抽取随机数的时候会把所有方法都讲一遍,学生学的时候感觉自己都掌握了,但怎么用的他并不知道。所以现在我们把知识放在实际问题里面,让他在学的过程中就知道这个知识用在哪里、解决什么问题。

——WHUT-JS1-20210208

(2)通过教学与科研的协同机制,实现课程内容的创新

在课程内容设计时,教师的社会服务和科研反哺是实现课程内容实用性、科学性和创新性的重要源泉。首先,对于应用性强的专业,教师无疑地选择了正视并回应经济社会发展中的现实问题,通过参与地方经济社会发展的项目解决中更新课程内容。这样,教师服务于社会的工程实例便可转化为课程内容的源头活水,成为吸引大学生参与的有效素材。课程内容因此具有前沿性和实用性。

因为我自己也是在做很多的企业项目,所以在开发这一块的技术上会比较贴近现在的最新技术的发展前沿。我会把这些东西带给学生,会把这种在开发过程当中遇到的一些问题跟我们的课程结合在一起……对现在的学生来说,你如果是从理论到理论地讲,他们真的不愿意听。

——NEFU-JS1-20200317

其次,对于学术性较强的专业,教师则会在课程内容中引入权威的、前沿的科学研究成果,在保证课程内容科学性的同时,体现课程内容的创新性。这些科学研究成果的融入离不开教师对教学与科研的双方面投入,更离不开教师的专业功底。

比如"针对特定遗传学问题设计合理可行的研究方案"这一高阶目标,我设计了"针对不同疾病或性状是否遵循孟德尔遗传提出合理可行的研究方案"。然后我根据平时对学生的了解,挑选了一些案例,如"渐冻症是否遵循孟德尔遗传""哈利·波特的魔法力是否遵循孟德尔遗传"等,这些是需要学生们自己在课外查文献、找资料,然后在课堂上汇报交流的……这些案例一方面是跟我们学生生活实际密切相关的,另一方面是最新的科研成果。其实,一开始我也想不通,我认为没有那么多精力,我就专心做我的教学,但后来我发现走教学这一条路是行不通的,我必须两条腿走路。如果我不做科研,我教给他们的就是纸上谈兵,那我讲给他们的遗传学就是死板的、空洞的,他们会问我:老师,这个 Nature paper 是怎么做的,这个想法是怎么来的。所以,我也是被我的学生逼出来的,我必须做我的研究,只有与时俱进地保持科学的嗅觉,我才能跟我的学生讲一堂生动的遗传学课程。比如说这个哈利·波特的案例就是 Nature 中的一篇论文,这样的案例能够让枯燥生涩的概念通俗化、简单化,让教条刻板的知识与学生的生活实际相联系,提高学生学习兴趣。这对我们教师的专业功底和学术能力都有很高的要求。

——FD-JS3-20210131

(三)监督过程:常态化研讨制度促进教师集体协商

1.通过课程专家的介入机制,帮助教师转变观念和提升设计能力

当然,不乏有一些教师并不清楚如何规范地设计课程。这涉及教师观念和课程设计能力两个方面。从观念层面看,一些对教学深有反思的教师往往对课程目标有着十分清晰的认识。在他们看来大学最重要的是培养学生的能力,尤其是应用知识的能力,而非知识本身。

为了帮助更多的教师认识到这一点,一些学校会邀请课程专家以研修班或讲座的形式对教师进行专业指导,以此促进教师反思自己的教学观念。通过访谈发现,课程专家作为关键主体对教师课程设计的帮助至关重要。不少教师指出,他们的课改火花和行动方向得益于学校举办的针对性的讲座或培训。如一位一流本科课程获得者指出:

就是在我们学校 2015 年首届青年教师教学能力提升研修班上,解开了我心中长期以来的困顿,明确了我行动的方向,更激发了我无限的

教学热情。

——SWJTU-JS3-20210406

从技术层面看,为了解决教师课程目标在设计时的不规范和无从下手的困境,一些高校譬如上海交通大学、复旦大学教师发展中心开发了课程标准,并对进行课改的教师进行专门培训,帮助教师依据教育学理论,对课程目标进行规范化表述。其理论依据有布鲁姆的教育目标分类和芬·迪克的有意义学习分类法。我们首先以布鲁姆目标分类为例,呈现规范的目标设计案例,具体如表4-8。在具体设计时,教师会尽量使用能够描述行为的动词,如:说出、识别、辨认、解释、举例、解决等,这些行为动词具体、可观察,从而能够实现课程目标的操作化。而对于"知道""理解""掌握"这类动词则很难具有可操作性。而且,行为动词的执行人一定是学生,让学生明确知道通过这门课程或某一课程单元的学习后,自己知道什么以及能够做什么。譬如,"提高学生的团队能力"这一目标表述关注的执行者是教师,而非学生。因此,这样的表述可以用"能够有效地在团队中工作"替换。总结来说,就是在课程目标设计时能够将原先以教师为主体的模糊表达转化为以学生为主体的具象行为表达。

表4-8 课程目标设计示例

目标	具体内容
识记	能描述以下内容:标识符的定义规则;JAVA有哪些关键字;变量定义的语法;JAVA中8种基本数据类型的定义;常量的定义规则
理解	能解释和举例说明以下内容:变量的作用;变量与内存的对应关系;两种定义常量的方法和区别;赋值过程中变量的作用
运用	能使用变量存储数据;能使用8种数据类型变量相应值并进行相互之间的转化
分析	能区分变量和常量的异同和应用场景;能指出为何使用常量能简化编程
评价	能采用树状图总结JAVA中8种基本数据类型的层次性关系
创造	能针对具体编程场景,设计变量应采用的数据类型并给出设计依据

资料来源:蒋玉龙.复旦大学"以学为中心"的混合式教学案例集[M].上海:复旦大学出版社,2020.

再以芬·迪克的有意义分类法为例,呈现具体的课程目标设计案例:

多元化的目标是依据迪·芬克的"有意义学习分类法"来进行分类

的,大家都用布鲁姆,其实道理差不多。芬·迪克的有意义分类法则主要包括核心知识、学以致用、触类旁通、人性维度、志趣情怀、学会学习六大维度。我这门课是"大学信息技术基础",那"核心知识"是需要记住并理解信息技术的基本概念和原理,实际上这一部分的目标基本上可以放在线上,就是让学生可以在线上做一个基本实现,当然,不能完全实现。然后,"学以致用"就需要他们运用学习的这些知识解决学习、生活中的实际问题。"触类旁通"就是比较各种信息化手段归纳出它的内在联系,能够将信息技术和专业建立联系,因为我们面向很多专业,那就要和专业去挂钩。……"志趣情怀"就是思考和信息技术有关的人文问题,以及对专业的兴趣,这实际上也是课程思政的内容了……

——NEFU-JS1-20200822

无论是布鲁姆,还是芬·迪克的课程目标设计,他们都涵盖了知识、能力和态度三个主要部分。其中,态度部分是我们现在十分强调的课程思政部分。调研中的一位老师在设计时,秉持"大思政"的格局与视野,将课程思政的教育理念和思维方式用到其"统计学"课程中去,而非生硬的嫁接。课程思政和知识、能力之间的关系实际上就是育人与教书之间的关系。可见,课程思政是课程教学的"标配"。

……我一个班 37 位学生,我事先没有告诉学生我会对他们的课程作业进行查重。然后我就利用统计学知识对这个查重数据进行分析。我先用 RA 软件写了一个命令,对这 37 个数字进行分析……我做了一个图,查重率的分布,上课时候同学们就高度关注了。我就把文字复制比放上,小于 30% 叫借鉴,30~50% 叫参考,50% 以上的叫抄袭。我就告诉同学们,我利用统计软件,查重率的均值是 21.55%。查重率最高的那位同学 75.1%,这次的平时成绩记为 0。这时候,学术修养、职业规范就融入了,这也是思政元素。因为我的统计学就是讲数据采集、数据解释和数据分析的,这里面涉及很多统计里面的知识,比如等距分组等等。虽然我这时候还不挑明,但我的课程思政就慢慢出来了。所以,思政元素的融入一定是和专业课程融合的,不是两张皮,不是物理焊接,不是积木。虽然我这背后渗透着课程思政,但我讲的依然是专业知识……

——TFSU-JS1-20210324

2. 模块化教学制度促进教师的合理分工

在具体的沟通协商过程中，教师间的有效分工建立在发挥各自优长的基础上。大学教师是极具个性的群体，加之各自科研方向的不同，其擅长领域和教学特色也各不相同。那么，在具体协商过程中，则以充分体现不同教师的价值，满足教师的发展需求为原则，以此实现整体效益的最大化。从本质上而言，这是教师参与课程设计过程的动力机制，也是一种有效的利益协调机制。即教师能够通过参与课程内容组织这一活动体现自我价值、实现自我利益诉求。

有一些在实践方面比较成熟的院系，他们通过制度化的规定规范并引导教师合理分工。譬如厦门大学化学化工学院学院的"模块化教学制度"便是发挥不同教师优势的具体体现。"模块化教学"指的是分别由不同教师承担同一门课程中的不同内容模块。不同教师可以根据自身的专业背景和科研擅长领域分别负责不同的课程内容。这样的优势在于灵活度很强，而且因为主持该模块课程内容的教师本身更具有判断力，也更具有资源优势，所以能够给学生带来更好的课程体验的同时，也能够更轻松地吸纳相关的优秀师资。当然，模块化教学制度实行的初衷并非以这样的分工方式让教师更加轻松，而是出于以生为本的目的，为了让学生更好地学习知识，以更大的机会接触到优质资源。

> 我们组建了围绕一门课程的教学团队，并在教学设计及实践中充分发挥每位老师的学术能力，按照教师的专业背景方向和科研擅长领域分配授课章节，从而形成了多位老师共同研讨、共同授课一个班级的混合教学团队。这样不仅能够发挥不同教师的教学特点与擅长的教学内容，而且也能为学生提供更好的学习体验与专业指导。我们有的老师基于自己的研究，他会对某一部分基础知识及其运用的理解更到位。所以模块化教学的目的不在于说我把这个工作分工让大家轻松，我们的初衷恰好是反过来的，是为了让学生更好地去学习知识。让对这些知识的运用和理解得很透彻的、用得特别好的这些老师来教学生这些内容，这样让学生在学到这些东西的时候，有更好的领会和掌握。我们同时又要求一个老师可以上全，所以他们之间就能够互相替补，只不过是其中的一部分内容他擅长，所以他在上。
>
> ——XMU-GL1-20200715

3.常态化研讨机制促进教学团队有效协商

课程内容的组织涉及具体知识点的衔接问题。譬如哪些知识点需要讲授,哪些不需要讲授,哪些需要精讲,哪些只需要点到,以及相近课程遇到同样的知识点该如何处理的问题。一方面,避免课程知识点的遗漏或冗余;另一方面,在不同课程涉及相同课程内容(相同知识点)时,则体现不同难度、层次性和侧重点。这就需要相关课程的教师共同进行讨论。在讨论过程中,教师根据课程所面向的学生群体的特点、自身的专业特长和研究优势进行分工合作,从而有效避免课程内容冗余或者遗漏的情况。教师间的这种交流既可以通过正式交流活动进行研讨,也可以是私下的非正式协商。很多时候,非正式的交流甚至更为普遍,因为当整个院系已经形成了交流研讨氛围时,教师们之间便愿意进行沟通,也希望通过彼此间的协商提高课程质量。

> 比如"系统工程"中很多是"运筹学"的东西,那么我们就会结合起来讲。如果不讨论,那么你讲你的、我讲我的,中间其实是有交叉的。所以这两门课的老师就一起讨论,这些你讲、这些我讲。就不至于我以为你讲了、你以为我讲了,或者你以为我没讲、我以为你没讲。这样就避开了这些情况。一方面,我各个点都覆盖到,没有遗漏、没有重复。另一方面,大家相互讨论、相互沟通的时候,你这门课应该讲些什么,还需要讲些啥,还缺点啥,大家都提提建议。这样就比较全面了。比如有的老师比较负责任讲得太多了,有些老师讲得就太简单了,那么讲得太多的老师就删掉一些内容,讲得少的老师就多增加一些内容。我们就这样在修订人才培养计划的时候来讨论。本来我们工业工程强调的就是持续改进、不断完善。那么,讨论完之后就可以排下去了。
>
> ——CUMT-GL1-20191207

> 在上课之前,这几门课的教师实际上是已经协商确定好的。比如"四大平衡"这一知识点,在"无机化学(一)"里面会侧重于讲原理,在"分析化学"里会重点讲测量方法,如何提高测量精度。如"酸碱平衡"在"无机化学"中更多是高中到大学的过渡,讲的是结论性的知识,而在"分析化学"里则是讲这一原理的具体运用。
>
> ——XMU-JS2-2020717

四、课程设计实现了从知识中心向能力中心的转变

(一)课程目标清晰、多元、可测,有效支撑毕业要求

课程目标是学生在课程学习结束后能够具备做哪些事情的知识、能力和素质。规范的课程目标体现在清晰、多元和可测三方面。首先,"清晰的课程目标"能够阐明学生在课程学习之后需要达到的水平,让学生知晓自己需要完成什么样的学习任务,才能证明自己达到了这门课程的目标要求。其次,"多元"是从结构角度判断课程目标的质量。它指课程目标能够完整地考虑个体发展的全部内容。表面上是课程目标涵盖了包括认知、情感、态度在内的多重目标,实质上反映的是教师对学生发展结构的认识。再次,课程目标的可测则体现在课程目标与课程评价的一致性上(如表4-9)。即每一项课程目标都能够用相应的学习活动来完成,并有相应的评价活动来检测。譬如以"书面表达能力"这一课程目标为例,一位教师提供了很好的样例,他对该能力的陈述是"能够就复杂工程问题与业界同行进行有效书面沟通与交流,包括撰写报告和设计文稿、陈述发言、清晰表达或回应要求"。那么,在评价环节,就可以通过评价学生能否完成一篇符合专业标准的科技论文来评价课程目标达成度。

表4-9 学习目标及其对应的考核方式

教学目标	学习目标	考核方式
在本课程学习中,培养学生在问题解决上的创造力。创造力鼓励从不同的、新颖的角度看待问题,对不同想法持开放态度	学习目标1:运用审辨式判断和思维,对事物产生新的理解	口头陈述:运用审辨式思维技能,提出一个有效的论点来说服听众,并要求展示对理论概念的理解
	学习目标2:在广泛的背景下,对一个问题做出创造性、有效性的反应	案例研究:用本单元学习的主要原理和理论,为案例问题提出一个现实的解决方案

资料来源:蒋玉龙.复旦大学"以学为中心"的混合式教学案例集[M].上海:复旦大学出版社,2020.

课程目标由毕业要求分解而成,规范的课程目标能够有效实现对毕业要求的支撑。如表4-10呈现了"平面构成"这门课程所支撑的毕业要求1-1、2-1和3-4。根据这样的毕业要求,该门课程设计了5个课程目标。与之对应,该门课程被设计成"名片设计""标志设计""牌匾设计""文化墙设计"

"宣传海报设计""产品包装设计"等6个难度梯度不断增强的项目。这些项目的达成则意味着课程目标的实现,进而完成对相应人才培养目标的支撑。

表4-10 某高校视觉传达设计本科专业"平面构成"课程目标矩阵

毕业要求指标点	毕业要求1-1:掌握设计所需的构成、图形及字体方面的专业基础知识,用于解决平面印刷媒体和现代技术媒体方面的设计问题			毕业要求2-1:能认识到解决设计问题有多种方案,并能通过分析寻求有效的解决办法	毕业要求3-4:能够应用计算机复制技术、图像合成和电子排版技术、互联网信息技术,辅助表达设计解决方案	学习产出
课程教学目标	教学目标1:能够具有基础的构图和版式设计能力	教学目标2:能够进行视觉与形态要素提取与设计能力	教学目标3:具有对图形与图案的编排能力	教学目标4:具有将设计要素进行平面与空间关系融合的能力,并能通过作品进行展示与表达	教学目标5:能应用现代技术进行创新设计,并传达出作品的情感境界,表现及传播设计者正确的价值观	1.具备知识的整合能力; 2.掌握知识的综合应用技能; 3.具有一定的艺术表现能力; 4.具有一定的技术处理能力; 5.具有主题思想的表达能力。
项目1:名片设计	▲					
项目2:标志设计	▲	▲	△			
项目3:牌匾设计	▲	▲	▲	△		
项目4:文化墙设计	▲	▲	▲	△	△	产出成果表现形式: 六个项目的手绘稿和电子稿
项目5:宣传海报设计	▲	▲	▲	▲	△	
项目6:产品包装设计	▲	▲	▲	▲	▲	

(二)课程内容体现模块化、定制化和实践性

传统上,我们的课程在内容选取和组织上是根据教材来确定的,即以教材的章节标题作为具体的知识点,其整个知识架构是线性的。这种课程内容的设计方式十分适合知识存储,但这种方式也面临着巨大挑战,外部社

会的发展促使知识和技术生产越来越倚赖学科的交叉与融合,越来越强调知识生产的应用场景,而如何实现应用知识、培养学生能力的课程目标呢?

我们以 Q 大学的"平面构成"课程为例阐述课程内容的设计。该门课程是一门应用性很强的课程,排列组合的方式便是通过具体的有益于学生发展的项目将这些课点串起来(如表 4-11)。表 4-11 中的第一纵行是按照传统学科逻辑进行组织的课程内容,其中具体包括了第二纵行的课点,而第三纵行则是通过教师的创造性设计将其重组成具体的项目。一方面,这样的项目的完成便意味着学生习得了相应的知识、技能和态度。另一方面,这种设计方式是一种回应社会需求的方式,项目本身就是解决具体的实际问题。而知识不再是以往的线性排列顺序,而是围绕项目进行网状排列结构,学生需要学习的是完成这个项目所需的前序知识点,以及辅助的知识点。从这个意义上说,课程内容设计满足多元主体需求的关键在于课点的重新排列组合,就是在课点"数量"固定的前提下,通过课点"序量"的设计,提高课程的"质量"。

由此,重构后的课程内容就是模块化的、碎片化的、定制化的。需要解释的是,碎片化看似弱化了课程本身的完整性和系统性,但从整个课程体系而言,它强化了课程与课程之间的联系,也满足了学生的学习需求。

我们总共梳理出 81 个知识点、12 个技能点,它们随着项目难度的递增逐渐展开嵌入式的学习。当然,知识点和技能点性质的不同决定着其实现方式的不同,这些项目不可能涵盖所有的知识点和技能点。那么,剩下的知识点和技能点也必须回到原有的学科知识体系中进行学习。实际上在从学科知识体系向行动知识体系的转化中,我们可以看到,学生需要掌握的知识点的总量并没有变化。

——QIE-JS2-20200911

表 4-11 课程内容组织的两种逻辑

学科课程内容体系	课点	行动课程内容体系
第一章 平面构成基础	知识点:1.平面构成简史;2.纯粹构成;3.目的构成;4.形象;5.形式要素;6.应用形式…… 技能点:1.构成形式的表达;2.视觉元素的提取	名片设计(11 个知识点,2 个技能点)
第二章 基本元素	知识点:1.点的构成;2.线的构成;3.面的构成;4.错视觉;5.元素的性格;6.构成方法;7.形的组合;8.形的分解 技能点:1.构图元素的审美;2.图形与图案的组合	标志设计(12 个知识点,1 个技能点)
第三章 形式美法则	知识点:1.秩序性法则;2.稳定性法则;3.律动性法则;4.统一与变化法则;5.对比法则;6.编排原则…… 技能点:1.元素的重组;2.版式的规划	牌匾设计(14 个知识点,2 个技能点)
第四章 骨骼、分割与比例	知识点:1.骨骼的种类与分割形式;2.骨骼的比例;3.规律分割;4.单形;5.群化;6.骨骼的比例…… 技能点:1.形态要素的创作;2.构图的编排	文化墙设计(14 个知识点,2 个技能点)
第五章 构成基本形式	知识点:1.重复构成;2.骨骼与图形的更复;3.近似构成;4.渐变构成;5.发射构成;6.特异构成;7.图形同构…… 技能点:1.构图与版式的融合;2.情感要素的创造	宣传海报设计(11 个知识点,2 个技能点)
第六章 肌理和空间构成	知识点:1.肌理构成;2.肌理创作方法;3.肌理表现形式;4.空间构成;5.空间的表达方式;6.矛盾空间…… 技能点:1.肌理形态的改造;2.空间秩序的编排 态度点:认真严谨、责任担当、原创精神	产品包装与设计(7 个知识点,3 个技能点)

值得注意的是,这些承载着知识的项目之间是一个从简单到复杂的关系。随着项目的学习,学生不断克服困难获得满足感。从而,项目的迭代和难度的递增便是学生学习的不断深化。

(三)课程内容满足多元主体需求

通过上述多重治理机制的作用,我们的课程内容呈现出了科学性、前沿性、逻辑性、实用性等特点,同时也体现出合理的广度和适当的挑战度,这些特点内在着体现了学生发展需求、学科发展需求和社会需求。

一方面,课程内容的实用性表现为"学有所用"。教师一般会基于学生的知识基础、认知特点和学习动机等,并以能力培养为依据,将课程知识点嵌入到能力培养中,实现知识、能力和态度的共同发展。这是对社会需求和学生发展需求的双重满足。

> 课程目标面向高级认知后,我们就要重构课程内容。"嵌入式实时操作系统的设计与开发"这个教材的内容是以一个操作系统的设计和实现为主线来组织的,而不是像以前那种以知识体系的方式来构建教材。
> ——UESTC-JS1-20210201

> 我一般会布置一些有趣的、学生能看得懂、能感知的项目。能感知就是比如农村的孩子对农村发展、农业有关的感兴趣,再比如宁波当地的案例,比如一些成功的抖音啊,就是这些例子是鲜活的、又有代表性。学生也会觉得我这门课是有用的。
> ——NEFU-JS2-20200319

另一方面,课程内容的逻辑性体现在知识点之间的密切关联上。接受本书调研的访谈对象认为,教师不是为了将所有知识点灌输给学生,而是筛选出重要概念,为了在学生头脑中建立起一门课程的逻辑结构,理解各个知识点之间的关系。

> 所以当我们在课程目标上达成共识后,我们最终又经过多轮讨论,然后定下来是什么样的。首先在课程内容的筛选上面,我们提炼的一个叫作主干逻辑,这个主干逻辑是把力、应力、应变和变形连接起来,这四个如果我们说它是一个单词的话,然后我们设定的一个语法,语法就

是平衡关系、本构关系和变形协调关系,这三个关系实际上就是固体力学的三个基本方程,我们把它定义成为主干逻辑。而实际上我们任何一个力学问题解决,其实都是在这样的一个主干逻辑上进行操作的。如果把这样的逻辑关系理顺了的话,只不过我们把第二层次和第三层次的知识,然后稍作补充就可以解决问题了……

——SJTU-JS1-20200703

当然,除了一门课程本身内容的有效衔接外,课程内容在组织过程覆盖了本学科领域以及跨学科领域,体现出了适当的广度。课程内容的广度强调的不是尽可能多的知识,而是是否帮助学生建立起完整的知识体系结构。课程内容的适当广度既能帮助学生建立起系统认知,也能避免因过分追求学科逻辑而导致的知识碎片化。

第三节　课程实施:基于学习共同体的师生自治

在课程实施环节,学生作为重要的治理主体正式出场,课程治理的主体也凝聚为教师和学生。实际上,他们既是治理主体,又是治理对象。言其是治理主体是因为课程实施环节需要师生的共同参与和行动,言其是治理对象意味着课程实施环节最为关键的是调动师生主体的积极性、规范师生间的权责关系。

一、以促进学习和师生自治为目标追求

以往的课堂教学仅仅依靠教师来完成变革,忽略了学生的学习权,学习共同体的构建突出学生的主体地位,强调师生间的平等、民主、合作关系。教学活动则是在学生和教师的相互作用过程中共同完成的。学生和教师对学习活动有着共同的权力和责任,学生负责管理自己的学习,教师负责对学生加以引导。教师的教学是为了促进学生学习而不仅仅是传授知识,这是指导教师有效教学的核心理念。在信息时代,知识越来越多、增长越来越

快,大学里的课程越来越难以承载更多的知识。访谈中不少教师认识到我们并不能通过有限的大学四年将一切知识教给学生。既然学生学习课程不是为了掌握尽可能多的知识,那是什么呢?在这些对教育深有思考的老师眼中,知识学习是为了教会学生知道人类智慧是如何看待世界的,学生需要习得分析问题的思维方式和主要思想观念,而这些是基于学科事实的学习形成的可迁移的理解,即学会学习。为了促进学生学会学习,必然地要将课程与学生的生活经历和成长困惑联系在一起,由此才有可能激发学生主动学习的兴趣。

> 我们不是给学生去填灌知识,而是让他知道这个知识拿到手后,能够用在什么场合、该怎么用、什么时候用……因为我们知道学校给予学生的知识毕竟很有限,学生毕业以后到了社会上,他要面临大量的新的知识,在学校里边所学的根本无法来应付。所以到了社会以后,他也不可能像学校那样再有人来给他上课,给他传授知识,也不可能不需要通过自己的主动学习来构建自己的新的知识架构体系。所以在大学期间,在他学习的最后一个环节,我们应该要引导学生形成面对社会挑战的思维方式,学会如何学习……
>
> ——FD-JS1-20190426

"师生自治"意味着师生都是独立的主体。尤其要承认学生的主体作用。学生是有思想、有意识、有尊严、有主动性和创造性的个体[①]。教师对学生的认识决定着教师能否真正摒弃对学生的控制和约束,能否将学习权力真正还给学生。当教师能够将学生视为平等的、有独立思考的主体时,他们会尊重学生的认知能力、知识经验及其差异性。正如访谈中的一位老师所言:"给学生一粒种子,他会还你一整个春天。"也就是说,师生之间是一个"学习共同体",在这个共同体中,师生都是平等的一员,具有自主权,能够参与关于课程教学的决策,课程教学目标的实现有赖于共同体中每一位成员的努力。更进一步说,"师生自治"还意味着师生会形成一种自我管理、自我保障的机制,譬如教师会根据学生反馈及时调整自己的教学,以此保证教学的有效。

---

① 金运成.审视与重构:文化立场中的大学师生关系[J].现代大学教育,2013(1):28-34.

> 千万不要认为你在教一个叫课堂的东西,你是在跟一个个活生生的个体对话。每个学生都有独特的生命经验,学生会带来老师可能永远都没有的想法。上课要紧的不是把大纲上完,而是创造一个条件,让学科思想方法与学生生命经验碰撞,让旧有知识在鲜活经验中重获生命。
>
> ——FAFU-JS1-20200822

二、以学生学习权为中心的多向互动结构

(一)学生获得对自己学习活动的支配权

在课程实施过程中,学生作为重要的治理主体之一正式出场。这时,教师和学生之间的权力互动是一种多向的网络状关系。在这一权力的网络关系中,师生间的权力和责任得到了重新配置,学生成为课程的创造者之一。说到底,师生主体间的权力关系是对学习权的控制问题。当学生拥有对学习活动的支配权时,学生的学习活动才有可能从外在驱动转化为内部驱动,才可能获得持续的学习动力。教师赋权为学生创造了相对宽松、自由和开放的学习环境,学生因此获得了一定的自主学习权力。然而,权力与责任相伴生,强调权力是为了提高学生学习的积极性和主动性,强调责任则是规范学生的学习行为,减少学习的随意性。学生在获得学习权力的同时,必然地要承担起对学习的责任。

> 我们传统的以教为中心的教学,教师只有输出,而学生只有输入,这是单向的。我们现在以学为中心,这时候教师给各个学生都有输出,这就形成网络化了对吧?所有参与在这个群体中的师生都有输入跟输出。
>
> ——FAFU-JS1-20200822

(二)管理者为教师提供教学上的支持与服务

教学管理者代表的是一个以行政为中心的权力场域,教师代表的是一个以教学科研为中心的权力场域。在课程实施环节,管理者主要以协调者、监督者和服务者的角色出现。他为教师教学的改革创新创设可为的空间,减少可能的障碍。通过这些外部条件的创设,促进教师有意识地反思并调控自己的课程实践,积极主动开展创新性变革。譬如河北大学为了推动教师教学创新,以教师发展中心牵头成立教学创新工作坊,工作坊主要以回应

教师在教学中的困惑和需求为主,围绕教师教学创新问题,邀请校内外课程教学创新领域的专家对教学创新理论、途径与方法、落实与优化等方面进行专题培训,并开展研讨、观摩、咨询指导等系列活动。北京大学的"教学新思路"项目以及教学创新大赛,帮助教师把握教学前沿趋势。而且,这样的教学创新大赛训练营并不是临时性的,而是常规性、定期的活动。西南交通大学的教师发展项目对不同阶段的教师提供针对性指导,如对首开课教师进行岗前培训和对青年教师进行教学技能提升。当教师能够将自己的专业发展和学生发展结合起来时,教师对课程的投入才会因内在动力和内心责任的驱动变得积极且高效。当教师能够从管理的事务性工作中解脱、不拘束于管理者命令式的硬性管理时,才有可能将教学工作转化为实现自我价值的手段,才有条件运用自己的智慧对课程进行创新性设计和灵活实施。当教师能够在自主、自由的空间中将提升课程质量视为自身的职业追求和渴望时,高质量课程才有可能,学生的发展才能成为现实。

(三)课程专家为教师教学提供咨询服务

课程专家不仅仅在课程设计环节帮助教师科学地进行课程设计,还会在具体课程教学过程中针对教师的教学困惑和难题给予咨询服务。我们给课程专家的身份界定为指导者和辅助者的角色。譬如,进行课程改革和创新的教师往往会碰到学生积极性的边际效应问题。即学生积极性在刚开学的几周容易得到激发,但随着课程教学的推进,学生的学习积极性会出现一定的低潮。这时候,教师通过咨询课程专家,譬如可以增加小型活动、任务或项目等,再次激发学生学习的积极性和探索兴趣。除了对教师给予支持和帮助外,课程专家会对学生学习数据以及教师教学数据进行收集与分析,为管理者提供决策依据。

三、以赋权师生为前提实现权力的双向约束

(一)决策过程:师生协商决策

课程实施过程中的决策往往不是一次性的,而是教学团队在紧密结合学生反馈的基础上,通过共同研讨所进行的多次的、反复的科学决策。而学生也作为决策主体之一参与课程实施。学生参与决策主要有两种方式,一是通过反馈意见提高决策科学性的"弱参与",二是直接参与决策的"强参与",譬如参与学习规则的制定、自主选择学习内容等。

1.学生作为反馈者通过问卷、座谈、在线平台、课程作业等形式间接参与

即使再完美的课程设计也无法应对复杂的课堂。为了保证决策的有效性,教师会基于学生反馈意见,以此作为决策的依据之一。如有的教师会在课前调研学生的基本学习基础和学习需求;有的教师会在课后征询学生对课堂教学的意见,并根据学生的意见相应地对后续教学进行调整;还有的教师会在学期中间或学期结束时了解学生的学习状态以及对课程的建议等。

从学生参与决策的途径来看,座谈、问卷、课程作业、在线平台等是教师邀请学生对课程实施过程发挥作用的主要形式。首先,"座谈"和"问卷"是集中征求学生对课程学习意见与建议的主要方式,这种方式因学生参与之多,且是课程最直接的体验者的反馈,对后续的课程改进与完善具有很强的指导性意义。

> 我们会在当天的课程结束后召开学生座谈会,其实并没有特意喊学生。因为我们上课时候基本学生都来了,然后我们会抽调一些学生过来,花半个小时左右时间做一个教学研讨,就是进行一个教学反馈了,看他们有什么问题、有什么意见,比如在哪些方面需要我们调整改进。以前的话,我们是在期末有一个课程小测,然后小测最后有一个问题,就问他们对我们教学有什么意见和感想。他们写了后,我们就只能在下一期才能有一些改进,还有就是跟他们没有交流,现在我们就直接交流了。其实我们跟学生交流花不了什么时间,然后举手之劳就做完了,学生召集一下,然后大家来聊一聊,说有什么建议,但是对我们改进教学是有非常大的帮助。
>
> ——XMU-IS3-20200721

其次,"课程作业"的形式是要求学生不仅反思自己的课程学习体验,而且还鼓励学生为课程改进提供建议。实际上,学生对自身学习体验的反思和对课程本身的反思是相互促进的,如果学生缺乏对自己学习的反思或反思不到位,那么他就无法对自己的学习情况做一个准确的判断,更不用说参与到课程的改进与完善中去。所以,从根本上说,教师基于学生发展需求进行决策,不单单是为了提升课程本身的质量,其本质在于提升学生的学习效果。

我会在学生学习了第一章以后,通过问卷的形式让他们反思自己

学习后的收获和不足的地方,并提对这个课程的学习方式以及学习内容的意见和建议。有些学生就建议在章上面应该有更多的参考资料,每一个小章节以后布置一些小问题,这样可以检验他们有没有真的掌握。实际上我刚才那些测试问题,也就是根据这些学生的建议,不断地把它补充完善。

——FD-JS1-20190426

最后,还会有教师利用在线学习平台的互动功能采纳学生对课程的意见和建议。因为很多学生不愿意在公开场合发表自己的意见,而网络表达则为他们提供了一个很好的平台。如汕头大学搭建了师生课堂教学即时反馈平台,学生可以在平台上对教师教学进行匿名点评或给出建议,一个学年内便有1087位同学留言33220条,对575位教师进行了教学反馈。[①] 虽然这些方式是兼具鼓励和强制意味的,但却是十分契合我国现阶段大学生参与意识不强的阶段性特征。

2. 学生作为协商者直接参与到学习规则的决策中来

从学生的角色来看,学生除了作为信息反馈者的角色为教师决策提供依据外,还会和教师共同就学习规则等共同决策。譬如有的教师往往会在第一堂课的时候,通过赋权的方式,让学生作为协商者参与到具体的学习规则制定中来,这是学生以直接参与的方式参与课程决策。学生可以对学习规则提出意见,甚至学生会将学习规则的标准设置得更有挑战度。这时候,教师不是规则的制定者和垄断者,而是规则的协商者,他和学生就学习规则、课堂演示、小组合作、作业呈现等内容的要求进行协商,最终达成一致的决策结果。这样,学生对学习规则就不仅仅有熟悉、知晓的权力,而且能够质疑,共同协商讨论。

> 我的第一节课就是课程简介,然后就跟大家一起定制学习规则。我第一次课都是有准备海报纸的,学习规则定好以后一个个分享,然后我们大家就一条一条过,最后定制出公认的哪几条。我第二次课的时候可以把规则做成电子版放在那,如果在学习的过程中有学生松懈,或

---

① 汕头大学教务处.汕头大学本科教学质量报告(2017—2018学年)[EB/OL].[2018-12-13].https://jwc.stu.edu.cn/upload/2018122711193906.pdf.

者不遵守规则，我就会把这个大家一起定制出来的、一致通过的规则，拿出来提醒一下。效果很好，因为是他们自己定的，当然老师要引导他最后定出来的规则。那么一经提醒他好像会觉得这确实是我们自己定的，学生有时候也会开玩笑说我们自己挖的坑，自己含着泪也要往里头跳……然后，他们对我也有要求，要求我必须雨露均沾，因为有的学生坐在后面，他怕到时候操作的时候我不管他。

——FAFU-JS1-20200822

师生共同制定学习规则是教师平衡教与学的权力、赋予学生学习责任的观念和策略。这种让学生参与到规则制定中的做法，不仅会给学生自主把控学习的感觉，还能够促进学生建立起对学习的责任。在以上的案例中，师生共同制定的学习规则不仅仅是约束学生的学习行为，而且也对教师的教学行为有所约束，这体现出师生在实践过程中的平等地位。简言之，在这一平等的关系场域中，师生主体双方的权力之间是一种双向约束的关系，而非控制与被控制的不平等关系。而且这一规则往往是由师生主体自主协商制定的，而非外界强加的。

3.教师通过基层教学组织的制度化规定实现集体决策

我们知道，在教学过程中主动与别人交流和互动的教师并不多。因此，一些院系借助具体的机构设计和制度要求促进教师积极参与教学研讨，从而让教学成为一种依托团队协作下的专业活动。譬如厦门大学化学化工学院设立"课程组"这样的基层教学组织机构促进教师集体决策。课程组会定期召开例会，开展教学观摩、集体备课、业务学习、教学研究、教学交流等教学学术活动，每个学期不少于3次，其中教学观摩活动不少于1次；每个学期每人听课不少于2次。听课应覆盖课程组全部课程。每学期应检查1次教学档案。每个学期应召开至少1次学生座谈会等等。以其中的"无机化学课程组"为例，该课程组由以下课程组成（图4-4）。那么承担这些课程的教师就是一个可以相互交流和探讨的教学团队，他们可以定期参与课程组内或课程组间的研讨互动。这种定期的研讨互动是被制度固定下来的优良实践，通常由课程组组长组织发起。当然课程组成员也可以因教学研讨需要自发组织研讨。

实际上，教学团队的交流与研讨并非为了让教师找到教学的标准答案，而是在广泛的交流和开放式的探讨中，促进教师不断地修正和反思自己的

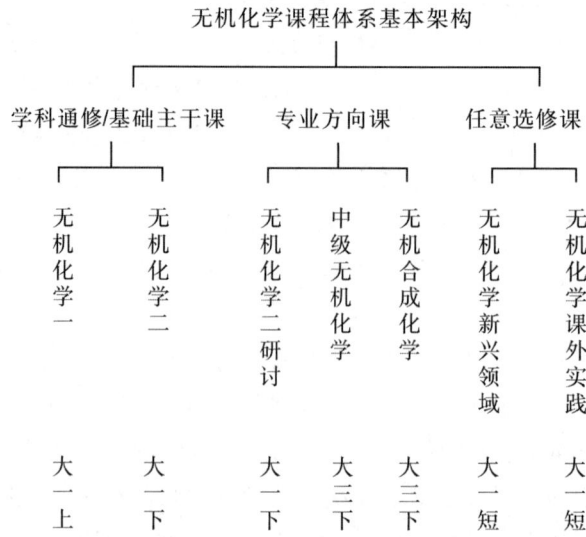

图 4-4　厦门大学化学化工学院"无机化学课程组"课程构成

资料来源：访谈对象提供。

思维与行为方式，以及交换意见、沟通协调。在常态化的交流和研讨中，教师慢慢地形成反思课程、研讨课程的意识和习惯。这样，教师不仅知道自己承担的课程是课程体系中的重要组成部分，而且认识到专业人才培养质量的提升依赖于每一位教师的努力，教师的价值感和责任感也由此增强。

(二)执行过程：科学分配师生间的课程权力

在课程实施过程中，师生都成为治理主体，这本身意味着师生是平等的主体关系。在具体执行过程中，通过师生间权力的合理分配实现学生的主体地位。

1.课程大纲制度要求教师向学生清晰地阐明课程目标

在教师访谈中，很多教师都提到，当学生明确知道学完这门课程后能够获得什么样的知识和能力时，其学习会更有效。这是学生对于课程教学的知情权。因此，教师在课程开始之初会明确向学生阐释该门课程的目标，并为学生提供学习资料的获得途径等等，以此消解师生间的信息不对称。譬如在表 4-12 中，复旦大学教授"遗传学"课程的教师列出了学习目标、全部学习资料条目，并明确地告诉学生为何选择这些资料作为学习的支撑材料，而这些资料的学习又将帮助学生知晓他们能够实现哪些学习目标。

表 4-12 "遗传学"课程目标

"遗传学"课程资料	选择依据	对应学习目标
①教学团队自制的知识点讲义 ②《遗传学》第 3 版(高等教育出版社,2013 年) ③ Molecular Biology of the Cell Molecular Biology of the Cell(Garland Science,2015)	知识点讲义与学习视频完全对应 《遗传学》第 3 版是由教学团队主编,且国内高校广泛使用的教材,知识体系与本课程高度一致 是国际上公认的细胞生物学经典教材,本课程的基因表达调控章节内容与该教材对应	记忆遗传学关键学术名词的概念,描述遗传学关键理论及其证据,归纳遗传学的不同研究方法
④教学团队自制的遗传分析作业题库 ⑤ Principles of Genetics(John Wiley & Sons,2014) ⑥ Introduction to Genetic Analysis(W. H. Freeman & Company,2015)	遗传分析作业题库与各个知识点对应 Principles of Genetics 和 Introduction to Genetic Analysis 在美国多所高校广泛解决遗传学习题,两本教材含有大量遗传学问题的导入和剖析、课后习题和前沿问题探讨	运用遗传学理论与知识解决遗传学习题,揭示并剖析不同生命现象中隐藏的遗传学问题
⑦与各个知识点对应的历史研究论文或当下的科学综述	这些学习资料直接涉及遗传学科学问题的发现、设计和解决的真实科研过程,或是对热点研究领域的进展综述	针对特定的遗传学问题设计合理可行的研究方法,评价遗传学领域各项研究成果的严谨性与创新性

资料来源:访谈对象提供。

当然,教师这一规范行为并不是自然发生的。为了将这一行为落实,课程大纲制度发挥了重要作用。一些高校要求教师严格按照教学大纲开展教学,并要求教师在规定时间内将教学大纲通过网络上传或是直接发放给学生,①以便学生在上课之前能够充分了解这门课程的目标、内容、进度安排、评价标准、课堂规范、考评规则等课程教学中的诸多细节。一方面,这些信息对师生行为起到约束作用,教师不得随意更改内容,学生需要按照大纲要求参与课堂活动和按时完成作业等;另一方面,这种契约观背后蕴含着师生

---

① 西南交通大学.关于提交课程执行大纲的通知[EB/OL].[2016-02-26].https://rwxy.swjtu.edu.cn/info/1147/5496.htm.

主体的平等地位,师生双方都是共同履行契约的平等主体。与此同时,教学大纲也十分有助于学生自主管理和规划学习,成为高效的学习者。如汕头大学明确要求"课程大纲应在学生选课前上传到学校学分制系统",西南交通大学明确出台要求教师向学生清晰地阐明学习完这门课程之后能够获得什么样的知识和能力。

> 我们在开学之初就会把执行大纲发给学生,让学生清楚地知道每一讲课我要讲什么内容,每一讲课具体的安排是什么样子的。它带来的好处就是学生感觉到自己是课堂的主人,因为他知道我们每一讲课老师要讲什么,也方便他提前预习。而且到了大三之后学生都非常的忙,我们专业课也比较繁重,比如说这部分有的学生可能觉得自己学得比较好,那么他就可以去合理地分配自己的时间,就可能分给其他的专业课多一点,但如果他知道这一部分的内容特别难,那么他可能就会把更多的精力放到我们"行车组织"这门课上来,所以这就可以让学生自己来做课堂的主人。
>
> ——SWJTU-JS1-20200827

2.通过教师的赋权机制,引导学生成为学习的主人
(1)教师"留白"赋予学生自主思考的权力

讲授法是其他教学法的基础和触发阶段,但一味地灌输和填充往往耗散的是师生彼此的精力和热情。那么,在课堂中该如何讲授呢?首先,"留白"与框架式的讲授,赋予学生自主思考的空间。在访谈中,多位老师都十分强调"有所为而有所不为"的讲授。在宝贵的课堂中,教师讲授的是基于学情的重点和难点,是知识框架和结构。实践中,会有一些教师利用思维导图帮助学生了解知识间的内在联系,同时支持学生按照自己的思路绘制思维导图。利用思维导图对课程内容进行重新组织和梳理后,学生形成对知识体系的整体理解和把握,而具体的细枝末节则由学生自主完成。也就是说,教师主要讲授"树干"和一些重要的"树叶",其余则由学生自主填充。而且,教师在讲授中会有意识地创设知识陷阱,激发学生探究的兴趣和好奇心。因此,讲授留白的"度"在于把握好知识框架与具体细节之间的关系,而讲授的关键在于通过适当的"陷阱",为学生提供一个契机,启动学生自主探究的欲望和行动。

我们的教育需要留白,有的时候我们上课时容易把课程塞得满满的,学生听得很累,你教得也很累,但是这时候如果你给学生一个思考的时间和空间呢,效果是不是更好。

——SJTU-JS1-20200703

在课堂讲授中,大多数教师运用心理学中的知识同化规律。在他们看来,学生的学习是将非己的知识变成自己的知识的过程,因此,在具体授课过程中,他们注重挖掘新知识与学生的生活经验、已有知识之间的关联,有意识地回应学生在学习、生活、交往以及实践过程中的真实问题与困惑。而每位学生都是在自己已有的知识框架基础上形成新的认知,这本身就是对自我知识结构的更新与建构。如一位教师谈道:

这些旧知识在同学们的头脑里边,它更多的是处于一种局限性的状态,这种局限性它更多表现的是碎片化的,它可能是惰性的,或者是不灵活的状态,我们教师就是要刺激学生把碎片化的整合一下,把惰性的变成那种灵活性,而不灵活性的那种就让它激活。

——SJTU-JS1-20200722

这种讲授中的"留白"和对学生思维能力的启发,是赋予学生自主思考的权力,给学生思维以想象和创造的空间,体验到思想的自由和思维的绽放,从而培养他们自主思考的能力和创新能力,让学生成为学习的主人的有效方式之一。可以说,启发式教学是教师有意识地"舍得",为学生留下自主思考、自主学习、自主解决问题的机会,从而成为学习的主角。

如果老师把一道题一字不差地说完了,那么学生记住这个知识点就完事了,但是学生的主观能动性、积极探索性就没有调动起来,那相应的能力培养就缺乏了。所以,经常会造成一个问题,学生考的分数都不错,但是在做一些创新型工作的时候就显得能力不足,比如动手能力、组织能力就会差一些。

——USTB-JS2-20191210

其次,启发式教学培养学生发现问题和提出问题的能力。启发式教学一般由教师在课堂中借助问题情境的创设,引导学生积极思维,培养学生的逻辑思维能力和问题解决能力,尤其是发现问题、提出问题的能力。

> 我在讲一个知识点的时候,会先创设一个问题情境,让学生顺着这个问题的由来,提出问题。因为是你发现的这个问题,你不解你就难受,你就有探索的欲望。所以,在课堂教学中对创新能力的培养实际上也是从发现问题开始,发现问题比解决问题更重要。那么,有了这个问题,就会诱导学生去解答这个问题,解答了问题之后才能获得这个知识点。在解决过程中,因为不是所有同学对这个问题里牵涉的知识点都了解,有的同学可能掌握更多一些的知识点,有的差一点,那么同学之间相互交流、启发,这样就能训练学生的创新思维能力,这种能力是培养的,不是一上来就有的。
>
> ——USTB-JS2-20191212

(2)教师提供多种选择赋予学生自主选择学习任务的权力

在课程实施过程中,教师往往能够赋予学生一些能够直接影响他们学习的控制权,譬如对学习内容的选择和决定权。具体而言,学生可以根据自己的兴趣选择具体的学习任务、学习资料和作业任务。当学生感兴趣时,其学习会更加积极主动。一方面,只有当具备并行使了学习权力时,学生作为学习主体身份才得以真正实现。另一方面,当学生自己选择了一个任务,但自己有没有及时跟进并按时完成时,他也无法责怪他人或推卸责任。如调研院校中的一位工学老师为学生提供不同难度的作业:

> 其实我们积累了那么长时间以后,我们有自己的项目库,就是一个选题手册。学生可以根据自己的能力来选择选题手册当中的题目。有时候我们会把题目分成三六九等,也就说可能它的起评分是 100 分的,可能起评分是 70 分的,就是我们做一个难度的梯度,这样的话,学生就可以根据自己的能力来选择不同难度的题目来完成。但是大家都是不一样的,因为都一样的话,意义也就不大了,因为可能会存在抄袭等情况。
>
> ——NUFE-JS1-20200317

西南交通大学交通运输与物流学院为课程配套拓展性内容,以满足学生的学习需要:

> 在"行车组织"这门课学完后,它还有一些延伸,比如说针对高速铁路的,所以我们又打造了一门课"高速铁路运输组织"。这是限选课,没有强迫性质的。如果学生在学完"行车组织"之后对"行车组织"高速铁路的这一部分感兴趣的话,我们会推荐他去修,如果他不想学的话,我们也会提供这样的资源给他。今年在疫情防控期间,我们又打造了一门高速铁路的英文课程,这门课程现在已经作为我们国家的首批国际课程,已经登上了中国大学慕课平台。
>
> ——SWJT-JS1-20200827

再如厦门大学的一名教授"生物遗传学"的教师,他给学生布置了一个大的研究主题——"研究果蝇诱变的开放性大实验",研究的目标之一是让学生了解生物诱发突变的机理和主要的方法。具体做法是让学生自主选择感兴趣的试验方法诱发果蝇发生突变,并通过子代的变化发现突变规律。这些方法包括但不限于物理、化学和生物等多种方法。目标之二是让学生学会自主设计实验。这一目标旨在让学生亲自体验科学研究的基本过程,运用科研的思维方式、掌握科研的基本方法,以此培养学生的创新精神、合作能力和动手能力。① 学生则可以对自己选择的感兴趣的问题进行深入探究。譬如有的小组自主设计"指甲油成分对果蝇基因突变的影响",有的小组选择"BHA诱导下睡眠剥夺对果蝇基因突变的影响",有的小组研究"蓝月亮洗衣液对果蝇幼虫存活率的影响"等等。这意味着教师将学习的主动权交还给了学生,学生可以自主决定自己要探索的内容。当然,学生自主选择课程内容这一决策权的获得,离不开学生的主动性和创造性,离不开大量的文献阅读,也更需要他们善于从日常生活中发现和提炼问题,进而通过自主设计并探究要解决的问题。

(3)教师通过探究式教学赋予学生自主探究的权力

探究是主体在面对困惑和疑难时引发的解决问题的内在需求。实践中,很多教师认识到,教师的责任不仅仅在于"上好课",而在于实现每一个

---

① 资料来源于研究者的听课与记录。

学生的学习权,给予学生自主探究的机会。

  老师其实也并不是说把问题交给学生之后,就可以休息了,而是要巡视、观察和发现问题,解决学生的疑问。但是这时候我们要注意,在解决学生疑问的时候,我们几个老师是统一意见,就是我们绝对不直接告诉学生答案,而是引导学生,让学生自己主动地把答案组织出来,自己探究出来这些答案,而只有他自己得出来的答案,他才更喜欢。

——SJTU-JS1-20200703

在探究的过程中,学生会发现解决问题无法套用、照搬书本知识,而需要个体综合考虑原有知识、情境特点以及各方面因素的交互影响。而且,因为问题的挑战性让学生难以单独解决,所以合作学习便有了可能。在小组合作中,学生之间相互配合、相互交流、相互启发、相互依赖,他们对任务进行分工,需要就不同观点进行讨论,需要从各自角度共享观点。正是在这样的合作与沟通中,让他们不断地反思自我、认识自我、成长自我(NFEU-JS1-20200317)。

  我是喜欢给学生挖个"坑",就是在课程项目当中给他们挖很多坑,然后学生在做的过程当中,我就希望它掉到我那个"坑"里面。然后学生说:"哎?老师,我这个地方不行了。"那么这个时候我再来告诉他,你这个地方为什么不行,就是你们课前在那个地方犯了那么样一个错误,这是你以后要注意的点,这样子远远比你告诉学生这个地方要注意什么、那个地方不可以这样子的效果要好得多。就是让他自己去撞个南墙,然后他就知道错了。所以这个是我在课堂当中会做的事情。

——NFEU-JS1-20200317

(4)教师实现角色转变,引导学生成为学习的主人

在课程实施过程中,师生既是治理的主体,也是治理的对象。教师面临主要的挑战是放下自己的身份权威,让学生加入一系列的对话之中。当学生拥有了表达和言说自己观点的权利时,其角色也从被加工对象转化为对话关系中的主体,从旁观者转化为参与者、实践者和创造者。一方面,开展课程改革的教师往往会主动转变自己的传道者、授业者和解惑者的角色,而

成为学生学习的设计者、辅导者和服务者。另一方面,学校会通过咨询专家帮助教师,当教师有需求时,需要邀请专家进入时,专家会和教师一起商讨如何激发学生的学习积极性。这个时候,教师本身也成为被指导者。在课堂中,教师更像是一个"导演",他挑选着剧本(内容设计),组织演员(学生)进行各个环节的活动(教学过程),给演员做好服务,并建立合理的评价考核方式(课程评价)。

> 自己不仅是一位引导者,其实也是一位被指导者,我们需要,也接受了在课程建设过程中专家的指导、团队成员交流学习和自我学习的指导。我们的课堂不再是教师自我施展的舞台,而是搭建一个鼓励创新、倡导合作、共同探索和解决问题的平台。
>
> ——SWJTU-JS1-20210510

> 在做"市场调查预测"这门课的教学时,我尝试性地把角色进行了这样的转变,我自己摇身一变,变为学生的"风险投资人"。为学这门课,学生的各个团队要成立一个模拟的市场调研公司,而学生团队就是这个市场调研公司的运营团队。除此之外,我还是他们的"客户",按教学的进度给他们提供一些订单,这些订单需要市场调研任务;我还是他们的"顾问",他们在完成这些工作的时候如果遇到问题了,既可以在面授环节当堂向我提出,也可以在网络教学平台的讨论区提出。学生主要就是来完成市场工作。当然,学生由于是初学者,在完成这些任务的时候不可能每一次都完美。如果他们出现了一些失误,因为我是风险投资人,开始时我会给他们提供虚拟的货币,如果没有按时完成,我就会公示每个小组的违约金,这也是职业代入感的体现……我还在教学平台上给学生提供了完成任务的操作指南。并且,我提供了相关的考核等级(A-E),每个等级代表着什么,我在教学平台上都有说明。
>
> ——EU-JS1-20200323

3.教师放下权威与学生平等沟通,实现师生间的情感共鸣

沟通被视为一种重要的关系规范。① 建立在真诚、理解、尊重、平等和

---

① 邓娇娇,严玲,吴绍艳.中国情境下公共项目关系治理的研究:内涵、结构与量表[J].管理评论,2015,27(8):213-222.

民主的基础上的沟通不仅能够促进师生之间的了解,还能避免学生对教师意图的揣测,也能避免教师教学的无对象化。我们经历的大多数课程的情况是:学生不知道教师的意图,教师不知道学生的具体学习需求。沟通是师生之间交换教与学的信息的重要方式,它强调信息交换的及时性、准确性、完整性和充足性。沟通意味着教师和学生共同商讨学习目标、学习进度、学习规则和学习评价标准等问题,切实了解学生需求和想法的同时,让学生清晰地知晓整个课程教学的安排与设计。譬如,大多数情况下学生在一学期内有多门课程,教师则可以和学生商讨作业提交的具体时间,这种沟通既可以为学生课下的自主学习提供可能,也避免了可能因为时间不足引起的作业质量低下。这无疑需要教师大量的投入和付出,但对于这些教师而言,他们投入教学就是一种"选择",这种选择不是被动的,而是一种执着和投入、纯粹和自觉。正是这份执着、投入能够真正地感染到学生,影响到学生的生命。而这些教师本身也深感幸福,并"乐在其中":

很多老师是不会把微信给学生的,其实我也纠结过,确实是麻烦。因为他们随时都会给你发消息问问题,经常半夜十点、十一点,但是你回答了之后,学生会很感动。经常有同学给我留言,有个同学跟我说:赵老师,这门课我学不好都对不起你。我一定要考高分。所以,我们做老师就是那种看不见的。不是说考核的谁是牛人啊,发了多少文章啊,真正地在教学上的投入不是那一回事,它是你发自内心的喜欢。

——SU-JS1-20200605

除了正式沟通,还有非正式沟通,甚至在很多情况下非正式沟通的作用更大。"最具影响力的教学并不是发生在教室里,而是发生在校园的树荫下、教师的办公室或咖啡厅里……这些教与学的对话更随意,更个性化,它不受'剧本'的限制,也不受条条框框的束缚……而且还能产生更深远、更持久的影响:学生可能会因为一时的顿悟而欣喜若狂"。[①]

曾经一个大二的学生过来跟我说他很迷茫,虽然天天很忙,但不知

---

① 彼得·法林.教学的乐趣:大学新教师实用指南[M].姚晓蒙,陈琼琼,李梅,译.上海:华东师范大学出版社,2009:104.

道未来目标是什么,以前就是考大学,心里还有目标,学习劲头还很足,但现在感觉考研、找工作都是出路,又都不是出路,就不清晰,很迷茫。他不知道将来怎么发展,那你给他指点一下,他好像突然明白了、清晰了。但老师只能帮你分析未来发展的可能性,结合你个人特点、方方面面,结合学生自身想法、家庭资本、社会关系,然后让学生自己去判断。教师教书育人不仅仅是爱国、爱党教育,而是帮助他如何走向正规的道路,帮助他健康成长。只有你做好这方面了,学生才会认可你这个老师,才会觉得你像个老师,他觉得通过和你聊天、向你咨询,是有收获的,自己是更清晰了一些……

——USTB-JS2-20191209

这位教师与学生的沟通并非课前预习、课上交流、课后作业等司空见惯的流程,①而更多是师生向彼此的敞开过程自发生成的心灵对话,是师生情感的交织、精神的交往、思维的互启。如此,师生互动并非技术性的活动,而是师生间的情感共鸣,是生命与生命的相遇。而且,通过师生间的正式或非正式沟通,学习规则不再仅仅是一种纪律的约束和权威的控制,而是在保证个性张扬的同时保证学习的科学性和有序性,并逐渐促进学生形成自律的行为规范。教师的教学也不再是自己根据经验判断,而是来源于学生真实的需要,当教师提供的支持内容与学生内在诉求之间一致的时候,更容易促发学生的主动学习。

(三)保障过程:规则和关系的双重作用

在课程实施过程中,师生的行为不仅仅受到正式制度的规范,而更多情况下是教师和学生在互动过程中自发形成的约束机制。

1.通过立项支持、工作量认定和经费保障等肯定教师的投入

教学是一个复杂的系统,其中诸多要素影响着教师的投入,牵涉着利益问题。譬如教学与科研的冲突、课内外学时的矛盾、教学工作量的计算等等。这些问题与教师的切身利益直接相关,进而影响着教师对教学的投入。在具体实践中,一些高校通过对教师教学的立项支持、工作量认定、经费保障等手段激励教师投入。譬如中国地质大学对课程体系中的每一门课程给

---

① 吕林海."拔尖计划"本科生的深度学习及其影响机制研究:基于全国12所"拔尖计划"高校的问卷调查[J].中国高教研究,2020(3):30-38.

予教改立项支持:

> 我们课程体系中的每门课程都有教改立项,立项课程就是某一门课要教改了,相当于学校给你一部分经费支持,一门课不多大概两三万。早期时候多一些,三五万……
>
> ——CUMT-JS1-20191209

譬如西南交通大学对于没有教学经历的新教师上课出台了相关制度办法,学校要求教学单位协同教师发展与教育评估中心进行听课,并对其教学提供必要的指导和培训。厦门大学化学与化工学院要求青年教师在上主干课之前必须进行两轮听课,以此保证教学质量。当然,这一制度的施行建立在其强大的师资队伍基础之上。与听课制度相配套的便是薪酬制度,该学院认可教师对教学的每一次投入,将教师的听课也纳入工作量进行计算。

> 一般地,年轻人要去上主干课的话,他如果没有听到两轮课,是不能够上讲台的。在第二轮的时候,他可能会在做助教的时候、在听课的时候,就有可能已经开始上习题课了,但是我们也不是听了两轮了之后,直接就让他马上上讲台,他可能会做一些替补,时不时会做替补来上一次课、两次课,或者上一章的课,这样有一个过渡之后的话,大概4~5年,他就变成一个相对比较稳定的比较扎实的一个课程主讲。
>
> ——XMU-GL1-20200715
>
> 从课程组教学管理来说的话,以前我们听的课其实对我们老师考核的话并没有什么,我们往往也不会去写它,但是现在因为LX做院长了,LX觉得即使是老师上新课,你去做助教或者你去听老师的课,其实你也是付出了自己的时间和精力的,就是你在准备新课其实也要算工作量的,所以现在在我们老师年度考核的时候,我们只要听课了,然后我们在这一块都是被认可的。
>
> ——XMU-JS2-20200717

当然还有一些包含实践内容的课程,为了使实践教学不流于形式,一些高校会认可发生在课堂之外的教师的付出,并给教师计算相应的工作量。

> 我们这门课的48个学时里面有16个课时是去外面,去实践的,这16个课时分为4次实践。我们不是在课堂进行的,是要学生自己出去实践的……但我们老师是需要时刻了解学生的实践情况的,因为我们学校这是算工作量的。
>
> ——HUST-JS1-20210228

2.创建智慧教学环境为教学变革赋能

以四川大学为例,其智慧教学环境改变了教师对传统教与学的形态的认识。一是教学空间环境的支持。譬如改变传统固定桌子摆放的教室,让教学家具可根据教学需要进行移动,实现教学空间的可重构性。与此同时,教学空间不仅仅局限在教室里,而是拓展并延伸至学校的公共教学空间乃至整个校园。就如我们经常在学校里看到的学生作品一样,学生的学习已经不仅仅限于课堂这一固定的物理场所中,而是拓展至更广阔的空间里。二是技术环境的设计。四川大学为师生提供信息技术与教学系统等全方位的支持,师生可以非常方便地获取需要的资源,并实现信息共享;而且,教学数据的智能分析为教师的精准化教学和管理评估提供了数据支撑,管理者可以借此与教师平等对话,帮助教师改进教学。

首先,通过多样化、全方位的信息技术支持,实现规模化下的个性化教学。传统教学的一个普遍问题是,同样的内容对有的学生来说很吃力,有的学生却"吃不饱"。而信息技术的支撑帮助教师将部分知识点挪到课前、挪到线上,从而在课前就解决了学生基础不齐的问题。教师基于对学生学习情况和学习效果的可视化分析和诊断,在掌握学生整体学习情况的同时,了解每一位学生的学习,从而能够从促进学生学习的角度进行决策。教师进而便可以在具体教学过程中实现"规模化下的个性化"教学。

> 那么这样子我们其实在课前就解决了学生基础的问题,我们会依托这种平台把学生在课前的学习情况做一个分析。这样我们可以从测试、从他们项目当中看得出来学生哪个方面做得比较好,哪些不太好,那么上课的时候我就可以有针对性地讲解。
>
> ——WHUT-JS1-20210208

其次,建立教与学的契合点,实现教学的有效性。通过有效利用学生的过程性学习数据,教师能够及时掌握学生学习状态、了解存在问题、诊断薄弱环节等等,从而体现了精准化教学。我们以课程难点为例,传统做法是教师根据自己大纲里制定的知识难点和重点,将这些内容再讲一遍。但问题在于,老师心目中的难点实际上并不完全是学生的学习困惑。而通过对学生在线学习情况进行分析后,便能了解学生学习中的真实困难和不足,从而能在课堂上给予针对性讲解,以此有效实现教学的精准化。

> 我讲知识重点、难点之前会让学生在我们的平台上用关键词回忆他们学习的这两章内容,然后我们这很直观了,字大的就说明大部分学生都已经印象很深刻,然后我们这时候就可以点过去。那重点是讲什么?那就在这里面发现去挖掘,发现字小的,可能是被学生忽略或者记不住的,但是我觉得也是教学重点的,这时候就把它挖掘出来。如果没有,那么好,说明大部分我们想讲的重点学生都有意向。也就是说学生学习的难点并不是教师自己臆断的,而是对着学生的反馈来进行归纳和巩固。
>
> ——FAFU-JS1-20200822

最后,建立师生间的信息沟通机制,实现对学习的有效监督。为了及时了解学生学习情况,教师通过借助信息化平台,譬如雨课堂、CCTALK、超星学习通、中国大学 MOOC 平台等,有效地实现对学生课下学习情况的实时掌握。除了能够及时、有针对性地向教师反馈学生的学习效果外,信息化的手段同样赋能教师,帮助教师从重复性的知识点讲解中解放出来的同时,提高备课效率。譬如利用 XMIND、Edraw Max 等绘制思维导图、流程图等。除此之外,教务部分或院系会对学生的学习体验和效果进行调研,并邀请学生参与到教师的研讨活动中,和教师交流学习体验,以此帮助教师了解学生的兴趣、需求和学习瓶颈。

> 我是怎么关注学习效果的呢?实际上,我们是要利用课程平台。我们用的超星平台可以看到学生的到课率,当然这只是表面的。我还要关注学生看视频的情况,比如我这堂课的一些视频有哪些同学已经看了,花了多少时间,看到了什么程度?这决定了我这堂课该怎么来讲,我应该在哪些地方重点强调。然后还要看测试题的完成度,因为我

们每道题在设计的时候都有很多个测试点,通过学生的提交,我们能够了解哪些学生完成得不好、哪些题完成得不好,这样,我们就会在教学过程中针对这些不好的地方进行强化。

——HIT-JS1-20200924

如果想判断教学效果不好是不是学生的投入不足呢,那我们就可以看到学生的投入时间,如果学生的平均学习时间是6个小时,而有的学生只用了一两个小时,但他作业却完成了,我们就要考虑他的作业是不是抄袭的。如果他提交次数非常少、花的时间也非常少,他要么是天才,要么是抄袭。

——WHUT-JS1-20210208

3.师生关系成为规范师生行为的隐性力量

课程实施极富生命力和创造力。其中的很多细节无法依靠规范来说明,而是依赖于师生主体的实践自觉。而这一实践自觉发生在具体的师生互动关系中。师生关系是教师和学生之间的相处之道,它之所以能够成为一种规范,关键在于它是在教师和学生的互动交往中生成的,是师生之间对自我和彼此的一种定位和认同,并发展成为师生之间相互作用的权力配置关系。① 当这种关系被师生认同和维护时,则意味着师生之间都能够承认这种对彼此权利和义务的界定,以及对彼此权力关系的配置。正是如此,关系才能够成为约束行为、实现规范的力量。在某种意义上,师生关系是内化于师生之间的一系列无形的规则,是一种内在的约束机制。它根据师生双方之间的身份对彼此行为产生约束和激励,是师生在相互信赖、彼此承诺和平等沟通的相互作用机制上形成系列隐性规则。

一方面,师生关系发挥规范作用的基础在于相互信任。"信任因素构成所有有意义的学习的基础"②,也是师生在双向互动过程中对彼此的认同和期待。学生对教师的信任来自教师对教学的热爱、投入和能力。一个教师对教学投入多少,学生是最不会被哄骗的。而学生对教师的信任也来自教

---

① 易军.关系、规范与纠纷解决:以中国社会中的非正式制度为对象[M].银川:宁夏人民出版社,2009:2-7.
② 斯蒂芬·D.布鲁克菲尔德.大学教师的技巧:论课堂教学中的方法、信任和回应[M].周心红,洪宁,译.杭州:浙江大学出版社,2005:107.

师的专业能力和威信:学生确实会欣赏知识渊博的老师,确实喜欢被知识渊博和能激发学生积极性的人所教,尤其是那些对学科知识表现出热情的人所教。①

> 对于我们这门课来讲,因为它的实践的意味特别浓,所以我们对任课的教师提出很高的要求,就是我们8次课的8个模型,任课老师一定要自己亲手做一遍,只有自己亲手做了,你才能够言之有物,才能够面对学生的问题的时候,给一个正确的回答,如果你打偏的话,学生马上就不信任你了,他觉得你没有体验。
>
> ——SJTU-JS2-20200703

当然,信任也涉及教师对学生的信任。教师一般会通过课前的学情调查、学生档案等方式了解到学生的能力水平和需求。而且,随着师生交往频率的增加、相互了解加深,教师能够进一步地把握好自己的预期和学生能力之间的距离。教师对学生的信任实则是给予学生自主成长的空间,让学生在探索中发展自己的能力,也更是一种教师与学生间平等关系的表征。

建立互信既不是一件迅速的事情,也不是一件容易的事情。而且信任又是难以捉摸的概念,很难进行标准化的设计。我们并不能指望学生一开始就能建立起对教师的信任,而是需要教师去争取和维护。师生间的互信是一个循序渐进的过程,建立在教师与学生长期且频繁的交往互动、彼此敞开的过程中,并在此基础上形成相互间的理解和认同。

另一方面,师生关系发挥规范作用的关键在于相互承诺。承诺是参与主体必须履行一定的角色期待。同时也是一种"自我履行",它更多依赖自我规范和自我约束。②譬如教师要求学生每次能够及时且高质量地完成作业,那么教师自己也会履行承诺,要求自己对每一位同学的每一次作业认真修改,并给出反馈意见。当然,这对教师而言意味着大量的投入。但如果教师没能认真修改学生作业,学生能够感知到教师的承诺未被履行,则会认为

---

① 约翰·哈蒂,格雷戈里·C.R.耶茨.可见的学习与学习科学[M].彭正梅,邓莉,武绍杨,等译.北京:教育科学出版社,2018:40.
② 董维维,庄贵军.关系治理的本质解析及在相关研究中的应用[J].软科学,2012,26(9):133-137.

自己的付出没有得到相应的回报,进而产生被欺骗感,这必然会对关系的维系造成消极影响,也直接导致学生将不再认真完成作业和任务。因此,若要获得学生发自内心的认可,教师必然要在言行上保持一致、履行承诺。在这里我们可以发现师生行为的背后是一种相互的隐性的权利与义务关系,这样的一种隐性关系则是师生间的心理契约。

四、学生深度参与并形成了浓厚的学习兴趣

学生参与既是课堂教学的目标,也是路径。传统课堂的一个主要问题是学生主体的参与缺失或参与流于形式。那么,在高质量课程实践中,要解决的一个关键问题便是促进学生有效参与课程。本书结合访谈材料,将学生参与划分如表4-13所示。基于不同的参与方式、参与程度和参与内容,学生的主导性地位也不同,从学生的外驱性参与到内驱性参与过程中,学生的主导性逐渐增强。当然,以下分类只是一种理想型分类,在实践中,学生的深度参与往往建立在浅层参与和中度参与的基础上。

表4-13 课程实施过程中的学生参与

参与程度	外驱型浅层参与	混合型中度参与	内驱型深度参与
参与内容	学生按时出勤、完成老师布置的作业	学生在教师引导下主动回应、参加小组讨论等	主要挑战更有难度的学习任务,形成专业兴趣
参与方式	个体参与	个体或合作参与	个体或合作参与
学生主导性	弱	中	强

(一)浅层参与:教师要求下的任务完成

外驱性浅层参与是一种以教师对学生学习过程进行干预的课堂参与方式,强调学生在教师要求下按时出勤、完成课前的预习和课后的复习任务以及在课程学习过程中提交需要完成的作业等。外部驱动下的参与是最基础的,它是学生能够进一步深入参与的前提。当学生参与了教师管御下的这些学习活动后,便能够在掌握了一定的知识体系基础上,带着问题进入课堂:

> 那么这样的线下课堂就是有准备的课堂,有针对性、有准备的课

堂，学生有这样的前期准备以后，我们就能够在课堂中减少一些基础知识的讲授，我们就可以有机会来完成更多的课堂活动，课堂就可以活跃起来，互动性也可以加强。

——FNU-JS1-20200822

我们学校的学生不像清华北大的学生那么自觉，如果你不给他们做好要求，是很难在课堂上开展互动的，因为根本开展不起来。

——QHU-JS1-20191121

外驱性参与是必要的，并不是说外驱性参与和内驱性参与之间有着深深的鸿沟，也不是说外驱性参与就是机械的。因为课程教学策略的选取必须建立在学生的现有基础和特点之上，尤其是在一些学生基础薄弱的学校，学生基础并不是很好的时候，必须以外驱性参与对学生的学习进行规制。所以，只有在具备外驱性参与的前提下，在形成对课程内容有了一定的理解基础上，才有可能进一步地保证中度参与和深度参与不流于形式。在高质量的课程实践中，往往能够实现学生从外驱性参与转向自律的深度参与。

(二) 中度参与：教师启发下的有效互动

学生中度参与行为首先体现为学生与老师的课堂互动。教师往往会通过结合学生生活中的实际案例向学生提问，或启发学生思考提出问题。除了提问之外，教师会利用多种手段调动学生参与高阶思维活动，如写作、表述、分析、评价等等。而且，学生有效参与建立在课内外学习有效结合的基础上，即（通过课下学习以后）来参加课堂讨论的学生对内容的掌握程度是接近的。一般地，学生课内外学时比在 1∶1～1∶2 之间。如果低于这个阈值，则表明学生课下学习时间不足，如果超出这个阈值，则说明该门课程的负荷太重，占用了学生太多的课下时间，很可能会影响到其他课程的学习。

所以我们是启发式的。课本有的我不讲。为什么讲环境，以前从上市到市场淘汰为什么这么慢，现在为什么这么快？比如就让他们分析，为什么现在"独角兽企业"[①]用几年时间就可以运转上市。比如抖音、ofo、滴滴，是战略问题、市场问题，还是什么问题呢？怎么样来解决

---

① 独角兽公司一般指投资界对于 10 亿美元以上估值，并且创办时间相对较短（一般为十年内）还未上市的公司的称谓。

独角兽企业的成长呢？如何"嗖"地就把市场打开了？营销课本上的东西我几乎不讲,课本的东西都是能看得懂的。我最后通过我的引导让学生自己发现这些点就好。营销学是要看为什么要有这个知识点,怎么来的,这个知识点能用到哪里去。我们不是讲环境要素、特点吗？我们就分析,现在大家在做科研的时候,环境新的特点就是无卡斯代码,然后我们就把它嵌进来,然后粘进去,就是结合一些前沿、学生兴趣,把知识点融进去。

——NUFE-JS2-20200319

学生的中度参与还体现为主动的生生互动。生生互动既有学生在线讨论由教师或助教发起的主题讨论,也有可能是学生自主发起的提问等。更多情况下发生在小组合作中,譬如学生主动与小组成员通过查阅资料和准备,在讨论时分享自己的观点和建议,为小组做出贡献。

有同学遇到不懂的就可以在平台上提问,那么,其他同学也可以回答。这样经常都不需要我们老师去解答,他们自己就解决了,而且其他同学在翻聊天记录的时候看到别人的提问也会促进思考,为什么别人会这么提问、这个问题我是不是也没有注意到。

——SCU-JS1-20200605

我们在讨论区可以及时询问问题,看到其他同学的作品和问题也能提供新的思路,寻找自己进步的空间。

——XMU-XS4-20200826

生生互动还包括在小组内部进行讨论时主动思考他人的观点、能够从自己的角度提出观点、对他人的观点提出质疑或给予反馈与评论、交换资源和信息等等,通过这些交互行为促进集体的知识发展。为了有效地参与,学生需要在课下花时间准备和搜集相关材料,并合理组织这些材料,形成自己的观点,也即是说学生在具体学习过程中不是简单地对搜集来的资料进行复制粘贴,而是以此作为自己论点的有力证据。如此,每个学生都是带着自己观点参与讨论,由于不同观点的冲突或矛盾,学生需要能够批判性地对待他人观点,不垄断发言权、不做沉默者,同时善于欣赏他人的贡献,在反思和对比中持续地改进自己的观点。在互动中,每个学生都是学习者,同时也是助学者,他们彼此之间是相互合作、相互贡献、相互促进的关系。

此外,学生的中度参与还表现在小组成果展示过程中对其他小组作品进行点评,对自己所在小组的作品进行解释说明。实际上,这一过程既包含教师与学生,学生与学生之间的交往,也包含师生与学习资源的互动。还体现着学生在课下合理规划自己的学习时间,采取深度学习方法,在遇到困难的时候他会与同学交流或是向老师请教等行为。在与同学交流的过程中,增进了彼此的友谊,而老师的帮助也会让他感受到老师对自己学习的关注。

(三)深度参与:学生形成了浓厚的专业兴趣

学生的深度参与往往表现为内在动机被激发,产生了浓厚的专业兴趣。一个最典型的表现是他们更愿意为课程学习投入额外的时间,更主动、更自发地期待挑战性的任务,形成了进一步探究的动力。他们不惜投入大量课下时间和同伴交流、向老师请教,主动探索、挖掘所需要的知识。哪怕这些知识超出了这门课程的学习范围,哪怕困难重重,他们也不会放弃。而教师也会对学生的学习过程给予必要的指导和支持。从某种程度上而言,学生的深度参与不仅仅是认知、人际方面的参与,还体现为情感方面的投入。在探索和挑战中,学生获得了极大的成就感,认识到自己的潜能和创造力。而学生的这种学习状态就是主动的学习、深度的学习。正如一位学生在课程结束后的感悟中写道:

> 这门课让我很有成就感,每完成一个任务我就很兴奋,我就更想挑战自己,而且我才发现原来我们这个专业这么有用。
>
> ——XMU-XS6-20200827

这在教师那里同样得到了印证:

> 我的学生下课后还跟我说,老师我还要做更有挑战性的作业,我们要为荣誉而战……
>
> ——FAFU-JS1-20200822

其实这时候已经下课了,我们是星期五晚上上课,然后这个星期六到下周五的过程中,很多同学还十分有兴趣。他们跟我说,老师,我们还想过来再做一些东西。那当然可以,然后这时候再做的话,我们就给他一些新的东西,更有挑战的东西。比方说,我们还是原来那个问题,我中间悬挂两个荷载行不行？当悬挂两个荷载,而且这两个荷载的重量还不相同的时候,还是要做到最轻的话,你如何再去做这件事情？

——SJTU-JS1-20200703

第四节 课程评价：基于师生共识的规则治理

在课程评价环节,教师已经不再做关于学生学习评价的全部决定了,而是和学生就评价规则进行协商,制定出清晰透明的评价规则,并在共识基础上与学生共同分享评价权力。这时,学生作为评价主体的身份凸显,管理者则通过制度设计鼓励教师创新考核方式。

一、以客观全面与基于证据为目标追求

为了解决课程评价中只注重考核学生知识获得的量的多少的片面考核问题,课程治理以客观全面的考核学生发展为目标,通过评价促进学生发展,让学生明白学业成功不是取决于别人的能力,而是自己可以通过努力掌控的。"基于证据"强调课程评价的结果可追溯、可循证。学生在课程学习过程中参与的考试、讨论、出勤、测试、课程设计等等能够反映学生成长的信息,都是课程评价的依据。而学生最终的成绩是自己参与不同学习活动的证明。

基于这样的目标,课程评价所指向的是学生在课程学习过程中,以及课程学习后的学习达成度,而非选拔学生、比较不同个体。与之相适应的评价模式便是标准参照模式,标准参照指导下的课程评价是以学生个体的学业与所设标准之间的匹配程度来表示。[①] 这样,学生的学习是一种自我竞争,而非"内卷",学生可以通过不断地挑战自己获得成就感。学生与学生之间则是一种合作关系,通过相互帮助实现更好的自己。自然地,教师的评价反馈在具体评价过程中十分重要,它是学生基于反馈进行反思与改进的依据。

---

① 约翰·比格斯,凯瑟琳·唐.卓越的大学教学：建构教与学的一致性[M].王颖,丁妍,译.4版.上海：复旦大学出版社,2019：146.

二、以师生评价权为中心的网络式结构

在课程评价中,教师仍然对学生做出评价,但他们是通过系列精心策划、旨在发挥学生学习潜能、激发学生学习兴趣的活动过程中给学生以评价。而且,教师不再做全部的评价,而是让学生参与到评价活动的过程中来。

(一)任课教师和学生共同享有课程评价权

如果说传统课程评价只是教师一方对学生学习进行全部的评价。那么,在转换到以学生为中心的语境下的时候,虽然教师也对学生学习进行评价打分,但在这一过程中,学生已经作为真正的评价主体参与到评价活动中。一方面,他们在过程性评价中能够评价自己的学习;另一方面,他们能够和同学进行互评。可以说,自评与互评是一个独立、自律学习者所需的学习技能。更进一步说,自评和互评是课程评价权力在全体师生中的分享过程。而教师则可以通过控制自评和互评在整个评价中的权重,以此保证互评效果的良好发挥。因为当学生能够控制的权重很高时,学生就容易关注分数,而忽视了自评和互评其实都是为了促进学习的根本目的。这种对学生评价权重的控制就是教师做出的关于评价的关键决定。

教师的专业判断能力决定了他对评价享有关键决策权。与此同时,他又不完全控制全部的决策。教师更重要的职责在于通过考核项目的设置,使学生在整个学期中都不断努力学习,而非仅仅依靠期末考试突击通过考试;并及时将考核结果反馈给学生,从而在教学中尽力帮助学生了解如何学习能够获得好成绩。因此,在整个评价过程中,学生具有一定的决策权和监督权。

> 有一次,我在上课的时候,有一位同学回答得很棒,我在黑板上背着同学、记录答案时,建议给她满分,结果全班异口同声地说:已经满分了。这说明这种办法极大增加了同学们彼此之间的关注度,进而增加了发言及其成绩的权重。还有一次,有一个同学回答完问题,我说:你还没说你是几号呢。然后这位已经坐下来的同学,转后对同学们说:我是××号。这个画面很有意思:明明是我在提问,但是她却转向全班同学去回答。她下意识地感觉到:她是在对着全班同学回答问题。
>
> ——SCUT-JS1-20200903

(二)管理者组织开展课程评估并促进教师改进

在课程评价环节,管理者既包括院系层面的教学管理人员,也涉及学校教务处层面的管理人员,他们主要发挥监督权,以及对教师课程教学质量组织评估。管理者评价权的发挥并不是直接的,而是通过课程评估专家间接发挥作用。一般由学校层面的课程委员会或相关的课程教学质量工作保障机构进行组织,而具体的评估工作则由各学科的专家根据相应的课程质量评价标准来开展。评估结果由教务处传达给教学单位,改进结果则由教师负责。

三、以共识性评价规则引导学生有效行使评价权

(一)决策过程:师生共同决策

1.师生共同协商并达成对评价规则的共识

对学生而言,分数可以说是其课程学习中最重要的部分之一。当学生能够对自己认为重要的事情上有发言权时,他便获得了真正意义上的掌控感。而且共同协商评分标准既让学生知道什么样的标准是高质量的,也能够让学生认识到不同学习活动的重要性,更能够让学生获得信任感,从而更全身心地投入学习。

C老师提前制定了详细的评分细则,但这个评分细则此时只是一个标尺,这个标尺能否起作用的关键在于,全体学生是否能够认可这一标尺并达成共识性理解。所以,评分细则制定后,Z教师和学生一同协商、讨论每一项评分标准,学生则就每一条标准发表自己的看法和意见。最终,形成了师生共同认可的评价标准。在这一过程中,教师作为课程评价规则制定的权力主体在行使权力过程中,给予了学生相应的权力,使他们能够获得相关信息并有机会陈述自己的看法。这是学生作为课程评价主体之一获得参与权的实质体现。毋庸置疑,师生共同认可的评价标准也会减少很多必要的麻烦,譬如学生对课程成绩的不满:

> 以前一到期末总有学生来跟我吵,为什么他的分数低,有的直接要求我让我给他加分,现在标准十分清楚,每一次作业、每一个活动的分数都记录在系统里。学生来找我的时候,我就拿给他看,这样他就心服口服了。
>
> ——FD-JS2-20201122

2.教师在学生决策基础上做关键决定

判断学生学习投入是一个很复杂的过程,尤其是在分组活动中,因为很多任务是在课下完成的,所以教师很难直接掌控每位同学的学习情况。虽然有些教师要求每位学生在线上平台记录自己的每一次工作,但难免会有失公允。因此,为了避免学生"搭便车"的情况,教师会在对小组进行评分的前提下,给予小组长一定的赋分权力。即教师给小组打出总分,小组内部各成员的分数则由小组长根据不同学生的贡献进行打分。换句话说,学生学习效果的评价不再是教师一个人说了算,而是师生共同商定的结果,教师只是在学生困惑或难以做出决定时给出关键的、客观的决定。

> 那么在这种项目的考核方式上面,其实我们也做了一些调整,就是说我们给小组长一些权力,我们的小组长我们是给他权力的。老师实际上对每个学生参与的情况不可能时时刻刻都盯着。那么老师打分的时候,是对这个小组的项目进行评分。比如说我认为这个小组做得还不错,我就会给这个小组打 80 分,这个小组有三个人,那么这个小组的总分就是 240 分,这 240 分由小组长根据你们小组当中成员的贡献度,自个儿去分配。
>
> ——NUFE-JS1-20200317

> 我还有一个额外的激励:如果某一次的回答特别有难度,回答者直接给满分——这个计分权由老师掌握。比如,有一次我上课的时候提问"有你这样跟你爸说话的吗?"这句话背后的儒家伦理是什么?请用八个字回答。结果 M 同学回答"君君臣臣父父子子",我就直接给了他满分。当然,在公共计分的同时,老师的专业判断还是要保留,因为评定优秀与否的决定权还在老师这里。我能够感觉到同学们依然非常重视我的评价。
>
> ——SCUT-JS1-20200903

学生的学习动机和课堂参与程度在一定程度上受到自己拥有的评价决定权的影响,那么究竟给予学生多少权力才能激发整个班级的活力?这一问题与学生的成熟程度有关,当学生已经形成了客观评价他人的能力的时候,能够给予更多的决策权,但与此同时也意味着更多的职责。而且,并非同一个班级内的所有学生都具有相同的能力水平,因此实践中确实需要有部分学生承担更多的责任。

(二)执行过程:教师赋权实现学生对自己学习成绩的主导

1.教师明示清晰且透明的成绩评定标准,实现学生的知情权

对教师来说,课程评价也许发生在教学活动结束时或者过程中,但对学生来说,评价是在教学活动的开端,其学习活动往往是为评价做准备。课程评价的功能决定了它将导向学生采取什么样的学习方式,付出怎样的努力。清晰且透明的课程评价规则是指让学生知道自己最终的课程成绩是由哪些考核项目的得分构成的,以及不同考核的占比和评价方法。即用可观察的行为指标清楚地让学生能够明确地知道自己需要参与什么样的活动,参与到什么程度,所参与的活动的具体评分细则,以及如何能够获得更高的分数。西南交通大学要求教师所采用的成绩评定标准与办法能够客观公正地评价学生的学业表现,譬如,如果采用论文写作,那么是否对论文抄袭等进行必要检查? 各种非考试环节,如报告、课程设计等是否有统一、明确的评分标准等等。① 这是帮助学生明确努力方向的同时,也保证了课程考核的公平性。

> ……平时分中讨论分值占到了15%,我就明确告诉学生,你必须参加这个课程讨论,次数必须要达到8次及以上。你可以去回复别人的讨论,也可以发起讨论。我们整个学期大概会发布一二十次讨论,那么你可以根据你的兴趣来选择参与你感兴趣的讨论,只要参与讨论的次数能达到8次及以上,你就可以得到讨论分数,所以我们今年的交流区的内容非常丰富。而且出乎我们的意料,学生做了很多的提前准备工作,然后做了很深入的课前的、课后的调研,找资料也好,然后去找文献也好,图表全部都做得非常详细,确实也是让我们很意外的一个地方。
>
> ——SWJU-JS1-20200827

我们再来看一个例子:

> 在没有进行改革之前,其实我的课程评价也不是期末考试一张卷

---

① 西南交通大学教务处.西南交通大学本科课程成绩评定:方法与指导[EB/OL].[2020-11-19].http://jwc.swjtu.edu.cn/download/rule/20201119105209847.pdf.

子或一篇论文定分数。但是最大的问题就是:评分细则不够具体,没有可操作的衡量标准……比如要怎么参与?参与到什么程度呢?而且我评价反馈的时间也非常模糊,我们经常是为了自己的方便,但是学生上的不只是我这一门课……他们需要一个可预期的学习框架来自主地安排自己的学习。经过多次迭代改革后,我意识到评分规则一定要精细,我会明确地告诉学生我的评分标准。比如线上活动我要求学生在超星慕课平台上完成在线讨论,让学生在期末的时候交一份报告,详细记录参与的讨论内容,每位同学需要至少在网上做五次长回答。其实我也不会真的去数多少字,但是同学心里有数,到底是长回答,还是短回答。因为同学明白了我的具体要求后,甚至一个学期回答了十几次。

——FD-JS4-20201126

这位教师改革后的课程评价规则详见表4-14。

表4-14 "大学英语写作"课程评分构成

完成形式	内容	分值	提交时间
线上	超星慕课平台的在线讨论(学期末上交一份报告,详细记录参与的内容);每位同学需要至少在网上做五次长回答。	5%	学期末
线上	在线测试(超星慕课平台的在线测试,选择题、判断题和填空题)	10×2%=20%	每次在线视频观看后,课堂见面前一天12:00
线上,线下	出勤(线下课程的出勤,线上视频及时完成情况)	5%(缺勤一次扣一分,扣完为止)	课堂见面前一天12:00
线上,线下	课下作业(五项作业,线上提交),作业1、3、5由教师评价,作业2和4同伴互评	5×10%=50%	该单元视频结束一周后提交作业,反馈在下次见面前
线上	同伴互评(互评的认真程度)	5%	/
线上,线下	期末论文(线下完成,线上提交)	15%	第16教学周

资料来源:访谈对象提供。

2. 管理者制定成绩评定的制度规范,鼓励教师创新考核方式

在课程考核创新方面,管理者通过相应的制度规章鼓励教师创新对学生的考核,譬如西南交通大学教务处出台《本科课程成绩评定:方法与指导》鼓励教师创新设置考核环节,只要教师的方法能够很好地引导和促进学生有效学习,尤其是引导学生进入深层次学习从而达成多维度教学目标便是被支持的。当然,自由与规范并存,关于课程考核的管理规定还要求课程成绩由若干考核环节构成,教师则可以根据课程和学科特点,自行选择和组合。

具体考核环节总体包括以下几个部分:第一,课程表现,其目的是鼓励学生积极参与课堂教学。如学生口头参加课堂讨论、回答或提出问题以及其他各种形式的口头或文字形式的交流。一般地,通过学生出勤、参与课堂学习过程(如回答问题、课堂讨论等)。而且,部分教师会在学期中多次公布成绩,让学生清楚地知道自己课堂表现的评价结果,从而促使学生有机会反思自身的课堂表现并进一步努力提高成绩。第二,随堂测验。这类测验多为非正式测验,灵活性很强,主要是为了检查学生对课程知识的掌握情况,促进学生的课前预习与课堂听课。第三,口头汇报。一般是由个人或小组进行PPT汇报,主要是对学生课下学习结果的检查。第四,在线学习检查。这类考核一般是开展混合式教学,或线上教学的教师,检查学生课下预习和课后学习情况。这一考核一般不以观看视频时长为标准,而是对学习效果进行考察。一些教师会在视频中穿插一些测试题以此检验学习效果。因此,在线测试完成的正确率是在线学习检查的可选标准。第五,课后作业。一般是在完成一定的知识学习后安排的课下作业,目的是巩固学习结果。第六,总结性的课程作业。譬如课程报告、课程设计、小论文、实验报告、研究项目报告等等。不同学科和不同课程的特点决定了教师们的不同选择方式。这类考核项是为了对学生的学习进行拓展和深化,着力培养学生解决复杂问题能力和写作能力。第七,正式考试。这是对学生前一阶段学习情况进行较为全面的检查。

3.教师分享评价权,实现学生对他人和对自己的评价

在课程评价环节中,让学生互评是教师分享评价决策权的普遍做法。但是在实践中却面临两大问题。一方面,实践中总会遇到很多学生自觉或不自觉地放弃了本该属于自己的权力,很多学生并不愿意加入到互评中来,尤其是课堂上对他人进行评价。而在改革实践中的教师们始终没有放弃这份努力,他们探索着自己的一些方法:

同时在报告的过程当中,我会通过学习通,按照随机选人的方式,选出一个学生对这个小组的报告进行评价,这个目的实际上也是有明确的要求。为什么?因为有些学生可能不太会关注其他小组的报告,而报告以后随机选人进行评价,也就使得每一个学生都会关注到其他组的报告。

——FD-JS1-20200426

我发现我们的学生有一个非常大的特点,他们不太喜欢找自己的问题,但超热衷找别人的问题。所以在找的过程当中,我觉得对双方的学生其实都是有利的,就是犯错误的学生,他在这样的一个氛围当中,被同学或者说被老师指出来他的问题,他会印象非常深刻;那么对于指出别人问题的学生来讲,他自己也很有成就感,你看我还不错,我都能指出别的同学的问题来了。所以中间这些环节,老师其实只是做了一个引导的作用,让学生们发现问题,借由他们的讨论,把这个问题给解决了。

——NUFE-JS1-20200317

另一方面,虽然评价是学习的一个重要组成部分,只有学会给他人公正的评价,才能公正评价、监督自己的学习。但对绝大部分大学生而言,他们很难在第一次就能够给出客观公正的评价。这时候,复旦大学的Z教师就进行了及时的引导与深入的沟通。其做法的关键在于评价规则的共识以及及时引导。她通过和学生共同讨论互评规则,让学生清楚地知道该如何进行评价,然后控制互评在整个评价中的权重,以此保证互评的有效性。

无论是我们FD的学生,还是其他学校学生,如果没有经过训练的话,很难一口气就做到非常有效的评价。其实我并不是一开始就成功的,我在第一轮的同伴互评之后,就有16位同学给我写投诉邮件。他们的投诉内容基本都是评语粗糙、只给总分等等,反而不是我们想象中的同学给自己评分过低。因为如果你给的评分过低,但你给了充足的理由的话,被评者也会心服口服。甚至有一位同学说,我的评分太高了,而且我也没有从评价中学到东西,我希望有人能给我重评。所以,我给第一份作业设计了评分细则表,这个表首先是要求分点进行评价,然后每个小点分不同层次。最重要的是,我们需要对量规进行充分讨论。因为不同学生对同一量规有着不同理解,所以我们要有一个讨论的过程,让所有的学生都能在同一个理解上进行评价。

——FD-JS2-20201122

4.过程性评价实现学生对自己学习结果的主导

对以学生为中心理念进行实践的教师无一例外地、清晰地认识到课程评价也是学习的一部分:课程评价并非要给学生分成优劣等级,而是为了促进学生更好地学习。因此,过程性评价的重要性就尤为突出,它可以有效促进学生投入,它让学生知晓:自己的学习由自己做主,课程成绩是可以通过自己努力而得到提高。过程性评价背后是有效的反馈机制,一些院校明确要求教师必须给予学生及时性、针对性和阶段性的反馈,让学生知道自己的不足和努力的方向,从而不断完善自己的"作品"。而这一过程本身就是学生主体性地位的凸显过程,学生在遇到困难时,可以与教师、同伴沟通交流,而这本身也是合作能力、沟通能力和解决问题能力的培养。

因为对于学生而言,知道自己的问题所在,并且知道后期的努力方向既能够让他知道自己的付出是有价值的,也能够激发进一步学习的兴趣。因此,评价的有效性在三个方面。一是及时性,是指教师能够及时给予学生学习情况的反馈。二是针对性,是指评价的具体对象和内容是明确的、具体的。评价反馈不只是教师给学生评出分数,而是能够"肯定优点、指出不足、提供方向",其根本是为了促进学生改进学习、不断进步。三是持续性,是指在学生完成最终的学习成果之前不断地给予反馈,这样便于学生有机会修正表现,更好地实现目标。

> 我想成绩固然是对学生这门课程学习情况的评定,但开设这门课程的初心绝不是最终将学生化成三六九等,而是真正让学生从这门课程中有所收获……所以,我把课程作业从最终评阅给分调整为过程监督,我尽可能给出评阅意见让大家反复修改,只要在最后给成绩之前上交一份高质量的课程作业就可以……①

其实在这种阶段性汇报当中,他自己也看到了自己做的这个东西

---

① 学术与社会."为人师表"第1期"张杨波:我的十年大学从教心得"[EB/OL].(2019-04-29)[2019-07-21].https://www.sohu.com/a/305288042_337742.

和别人做的之间的差距。其实,我中间至少有两次机会是可以让学生去做改进的。我的第一阶段结束,汇报一次,我会给意见,其他同学也会给意见,然后你去做改进。到了第二阶段做完了,你再来做一次改进。那么到了第三阶段,其实你已经能够形成一个比较完整的成果了,所以我们就在中间加入适当的反馈,促进学生在做大项目的过程当中相互的合作,那么中间学生遇到问题了,可以找老师来问,也可以跟同学去问。

——TU-JS1-20210117

(三)保障过程:多元联动实现评价结果的有效使用

1.教学质量工作委员会牵头负责评估,评估结果兼具改进和问责功能

以西南交通大学为例,为了对课程教学质量进行评估和保障,其设立教学质量保障工作委员会主导课程评估,并负责评估结果的发布和解释。在具体执行过程中,由质量保障工作委员会委员牵头,从专家库中抽取一定数量的专家(专家由各个教学单位推荐),组成课程评估组,对课程进行抽查。课程专家通过学校教学质量保障信息化平台,收集质量保障信息,审阅佐证材料,评价教学效果,提出教学建议,并对改进工作进行指导和监督,而后完成并提交《课程评估报告》。质量保障工作委员会则根据专家评估报告,形成学校层面的《本科课程质量报告》,继而向教学单位反馈被抽评课程的评估报告。教学单位则负责组织课程接受校级评估,并反馈评估结果。授课教师则根据反馈结果,参考学校制定的《本科课程改进计划报告模板》提交改进计划。课程评价结果的应用一方面用于支持课程持续改进,另一方面用于课程教学质量的评优与问责。课程评估结果作为学校对各教学单位年度教学工作考核的重要指标之一,学校每年会对评选的优秀课程进行表彰,授予荣誉称号,并对课程团队予以奖励。而且,对评估结果为特优和优秀的课程,课程组成员在进修学习、职称评聘以及教研教改项目申报中,在同等条件下给予优先考虑。

2.完善课程质量评价标准,实现对教师课程教学的有效评价

课程质量评价标准既是评价教师教学的有效工具,也能够帮助教师针对性地改进教学。如复旦大学设计了适合混合式在线课程和纯在线课程的

FD-QM标准,该标准包括8个维度、33个指标,①教师在根据这些维度改进教学的同时,管理者也可以借此实现对教师课程教学质量的评价。再如西南交通大学设计了分别适用于公共基础课、通识课、新生研讨课、专业课等四大类课程的通用质量标准,在保证所有课程达到合格标准的同时,在全校范围内发现并奖励好的教学实践,并进行更大范围的推广,以此吸引更多的教师笃定对卓越教学追求的信念,并能够将这一信念转化为实际行动。在具体评价过程中,西南交通大学还鼓励评审专家采用多种形式开展评估,譬如审阅教师自评报告和教师提供的证据材料;课堂教学观摩;学生课程学习体验调查;学生、教师、企业代表座谈、访谈、问卷调查等形式。

3.教师通过设置课程作业区分度体现评价的公平性

教师在评价中经常会遇到的矛盾是,如果全班同学能够达成学习目标,那将是理想状态。但在一个班级里的学生总有能力水平的差异,如果在保障大多数学生利益的情况下,兼顾学有余力的学生,一个有效的办法就是为这些更优秀的学生提供更富有挑战度的作业,和他们共同协商探讨,帮助他们发展。

> 我们经常忽略了最优秀的学生,而降低课程难度去照顾大部分学生,我们的解决方法是在教学过程中发现那些好的学生,给他们一些更有难度的问题,让他们自己去讨论探究。这样我们可以保证优秀的学生更优秀,而不是每个学生都差不多,但好的学生觉得这门课没意思。
> ——WHUT-JS1-20210208

四、课程评价有效检验并促进了学生学习

(一)学生受成就感驱动持续性投入学习

学生主体性体现在对学习有着持续不断的动力上。因为过程性评价肯定学生的每一次努力和参与,有些教师运用"课程积分"的形式调动学生积极性,当学生做出一些符合预期的行为,如在课堂上提出问题,能通过抢答

---

① FD-QM高等教育在线课程质量标准要点[EB/OL].[2019-07-21].http://www.shupl.edu.cn/_upload/article/files/83/fc/d12cad6340ce8bd82e3d606d0c34/7b8d633b-d573-4a5c-854d-6525bce6d64e.pdf.

回答出教师或其他学生提出的问题,能率先正确地完成教师设计的练习题等时,给予客观、透明的分数奖励,而长期不抢答会扣分。所以,在这样的学习氛围中,学生受获得感和成就感所驱动,心中探索未知的熊熊火炬被点燃,从而学习始终处于激发态。对学生而言,明确的学习规则保证他们持续投入学习的热情:"投入越大、收获越大,持续的投入才有成长。"

> 学生非常明确的是,每完成一项任务,就会知道能得多少分,就有点像打游戏,就是你去打怪,每次打完我可以升一级的这种感觉,学生也觉得比较有意思。然后经常有学生会跟我们说,老师,今天这讲课还有没有作业、今天这堂课有没有测验、要不要多布置一点……学生会很感兴趣,因为他做了之后,一是他可以检验他这两课的学习效果,还有一个他能够知道的就是我每做一次作业,可能可以得一分两分。
>
> ——SWJTU-JS1-20200827

(二)基于特定情境的考核内容帮助学生学以致用

在考核过程中,一些教师提到学生最看重的是自己学习的内容有什么用。因此,教师在考核中尽量采用与真实情境相联系的考核内容,包括学生生活场景和未来可能面临的工作场景等等,从而帮助学生意识到所学知识的重要性。譬如上海交通大学的S老师说道:

> 期末考试的形式,我们也是采用了基于特定情境的期末考试。比方说,有一个悬崖,然后要建一个向外悬挑的平台,而这个平台受到了一棵古木的限制,所以这时候你就要绕过这棵树来做这个平台。那么,围绕着这样的一个情景,我们设置了荷载问题、钢的问题、截面设计问题、几何组成问题、桁架的内力如何去求解,得到内力之后如何去利用强度来进行设计,以及利用基于稳定性的设计等等,这样10道题,都是围绕这样的一个情境,然后不断地展开。
>
> ——SJU-JS1-20200703

再以复旦大学"商务智能"课程考核题目为例:以爬虫抓取的在线旅游数据为例,对以下问题应用可视化、分类、聚类、关联、回归等数据挖掘等方法进行分析:(1)分析哪些区哪些店人均收入比较高?(2)分析影响人气的前3个主要因素。(3)分析用户的关联消费行为。(4)对客户进行聚类,讨论每类客户的特征。(5)预测某条旅游线路,在线旅游的人数。(6)如何开设一家新的健身房,请给出建议。要求:综合采用本课程中涉及的多种方法,能够比较深入地分析问题,论述充分,图文并茂,逻辑清楚,语言通顺,总字数不少于4000字。

(三)课程评价体现了与课程目标之间的一致性

课程评价的有效性体现为对所有课程目标,尤其是对超越了记忆和理解的高阶目标进行了有效考核。对学生而言,课程不再仅仅是仰赖"记忆"、通过考试、获得分数,而是让自己融会贯通、学以致用。而根据不同的课程目标,往往需要相应的评价方式。以书面表达能力为例,课程目标对该能力的陈述是"能够就复杂工程问题与业界同行进行有效书面沟通与交流,撰写报告和设计文稿、陈述发言、清晰表达或回应要求",这样就可以通过评价"学生能否完成一篇符合专业标准的科技论文"来判断课程目标的达成度;再如"能否就复杂工程问题与社会公众进行有效书面沟通和交流"这一目标就可以通过评价学生"能否写作科普类文章"来评价。一般地,"考试""测验"一般适用于低阶教学目标,为了对高阶目标的达成度进行考核,教师们都认识到判断题和选择题并非明智之选。而开放性的综合性问题设计,譬如"项目设计""大作业""挑战性任务"等活动则是可选的评价方式。不同学科、不同类型课程的考核千差万别,考核环节的设置是最能体现教师创造性的环节之一。但无论如何设置考核环节开展成绩评定,其关键原则是能够引导和促进学生有效学习,尤其是帮助学生开展深度学习从而实现多维教学目标。

课程中的权力问题是无处不在的,微妙却又十分吸引人。课程治理是对教师、管理者、学生以及用人单位等课程主体间的权力再分配过程。在不同环节,各参与主体及其决策权力是相应变化的。在上一章的分析中,我们看到在课程改革和建设中,管理者掌握着绝对的权力;在很多课堂中,权力和权威仍然牢固地掌握在教师手中。这正是教师不愿意投身教学,也是很多学生失去学习兴趣的原因。但本章呈现这些优良的实践探索正在一点点地突破这一根深蒂固的传统。

第五章

一流本科课程治理的实现路径

课程治理是一项复杂的系统工程,包括多元主体、多个要素和多个环节。它不单纯是课程数量的增减、课程内容的调整和教学方法的变革,而包含了价值理念、组织结构、行为方式、角色定位等多个方面的转变。它也绝非预期方案的执行,而是动态的生成过程。在这一过程中,我们既需要关注如何通过结构创新、过程优化、结果改进等方式实现主体参与的合法性和有效性,也要关注如何通过理念来引领课程主体的行为。只有当我们超越传统的管理主义意识和控制情结,解放教学主体,减少对教师的控制和约束,尊重教师的专业权力,让师生成为真正意义上的教与学的主体时,才能真正提高课程品质。

第一节 通过目标导向强化课程主体的价值认同

课程治理引领下的课程建设是一个极其复杂的过程,它不是线性执行的结果,而是动态演进的过程。在这一过程中涉及很多"硬"的因素,也包含很多"软"的方面,且相互之间复杂交织。如果仅仅依赖组织结构、规章制度、技术手段等途径的显性力量是不够的,我们不能忽视目标这一非正式制度的隐性力量。目标的规约机制在于它通过引导组织成员转变思维方式,形成价值共识。这种认知共识有助于促进课程主体间的相互理解和合作,有助于促进课程主体形成对卓越追求的自觉意识,从而推动共同行为规范的形成。是故,治理理念下的课程建设靠的不仅仅是正式制度的"外控",而且更为强调非正式制度的"内发"。我们需要借力于深层次的目标引领和情感共鸣,以此为纽带实现课程质量提升从依赖应答式行动[①]转向实践主体的主动觉悟。

一、目标之治是课程治理的动力机制

时代需要创新人才,创新人才只有依赖创造性的教师才能得以培养。[②] 然而现行管理体制的弊端形塑了教师平凡无奇、单调重复的教学生活,从而导致教师缺少变革和创造的冲动。我们说,理论容易停留在表层文本上,若要触动广大教师的教学生存状态,必须直接碰撞到教师根深蒂固的思维方式,以及原有的封闭式、经验式、重复式的生活状态。[③] 因此,目标之治不是以外在力量规制教师行为,也不是向教师传授具体的技术和方法,而是引导教师思维方式的转变,以此促进教师行为活动的变化,进而重塑教师理想的生活方式。教师理想的生活方式和自身发展本质上是同一的。[④] 教师个体的发展意愿来源于鲜活的教学实践,来源于在课程教学中肩负的期望、使命、责任和挑战,这种生存和发展的诉求对教师来说才是最切近的。因此,我们将通过先进的课程理念引领教师思维方式的转变,以此促进教师生活方式和自身发展的统一。

诺斯认为正式制度和非正式制度都是制度的重要组成部分,甚至,人们行为活动的实践大部分取决于非正式制度的约束。[⑤] 非正式制度也是一种行为规范,但它与正式制度不同的地方在于,它受到时间因素的影响,并不是一蹴而就的,而是人们在长期的互动交往中自发形成并被人们无意识接

---

① 辛杰.非正式制度、文化传统与企业社会责任困境的隐性消解[J].商业经济与管理,2014(9):25-33.
② 谌安荣.从自在自发到自由自觉:我国教师生存方式的转型[J].高等教育研究,2007(5):48-53.
③ 谌安荣.从自在自发到自由自觉:我国教师生存方式的转型[J].高等教育研究,2007(5):48-53.
④ 吴康宁.课堂教学社会学[M].南京:南京师范大学出版社,1999:49.
⑤ 诺斯.制度、制度变迁与经济绩效[M].杭行,译.上海:上海三联书店,1994:44-45.

受的。① 它对人的约束主要是通过获得人们内心对信念、追求与希望的认同来实现的。它不像正式制度那样是有强制力作为保证的必须执行的规则,而是一种软约束。非正式制度除了是一种规则之外,它还是一种生存的依据和准则。非正式制度带来的默契状态的约束来自人们内心所达成的"看不见的规则",但这种规则确实存在于每个人的内心。② 它依赖于群体内心的自觉和自省,对人们的思想和行为产生的影响更为广泛和深入。③ 直白地说,非正式制度就是一种潜规则,它以不成文的心理默契和行为规则影响着主体的观念和行动。

目标之治是将价值观念等需要被渗透的因子铺陈在制度、技术、程序、机制等"物"上,④并以一种潜移默化的方式实现着对目标的追求。也即是说,目标之治是一个在文化的不断建构中实现治理结果的方式,在这一建构过程中,目标被表征为制度、程序、机制等技术因素,并与权力系统相结合,⑤通过内隐的方式培育一种集体无意识以此约束个体的行为。

二、从个体层面更新师生主体的课程观念

"治理我们的并非军队和警察,而是观念"⑥。课程质量的提高不仅仅是教学方法变革等技术性工作,更为关键的是"人"的工作,是观念主导下的行动结果。观念的作用是通过在人们精神层面树立具有自发形式的价值观念和认知体系,以此影响人们的行为决策。刘小强老师指出,任何没有触及普通师生观念层面的教学改革,最终都导向无效。⑦ 观念不仅仅是认识和信念,也是价值选择和行为追求。课程观念是教学主体对课程的基本认识

---

① 道格拉斯.诺斯.制度、制度变迁与经济成就[M].刘瑞华,译.上海:三联书店,1994:8.
② 伍装.非正式制度论[M].上海:上海财经大学出版社,2011:5-17.
③ 伍装.非正式制度论[M].上海:上海财经大学出版社,2011:5-17.
④ 刘莉.治理文化抑或文化治理?:文化治理研究的回顾与展望[J].浙江社会科学,2016(9):89-95.
⑤ 刘莉.治理文化抑或文化治理?:文化治理研究的回顾与展望[J].浙江社会科学,2016(9):89-95.
⑥ 葛罗莉亚.斯坦能.内在革命[M].呼和浩特:内蒙古人民出版社,1998:序言1.
⑦ 刘小强,何齐宗.跨越师生教学的观念鸿沟:走向微观深层的高校教学质量建设[J].高等教育研究,2012,33(9):63-68.

和深信不疑的看法,它是教师和学生对"什么是好的课程"和"课程应该是怎样"的基本判断和价值追求,①直接影响着师生主体的具体行动。因此,科学、合理的课程观念是课程质量的基本前提和保证。

(一)通过教学研讨、学术报告等方式促进教师的观念革新

观念寄寓于现实的课程实践,支配着教师的日常教学行为,具有根深蒂固的稳定性和难以改变的力量。教师已经习惯了现有的制度规范和组织结构,哪怕这些规范和结构并不合理,但他们已经寻找到了属于自己的"舒适区"。在这一场域内,他们熟练地开展教学,虽然日复一日,但却稳妥且安全,这样的安全感让他们十分安于现状,而不愿意接受更多的挑战、冒险和改变。当广大的一线教师不愿意或无意识改变自己的思维方式和行动方式时,哪怕再完美的课程改革计划也会流于形式。无疑,在课程实践中,最难治理的莫过于变革旧有的观念和惯习。因此关键在于培育一种鼓励变革与创新的文化,以此影响组织成员的思维范式、生活方式和行为方式。当教师能够自觉地审视和反思自己习以为常的教学实践,并对其进行质疑和挑战时,才能从既定的惯习中走出来,自主探索与创造。因此,课程治理直接触及最关键的"人"身上。我们需要让教师这一主体理解课程变革的必要性和可行性,勇于突破自己的舒适区,将追求高品质的课程作为自己的生活方式,并为之付出努力。

在具体实践中首要在于鼓励教师课程意识的觉醒。课程意识是教师的一种积极主动投身于课程建设与改革的意识。具体地说,这需要教师认识到自己是课程建设与改革的主体之一,而非被动的任务执行者。课程建设若要取得成效,离不开教师群体的主动作为。然而长期以来,受制于行政主导的管理模式,课程对教师而言是被给予的安排。研究表明,大多数教师缺乏科学的课程观念,只有明确的教学观念。② 即教师往往"低头"教学,关注如何提高讲授的效率,而没有"抬头"从人才培养的角度来思考自己所教授的课程在整个人才培养中的作用、地位,以及与其他课程的联系。总体来看,教师的课程主体意识和创造意识不强。如果教师将课程视为法定文件

---

① 刘小强,何齐宗.跨越师生教学的观念鸿沟:走向微观深层的高校教学质量建设[J].高等教育研究,2012,33(9):63-68.

② 刘小强,王彩霞.教师的课程观念与高校教学质量建设[J].国家教育行政学院学报,2011(7):54-57.

和不可变更的系统,将很难有所作为。而目前的教师专业发展更多聚焦教师的教学方法、教学技能的提升,然而这些虽然会让教师的教学锦上添花,但却不是教师专业发展之根与神,更不能让教师理解课程的整全意义。对课程的认识既要关注所授课程在整个课程体系中的定位、作用和角色,也考虑与其他相关学科课程的衔接等问题,更要反思如何建立起课程与生活的联系。我们不是将课程窄化为教学,不是将课程等同于学科,更不是视课程为教材,而是要从系统的高度、从人才培养的角度认识课程、反思课程、革新课程。

因此,可以通过学术讲座、教学研讨等方式引入先进的课程理念。一方面,对于教改意愿不强的教师,可以通过制造新理念与教师传统观念间的冲突,吸引他们参与;另一方面,对于进行课程改革但却十分困惑的教师给予针对性指导,从而帮助教师转变传统的课程观念,确立课程的整体观念,把握课程间的内在联系。一是与时俱进的知识观,如知识的本质与来源的看法,明确我们要交给学生的不仅仅是知识,更重要的是思维的方法;二是教学观,即教学的目的等观念;三是学习观,主要关于学习的本质、学习方式的选择等;四是学生观,包括师生关系、教师与学生的地位等观念。课程理念对课程决策具有引领性作用,教师的课程理念直接决定着其课程决策的水平。

(二)通过平等沟通帮助学生转变观念

我们常常关注教师的课程观念,但也应注意到学生的课程观念同样重要。学生从来都不是空着脑袋进入课堂,他们都是带着先有的学习观念和认知基础来学习。学生的课程观念决定了它的学习动机、行为策略和学习结果。学生在学习一门课程、面对一项具体的学习任务时,被唤起的先有经验是丰富多样、各不相同的。不同学生对所学课程的认识不同、对所学课程的性质理解不同、对学习环境的体验不同,从而产生的学习动机、采用的学习方法也就不同,进而学习质量也就不同。学生对学习的观念影响着学生对学习方法的选择,而学生的学习方法直接影响到课程质量。以学习观为例,萨尔乔(Roger Saljo)总结了学生对学习的六种不同认识观:增加知识;增强记忆;学习实用的内容,为未来工作打基础;理解知识背后的抽象意义;对现实世界有更好的理解;促进自我成长。[①] 当学生对某一课程的学习认识不全面,即认为学习是"增加知识"或"记忆"时,就不可能采用深层学习方

---

① 迈克尔·普洛瑟,基思·特里格维尔.如何提高学生学习质量[M].潘红,陈镁明,译.北京:北京大学出版社,2013:19.

法。当学生将学习视为是以理解观点和意义交流为目的,或认为是为了更好理解我们所生活的真实世界时,他们更有可能采用深层学习方法(如图5-1)。

学生的先有经验: 片面的学习观和表层学习法 采用表层学习法 认为学习情境不适合 采用深层学习法	学生的先有经验: 片面的学习观和表层学习法 采用表层学习法 认为学习情境不适合 采用深层学习法
学生的先有经验: 全面的学习观和深层学习法 采用表层学习法 认为学习情境适合 采用深层学习法	学生的先有经验: 全面的学习观和深层学习法 学习效果较好 采用深层或表层学习法 认为学习情境适合

图 5-1 学生先有学习经验与学习方式的关系图

因此,我们需要帮助学生形成全面的、科学的课程观念。让他们知道完成学习目标不是通过机械复制知识,而是通过建立在理解基础上形成解决问题的能力。[①] 学生需要认识到"学习必须跟自己建立关联,它不只是去积累知识,而是建构知识。如果知识不能对自己的思想、行为和情感方式产生长远影响,学习就没什么意义"。恰如雅斯贝尔斯指出,重要的不是记住学过的东西……机械记忆并没有多大意义,我们所需要的是学会自己动脑筋从不同角度思考问题,并能够主动去寻找所需要的知识。而这种能力不可能从学习固定的知识中获得。[②]

(三)促进师生之间达成观念上的共识

如果教师在正确的课程观念指导下开启了变革行动,但学生仍然以传统方式对待学习,显然教师的努力将难以取得预期效果。只有当教师"教"的投入能够被学生真正认同、理解和内化,才有可能达到预期的教学效果。

---

① 郭建鹏,杨凌燕,史秋衡.大学生课堂体验对学习方式影响的实证研究:基于多水平分析的结果[J].教育研究,2013,34(2):111-119.
② 雅斯贝尔斯.什么是教育[M].邹进,译.北京:生活·读书·新知三联书店,1991:153.

吴康宁老师分析了课堂文化形成的四个过程：关注、遵从、认同和内化。[①] 关注是学生感受到某些现象或刺激后，愿意接受或注意到这些现象；遵从是学生表现出一种合乎教师要求的反应心态和行为，带有一定的"被动性"；认同是在理解基础上的接受，是通过选择做出的自愿反应，而非对外界提示或压力的反应。其心态和行为往往伴随着一种满意感和积极的情绪反应。内化则是学生把某种价值、规范纳入自己价值体系的过程。当教师和学生在观念上达成一致时，教师才有可能按照学生愿意接受的方式去教，学生才更有可能按照老师期待的方式去学习，学生的学习也才能得到教师的支持和鼓励。[②] 师生观念的共识并不是一蹴而就的，而是需要教师为之付出努力。这一过程的实现需要教师针对学生片面的课程观进行针对性的指导，以此形成师生间的合力。

三、从组织层面促进教师群体对追求高质量课程的价值认同

组织文化对教师的约束和激励作用是建立在教师对这种文化感同身受、自愿认同的基础上。组织不仅仅是提供一个平台，更重要的是"它为身处其中的组织成员赋予存在感，并建构着组织成员所共享的价值规范。"[③] 教师作为组织文化创生的主体，既是组织文化的受益者，也是组织文化的守护者、传承者和开拓者。[④] 当教师行为与组织文化一致时，其行为会受到组织文化的庇佑，进而也会进一步巩固这种文化。这时，教师投入课程教学将是一种内在动力和自觉行为。

(一) 强化价值认同，形成对教学的使命感和责任感

教师的价值认同既包含对追求高质量课程的价值认识、判断和选择，也包含着教师对自己职业身份的认同。譬如，厦门大学化学化工学院学院在

---

① 吴康宁.课堂教学社会学[M].南京:南京师范大学出版社,1999:146-148.
② 刘小强,何齐宗.跨越师生教学的观念鸿沟:走向微观深层的高校教学质量建设[J].高等教育研究,2012(9):63-68.
③ 张东辉.我国高校通识教育改革研究:从组织文化的视角[J].国家教育行政学院学报,2010(4):33-38.
④ 吴中江,黄成亮.提升教学质量:从依赖制度管理到注重教学文化[J].黑龙江高教研究,2014(2):59-62.

全院营造了一种重视教学的价值理念,并使之成为整个教师群体的追求与责任。该学院自成立以来便十分注重教学。院士坚持给本科生上基础课,这一传统一直坚持到现在。这种传承至今使得该学院在教学的第一线里一直都有一大部分的科研骨干,这些科研骨干本身具有很强的影响力。更重要的是,当他们投入教学后,往往会更注重引导学生运用知识,而非记忆知识,也更注重教给学生科学的方法论。与此同时,这些教师的课程内容中会不断地融入最新的科研前沿内容,会不自觉地将追求科研的精神和态度传递给学生。该学院这种重视教学氛围的形成还得益于一个特别的传统,即新教师第一次上讲台一定是院长亲自送上去,这对新教师而言是别样的荣誉感和仪式感,将深深影响着他对课程教学的态度。

一方面,对卓越的追求能够让教师以更高的标准严格要求自己,并将这一标准内化为自觉的价值取向。而课程治理的重点之一就在于构建参与者共同的价值认同,形成追求卓越目标的共同愿景。当治理主体能够以共同的价值观为标准对自己的行为进行规范时,各主体间便有可能低成本地参与和协商。[1] 另一方面,作为教师,这一身份认同本身就带来了规范性的理由。"我觉得既然是一个老师,学生来听我的课,我给他们上课花这么多时间,那就应该要让这个时间更有效"(SJU-JS1-20200703)。而且,在一些教师的心中,他们投身教学进行变革创新并非追求外部对自己行为的嘉奖,而是出自内心的满足和自我价值的实现:"当然,我们这么做不一定是为了去冲什么国家级或者是省级,我们建设成自己心目中的一流课程也是可以的。""我做这些并不是为了让学校给我什么奖励,我就是想对这些孩子们负责。"恰如马克思·韦伯所言,有的人之所以愿意为工作献身就因为他们有这样一种"天职感"[2]。

这样我们就不难发现一些制度性安排下的教师培训常常没有取得预期效果的原因,这是因为教师的主体性行为是自我驱动的,教师比任何职业都更加需要主体自身的价值认同。[3] 外部理论和技术支持只有通过价值认同这一中介才会内化为主体的知识,进而影响主体行为。但院系确实也可以

---

[1] 王刚,宋锴业.治理理论的本质及其实现逻辑[J].求实,2017(3):50-65.

[2] 马克斯·韦伯.新教伦理与资本主义精神[M].于晓,陈维刚,译.北京:三联书店,1987:35.

[3] 车丽娜,徐继存.论教学文化建设[J].中国教育学刊,2010(7):43-46.

采取一些手段来影响教师的价值认同,譬如通过邀请课程专家进行学术报告,运用积极的课程理念和教师的教学困惑结合在一起,以此吸引教师对新的课程理念的关注,进而在自己的课程教学中实践。恰如帕尔默在其书中指出:"好的教学来自自身认同而不是教学技术。"[①]因此,价值认同是课程治理的精神力量,它源于将对高质量课程的追求内化为教师的情感认同,转化为教师主体的行为习惯。也只有当教师对教育事业充满责任感和使命感,对促进学生学习具有饱满热情的时候,高质量课程文化的实现才有可能。毕竟,无论多么严密的规章制度都抵不过教师内心对教育事业的认同和热爱。

(二)营造宽松氛围,激发教师的变革意愿

课程变革意愿代表了教师对高质量课程的追求信念和愿意通过各种办法改善课程的态度。唤醒教师变革和创新的意识是困难的,但也是必要的。因为人们对习惯总存有极大的依赖,习惯于依据经验思维行动。但是一旦教师意识到变革的需要,接下来帮助他们实现所需要的改变就会更容易且更有效。

首先,创设平等沟通、开放和谐的组织氛围。通过平等且深入的沟通使教师理解并认同课程建设与变革的意义,促进教师增强变革意愿,主动投身变革。良好的沟通氛围能够让教师产生对组织的信任感和默契感,也能够增加教师对组织的承诺和认同感。因此,学校和院系的管理者可以通过充分的、开放的沟通了解教师对课程改革的真实想法,向教师解释课程改革的目标和愿景,征求教师对课程改革的意见和建议,以此获得教师对改革的认同。当教师能够获得充分的变革信息,并感受到自己是被信任、被重视的变革主体时,更有可能采取积极正向的态度,而非抵制阻挠的态度。当教师对管理者之间的信任藩篱被打破,并形成了平等、互信的合作关系时,教师便更有意愿参与变革。

其次,创设尊重教学的组织氛围,让教师知道他们会因为提高课程质量或为此做出的各种努力而得到尊重。这意味着学校必须在教师中间推崇追求高质量课程的教学共同体文化。譬如定期的课程研讨会可以为教师参与讨论课程提供机会,当教师在交流中意识到周围的同事都在为提高课程质

---

① 帕克·帕尔默.教学勇气:漫步教师心灵[M].吴国珍,余巍,译.上海:华东师范大学出版社,2005:150.

量进行不断的思考和行动后,教师的积极性便会被激发出来。

再次,创设信任教师的氛围。高质量课程是充满个性、体现创造性的,其动力源自教师对教学的热爱与奉献,其间所耗费的心力是无法用数字加以衡量的。而教师的创造性只有在宽松、自由的空间才有实现的可能。当过多的条件和约束将教师束缚在条条框框中时,教师会越发感到压迫感,其主体意识和能力便会不自觉的隐退;当教学限于满足规定的教学任务时,教师也就变得被动、依赖,鲜有主动革新教学的动力;当富含创造性的教学被降低为低层次的重复性劳动后,只会让教师日觉枯燥、乏味。而对教学持续不断的创新和探究才是让教学摆脱枯燥和单调的有效方法。对教学的创新和探究是充满着不确定性的,其效果也具有滞后性。因此,若要使课程实践从传统的统一、服从、规范走向个性、自主和创新,不仅需要创设宽松自由的氛围,更需要建立一种信任的文化。信任意味着包容失败、容忍错误,它能够减少教师在探索进程中的顾虑和不安。当教师在心理上感受到自由和安全时,他才更愿意继续"探险"。因此,只有充分信任教师,尊重教师的教学自主,才能充分激发教师的智慧和潜能,才能让教学不至于沦为一项"体力活"[1]。

最后,传递关于课程改革可靠且积极的预期。积极的预期在产生变革动机方面发挥着重要作用。学校可以通过鼓励教师的学习交流活动,创设优秀课程的交流分享等活动,让教师看到课程变革后学生的发展效果远比原有课程实践下的学生发展要好,让教师发自内心真正接纳课程变革与创新的价值。与此同时,学校可以为教师的课程创新提供支持性、指导性服务,提高教师的自我价值感和成就感,以此激励教师进行课程创新。

(三)促进教学反思,让创新成为教师的一种生活方式

教学本身是一种创造性活动,而非重复性劳动。这从根本上要求教师在实践中必须时刻保持批判意识,主动、负责地审视自己的课程实践,尤其是能够对习以为常、司空见惯的课程活动时刻保持反思性审查。[2] 恰如富兰所言:"教育变革的成败取决于教师的所思所为。"[3] 我们来看一位教师在

---

[1] 杜芳芳.从行政控制到专业引领:学校教学管理变革取向研究[M].北京:中国社会科学出版社,2014:111.

[2] 林小英,宋鑫.促进大学教师的"卓越教学":从行为主义走向反思性认可[J].北京大学教育评论,2014(2):47-72.

[3] 迈克尔·富兰.教育变革的新意义[M].武云斐,译.上海:华东师范大学出版社,2010:99.

对待学校课程考核制度改革时的思考:

> 不少大学都要求教师如果用课程作业考核,不仅要给出分数,而且还要在作业上写出具体评阅意见,这种制度规定肯定会改善以往存在的不足。问题是,我为什么不能将作业批改放在平时呢?课程考核在我看来是督促同学而不是将学生们划分为优、中、劣,每一位同学假如都能认真学习,都能将这门课学好、学精,为何不能多给一些高分?这种批阅方式转变的效果是同学们在完成修改课程作业过程中真正得到了能力提升,成绩也没落下,而意料之外却是加强了师生交流,这种第二课堂的学习过程同样重要。
>
> ——TU-JS1-20200924

这位教师对学校的制度持有开放且自主的态度,他并不是僵化的行动,而是创造性的思考与实践。更进一步说,这位教师展现了较强的自主性,能够合理把握教学规约的行动限度,在自主行为和制度规约间取得了良好的平衡。

反思是教师主体性的体现,因为主体性不限于心理特质层面,更重要的是它体现在具体的行动中,是在行动中表现出有能力去选择,有资格去践行,有勇气去承担自己认为重要的事情。[①] 而且,观念与行为之间并不是简单的作用关系,虽然观念对行为具有指导作用,但行为也有助于观念的理解和内化。[②] 当教师看到变革后发生在课堂和学生身上的真切变化时,便会进一步加深他对新观念的认可和内化。一方面,教师的反思以一定的教育理论及他人和自己的经验为基础;另一方面,合作是教师反思的重要方式。虽然反思是独立的思维活动,但也离不开社会实践和不同主体间的交流与合作。[③] 所以,提升教师反思能力不仅仅是自上而下的技术培训,也不仅仅是接受教育理论工作者倡导的课程理论,而且是教师在自身的教学实践中、在和他人的交往中生发的教学智慧。因此,陈向明老师指出,教育理论研究

---

① 魏戈,陈向明.主体性的浮现:教师实践性知识的教育性意义[J].教育学报,2019,15(4):72-79.
② 高潇怡,庞丽娟.论教师教育观念的作用[J].教育科学,2003(2):23-26.
③ 鱼霞.反思性教师的成长机制探新[M].北京:教育科学出版社,2007:125.

者应该承担起"阐释"教育实践的使命,而不是"立法者"的角色,这不仅能够让教师"沉默的文化"被学界所看到,还能够帮助教师从理论话语的困境中走出来。[①]因此,大学在为教师创造彼此交流平台的同时,也应为教师的理论提升提供帮助和指导。我们在一些学术会议中发现,很多教师在听了一些教育理论者的学术报告后感言,"原来这个理论就是我正在实践的"。甚至有老师说"如果我早一点知道建构主义,那么我这门课是不是就不需要经过十年的迭代这么久了。"

(四)培育合作的文化,形成各主体对课程的共同责任

惯习的力量十分强大,教师往往很难看到自己存在的教学问题,而且,认识自己行为背后的思维假定更是一件困难的事情。课程变革如果仅仅依靠教师个体的探索很难完成,它需要教师在与他人的不断交互过程中获得启发和灵感,以此审视并改进自己的教学。因此,我们需要促进教师从孤立的个人主义状态向合作的共同体状态转变。然而,合作的意义不在于其本身,而是蕴含着共识。因为课程实践是一项富含创造性的活动,建立在教师的变革意识和探究精神基础上,这种意识和精神的维持取决于能够从同伴或他人那里得到认同或支持。这种共识的达成本身就是一种挑战,它是对课程改革与创新的肯定。同时体现着教师对自己教学观念的反思与改变,甚至是颠覆和重塑,因而也是教师这一治理主体的自我克制和规限。[②] 当教师之间形成了基本的认同基础,则容易构成整体性的影响力量。由此可见,课程治理不是一蹴而就,而是建立在共识基础上的全体师生和管理者长期的不懈努力。

(五)构建教学共同体,促进变革共识的形成

教学共同体内各成员是平等的主体,它既表征着师生关系的重建,也是教师与管理者之间的关系的优化。共同体内成员并非独立的个体,而是彼此交织的整体,在共同体内,各主体共享价值、主动合作、共同成长,从而使个体智慧在团队文化中相互支撑、相互滋养。

从成员构成上来看,教学共同体要求成员的丰富性、多元性,既包括教师、学生,也包括专家学者、管理者等,通过多元主体的参与有利于汇聚和分

---

① 陈向明.搭建实践与理论之桥:教师实践性知识研究[M].北京:教育科学出版社,2011:41.
② 徐继存.论教学共识[J].西南大学学报(社会科学版),2013,39(3):57-62.

享经验与智识,为共同体成员的成长提供保障。譬如专家学者可以帮助教师将实践探索上升至理论层面,一线教师的丰富实践则为理论研究者提供了丰富的素材。与此同时,共同体中成员的角色是多元的。譬如教师在同行评价中是评价者,在教学研究中是研究者。从定位来看,教学学术共同体内成员是平等交流、互相帮助的关系,他们共同研讨教学问题,改进并提升教学质量,在实现自我发展的同时,帮助他人实现更好的发展,以此实现整个共同体的发展。① 从运作机制来看,常态化的教学交流是共同体实现目标的根本保证,为共同体成员赋权是常态化交流的前提。通常地,教师在对待教学时所采用的策略和方法大多是直观性的或是依赖于既有经验,而非探究或是反思的产物。通过构建教学学术共同体,创设对话、交流和协作的环境,能够有效促进教师反思,②进而促进教师采取相应的行动。即通过制度上的规则保证共同体成员的定期交流,在约束共同体成员行为的同时为其赋权,增强他们的文化认同和身份归属。

第二节 优化权力结构以厘清课程主体权责关系

现代治理理论的核心在于权责关系的治理。③ 课程治理需要厘清管理者、教师、学生、课程专家乃至用人单位在参与课程建设过程中的权责边界以及行为规范。通过对不同主体角色、职能、权力的合理定位,实现课程建设过程中主体结构的优化,以此发挥不同主体各自的优势,实现协同共治。当各主体各安其位、各司其职时,课程治理便有章可循、有据可依。

---

① 李志河,潘霞.新时代高校教学学术共同体的蕴意与构建[J].现代远程教育研究,2020,32(6):44-51.
② 何基生.教师教学观念和行为转变的困境与对策[J].教育理论与实践,2009,29(3):42-44.
③ 朱德全,徐小容.高等教育质量治理主体的权责:明晰与协调[J].教育研究,2016,37(7):74-82.

一、明确各治理主体的角色定位

课程治理的主体包括管理者、教师、学生、用人单位等四大类。各主体需要在各自的位置履行应有的角色责任。通过不同角色的相互作用、配合和协调，实现课程质量的提高。课程治理是确保每个参与者都能够扮演好自己的角色，各安其位、各司其职。"角色"是一个社会学概念，H.M.米德（George H.M.）在解释个体与社会本质以及社会制度的关系时，指出"个体被看作是在大型的地位网络中扮演与自己的位置相关的各种角色。"[①]也即是说，社会是有一个相互联系的位置或地位组成的网络，个体在这个系统中扮演各自的角色。我们可以将角色理解为个体在与他人互动中外显的约定规范。[②] 那么，课程教学中的角色结构是怎样的，不同角色所扮演的"剧本"又是怎样的呢？

(一)管理者的角色定位：引导支持

对于管理者而言，他代表的是行政权力。管理者不仅是课程资源的提供者，也是课程建设的组织者，还是课程质量的监督者和评估者。一方面，课程治理不仅仅是单门课程的知识传递，而是一个全要素、全方位的改变。它始于人才培养方案的合理优化，常常需要变革传统模式，这必然会触及相关群体的既有利益。这无疑需要管理者统筹多方利益，结合学校发展定位与专业特色，提出总体设想，并以此构建课程体系。另一方面，高质量课程及其体系往往需要教学团队来支撑，尤其是课程的集体研讨活动，需要在各个教师中进行协调组织。一般而言，某一培养目标往往需要若干门课程"分工合作"、共同实现。这就需要共同承担这一培养目标的任课教师共同参与和协商，以保证该培养目标在不同课程中的有效衔接和顺利实现。

管理者的协调身份还表现在协调学校公共课与专业课之间的交流上。譬如，因为不同专业人才的培养需求不同，对一些大学数学、大学英语、大学计算机等公共基础课而言，需要针对不同专业需求进行定制化设计。那么，这时候，院系管理者往往起到统筹协调作用，组织院系任课教师与开设这些公共基础课的教师进行协商、沟通，根据专业人才培养的特点和基础，商定课

---

① 乔森纳·H.特纳.社会学理论的结构[M].吴曲辉，译.杭州：浙江人民出版社，1987：381.

② 吴康宁.课堂教学社会学[M].南京：南京师范大学出版社，1999：63.

程内容和具体的教学事项。除此之外,管理者的角色更多是一个服务者的角色,其管理工作不是为了"管束"教师,而是为教师促进学生学习提供服务,为教师免除后顾之忧。最后,管理者的服务身份体现在为课程建设积极争取资源和政策支持上。尤其是在当前信息技术赋能教育的时代,管理者更应该为教师打造包括空间环境、技术环境等在内的全方位的智慧教学环境,譬如自由组合的教室桌椅、多屏研讨教室、手机互动系统、学生学习数据的及时反馈系统等等,以此为教师的课程教学改革与创新创设良好的技术支持。

(二)教师的角色定位:主导自治

传统课程中,教师的角色是传授系统学科知识的学科专家。以学生为中心的课程需要转变教师的制度化权威角色,对教师角色进行重新定义。玛丽埃伦·韦默在其著作中用简练的描述给教师在以学生为中心的课程中的角色进行了准确定位——"从台上的圣人到台旁的指导"[①]。如果将21世纪之前的教师定义为"教的专家",那么21世纪的教师则必须转变身份,将自己的角色定义为"学习行为的设计者"。从教与学的过程来看,教师的角色基本可以被归纳为:(1)课程的开发与设计者。这一角色有别于传统的课程执行者角色,强调教师的主体地位。(2)学习活动的组织者和协作者。这一角色不同于传统的知识传授者角色,强调教师主要是辅助学习而非控制学习,强调教师激发学生的学习兴趣、为学生主动探索提供学习资源支持、帮助学生建构对知识的理解等。(3)学习的督促者与交流者。这一角色定位打破了传统的学习评判者角色,强调教师及时掌握学生学习情况,督促学生学习,以此保证学习质量。(4)反思性实践者。这一角色定位体现了教师在实践中的创造性和主动性。传统上,人们对教师实践教学的假设是:教师只有先学习了相关理论知识,才有可能将这些知识运用于实践。反思性实践者对教师的角色定位提出了更高的要求,要求教师思行合一,既能够对不合理的观念和实践进行批判和改革,也能创造性地生成教学智慧。

教师角色在实践中是多重的,这些角色的表现形式虽然各异,且随着学习的推进而动态变化,我们无法穷尽不同的角色,但其内核都是学生学习环境的设计者和学生学习的促进者,且不同角色的内涵是高度同质、相互整合的。无论哪一种实践角色,其目的都是让学生有更多的参与、自主性和话语空间。

---

① 玛丽埃伦·韦默.以学习者为中心的教学 给教学实践带来的五项关键变化[M].洪岗,译.杭州:浙江大学出版社,2006:52.

(三)学生的角色定位:积极参与

我们不仅需要教师进行角色转变,更需要学生的转变。学生在课程治理的主体结构中处于中心地位。在传统模式中,学生在课程中的地位总是次要的、边缘的。囿于无法摆脱教师权威的束缚,学生往往缺乏主体意识,难以培育出自我意识,其角色只能是一名"观众"。治理的要义之一在于培育学生的主体意识,让学生能够承担起学习的责任,并能够有效参与到课程学习中来,成为课程中真正的"主角"。钟志贤总结了学生的基本角色[①]:(1)主动学习者;(2)建构的学习者;(3)协作的学习者;(4)意图的学习者;(5)交流的学习者;(6)情境的学习者;(7)反思的学习者。这些多重角色说到底意味着学生与教师一样,都是课程教学中重要贡献者之一。

(四)用人单位:支持协同

其他利益相关者主要指行业企业等用人单位。用人单位在课程治理中充分发挥支持协同作用。尤其是在信息技术赋能课程的新时代,一些高科技企业等可以通过为高校及其教师提供技术支持和服务,实现课程教学的针对性和高效率。高校则可以通过购买企业提供的课程服务平台或其他相关的专业服务,以此保障课程教学的顺利运行。

二、厘清课程治理主体的责任

仅仅罗列出角色类型并无意义。因为我们无法穷尽课程教学过程中层出不穷的角色类型,而且角色本身具有很强的情境性。所以,我们对各主体角色和责任的分析只是提供一个整体框架,并不强调做到全部,只旨在为师生主体在课程教学中的活动提供努力的方向。

(一)教师的责任:让学习发生

在传统观念中,教师这一职业被喻为无私的代表、奉献的象征。似乎组织学习内容、提出需要解决的问题、给出答案、总结讨论、解决难题等等是教师的分内事。另外,教师通常有一种难以改变的癖好,即想把结果直接告诉

---

① 钟志贤.面向知识时代的教学设计框架:促进学习者发展[M].北京:中国社会科学出版社,2006:207.

给学生。① 然而以学生为中心的课程要求教师明确这些是学习的责任,而非教师的责任。教师的责任在于创设环境,促进学生独立自主的学习,帮助学生从一个依赖、消极、缺乏信心的学生成长为自主、积极、负责任和有能力的学习者。当学生面临着新的角色和责任时,为了使学生更好地实现身份转变,教师需要在认知、情感和调节方面提供必要的帮助。明晰教师的责任是高质量课程中的重要环节,它能够让教师更为清楚地知晓自己的分内事,更重要的是让教师知道如何放权。

1.更多的设计工作

在以学生为中心的高质量课程中,教师的主要任务不是讲授知识,而是做好学生学习活动的设计者,设计能够吸引学生的学习经历和提供与内容相关的真实体验,而这些设计工作的目的是让学习发生。一方面,好的课程设计能够促进学生有效学习,能够从学生的发展状态和学习需求出发,并能够有效回应学生的学习困难。② 因此,设计工作首先要求教师了解学生的学习基础、学习需要,这是对教师课程设计的基本要求。另一方面,"现代课程的基本单位是'问题'"③,教师的主要任务是以问题的方式将课程知识进行重组,即通过问题设计来组织课程内容,以此激发学生主动探究学习的兴趣,促进学生高阶能力发展。④

2.搭建学习的支架

如果学生感到他们得到了充分的支持,他们将乐于面对新的、逐步增强的挑战。为了实现这个目标,教师需要向学生提供明确的教学目标,告诉他们如何成为成功的学习者,并引导学生如何规划和监控自己的学习。因为除了课堂教学,大部分的教学活动是在师生分离的情况下进行的。学生容易忘记自己的学习目标,也缺乏信息筛选能力,这就需要教师对学习过程进行监控并引导。学生在得到精心设计的脚手架支持下(如表5-1),会逐步体验到在挑战性不断增强的学习情境中的成就感。

---

① 玛丽埃伦·韦默.以学习者为中心的教学 给教学实践带来的五项关键变化[M].洪岗,译.杭州:浙江大学出版社,2006:57.
② 赵炬明.什么是好的课程设计[J].高等教育研究,2020,41(9):84-87.
③ 钟志贤.面向知识时代的教学设计框架:促进学习者发展[M].北京:中国社会科学出版社,2006:98.
④ 黎加厚.教育信息化环境中的学生高级思维能力培养[J].中国电化教育,2003(9):59-63.

表 5-1 学习支架分类

支架类型和功能	相关方法和途径
概念支架 在学习者考虑学习内容、界定问题任务时引导他们	
元认知支架 引导在学习过程中如何思考:对一个正在研究的问题进行思考的方法或可能考虑的解决策略;在发现和架构问题时的最初作用以及问题解决过程中的持续作用	・在问题解决的某个阶段推荐使用某些工具 ・当学生需要时,为他们提供明显的提示和促进 ・提供结构图和内容谱系图 ・建议学生提前计划,评价进步,并决定需要 ・建构认知策略和自我调控的过程 ・建议自我调控的转折点和相关监控
程序支架 引导学习者如何利用各种可用的资源和工具;在学习过程中提供持续"帮助"和"导航"	对系统功能和特色提供指导
策略支架 在分析和达成学习目标或完成一个问题时提供引导;在最开始提供宏观策略或在过程中提供所需要的帮助	提供需要考虑的启动问题 提供来自专家的建议

资料来源:查尔斯·M.赖格卢斯.教学设计的理论与模型 教学理论的新范式:第 2 卷[M].裴新宁,郑太年,赵健,译.北京:教育科学出版社,2011:161.

一般地,教师对学生学习的促进沿循"指导-引导-自主"的路径,在课程学习的后期,教师更多是与学生分享交流,而不需要过多的指导(如图 5-2)。也即是说,教师的支架作用与具体情境密切关联,当学生的熟练性逐渐增强时,支架的作用就不那么明显了,甚至可以淡出。

3.提供及时有效的反馈

使学生感受成功的一个重要方式是教师用评价提供反馈,[①]帮助学生以更大的热情去迎接不断增强的挑战。课堂上,教师需要帮助学生理解如何根据既定标准去评价自己的学习,并提供同学互评的机会。当学生知道他的学习成果会被"公之于众"时,会极大地增强其责任感,他们会更认真、

---

① 查尔斯·M.赖格卢斯.教学设计的理论与模型 教学理论的新范式:第 2 卷[M].裴新宁,郑太年,赵健,译.北京:教育科学出版社,2011:368.

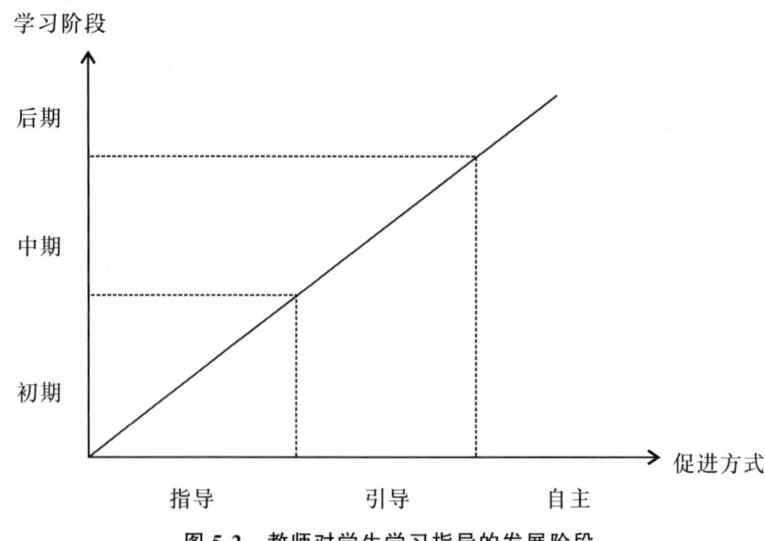

图 5-2　教师对学生学习指导的发展阶段

用更多时间、花更多精力来准备这项工作。① 学生同时也被允许在被评价后修正自己的学习。当学生得到关于他们学习的具体的、指出了不足和优点的质性方面的反馈时,往往更愿意投入学习。此时,学生得到的评价不是用于评判学生的学习成绩,而是为了推动学生朝着实现目标的方向前进。

4.开展教学反思与研讨

教学是专业性活动,难以仅凭常识和经验驾驭,需要教师开展教学学术,并将学科知识融汇到课程教学中去。一方面,教师需要对自己习以为常的教学实践深刻反思,以此更新观念、发现问题,并不断改进教学。另一方面,教师需要积极参与到学术共同体的研讨过程中,通过彼此观点的碰撞,形成对课程教学的更整全认识。

(二)学生的责任:对自己的学习负责

以学生为中心的高质量课程与传统课程有着根本性的不同。它对高阶能力的培养和对自主学习的需求要求学生能够对自己的学习负责,能够具备系列的学习策略和自我管理学习的能力。泰利·道尔在其著作中总结了

---

① 泰利·道尔.如何培养终身学习者 创建以学习者为中心的教学环境[M].广州:华南理工大学出版社,2014:93.

在以学生为中心的课程教学中的学生角色和责任(如表5-2)。

表5-2 学生的角色和责任

以学习者为中心的学生角色	以学习者为中心的学生责任
自学	对自己的学习做选择
与他人合作	
团队/小组合作	对自己的学习有更多的管控
参与发现式学习	
教别人学	对多课程评估/鉴定方法给出意见
评估自己的学习	
评估别人的学习	对课程规章和指南给出意见
公开展示/呈现自己的学习成果	
学习心得、学习技巧和策略	向同学反馈关于学习的建设性意见
解决真实问题	评估自己的学习
温习学过的知识	花更多时间进行课外学习
运用教师的反馈来提高学习表现	和校外人士在服务项目或其他真实的
承担学习的风险	学习活动中进行合作
做更多的联系	
做课堂笔记	
在课堂上听讲	
阅读材料	
写论文	
参加考试和测验	
做作业	

资料来源:泰利·道尔.如何培养终身学习者 创建以学习者为中心的教学环境[M].广州:华南理工大学出版社,2014:12.

当然上表5-2中所罗列的并不是涵盖了全部角色和责任,在不同的教学活动中,学生的角色和任务并非固定不变的,而是随着教学情境的变化而动态变化的。

以学生为中心的学习环境相对宽松、自由和开放,学生因此获得了一定的自主学习的权力,权力与责任相伴生,强调权力是为了提高大学生学习的积极性和主动性,强调责任则是规范学生的学习行为。学生在获得学习权力的同时,必然要承担起对学习的责任。明确学生学习的责任,能够减少学习的随意性,增强学习的规范性,以保证基本的学习质量。学生的学习责任可以归结为以下几点。

首先,学生需要能够自主规划管理自己的学习。以学生为中心的高质量课程不只是在课堂中开展学习活动,更多的时间体现在课外学习中,这要求学生能够充分有效的规划并利用时间,合理安排自己的学习。

其次,积极主动地投入学习。譬如积极参与小组合作学习,在合作学习中积极贡献自己的观点、意见、问题或资料;在讨论过程中善于倾听别人的想法;愿意并敢于在课堂中展示分享自己的学习成果。因为当学生进行课堂展示时,实际上就要把自己的观点从抽象的内部世界输入到具体的课堂,也要接受他人的看法和评价。这个过程有助于学生的深度学习,促进学生思考自己所学知识中的哪些信息更为重要、最需要讲给别人听,以及如何进行组织并将能够让他人听懂。

最后,反思自己的学习。在具体的参与过程中,带着自己的观点参与学习,通过互动交流对自己的观点进行批判性反思,并能够对自己的观点进行修正和完善。

(三)管理者的责任

教学是一项专业活动,是一项需要经过专业训练方可胜任的工作。管理者的职责在于统筹协调,促进教师研讨交流,帮助教师提升课程教学能力。首先,通过制度化建设促进教师合作交流,将典型性的优良做法进行制度化巩固。其次,对于不同发展阶段的教师给予针对性的支持和服务。最后,加强沟通反馈环节。采用多种方式倾听民意,充分采纳师生的合理意见,切实解决师生的合法诉求,以此逐渐提升师生主体的信任感和积极性。

(四)用人单位的责任

用人单位的责任在于主动履行自身在课程治理中的义务,正确认识到自己是大学人才培养和课程建设中不可或缺的重要力量,并且需要积极参与人才培养方案优化活动,为学生提供实习实践基地,为教师提供技术支持服务等等。

三、优化各主体间的权力配置

在课程建设的不同环节中,课程各主体所承担的职责和所拥有的权限是不同的。从整体来看,课程治理要对课程治理主体在课程建设不同环节中的权力关系进行合理配置。而我们尤其要关注的是师生主体间的权力配置,这较传统而言,是颠覆性的。它要求教师能够赋予学生一些能够直接影响他们学习过程的控制权。只有当学生充分拥有并有效行使了属于自己的学习权力时,其学习主体的身份才得以真正体现。

教师的责任不仅仅在于"上好课",而在于为每一个学生获得学习权创造空间。一是赋予学生选择学习任务和作业的权力,让学生可以选择自己感兴趣的题目。当学生感兴趣时,其学习会更加积极主动;当学生自己选择了一个任务,但自己有没有及时跟进并按时完成时,他也无法责怪他人或推卸责任;当学生有权力为自己的学习做出选择时,他就要采取相应的活动。二是让学生自由选择呈现自己学习内容的方式。譬如,鼓励学生展示他们对所学内容的不同理解。三是提供可供选择的学习材料,满足不同学生的学习需求。

为学生学习创造选择空间的一个典型做法便是教师和学生共同制定学习规则。让学生参与到规则制定中,不仅会给学生自主把控学习的感觉,还能够促进学生建立起对学习的责任。此时,教师已不再是规则的制定者,而是规则的协商者,他和学生共同协商、共同制定诸如课堂演示、小组合作、作业呈现等基本要求和达到优秀的条件。尤为重要的是共同制定学习评价规则。此外,鼓励学生参与评价等级的设计,可以减轻学生的焦虑感。毕竟光靠给高分并不能激发学生学习的积极性,靠设置极其严格的评分标准也不能激发学生积极学习。而学生学习的积极性大多是在他们感到通过适当努力可以取得成功时产生的。① 譬如协商截止日期和考试日期。教师的教学大纲中部分内容是有弹性空间的,这一弹性空间并非为投机寻找理由,而是为学生自主学习提供可能。譬如,我们传统评价往往集中在一个学期中的最后两周,俗称考试周。教师也顺理成章地要求作业和任务必须在考试周的某一天内提交。为了应付高强度的任务和紧迫的时间要求,学生往往会降低作业质量。当教师和学生共同决定什么时候考试以及作业提交的截止时间时,学生便更可能自主地把握时间,以此保证学习质量。

最后,是共同对学习效果进行评价。课程评价贯穿于整个学习过程,应采取多种形式,包括正式的和非正式的形式。它可以包括教师和小组之间的谈话,对小组活动情况的了解,对学生个人进展报告的评价等等,学生也应持续反思和评价自己的任务和进展。对最终"作品"的正式评价应由教师和学生一起评价和讨论。

课程治理的本质是构建一种共同体精神,促使每个治理主体能够发挥

---

① 威尔伯特·J.麦肯齐,等.麦肯齐大学教学精要:高等院校教师的策略、研究和理论[M].徐辉,译.11版.杭州:浙江大学出版社,2005:83.

自己的作用,并享受到最大的利益。① 课程主体的角色定位与权责分析是课程治理的核心内容。明确各主体的权责关系,就能更好地促进以学生为中心这一理念的落地。在传统的课程学习中,控制源是教师,教师决定课程目标,选择内容,决定教学策略,进行学习评价。以学生为中心的高质量课程改变的是传统"以教为中心"的教学结构,它关注的是从注重知识讲解到重视引导学生进行自主、探究、合作学习的效果。在以学生为中心的课程环境中,要求教师能够"少讲"和"少替学生决定",要求学生在确定学习结果和选择达到这些结果的过程中承担更多的责任。实际上,在大多数的情境中,并非完全以教师为中心或者完全以学生为中心,而是在二者间连续统的某一点上。

第三节 规范治理过程为协同共治提供平台支撑

一、探索组织结构从垂直化向扁平化转型

正式的课程管理组织不仅可以强化教师的身份认同,还可以实现教师个体专业权力的组织化,实现整体性合力。随着大学科研地位的与日俱增,大多数高校已不再有专司课程的基层组织。② 当缺乏了基层教学组织的支撑时,院系在组织教学时则缺乏必要的抓手。大学课程与教学也从过去有组织的交流、研讨变成了教师的"自留地"和"个人战场"。然而,高质量课程并非"一枝独秀",它需要同一个专业内的老师,甚至跨专业的老师协同发力。

"扁平化"是管理重心下移的变革途径之一。它通过减少管理过程的层级,将决策权直接延伸至一线教师,缩短了决策层和操作层之间的距离。"扁平化"的组织结构强调上下级之间的平等沟通、广泛授权、多元参与和共

---

① 王洪才.论大学的课程治理[J].山西大学学报(哲学社会科学版),2021,3(44):129-135.

② 汤智,潘海涵.大学教学制度的创新取向[J].中国高教研究,2010(11):85-88.

同决策,其关键在于实现了权力从院系领导层向基层团队的下放,使一线教师不再是被动执行者,而是主动参与者,进而能够激发教师的责任意识和主体意识。扁平化的组织结构外在地给院系和基层组织施压,要求它们从被动执行转向自主思考,进而盘活基层力量,为整个学院赋能,这样既有利于激发组织的发展活力,更有利于不同组织间的横向沟通和互动。

  课程组是扁平化组织结构的有效探索,它是以课程群为单位设置的基层教学组织。虽然形式多样,但核心是基于课程内容的有机关联和教师科研方向的相关性设立(如图5-3)。课程组拥有在教师发展、课程设计、课程研讨、教改活动等方面的策划、组织和执行权。课程组通过常态化的教学研讨等活动,加强教师间的交流和集体观念,教师在长期的相互作用中将行为规则内化为内在信念,强化对高质量课程追求的责任和义务,提高履行责任的自我约束能力。

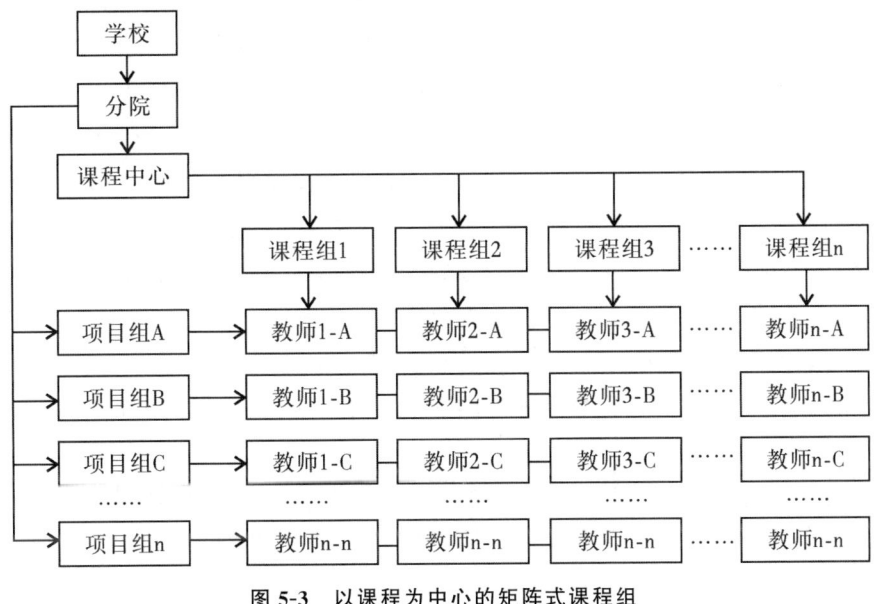

图 5-3 以课程为中心的矩阵式课程组

资料来源:调研获得。

二、实现组织功能从行政事务性向专业引领性转变

  目前,我国大学课程管理的组织结构总体上属于科层制模式。在这种

组织模式下，大学的课程管理工作一般起于教务处，通常由教务处制定相关的文件、制度，并将任务下发到二级学院。二级学院中往往由个别教务管理人员完成数据信息的收集与汇总，有的会经由系主任检查，再提交给分管教学的副院长审核，继而完成整个任务的流转工作。为了回应下达的任务，二级学院往往关注课程质量的外显特征，如教学大纲的有无、学生到课率、是否出现教学事故等。在这种等级式的科层式组织中，课程与教学任务的实现相对简单、便捷且高效。但不难发现，课程教学这一专业性极强的工作被简化为行政事务，其活动开展源于自上而下的规章约束。因此，其弊端也十分明显：整个二级学院处于被动完成任务的状态，院系课程组织与管理聚焦于事务性工作。最重要的是，教师处于整个组织的最底端，其参与是缺失的，而且其主动性和创造性是被忽视的。

课程组作为基层教学组织，其功能不是处理行政事务，而是实现专业引领。首先，基层教学组织具有组织功能。它从本质上而言是一种教师组织方式，是教师自主合作的组织，强调共享合作、重视目标认同。我们知道，当前课程革新的一个突出问题便是动力不足，教师参与的积极性不高。课程组通过有组织地将教师聚集在一起，营造共同探讨、相互学习、彼此分享的共同体氛围的同时，解决教师在教学中的孤立无援局面。更重要的是，它为教师提供了一个平等交流和分享的平台。其次，基层教学组织具有教学功能，通过定期召开课程研讨会议、探讨课程改革，为教师之间的交流研讨提供平台和机会。再次，课程组具有规范功能。它有明确的权责分工，对课程组内成员的行为有着明确的规定。最后，课程组具有服务功能。它具有相应的物质资源作为支撑，譬如固定的活动场所、可供支配的经费等等。

三、促进组织工作流程从随意化向制度化转变

课程治理是一个权力重置的过程。那么，规范权力的生成与行使则需要借以一定的制度手段。如厦门大学的课程组制度明确规定了课程组组长的遴选标准和工作职能。再如汕头大学学术委员会审议通过了《汕头大学本科教学质量保障与提升体系》文件，为了落实文件的具体要求，学校建立了与之配套的专业协调人制度、教研组工作制度、听课工作制度和教师教学考核工作制度，以此保证学校政策文件的真正落地。在具体实践过程中，汕头大学为了促进教师参与教学讨论与交流，设置了教学研究组，并对教研组

的日常工作进行制度化规范。首先,明确教研组的人员构成。教研组一般由承担相同或相似课程群的教师组成,课程群名称作为教研名称,一个教研组至少要有3名教师。每个教师至少要加入一个教研组,可以出现一位教师同时参加两个或两个以上教研组的情况。其次,明确教研组的性质和任务。教研组不是行政机构,而是长期存在的教学学术和服务团队。教研组的主要任务包括:负责教研组所承担的课程建设,包括现有课程和新设课程的建设、维护和持续改进;组织教研组教师进行教学方法的研究与交流,促进教师专业发展。再次,明确教研组的主要工作内容。如根据院、系、部、中心的要求承担教研组所负责的课程建设任务,包括讨论课程的学生学习结果,课程教、学、考的设计,教学材料与资源的挖掘,制定并审核课程教学大纲,审核课程考核结果,分析课程教学大纲的执行结果,向课程主讲教师提出教学改进意见。讨论与交流教学方法,包括组织教师集体备课,课堂听课和听课后讨论,教学方法的创新,教学经验的总结,参加院系、学校和校际教学交流等。在每学期制定开课计划时,各教研组根据教材选用原则,讨论确定教研组所负责课程拟选用的教材。最后,规定教研组的工作方式。教研组采用定期活动制度,春、秋学期至少每四周活动一次,教研组每学年的活动次数至少为八次。夏季学期组织相对集中的教学研究活动或参加院系、学校组织的教学交流活动。教研组每学期制订一份本学期的工作计划,确定本学期的工作主题活动安排。教研组所有会议要指定专人做会议记录以及会议的签到工作,并在会议结束后一周内完成会议记录的整理和确认工作。确认后的会议记录以PDF形式发给教研组所有成员并由教研组组长负责存档,同时抄送系主任。

四、促使组织成员从被动执行向主动参与转变

赋权是促进课程治理主体尤其是促进师生主体从被动执行向主动参与转变的有效机制。师生积极主动参与是课程治理自下而上释放驱动力的关键。当师生能以主体身份参与到与自己休戚相关的课程建设中来的时候,往往能够激发其主人翁意识,也更能激发他们对课程建设的责任感。

那么,如何促进师生有效参与,以此实现科学决策、规范决策和专业决策呢?我们需要通过一定的组织结构安排,赋予师生参与课程决策的权力,为师生民主参与提供可能的渠道和途径,以此落实师生参与的合法性地位,

避免权力的独裁和专制。院系可以通过建构课程委员会、课程组、学生代表会等不同组织,并充分重视不同组织在课程决策方面的发言权,增强决策的民主性和科学性。譬如西南财经大学会计学院以"全员参与、深度参与"为理念,组建了"教学委员会-项目主任-课程组"的组织架构。在这个组织架构中,教师通过彼此之间的交流碰撞,发现教学的意义,体会到成就感和育人的幸福后,他们更加积极主动地投身于课程教学改革。

但需要注意的是,促进主体参与的机制并非依赖固定的、计划的设计,而更多是在主体互动中形成的自发秩序,是师生主体在问题解决过程中逐渐实现的。也即是说,促进组织成员主动参与的机制并不拘泥于固定的形式。

第四节　运用创新制度有效保障课程治理成效

课程治理需要系统性的制度创新和各项配套变革的逐步推进。虽然灵活性、碎片化、应对式的做法能够取得一定的短期成效,但却会因行动的结束而问题反弹。我们若要将课程治理的成功探索转化为持续稳定的行动,则必须凝结为规范且稳定的课程制度,用制度为行动提供稳定的运行秩序,以此为课程质量的持续提升夯实保障系统。

一、制度创新是课程治理的突破口

课程治理的基本之义是保障大学课程的规范化建设。课程治理需要从制度安排上解决课程实践中出现的各种问题,其最基本工作便是要消解低质量课程存续的制度基础,重构高质量课程产生与不断涌现的总体制度。制度为治理提供了依据和前提,换句话说,需要通过制度让课程治理运行日常化、常态化,否则权力将停在半空中难以落地。与此同时,传统的惯习常常成为与课程改革精神背道而驰的阻力,这时,便需要凭借制度的权力、权威等优势施以规范性约束,①并通过长期的制度约束和管理,使行为主体和组织做出正确的行为和选择。然而,当前的课程制度还不是十分科学、合理和完善。一方面,从整个制度系统上看,缺乏一体化的课程制度规范。另一方面,某些需要严格规范的方面缺少制度约束,增加了课程实践的盲目性和随意性,而某些本应给予的弹性空间却又过度约束,从而限制了师生主体的主动性和创造性。

制度是规范组织运行和主体行为的依据,②它通过对组织和主体的权力进行赋予和限定,保障权力行使的规范性和合法性。因此,在组织层面上,它确立了规范组织运行的规则和机制;从主体层面看,它是对个体行为的约束和规范。③ 由此,大学课程制度既包括课程主体的行为规范,也包括课程管理组织的职能界定及其运行机制。也即是说,大学课程应该由什么样的组织来管理,这个组织需要承担哪些职能,有哪些主体可以在组织内活动,这些主体应该遵守怎样的行为规范,以及当这一行为规范不被遵守时,该有哪些保障机制。

二、课程制度建设的基本原则

课程制度的生命力要在课程实践和课程主体自身的行为中寻找力量。④ 进一步说,制度优势若要转化为治理效能需要从平衡机制、内化机制、磋商机制、支持机制等方面进行努力。

(一)平衡机制:兼顾规制与自由

治理是具有一定灵活性和弹性空间的实践,需要具体问题具体分析,才能达到治理的成效。治理的这一特点决定了制度需要在规制和自由之间取得平衡,我们不能把制度的东西生搬硬套到治理实践中。制度的执行要兼顾内在自由和外在秩序的平衡,既表现出对师生主体权利的保障,也体现制

---

① 肖正德.教学习惯的意蕴、特质与改变路向:教学文化变革的视角[J].华东师范大学学报(教育科学版),2012,30(3):15-22.
② 汪大海,张玉磊.从运动式治理到制度化治理:新型城镇化的治理模式选择[J].探索与争鸣,2013(11):47-50.
③ 李立国.大学治理的内涵与体系建设[J].大学教育科学,2015(1):20-24.
④ 李拓.论治理现代化与制度治理[J].郑州大学学报(哲学社会科学版),2014,47(6):5-8.

度对主体行为的约束。自由不仅仅是一种追求,而且是一种能力,真正的自由不是解除外界控制,而是实践主体在不断完善自我的过程中形成的责任感和自律感。

一方面,制度具有规范作用,其基本价值在于提供规范和秩序。规范性和规制性要素是课程制度存在的工具理性。[①] 规范作用是指管理者改变过往以行政思维和行政方式束缚教师教学的做法,运用常态化的课程研讨制度、课程质量标准制度等规范和引导日常的课程实践活动。这意味着日常的课程管理活动不是盲目的、随意的,而是秩序井然的,也意味着教师和学生的教与学的行为不是盲目性的,而是要受到制度标准的规约。另一方面,治理是一个弹性的、动态的过程,需要在具体实践中灵活应对,我们无法将制度的一套内容照搬到治理实践中,否则很可能会出现规制有余而弹性不足的现象,从而使得教师按部就班、毫无创造力可言。而且,课程本身是一项高度专业化的创造性活动,需要充分的自主空间,教师有权自主组织课堂教学活动,有权自主决定教学进度和教学内容,有权自主决定教学形式和方法等。

制度发挥其治理优势的关键点在规制和自由之间取得平衡,它要求教师的整个课程教学活动可追溯、可循证、可管理,但完全不排除教师在课程中的自主实践和创新性活动。在制度制定时给教师留下一定的自主和创造空间,给教师课程创新和专业发展的自由。譬如有学校满足教师对课时安排的需求,打破僵化的 2 节课 90 分钟的课时限制,允许他通过"长短课"的方式保证课程效果。也即是说,制度规约并不是束缚教学的消极之力,而是一种合理引导、鼓励支持教师自主行为的外在力量。在履行制度提出的最基本的原则性规定前提下,教师具有自由发挥的空间。[②] 可见,制度的规范性界定了治理的弹性边界,是治理的限度与约束。而治理本身的特点保障了主体的权力行使空间。也即是说,治理需要权力,但权力需要置于制度的笼子里。

(二)内化机制:塑造共同信念

制度规定了一种激励结构和一组约束空间,为实践活动提供了行为准绳,降低了不确定性。很多学者认为制度是一种有目的的人为设计产物。

[①] W.理查德·斯科特.制度与组织:思想观念与物质利益[M].姚伟,王黎芳,译.北京:中国人民大学出版社,2010:58-67.

[②] 刘桂辉,陈菁.教师生成自主教学行为需超越规约[J].中国教育学刊,2019(8):51-55.

如法律、明文规定等,即制度是一种人为秩序。若要制度发挥实际效用,则必须使制度安排成为激励人们行为的动力,而非外在于人的文本。正式制度若要实现很好的实施效果,就必须得到行为主体的认可,更需要内化为行为主体的共有信念。只有行为主体在内心深处理解并接纳它,制度规范才有可能从纯粹的外在约束逐步和自律相结合。

强调共同信念的日益客观化是制度形成的一种重要机制。理查德·斯科特(Richard Scott)在其著作中总结了制度化的三种逻辑:[①]一是基于回报递增的制度化。这一以正反馈过程为基础的制度系统,强调激励的作用,当行为和制度方向一致时,便会得到奖赏。根据这一逻辑,大学应通过激励和利益分配等影响教师对课程教学的投入,譬如遴选教学名师并给予重奖,以此激励整个教师队伍;或者建立教师分类管理机制,为不同教师设置利益追求的不同通道。二是基于"承诺递增"的制度化。与"回报递增"所强调以成本和收益为计算单位的作用机制不同,它十分注重承诺或忠诚机制的作用。通俗地说,它促使组织成员形成对组织的归属感,知道自己在组织中的不可替代的地位,以及知道自己在组织中该行使怎样的权力、做出怎样的预期行为。[②] 三是基于共同信念的制度化。它是指组织决策者对某种结构的价值达成一定程度的共识,并在这种共识的基础上日益采纳这种结构。其中,第三种逻辑强调思想观念在制度化过程中发挥着重要作用。

林小英、宋鑫指出,用金钱作为单一的激励指标是高等教育领域对经济领域中市场逻辑的套用,遵循的是"手段-目的"式的因果机制,更进一步说是"刺激-反应"式的控制模式。[③] 当以这种模式来管理课程时,课程的外显特征便一再被凸显,教学工作量、学评教的高分数、热闹的课堂等便被关注。但无疑,教师仍是缺乏主体性的受控者。大学教师这一具有更高认知理性追求的主体对课程的认知和需求便被抹去了。对教师来说,投入课程并不是仅仅为了得到多少物质资源或利益,而更多的是在与学生的交往互动中感受到自身的价值。学生对教师的尊重、信任和理解是教师投入教学的重要

---

① W.理查德·斯科特.制度与组织:思想观念与物质利益[M].姚伟,王黎芳,译.北京:中国人民大学出版社,2010:129-136.
② W.理查德·斯科特.制度与组织:思想观念与物质利益[M].姚伟,王黎芳,译.北京:中国人民大学出版社,2010:133.
③ 林小英,宋鑫.促进大学教师的"卓越教学":从行为主义走向反思性认可[J].北京大学教育评论,2014(2):47-72.

动力,师生间的良好关系则是教师投入教学的精神动力和感情依托。因此,充分调动教师投入教学的积极性的关键在于让教师体会到教师职业应有的成就感和乐趣,培养教师对课程教学的积极认知、情感寄托和信念追求。

(三)磋商机制:教师参与制度决策

制度在形成过程中,管理者往往容易忽略师生主体的需要,自觉或者不自觉地倾向于维护自己的利益。当教师作为教学主体的地位没有得到认可和彰显时,他们就难以自觉遵守规章制度,就难以积极主动地参与实践。因此,在制度制定过程中,一个必要的途径就是创造条件让教师参与制度的制定和设计过程。通过磋商机制赋予教师在制度制定中的知情权、话语权、评审通过权等,使制度制定过程成为一个充满互动和协商的过程。[1] 磋商机制的关键在于平等对话,管理者和教师、教师和教师之间需要进行没有强制性、诱导性的真诚对话,以便使各主体了解各自的内在需要、情感诉求和行为意向。尽管不同教师之间的利益诉求不同,但其最终要服务于学生发展这一根本目标。教师充分参与、民主协商既能够保证教师的合理诉求和利益,又能够获得教师内心的承认和自觉的行动,教师也会清晰地知晓自己在课程教学中的角色地位。当然,角色决定了不同参与者在行动内容与能力方面的差异。教师这一角色拥有决定自己怎么上课,怎么开展研究的专业权力,但当涉及一门课程是否需要开设、培养方案如何调整等事务时,则需要教师集体性的专业权力。[2] 课程制度系统且繁杂,并不是所有的制度设计都需要教师参与,也并非所有的教师都愿意参与,因此,可以通过建立正式组织为教师提供参与决策过程的机会,譬如各类委员会、教代会、临时小组等。[3]

(四)支持机制:软硬件支持教师投入课程教学

当前,在大学课程地位不高的情况下,必须赖以一定的制度倾斜,以保障教师的合法权益,肯定教师的辛苦付出。首先,是通过物质激励的方式。如复旦大学将"代表性教学成果"纳入职称评价体系,并以教学业绩作为评定职称的依据。还有些学校以学时折算的方式,譬如将课程组组长的工作

---

[1] 王向东.大学教师教学管理制度的反思与完善:基于教学行为与制度关系的视角[J].现代大学教育,2011(3):97-102.

[2] 阎光才.高校教师参与治理的困惑及其现实内涵[J].中国高教研究,2017(7):6-11.

[3] 阎光才.高校教师参与治理的困惑及其现实内涵[J].中国高教研究,2017(7):6-11.

量和教师的指导等折算成课时。还有些进行改革试点的学校,对给第一次实施课程改革的教师 3~5 倍的工作量。① 其次,是通过硬件资源的支持。譬如清华大学、南京大学等已经启用了圆形或六边形的讨论教室。

三、构建系统完备的课程制度

制度为主体的相互关系和影响提供了一个行为框架,课程制度则是对日常课程实践中的师生主体的行为进行约束、限定和引导的规范。

(一)完善课程审批制度,从源头保障课程质量

课程审批制度是规范课程设置的基本制度,它是从课程体系角度把握课程质量的重要手段。目前,课程设置的基本程序在我国大学课程制度中并没有明确的规定,②譬如新开设的课程需要经过怎么样的程序才能合法化地进入课程体系,以及课程在设计、实施和评价中需要遵循哪些规范的程序等等问题有待进一步规范。在美国大学,会有专门的课程委员会(Curriculum Committee)③负责课程的增减与调整。一门课程的设置通常需要经历课程委员会的审查和批准。首先是由教师向系课程委员会递交包含课程基本信息、新开课程的理由陈述、课程大纲、其他相关证明材料等内容的提案;接着系课程委员会主要审查课程的具体内容、开设理由、是否能与已有课程体系有机融合以及资源支撑等;在系课程委员会商讨后,提交院课程委员会就课程重复性、连贯性等问题进行审查。而校课程委员会则作为一个协调机构给予教师帮助和参与课程审批。在通过这些环节之后,才能付诸实施。可见,通过遵循严格的审批制度和科学合理的决策机制,减少了大学课程在开设、修改或取消中的随心所欲和独裁专断,让每一门课程都能够达到应有的学术标准,实现学生需求,具备足够的资源支持等。④ 课程审批制度中一个更具体做法便是开课说明,即任课教师需要清晰地描述自己所

---

① 于歆杰.以学生为中心的教与学:利用慕课资源实施翻转课堂的实践[M].北京:高等教育出版社,2015:39.
② 包水梅.我国现代大学课程制度发展研究[J].现代教育管理,2014(7):89-92.
③ 林丽燕,叶信治.美国大学课程委员会的性质、结构、职责和运作机制研究[J].比较教育研究,2014,36(2):72-76.
④ 叶信治,林丽燕.美国大学课程审批制度述评[J].高等教育研究,2014,35(4):94-102.

授课程在整个课程体系中的定位、角色和作用。通过撰写开课说明,让教师更清晰地认识到自己所授课程并不是孤立的,而是在整个体系中起到独特作用的组成部分。基于以上分析,本书认为,我们亟须完善大学课程委员会制度,确立有效的课程规范约束和引领课程建设,形成课程建设共识。同时规范课程提案审批过程,监督课程审批标准,审议各院系提交的课程提案。

(二)制定以学生为中心课程大纲制度,从过程保证课程质量

课程大纲是师生主体的行为指南,是管理者对课程质量进行管理和评价的重要依据。[①] 实践中,我们的大学并不是缺少课程大纲,而是缺少科学、合理的、以学生为中心的课程大纲。传统课程大纲更多关注教师应该做什么,其作用更多是为了管理者的检查方便和用作档案备份。对学生而言,他看不到课程大纲,甚至不知道为什么要学习这门课程以及如何学习这门课程,更不清楚自己在课程学习中的角色。然而,"学生越是明白你期望他们在课程结束后能够做什么,他们就越能明白自己的角色和判定自己课程学习成败的标准,课程的教学成效也就越好。"[②]以学生为中心的课程大纲让学生知道他能够得到什么样的帮助以及通过怎么样的努力才能够获得相应的学习结果。具体需要回答的问题如下:为什么要选这门课?课程要求是什么?课程对学生的基础有什么要求?教师对学生已有知识有什么了解?学生基础技能的不足会不会在课程中得到补习?课程各部分内容的顺序安排是出于什么考虑?课程是以讲座、讨论还是小组讨论为主?教师对学生有什么期望?布置的任务有什么教学目的?考试考什么?记忆、理解、综合能力?灵活运用知识的能力?为什么要采用目前所使用的教材?它们在课程和学科中有什么相对的重要性?[③]

以学生为中心的课程大纲是联结教师教和学生学的契约。一方面,课程大纲是一份专业化的文档,也是一份个性化的文档,它不仅体现着教师对课程内容和教学过程的理解,还承载着教师的教学理念和教学态度。当任

[①] 巩建闽,萧蓓蕾.课程大纲制订给谁看:论学生中心理念的落实[J].高等工程教育研究,2020(3):143-150.
[②] 罗伯特·M.戴尔蒙德.课程与课程体系的设计和评价实用指南[M].黄小苹,译.杭州:浙江大学出版社,2006:159.
[③] 罗伯特·M.戴尔蒙德.课程与课程体系的设计和评价实用指南[M].黄小苹,译.杭州:浙江大学出版社,2006:160.

课教师明确自己承担的培养目标后,需要结合学生特点、课程性质来设计课程目标,并设计出对应的培养方式。重要且关键的是,教师能够设计出评价学生学习成果的评价方法和评价内容,以此判断学生是否达成了这些学习成果、达成的效果怎么样。即每个被定义的目标都由恰当的教学活动和有效的评价来匹配。[①] 另一方面,通过阅读课程大纲,学生知道为什么要学习这门课程,知道自己能够获得哪些学习资源,知道如何学习以及知道自己的学习效果是被如何评价的。具体来看,学生知道自己需要付出多少时间投入课程,知道自己需要积极参与课程活动,知道自己在课下如何准备,以及知道自己的作业需要达到什么样的标准等等。

课程大纲一旦确定,便不可随意更改,它是教学规范性和严肃性的体现。一般地,以学生为中心课程大纲应包括课程基本信息、课程内容及方法、考核成绩评价方式等多个要件,具体如图 5-4。

---

1. 课程基本信息,包括学年、学期、课程名称、上课地点和实践
2. 教师姓名、职称、单位、办公室、答疑时间和联系方式
3. 先修课程要求,以及其它由教师或系统所提出的必须具备的要求
4. 课程简介(学习目标和要求、课程的地位和作用、课程主要内容、教学方法安排等)
5. 学生需要阅读或使用的书籍等材料
6. 学生课程成绩的考核依据(如课程参与、作业要求等)、评分方法和权重分布
7. 学生的责任
8. 课程进度表,包括各周教学主题、阅读论著或教科书章节、相关作业提交截止期等
9. 学生成功完成本课程需投入的时间(如每周若干小时)
10. 必读资料以外的补充阅读信息
11. 对有特殊需求的学生的特别安排
12. 课程或教学政策(对出勤迟到、作业晚交、额外加分、学术诚信、缺考等方面的详细要求)

图 5-4　课程大纲的基本要件

资料来源:1.张光.高校课程大纲的功能和要件:兼论我国大学课程大纲制度之现状[J].清华大学教育研究,2011,32(2):40-46.

2.巩建闽.高校课程体系设计研究:兼论 OBE 课程设计[M].北京:高等教育出版社,2017(12):190-196.

课程大纲是教师教学和学生学习的行为依据。[②] 对学生而言,课程大纲需要明确学生在课堂上必须积极参与学习讨论等活动,在课下必须完成

[①] 邢磊.高校教师应该知道的 120 个教学问题[M].北京:北京大学出版社,2010:32.
[②] 金子元久.大学教育力[M].徐国兴,译.上海:华东师范大学出版社,2009:44.

相应的学习任务。课外学习是一个非常重要的因素,但在实践中却被忽视了。因此,课程大纲制度的完善必须保障学生的课下学习时间。通过明确对学生的学习要求,尤其是课下学习的要求,逐渐帮助学生形成自主学习的能力,由此打通课堂的物理空间,实现学生课内外学习的融通。

对教师而言,教师则需根据课程大纲进行规范授课和学生成绩评定,不得以其他理由降低对学生成绩的评定标准,[1]由此则能防止"教学相涨"现象的发生。这需要教师在课程大纲设计中明确成绩评定的要求,让学生知道几乎所有的课程成绩都是由很多项累计得来的,知道自己的每一次参与、每一次活动都会被计入成绩,以此保证学生的持续性投入。

(三)完善课程质量标准指标体系建设,通过评价促进质量提升

一方面,因为不同类型、不同层次高校的人才培养需求不同、学生基础不同,所以需要高校根据校情、学情进行课程建设,并承担起课程建设和评估的责任。通过促进各高校建立科学的课程评价方案和评价指标体系,以评价指标体系为标准,引领课程建设。另一方面,目前大多数高校采用学生评教的方式对课程质量进行判定。但大多数学生评价的指标内容更多聚焦教师教学行为,尚未触及课程的核心——促进学生学习。我们亟待科学合理的课程质量标准引领课程建设方向。课程质量标准制度将从根本上为改革教师评价制度奠定基础,它是为了改变以教学工作量判断教师教学质量的做法,而以质的标准判断该门课程是否达到了质量要求。当有了完善、科学的课程标准时,大学对课程教学的评价便不会只停留在教学时间、课堂纪律等刚性约束方面,而是会深入课程内容是否满足人才培养需求、课程是否保证了学生的充足投入以及教学效果等关键性、实质性问题。本书运用扎根理论方法对访谈材料进行处理,得到了如下课程质量标准(表5-3)。

---

[1] 叶信治.高校"金课"建设:从资源驱动转向制度驱动[J].中国高教研究,2019(10):99-103.

表 5-3　以学生为中心的课程质量标准

类属	属性	内涵
课程目标	课程定位	课程定位明确,即明确课程对人才培养目标的支撑度、课程在整个课程体系中的位置、课程与先修或后续课程的关系以及该门课程能够有效支撑相应的毕业要求
	目标表述	表述清晰,尤其能清晰表达出能力目标。对学生而言,他们清晰地知道自己达成具体目标需要付出怎样的努力
	可操作性	可操作性强,每一项目标都有具体实现路径,有与之相匹配的方法设计和评价设计
	目标结构	课程目标结构完整,涵盖学生在认知层面、能力层面、态度层面的预期学习结果
	目标内容	课程目标超越记忆、理解等低阶目标,强调高阶目标
课程内容	组织形式	课程内容以学生发展需求为原则进行组织,而非仅仅以学科知识的系统性为原则
	逻辑结构	课程内容具有清晰的逻辑结构,知识点的分解恰当。不仅仅是按照教材的章节来确定内容结构,而是以知识点为单元,将知识点有机结合形成概念性逻辑框架,帮助学生建构起课程的逻辑结构、理解各个知识点之间的关系
	内容情境	课程内容联系生活实际,围绕真实问题情境进行设计,满足社会需求的知识;课程内容与实践活动结合,在实践中检验知识
	内容广度	1.帮助学生建构起完整的概念体系框架 2.明晰该门课程与其他课程之间的内容衔接关系 3.课程内容覆盖本学科领域,并包含适当的跨学科内容 4.能够根据不同学生的学习特点提供相应的学习材料
	内容深度	不是晦涩难懂、难倒学生,而是与课程目标的多维层次相匹配,建立起课程内容与课程目标的对应关系
	内容创新	教师能够让课程内容反映社会行业发展的最新需求、能够将课程内容与学科领域的最新前沿相结合

续表

类属	属性	内涵
课程实施	教学方法	1.教学方法与课程目标映射关系清晰,能覆盖所有课程目标,能够采用启发式、讨论式、探究式、合作式等教学方式,支持高阶目标达成 2.不同教学活动之间有序衔接,共同支撑课程目标
	课堂教学	课堂教学重点突出、详略得当;帮助学生形成系统的概念框架;激发学生积极情感,促进学生产生深层学习
	学习方式	学生能够转变被动学习方式,主动学习、合作学习、探究学习
	学习参与	1.按时完成课程作业、准时上课 2.参与课堂讨论,提出深刻有见解的问题、对话 3.学生对学习产生了兴趣 4.教学中有明确的、恰当的、合理的课外学习活动安排,课内外学时比在1∶1~1∶2之间
	学习体验	学生对学习过程和学习结果表现出热情、兴趣,感受到快乐、成就感和荣誉感等
课程评价	评价指向	课程评价指向学生学习成效
	评价效度	评价的有效性是指保持评价具体内容与课程目标相一致,能够针对不同课程目标创新性地设置匹配的评价项目。具体的评价内容能够检验课程目标的实现情况,尤其是能力和态度方面的变化
	评价标准	课程评价标准具体且可测量,陈述清晰易懂;能用成绩等级描述学生不同的完成情况
	评价方式	课程评价不宜以一次性考试为标准,也不在于给学生划定等级,而应以过程性评价为主(50%~70%),重在帮助学生不断改进学习
	评价主体	评价主体多元,包括教师评价、同伴互评、学生自评等
	评价反馈	评价反馈及时、有效;课程评价反馈及时不拖延;课程评价既能指出学生有待改进之处,也能肯定学生优点
学习支持	学习资源	课程为学生提供丰富且有效的课外学习资源,并帮助学生了解如何有效获取这些资源
	学习指导	有效的课内外指导,尤其是教师在课下能够通过多种方式帮助学生改进学习
	技术手段	技术赋能,利用各种技术手段收集与学生学习相关的信息和数据,及时了解学生学习状况,实现精准化教学

资料来源:本人根据访谈资料,利用扎根理论方法得出。

我们无法依赖正式制度去规范课程实践中的所有细节,既不可能也不合适。我们可以预料的是,制度之下总有"意外后果"的出现,譬如"教学相涨""形式互动"等问题并不能够从制度层面真正消除。制度治理的困境启发我们思考:即使师生遵从了制度的规范和约束,也可能会采取被动或敷衍的态度导致形式化。因此,课程治理必须得考虑正式制度的有限性、表面性和被动性,从而更加关注课程质量困境的深层次问题。文化是一种存在于主体内心的一种隐性知识,只是未能以明确的法规、条文形式固定下来,也不是以正式机制来实施和惩罚违约行为。如果课程主体在实践活动中,能够通过自主约束达成目标,那就达到了本书所欲实现的课程治理的最高境界和目标了。所谓"器物易成,精神难立",制度、技术等治理的形式基质并非课程治理的最大掣肘,恰恰是观念、共识等这些内在基质决定着课程治理的真正实现。

　　因此,我们需要恰当地嵌入文化基质,实现正式制度和非正式制度的协同。一方面,正式制度能在短期内通过物质激励和制度规章规范课程行为,但若是缺乏非正式制度的支撑,缺乏教师的价值认同,则难以从根本上解决课程质量问题。另一方面,尤其是当前课程治理尚处于初级阶段,单靠自发、内省难以产生根本性的变革和大范围的改变,因此,外在的正式制度是不可或缺的重要力量。因此,恰当地将正式制度嵌入非正式制度的文化土壤中,并使之深入融合,从而建立起正式治理和非正式治理相互支撑、相互补充的动态开放的治理体系。

第六章

结论与展望

第一节　研究发现

第一，课程治理的核心是通过建立共治机制并对课程建设与改革产生实际效果。课程治理是一个由管理者引导、师生参与、课程专家干预、社会主体协同的多主体共治过程。在管理思维模式下，我国大学课程建设的主体以管理者和教师为核心构成。但在面临多样化人才培养、各类专业认证、立德树人理念和以学生为中心的改革等多种诉求下，以管理者为施令主体、以教师为执行主体的建设方式已明显无力。为了应对这样的困境，师生主体、社会量等共同参与课程治理的意义就凸显出来。在新的治理理念指导下，我们的课程建设是一个多元主体优势互补、协同互动的合作共治的过程，任何主体的单独行动都将难以实现最终目标。不同主体在参与课程建设过程中发挥着不同的角色、体现着不同的作用，并在与之对应的行为要求和规范下活动。

管理者引导的重点在于将自己的角色定位于课程建设与改革的引领者、课程管理制度和规则的制定者、师生的服务者以及课程质量的监督保障者。他们在课程治理中最关键的职责在于结合学校发展定位和学科特色，统筹人才培养目标的规划工作，并以此牵头课程建设工作。

教师和学生是课程治理过程中的中心主体。师生之间通过合作关系建构师生共同体，是一种教学相长的关系。具体来说，教师基于各个专业人才培养目标，明确课程定位，进行课程目标的优化，并以此重组、优化和创新课程内容的结构,设计相应的教学组织形式和考核评价方式,从而实现课程目标的具体要求,并对应相应毕业要求的实现。在这个过程中,教师逐渐从过去的课程内容的"传输者"和"讲授者"转变为课程的"设计者"和"组织者"。学生在参与课程治理的过程中,从被动的知识接受者转变为课程的参与者、建构者和评价者。这时,"教"与"学"的关系并不是孰轻孰重的关系,而是相互兼容、相互促进的关系。而且,实践证明,师生参与课程治理要成为常态化机制,方能促进课程治理的上下互动,方能实现课程质量的实质性提高。

课程专家实际上是由师生参与带来的派生主体。因为当课程教学从教的范式向学的范式转变时,如何以"学"为中心进行课程设计,如何实现信息技术与课堂教学的深度融合,如何面对信息时代学生的多元需求等等问题,对教师的能力提出了很高的挑战,对师生的传统思维方式也产生了很大的冲击。在这种情况下,课程专家作为关键主体的介入和干预可以有效为教师提供支持服务,帮助教师针对课程教学过程中遇到的具体问题开展教学反思并提供支持服务,以此实现教师专业发展和学生成长的有机结合。当然,课程专家还可以协助管理者进行课程评价标准的制定,在课程教学中收集相关数据,以此对课程质量进行诊断,为教学管理部门制定决策和方案提供依据。

社会主体在课程治理中的协同作用建立在契约关系上,也是高校和院系将市场机制引入课程建设中的具体做法。社会主体的加入可以弥补管理者和教师在课程制作与加工、师生互动平台供给、教学数据收集等方面的不足。一方面,他们对学校人才培养质量和人才培养需求的反馈等可以为课程建设提供依据。另一方面,院系通过与专业化、营利性的课程服务平台或相关企业进行沟通协商,签订服务类型、服务要求和质量、服务价格等方面的契约,发挥它们在课程建设中的信息支持和数据分析等作用,以此有效实现课程建设的专业化和有效性。譬如,学校可以通过购买或获得使用权许可共享其他学校的优质资源,也可以购买专业公司在课程拍摄、课程数据服务等方面的服务。当然,也有一些志愿性的公司或服务平台,它们免费为学校提供课程资源服务。如中国大学 MOOC、爱课程等。

第二,课程治理由治理目标、治理结构、治理过程和治理结果等要素共同发挥作用。课程治理是一项系统性变革,不仅需要改变角色、关系和规则,也需要改变具体的执行方式,更需要改变根植于其中的信念、价值观和承诺。① 它不是改变单一要素就能实现的,而是相关要素和相互关系重组和优化的过程,也是相关主体相互配合、凝聚变革意识、多方力量共同促进的过程。任何一个治理要素都不可能单独在治理场域中发挥有效作用,不同要素之间通过协调、合作,形成联动效应,共同对课程治理的结果产生影响。

从一定意义上说,当前本科课程建设面临的首要问题是理念上的更新与变革。课程治理以合作共治、权力共享、协商互动、基于共识为基本理念,以此引导课程治理的前进方向。这是一种开放式、共享式、平台式、包容性的思维方式,通过吸纳有益于课程建设与变革的合理成分和力量,积极探索能够促进课程质量提升的有效办法。治理结构则是课程治理的核心问题,在课程治理的结构中,教师处于治理结构的核心地位,其他主体多为支持者、参与者和辅助者的角色。这是课程治理区别于其他治理的核心特征。课程治理需要激发各个治理主体参与课程建设与改革的内生动力,并促进各主体在参与课程建设过程中实现功能互补。这意味着课程权力配置的路线需要发生改变,即权力配置从以行政命令为主线的垂直配置转化为多主体为主线的扁平配置。权力重组后的分权赋能将管理者的课程权力、教师的权力、学生的权力、用人单位的权力进行了重构,形成了新的权力结构。这种以教师专业权威为核心的新的权力结构,激活了师生在课程建设中的主体意识,有助于激发课程建设自下而上的源动力。需要说明的是,虽然课程治理的主体是多元的,但不同主体在课程治理不同环节中的参与度和话语权并不是完全均等的。在这个治理结构中,不同主体分别居于不同的决策位置上。不同主体在课程治理不同环节的参与形成了不同的权力格局。课程治理结构并不必然带来良好的治理结果,这就决定了课程治理需要借助相应的制度机制保障治理的效能。其中既包括正式的制度约束,也离不开沟通、协调、对话等非正式机制。因此,治理的过程也就是如何激发各个主体参与课程治理并实现优势互补。最后,通过先进的治理理念、合理的治理结构以及顺畅的治理过程,我们能够越来越趋近高质量课程这一治理结果。

---

① SCHLECHTY P C.创建卓越学校:教育变革的6大关键系统[M].杜芳芳,译.上海:华东师范大学出版社,2012:3.

第三,课程治理各个环节是一个相互关联的不可分割的整体,各个主体在课程治理不同环节所拥有的权力类型和大小不同。课程治理指向课程设置、课程设计、课程实施和课程评价等课程建设的具体任务。虽然本书在具体分析时将其独立开来,但并不代表这四个环节是割裂的。将其独立开来进行分析是因为,在课程治理的不同环节中,不同治理主体所发挥的作用、参与的程度、参与的形式以及承担的职责是不断变化的。实际上,这四个环节并不是单纯的直线式推进的,而是一个循环往复、不断修正的过程。不同主体参与到课程设置、课程设计、课程实施和课程评价中的具体行动便构成了课程治理的实际内容。

在课程设置环节,管理者、师生以及用人单位共同对决策产生影响。管理者以引领者的身份统筹人才培养方案的修订工作,骨干教师作为课程委员会成员直接参与决策,普通教师群体通过课程组、教学团队等平台间接参与决策。学生通过问卷调查或座谈形式为课程设置反馈意见。用人单位往往作为课程委员会的受聘人员直接参与决策,当然也有以意见反馈和被咨询角色参与课程设置决策的用人单位。

在课程设计环节,教师的专业权威发挥主导作用。课程负责人与自己所在的课程团队进行协商交流,在考虑学情、咨询课程专家的基础上,明确课程定位、制定清晰的课程目标、重构定制化和个性化的课程内容,实现所授课程对毕业要求的有力支撑。

在课程实施环节,课程治理的主体凝聚为教师和学生,管理者主要发挥监督权和建议权。管理者通过采集学生学习体验的数据,以此检验并评价教师的教学效果,并通过数据反馈为教师持续创新改革提供依据。教师和学生分享教与学的权力,共同对教学活动做出决策。教师根据学生反馈意见改进教学,课程专家主要通过学生学习体验进行评估,检验课程教学是否有效实现了课程目标,发现"问题课程",并给予教师有效反馈;与此同时,课程专家通过提供咨询服务或进行数据对比分析为教务部门制订方案提供决策依据。

在课程评价环节,教师和学生分享评价权,共同协商课程评价规则,共同进行课程评价。管理者则负责组织开展课程评估并促进教师改进,如一些学校设立教学质量保障工作委员会主导课程评估。课程专家通过学校教学质量保障信息化平台,收集课程质量信息,审阅佐证材料,评价教学效果,提出教学建议,并对改进工作进行指导和监督。

综上所述,课程治理强调多元主体的参与和互动,意味着教师、学生、管理者和用人单位都能参与进来,且能够通过一定的渠道影响着不同环节的课程决策。虽然各主体并非拥有等量齐观的话语权和决策权,但在课程治理过程中不变的核心是尊重教师的专业权威。

第四,课程治理是需求驱动的科学化和规范化过程。课程治理是一项科学化、规范化和常态化的多元主体共治过程。它的起点是专业人才培养目标,具体体现在以人才培养目标为导向开展具体的课程建设活动。即将人才培养标准转化为课程建设的具体标准。[①] 不同专业的人才培养目标不同,毕业能力与素质要求也各异,课程治理就是依据专业人才培养的需求展开课程体系的设置,课程的设计、实施以及评价,以此实现所有课程和毕业要求之间形成映射和支撑关系,达成专业人才培养目标。

和以往的由管理者施以命令,单个教师完成教学任务不同,课程治理强调从专业人才培养的角度出发进行课程建设,而专业人才培养目标就是课程治理遵循的标准。根据人才培养目标进行课程治理,我们会发现它不是发布指令强迫师生主体执行,而是基于标准进行群体共治。以大多数高校高度统一的公共基础课为例,一些运用治理理念进行课程建设的高校通过赋权院系、建立沟通机制等措施,实现公共基础课的教师和专业课教师沟通协商,以此根据专业需求订制出不同的高等数学、大学英语、计算机等课程。这就是一种需求导向的驱动机制,而非行政力量的外在驱动。这也是跟本科课程的专业性相关联,它要求教师成为具有独立判断和思考创造的个体,积极参与、大胆创新地开展课程改革。显然,依赖单向命令、以惯常秩序和稳定为中心的科层管理模式是无效的。[②] 这也就决定了课程治理并不是一个从方案设计到实施执行的单向度过程,而是一个在实践中探索、调整、改进和优化的过程。

与此同时,我们也知道,现实中不乏有一些院校围绕改革目标对教师"动之以情,晓之以理",也不乏依靠分管领导的人格魅力和情感关系来维系。但不仅参与面有限,而且随着分管领导的调动往往面临着课程建设的

---

① 王洪才.论大学的课程治理[J].山西大学学报(哲学社会科学版),2021,44(3):129-135.

② 杜芳芳.当代学校教学管理的观念更新与策略转换[J].教育发展研究,2014,33(24):80-84.

无疾而终。基于此,本书认为,课程治理不是依靠管理者的人格魅力、情感关系等来维持,而是各主体在流程规范、开放透明的过程中各司其职,共同促进课程质量提高;课程治理也不是个别教师的良心活,而是一个群体共担、群体共治的集体活动。

第五,教师的自主治理既是课程治理的内在要求,也是课程治理的最大难点。在课程治理中,教师的双重角色决定了课程治理的难度。教师既是治理的主体,也是治理的对象。言其是治理的主体,是因为教师是课程建设不可替代的核心主体,课程治理必须由教师这一主体来落实、来推动;言其是治理的对象,是因为除了课程本身的问题外,教师这一主体本身的观念、能力等也是课程治理需要解决的问题。当教师能够积极反思,并清楚地认识到自己在课程建设中的主体身份,认识到自己观念和能力等方面的不足,并积极主动地开展课程改革与创新时,课程治理才得以真正发动。本书也在田野调查中发现,虽然不同环节治理手段各异,但其共同点是强调教师专业权威的地位,发挥教师主体的积极性。

因为本科课程是一项专业性很强的活动,它要求教师具有自主的选择权和判断力,能够根据自己的理念和思想独立开展活动,只有在自由、自主的空间里,才能最大限度地实现自我创造。课程教学是创造性的工作,而非重复性的技术,教学实践充满着复杂性和不确定性,需要教师具备良好的专业判断能力和教学智慧。因此,课程教学质量的提升也不仅仅通过规章制度的约束就能完成,而必须尊重教师的专业自主权。所以,我们必须基于课程实践固有的特性来设计课程治理过程的调控方式,创造有利于教师创造和革新的环境。这就意味着管理者必须为教师提供自主探究的空间和条件,为教师的课程革新提供支持。我们的目的不是控制和约束教师,而是激励和鼓舞教师,让教师对课程的投入出于内在的承诺和尊严的需要。当教师这一关键主体能在理念上认同,开始积极参与到课程建设中并主动作为的时候,他会充分考虑学生需求,而非仅仅出于自己的教学便利;他会积极主动与他人交流、沟通,不断反思自己的课程教学,主动寻求帮助。

更为重要的是,课程治理需要通过盘活基层教学组织的力量,以此促进更多的教师参与到课程建设与改革中来。在当前阶段,课程治理离不开自上而下的行政推动。但当底层力量被激活,越来越多的教师能够认同课程治理的理念,并能够以切实行动有所作为时,课程治理就不仅仅是依赖自上而下的行政推动了,而更多是自下而上的自发行动。

第二节 研究创新

一、通过理论思辨凝练出高质量课程的典型特征

课程治理旨在提高课程质量。但究竟什么是高质量课程，我们需要有一个判断标准。任何研究都不可能测量出课程质量的所有因素，但关键是保证定义能够反映课程质量的固有特性。本书通过对现有文献的综述和理论思辨凝练出高质量课程的典型特征，也就是说离开了这些特征，课程则难以称之为高质量。虽然高质量课程的外在表现形式千姿万态，但都具有作为高质量课程的共同的核心特征。这些特征有助于我们辨别出什么是高质量课程，也为本书的案例选取提供了理论依据。

二、借助田野调查获得了高质量课程建设的内在机理

实践者倾向于直接呈现课程建设的结果，理论者倾向于对高质量课程进行抽象拔高，而究竟如何实现高质量课程这一目标的追求，以及在实现这一目标过程中各主体如何各安其位、各司其职，以及如何促进主体互动合作等却缺乏细致的分析。如果仅仅停留于理想目标的分析，则很容易停留于价值层面而无法指导实践，如果仅仅关注具体的治理手段则很容易十分散乱。因此，本书采用扎根实践的方式缓解这一矛盾。除了对高质量课程进行典型特征的理论提炼外，本书通过一手访谈资料获得了高质量课程形成过程中的目标指引、权力结构和治理过程、治理结果等微观景观。因为所得结论均源于一手访谈资料，是由资料驱动的，也就是说这些高质量课程的治理实践都是存在于现实中的。所以，本书的任何一个访谈对象都能在书中找到自己课程的影子。换句话说，其他教师也可以据此反思和改进自己的课程，管理者也可以据此改进和创新自己的管理实践。

三、运用治理理论拓展了本科课程的研究视角

本科课程研究薄弱和本科课程问题繁杂之间的矛盾毋庸置疑。课程建设本身是一个系统性工程,各主体、各要素、各环节都存在千丝万缕的关系,尤其是在新时代背景下,本科课程决策主体的结构发生了新的变化,除了传统的行政权力和学术权力外,学生的权力需要通过制度性改革来实现其主体地位,用人单位也希望通过拥有课程决策的权力来实现自身的诉求。这就需要以一个适切的视角和理论,作为分析课程实践的分析框架。首先,治理理论对主体多元化的强调为分析、重塑和调整本科课程决策主体间的权力关系提供了恰当的理论视角。其次,治理理论强调权力的相互依赖和互动,这为本科课程中多元权力的产生、运行和规制提供了重要的理论基础。最后,课程是一种学术活动。为了促进这一活动的顺利开展,必须有效发挥学术权力在决策中的作用,这就要求本科课程的决策需要采用符合学术特性的"治理"方式,而非传统意义上的"统治"。

第三节 研究展望

一、对不同类型院校和不同学科的课程治理进行分类研究

鉴于课程治理是一个新议题,本书更多从一个整体视角提出课程治理的分析框架和基本逻辑,而并未对不同类型院校,譬如研究型大学、教学研究型大学以及教学型大学的课程治理进行分类研究,也没有对不同学科的课程治理进行分类研究。这是因为课程治理是大学治理的新领域,[1]我们需要做一些基础性的工作,以此为进一步的分类研究等打下基础。本人在

---

[1] 王洪才.大学课程治理:根本点·关键点·突破点[J].四川师范大学学报(社会科学版),2021,48(4):119-125.

访谈中发现,理工科专业的教师更容易达成一致共识;在阅读文献过程中,也发现有学者做出推断:教学型大学受行政力量影响最大,研究型大学更多是学术力量发挥作用,而教学研究型大学则介于两者之间。那么,究竟课程治理是否存在学校类型和学科类型之别,以及是否存在不同类型的课程之别,本人对此十分感兴趣,将在进一步的研究中发掘不同院校、不同学科课程治理的分类推进机制。

二、对影响课程治理效果的关键因素及其作用机制进行分析

课程治理是一项长期的、艰巨的任务,还有许多更为微观的要素需要深入研究。本书对课程治理的实践路径进行了一个整体刻画,并未对其中纷繁复杂且相互作用的影响因素进行整体性分析。我们知道,课程治理的研究显然是置于大学治理研究框架之内的,一所大学本身的治理水平,学校层面对课程的重视程度,教务处处长和学院院长、课程专家等关键主体,院系文化、发展历史、院系治理能力和基础等是如何影响课程治理的进程的,这些更为微观复杂却又影响着课程治理实效的因素有待于进一步的专门研究,作者将做进一步的努力和探索。

参考文献

一、中文文献

(一)专著类

[1]迈克尔·普洛瑟,基思·特里格维尔.如何提高学生学习质量[M].潘红,陈锵明,译.北京:北京大学出版社,2013.

[2]约翰·比格斯,凯瑟琳·唐.卓越的大学教学 建构教与学的一致性[M].王颖,丁妍,高洁,译.4版.上海:复旦大学出版社,2015.

[3]马克思·韦伯.新教伦理与资本主义精神[M].郁喆隽,译.杭州:浙江大学出版社,2018.

[4]G.西蒙.网络时代的知识和学习 走向连通[M].詹青龙,译.上海:华东师范大学出版社,2009.

[5]W.理查德·斯科特.制度与组织:思想观念与物质利益[M].姚伟,王黎芳,译.北京:中国人民大学出版社,2010.

[6]彼得·法林.教学的乐趣 大学新教师实用指南[M].姚晓蒙,陈琼琼,李梅,译.上海:华东师范大学出版社,2009.

[7]丽莎·拉图卡,琼·斯塔克.构建大学课程:情境中的学术计划[M].黄福涛,吴玫,译.大连:大连理工大学出版社,2020.

[8]刘易斯·科塞.理念人:一项社会学的考察[M].郭方,等译.北京:中央编译出版社,2004.

[9]玛丽埃伦·韦默.以学习者为中心的教学:给教学实践带来的五项关键变化[M].洪岗,译.杭州:浙江大学出版社,2006.

[10]泰利·道尔.如何培养终身学习者:创建以学习者为中心的教学环境[M].广州:华南理工大学出版社,2014.

[11]朱丽叶·M.科宾,安塞尔姆·L.斯特劳斯.质性研究的基础:形成扎根理论的程序与方法[M].朱光明,译.3版.重庆:重庆大学出版社,2015.

[12]凯西·卡麦兹.建构扎根理论:质性研究实践指南[M].边国英,译.重庆:重庆大学出版社,2009.

[13]迈克尔·吉本斯,卡米耶·利摩日,黑尔佳·诺奥提尼,等.知识生产的新模式:当代科学与研究的动力学[M].陈洪捷,沈文钦,译.北京:北京大学出版社,2011.

[14]L.迪·芬克.创造有意义的学习经历:综合性大学课程设计原则[M].胡美馨,刘颖,译.杭州:浙江大学出版社,2006.

[15]巴巴拉·G.戴维斯.教学方法手册[M].严慧仙,译.杭州:浙江大学出版社,2006.

[16]邦克柯蒂斯.世界是开放的:网络技术如何变革教育[M].焦建利,等译.上海:华东师范大学出版社,2009.

[17]保罗·弗莱雷.被压迫者教育学[M].顾建新,等译.上海:华东师范大学出版社,2001.

[18]陈兴明.中国大学"苏联模式"课程体系的形成与变革[M].北京:社会科学文献出版社,2012.

[19]德雷克·博克.回归大学之道:对美国大学本科教育的反思与展望[M].侯定凯,梁爽,陈琼琼,译.上海:华东师范大学出版社,2012.

[20]杜芳芳.从行政控制到专业引领:学校教学管理变革取向研究[M].北京:中国社会科学出版社,2014.

[21]弗兰克·H.T.罗德斯.创造未来 美国大学的作用[M].王晓阳,蓝劲松,译.北京:清华大学出版社,2007.

[22]风笑天.社会研究方法[M].4版.北京:中国人民大学出版社,2013.

[23]巩建闽.高校课程体系设计研究:兼论OBE课程设计[M].北京:高等教育出版社,2017.

[24]哈瑞·刘易斯.失去灵魂的卓越:哈佛是如何忘记教育宗旨的[M].侯定凯,译.上海:华东师范大学出版社,2007.

[25]胡莉芳.高等教育课程的主要问题[M].北京:中国人民大学出版社,2018.

[26]李庆丰.大学课程知识选择的实践逻辑研究[M].北京:北京师范大学出版社,2014.

[27]刘宇.学生课程参与论[M].济南:山东教育出版社,2012.

[28]陆根书,于德弘.学习风格与大学生自主学习[M].西安:西安交通大学出版社,2003.

[29]罗伯特·M.戴尔蒙德.课程与课程体系的设计和评价实用指南[M].黄小苹,译.杭州:浙江大学出版社,2006.

[30]帕克·帕尔默.教学勇气:漫步教师心灵[M.]吴国珍,余巍,译.上海:华东师范大学出版社,2005.

[31]潘懋元,陆根书,王洪才.高等教育研究方法[M].北京:高等教育出版社,2008.

[32]潘懋元,王伟廉.高等教育学[M].福州:福建教育出版社,1995.

[33]王伟廉.高等学校课程研究导论[M].广东:广东教育出版社,2008.

[34]王一军.当代大学秩序论[M].北京:教育科学出版社,2014.

[35]威尔伯特·J.麦肯齐,等著.麦肯齐大学教学精要:高等院校教师的策略、研究和理论[M].徐辉,译.11版.杭州:浙江大学出版社,2005.

[36]邢磊.高校教师应该知道的120个教学问题[M].北京:北京大学出版社,2010.

[37]于歆杰.以学生为中心的教与学:利用慕课资源实施翻转课堂的实践[M].北京:高等教育出版社,2015.

[38]张红霞,吕林海,孙志凤.大学课程与教学:原理与问题[M].北京:教育科学出版社,2015.

[39]张圻福.大学课程论[M].南京:江苏教育出版社,1992.

[40]钟志贤.面向知识时代的教学设计框架:促进学习者发展[M].北京:中国社会科学出版社,2006.

[41]周海涛.大学课程研究[M].北京:中国社会科学出版社,2008.

[42]周兴国,李子华.高校教学管理机制研究[M].合肥:安徽人民出版社,2008.

(二)期刊类

[1]包水梅.论"潮课"与高校公选课的人本逻辑[J].大学教育科学,2013(3):34-36.

[2]鲍威.大学教学课程的范式转换及其驱动机制[J].清华大学教育研究,2015,36(2):97-105.

[3]别敦荣.大学课堂革命的主要任务、重点、难点和突破口[J].中国高

教研究,2019(6):1-7.

[4]别敦荣.增加课程内涵:高校人才培养模式创新的根本[J].山东高等教育,2017,5(6):12-19.

[5]蔡映辉.评估与"金课"建设[J].中国大学教学,2019(5):49-54.

[6]陈晨.大学教师"教学与科研"活动的行动逻辑:差异化的选择策略[J].现代大学教育,2020(1):26-34.

[7]陈晓琳.基于课程组的教学团队建设模式探索[J].中国大学教学,2011(7):72-74.

[8]崔乃文,李梦云.困境与出路:"以学生为中心"的本科教学改革何以可能[J].现代大学教育,2017(4):97-103.

[9]凡文吉,常思亮."大学课程资本"下我国大学课程开发管理问题探讨[J].现代大学教育,2016(2):106-111.

[10]付光槐.论教师教育课程的价值转向:从技术旨趣、实践旨趣到解放旨趣[J].国家教育行政学院学报,2017(8):34-39.

[11]高江勇,闵永军.高质量学习是如何获得的?[J].高教探索,2016(6):86-91.

[12]高江勇,周统建.大学课程改革究竟需要改什么?[J].中国大学教学,2018(5):42-47.

[13]高迎爽,洪煜.大学教学治理中的教务处长研究[J].国家教育行政学院学报,2020(6):88-95.

[14]格里·斯托克,华夏风.作为理论的治理:五个论点[J].国际社会科学杂志(中文版),2019,36(3):23-32.

[15]龚放.课程和教学:高等教育研究的潜在热点:对《高等教育研究》的一点期望[J].高等教育研究,2010(11):24-26.

[16]巩建闽,萧蓓蕾,董文娜.课程矩阵:一个课程体系设计分析框架探析[J].高等工程教育研究,2014(6):178-184.

[17]巩建闽,萧蓓蕾.课程大纲制订给谁看:论学生中心理念的落实[J].高等工程教育研究,2020(3):143-150.

[18]顾佩华,胡文龙,陆小华,等.从CDIO在中国到中国的CDIO:发展路径、产生的影响及其原因研究[J].高等工程教育研究,2017(1):24-43

[19]郭卉.如何增进教师参与大学治理:基于协商民主理论的探索[J].高等教育研究,2012,33(12):26-32.

[20]郭建鹏,杨凌燕,史秋衡.大学生课堂体验对学习方式影响的实证研究:基于多水平分析的结果[J].教育研究,2013,34(2):111-119.

[21]哈巍,赵颖.教学相"涨":高校学生成绩和评教分数双重膨胀研究[J].社会学研究,2019,34(1):84-105.

[22]洪艺敏."以学生为中心"的本科教学质量"四维"评价[J].大学教育科学,2019(2):14-15.

[23]黄显涵,李子建,罗厚辉.课程改革中教师挑战与困境:中国大陆教师的个案分析[J].教师教育研究,2017,29(4):92-97.

[24]冀宏,王继元,张根华.行业课程的理论逻辑与建设路径:兼论应用型人才培养"金课"建设[J].高等工程教育研究,2019(4):188-193.

[25]李立国.大学治理的内涵与体系建设[J].大学教育科学,2015(1):20-24.

[26]李作章,张雷生.从"有效教学"走向"优质教学":澳大利亚大学教学质量标准的演进逻辑[J].大学教育科学,2020(5):112-119.

[27]林健.新工科专业课程体系改革和课程建设[J].高等工程教育研究,2020(1):1-13.

[28]林丽燕,叶信治.美国大学课程委员会的性质、结构、职责和运作机制研究[J].比较教育研究,2014,36(2):72-76.

[29]林小英,宋鑫.促进大学教师的"卓越教学":从行为主义走向反思性认可[J].北京大学教育评论,2014,12(2):47-72.

[30]刘海燕.向"学习范式"转型:本科教育的整体性变革[J].高等教育研究,2017,38(1):48-54.

[31]刘理,赖静.高校教学治理的价值追求[J].教育发展研究,2012,32(9):56-60.

[32]刘青山,刘佳,吴立保,等.学习范式下高校"金课"建设的价值逻辑与路径选择[J].江苏高教,2020(8):55-63.

[33]刘献君.大学课程建设的发展趋势[J].高等教育研究,2014(2):62-69.

[34]刘献君.论"以学生为中心"[J].高等教育研究,2012(8):1-6.

[35]刘小强,何齐宗.跨越师生教学的观念鸿沟:走向微观深层的高校教学质量建设[J].高等教育研究,2012,33(9):63-68.

[36]刘小强,蒋喜锋.学生学习视野中的高校教学质量建设研究[J].教

育研究,2012,33(7):77-81.

[37]刘亚敏.大学治理文化:阐释与建构[J].高教探索,2015(10):5-9.

[38]刘振天.高校课程改革和课程建设切忌重"课"轻"程"[J].中国高等教育,2017(17):49-52.

[39]刘振天.高校课堂教学革命:实际、实质与实现[J].高等教育研究,2020,41(7):58-69.

[40]陆根书.大学生感知的课堂学习环境对其学习方式的影响[J].复旦教育论坛,2010,8(4):34-46.

[41]陆国栋.治理"水课"打造"金课"[J].中国大学教学,2018(9):23-25.

[42]陆一.通识教育核心课程质量监测诊断:"高能课"与"吹水课"的成因分析与甄别[J].复旦教育论坛,2017,15(3):53-60.

[43]吕林海,孟克,李颖.追求高质量的大学学习:高等教育大众化背景下大学学习、教学与课程的一些核心观念[J].远程教育杂志,2011,29(2):19-24.

[44]吕林海."深度学习"视域下的大学"金课":历史逻辑、考量标准与实现路径之审思[J].高校教育管理,2020,14(1):40-51.

[45]彭湃.从规准和创新两方面谈大学生学习成果评价[J].清华大学教育研究,2019(1):13-15.

[46]皮武.大学课程决策权力的层级分布及其后果:以X大学的课程决策为例[J].教育发展研究,2013(7):48-53.

[47]瞿振元.着力向课堂教学要质量[J].中国高教研究,2016(12):1-5.

[48]盛群力,钟丽佳,张玉梅.大学教师教学设计能力知多少?:高校教师教学设计能力调查[J].开放教育研究,2015,21(4):44-51.

[49]申建林,姚晓强.对治理理论的三种误读[J].湖北社会科学,2015(2):37-42.

[50]汤晓蒙,何昕,杨婕.有关"金课"概念的省思[J].高教探索,2020(10):67-72.

[51]唐德海,曹如军.大学课程高深性:立论基础与实践反思[J].大学教育科学,2017(5):57-61.

[52]王刚,宋锴业.治理理论的本质及其实现逻辑[J].求实,2017(3):50-65.

[53]王洪才.大学课程治理:根本点·关键点·突破点[J].四川师范大学学报(社会科学版).2021,48(4):119-125.

[54]王洪才.大学治理的四种内涵[J].苏州大学学报(教育科学版),2015,3(4):17-19.

[55]王洪才.论大学创新教学的三要素[J].复旦教育论坛,2012(4):41-45.

[56]王洪才.论大学的课程治理[J].山西大学学报(哲学社会科学版),2021,3(44):129-135.

[57]王建华.关于一流本科专业建设的思考:兼评"双万计划"[J].重庆高教研究,2019,7(4):122-128.

[58]王纾.研究型大学学生学习性投入对学习收获的影响机制研究:基于2009年"中国大学生学情调查"的数据分析[J].清华大学教育研究,2011,32(4):24-32.

[59]王炎,程红艳.全员参与式课堂探究:让每位学生成为课堂的贡献者[J].教育理论与实践,2017,37(28):60-64.

[60]王一军,龚放.从"高深学问"到"个人知识":当代大学课程的秩序转型[J].高等教育研究,2014,35(3):14.

[61]王一军.大学课程:发展学生"个人知识"的必要与可能[J].高等教育研究,2011,32(4):64-75.

[62]魏小琳.治理视角下大学基层学术组织的重构[J].教育研究,2016,37(11):65-73.

[63]邬大光.重新认识高等教育研究的存在价值:兼论大学治理中的经验与科学[J].大学教育科学,2020(1):8-13.

[64]吴凡.我国研究型大学课程目标与课程评价问题研究:基于"985工程"高校大学生学习经验调查[J].中国高教研究,2017(10):98-102.

[65]吴岩.建设中国"金课"[J].中国大学教学,2018(12):4-9.

[66]阎光才.大学本科的教与学:理论与经验、理念与证据[J].华东师范大学学报(教育科学版),2019(6):1-15.

[67]阎光才.高校教师参与治理的困惑及其现实内涵[J].中国高教研究,2017(7):6-11.

[68]于歆杰.一流课程的两个边界[J].中国大学教学,2019(3):45-47.

[69]赵春鱼.高校课程质量评价存在的问题及其改进:基于全国49所

高校的现状调查[J].教育发展研究,2016,36(23):44-51.

[70]赵炬明,高筱卉.关于实施"以学生为中心"的本科教学改革的思考[J].中国高教研究,2017(8):36-40.

[71]赵炬明.什么是好的课程设计[J].高等教育研究,2020,41(9):84-87.

[72]周光礼,黄容霞.教学改革如何制度化:"以学生为中心"的教育改革与创新人才培养特区在中国的兴起[J].高等工程教育研究,2013(5):47-56.

(三)学位论文类

[1]鲍嵘.高深学问与国家治理:1949—1954中国大学课程政策与学科建制研究[D].厦门:厦门大学,2004.

[2]常思亮.大学课程决策研究[D].长沙:湖南师范大学,2010.

[3]凡文吉.大学课程资本视野下我国高校课程管理的改革研究[D].长沙:湖南师范大学,2016.

[4]康全礼.我国大学本科教育理念与教学改革研究[D].武汉:华中科技大学,2005.

[5]李海英.协商课程研究[D].上海:华东师范大学,2006.

[6]刘恩允.治理理论视阈下的我国大学院系治理研究[D].苏州:苏州大学,2012.

[7]罗生全.符号权力支配下的课程文化资本运作研究[D].重庆:西南大学,2008.

[8]王一军.从"高深学问"到"个人知识":当代大学课程的秩序转型[D].南京:南京大学,2012.

[9]王伟廉.高等学校专业与课程改革的理论研究[D].厦门:厦门大学,1990.

[10]邬大光.高等学校教学改革四十年的理论研究[D].厦门:厦门大学,1990.

二、英文文献

[1]BORIN A, OTTOBONI K, PHILIP B S.Student evaluations of teaching (mostly) do not measure teaching effectiveness[J].Science open

research,2016,2(7):4-11.

[2]BARR R B, TAGG J. From teaching to learning: a new paradigm for undergraduate education[J].Change,1995(6):12-25.

[3]SAMANTHA B J, CHAN W L, TANNER J A. Diverse assessment and active student engagement sustain deep learning: a comparative study of outcomes in two parallel introductory biochemistry courses [J].Biochemistry and molecular biology education,2014,42(6):474-479.

[4]BOVILL C, BULLEY C, MORSS K. Engaging and empowering first-year students through curriculum design: perspectives from the literature[J].Teaching in higher education, 2011,16(2): 197-209.

[5]COATES H.A model of online and general campus-based student engagement[J].Assessment and evaluation in higher education, 2007, 32 (2):121-141.

[6]DAWN F, MORAN M, STEKETEE C. Moving IPE from being "worthy"to "required" in health professional curriculum: is good governance the missing part? [J]. Medical teacher, 2020,42(9):1148-1153.

[7]PASCARELLAE. TERENZINI P. How college affects students, a third decade of research[M].San Francisco,CA:Jossey-Bass,2005.

[8]VELTHUIS F, DEKKER H, COPPOOLSE R. Educators' experiences with governance in curriculum change processes: a qualitative study using rich pictures[J].Advances in health sciences education,2021 (3):1-17.

[9]FLOYD K S , HARRINGTON S J, SANTIAGOJ. The effect of engagement and perceived course value on deep and surface learning strategies[J]. The international journal of an emerging transdiscipline, 2009 (12): 181-190.

[10] KAHU, ELLAR. Framing student engagement in higher education[J].Studies in higher education, 2013, 38 (5):758-773.

[11]LUCETEEK.The relationship between knowledge structure and curriculum: a case study in sociology[J]. Studies in higher education, 2009,34(4):441-453.

[12]YOUNGM.Overcoming the crisis in curriculum theory: a knowl-

edge-based approach[J]. Journal of curriculum studies, 2013, 45 (2), 101-118.

[13] PAPANASTASIOUN. Comparison as curriculum governance: dynamics of the European-Wide governance technology of comparison within England's national curriculum reforms[J]. European educational research journal, 2013, 11(3):413-427.

[14]SAM O. Enterprise education: critical Implications for New Zealandcurriculum governance[J]. New Zealand journal of educational studies, 2017(52):331-346.

[15] PAMELAR. Higher education curriculum orientations and the implications for institutional curriculum change[J]. Teaching in higher education, 2015, 20(5):542-555.

[16]BROOMANS, DARWENT S, PIMOR A. The student voice in higher education curriculum design: is there value in listening? [J]. Innovations in education and teaching international, 2015, 52(6):663-674.

附 录

附录一 访谈对象

一、教师信息

学校	学校类型	学科	课程名称	资料来源
CUMT	双一流	工学	工业技术经济学	深度访谈
CUMT	双一流	工学	矿山工程力学	深度访谈
CUMT	双一流	工学	矿山压力与岩层控制	深度访谈
DU	双一流	理学	名侦探柯南与化学探秘	深度访谈
FAFU	地方	工学	大学信息技术基础	深度访谈
FDU	双一流	工学	半导体物理	深度访谈
FDU	双一流	文学	大学英语写作	深度访谈
HIT	双一流	工学	大学计算机基础	超星教师发展直播讲堂第六季
HNU	双一流	工学	软件工程	钉钉一流本科课程建设群直播
JU	双一流	工学	汽车工程	应用型高校交通专业课程改革高峰论坛
NUFE	地方普通	经济学	市场营销学	深度访谈
NUFE	地方普通	工学	面向对象程序设计	深度访谈

续表

学校	学校类型	学科	课程名称	资料来源
PKU	双一流	教育学	高级定量研究方法	深度访谈
QU	地方普通	艺术学	平面构成	教育部学校规划建设发展中心应用型课程建设联盟
QU	地方普通	经济学	财务管理	深度访谈
SJU	双一流	工学	结构模型设计与制作	中国高校第二届教学学术年年会
SJU	双一流	文学	古典诗词鉴赏与创作	中国高校第二届教学学术年年会
SJU	双一流	工学	流体力学	中国高校第二届教学学术年年会
SJU	双一流	工学	建筑史纲	中国高校第二届教学学术年年会
SJU	双一流	工学	行车组织	应用型高校交通专业课程改革高峰论坛
SU	双一流	理学	材料物理化学	中国高校第二届教学学术年年会
SU	双一流	工学	电机学	深度访谈
SU	双一流	工学	软件工程	https://zhibo.chaoxing.com/8641283
TFSU	地方普通	理学	统计学	深度访谈
TU	双一流	理学	抽象代数	https://v.qq.com/x/page/y3204vtwik9.html
USTB	一流学科	工学	岩土工程数值计算方法	深度访谈
USTB	一流学科	工学	岩石力学与工程	深度访谈
WHUT	双一流	工学	Python 程序设计	钉钉一流本科课程建设群直播
XMU	双一流	文学	广告策划	深度访谈
XMU	双一流	工学	大数据技术原理与应用	深度访谈
XMU	双一流	理学	遗传与分子生物学实验	深度访谈
XMU	双一流	工学	桥梁工程	深度访谈

续表

学校	学校类型	学科	课程名称	资料来源
XMU	双一流	工学	无机化学原理	深度访谈
XMU	双一流	工学	无机化学实验	深度访谈
XMU	双一流	工学	大数据技术原理与应用	深度访谈

二、管理者信息

学校	类型	职位	资料来源
XMU	双一流	教学副院长	深度访谈
XMU	双一流	教学副院长	深度访谈
XMU	双一流	教学副院长	座谈
XMU	双一流	教学副院长	座谈
XMU	双一流	教学副院长	深度访谈
XMU	双一流	原教务处副处长	深度访谈
HU	地方高校	校长	深度访谈
WU	地方高校	教学副院长	深度访谈
FU	地方高校	教务处副处长	深度访谈
HU	地方高校	教学副院长	深度访谈
NBUT	地方高校	原教务处副处长	深度访谈
QIE	地方高校	校长	教育部学校规划建设发展中心应用型课程建设联盟·师说课改第三讲
USTC	双一流大学	教学副院长	全国高等院校计算机系统能力培养官方网站 http://www.csc-he.com/cms/cmsdetail? contentitemid＝142&commentid＝0《智能时代计算机专业课程体系与核心课设计探讨》
SJU	双一流大学	教务处处长	超星教师发展直播讲堂第六季

三、学生信息

学校	类型	学科	年级	访谈形式
XMU	双一流	文学	大三	深度访谈
XMU	双一流	理学	大四	深度访谈
XMU	双一流	经济学	毕业生	深度访谈
XMU	双一流	管理学	毕业生	深度访谈
XMU	双一流	经济学	大四	深度访谈
XMU	双一流	理学	大四	深度访谈
ZU	双一流	教育学	大四	深度访谈
ZU	双一流	教育学	大四	深度访谈
HU	地方高校	管理学	大三	深度访谈
WU	地方高校	工学	大三	深度访谈
FU	地方高校	工学	大三	深度访谈
CMUT	双一流	工学	大三	深度访谈
CDUT	双一流	工学	毕业生	深度访谈
NBUT	地方高校	工学	大三、大四	座谈（6位）
ECJU	地方高校	工学	大二	深度访谈

附录二　半开放式访谈提纲

一、教师访谈提纲

尊敬的老师，您好！我是厦门大学教育研究院的博士生××。非常荣幸您能够接受一位素未谋面的学生的访谈，也很高兴能够有这样一次机会向您请教。看到您的报道和您写的文章后，我就在想如果您能接受我的访谈该多么荣幸。所以我就十分冒昧地给您发送了邮件，然后我十分惊喜、十分荣幸地得到了您的回信。我目前正在做博士毕业论文,主题是关于一流本科课程建设的研究。主要希望挖掘高质量课程究竟是怎么形成,是如何设计和实施的。您在课程改革和建设方面十分成功,所以我希望通过您的宝贵经验的分享,为当前一流课程建设提供行动方向。谢谢您!我们这次访谈会遵循学术伦理,进行保密处理,请您放心。

1.您所授的课程在整个课程体系中的定位是怎么样的?当时是什么触发了您对自己的课程进行改革创新?

2.您具体是如何设计自己的课程的?在具体设计中会和学生或者其他老师共同商讨吗?

3.您希望通过这门课程的学习,给学生带来哪些具体的收获?

4.您在具体教学过程中是怎么做的?主要就哪些问题和学生共同协商?

5.您在教学中主要是一个怎样的角色?

6.您是如何对学生的学习成果进行考核的?具体细则是怎样的?

7.您平时主要通过哪些方式和渠道与其他教师进行交流研讨呢?在讨论过程中是如何达成共识的呢?

8.您主要通过哪些方式参与课程体系设计呢?您在参与过程中主要是一个怎样的角色呢?

9.您在课程建设和改革中遇到的最大困难是什么?学院和学校有哪些支持?您最希望获得哪方面的支持呢?

非常感谢您分享的宝贵经验,您的支持是我毕业论文继续前行的强大动力。再次谢谢您!祝您的课程越来越好!

二、管理者访谈提纲

尊敬的老师,您好!非常感谢您在百忙之中给了我这一宝贵的访谈您的机会。我是厦门大学教育研究院的博士生××。我现在正在做博士毕业论文,主题是关于一流本科课程建设。一流本科课程怎么建,是重点,也是难点。我非常希望通过挖掘实践中的成功经验,为一流本科课程建设添砖加瓦。您在教学管理工作岗位上有着深厚的理论积淀和实践经验,所以非常荣幸能够向您请教,聆听您对本科课程建设的看法。同时,本次访谈遵循学术伦理和道德规范,我会对具体信息进行化名处理,不暴露您的真实姓名和身份。

为了方便您提前熟悉访谈的主要内容,我准备了一份半开放式的访谈提纲,请您先过目。我会在需要的时候向您补充提问。谢谢!

1. 贵院在课程建设与改革方面有哪些特色?是如何达到预期目标的呢?

2. 贵院是如何修订人才培养方案的呢?在修订过程中,是如何吸引用人单位的人参与的呢?用人单位起到什么作用呢?学生有哪些可以表达意愿的渠道?哪些教师能参与决策呢?各个主体是如何达成共识的呢?

3. 贵院在吸引教师积极投入课程建设与改革方面有哪些有效的举措?

4. 贵院是如何促进教师之间相互交流与研讨的?

5. 贵院是如何对教师的教学进行评价考核的?

6. 贵院对教师教学能力提升和专业发展方面有哪些具体的支持?

7. 贵院在保障课程教学质量方面有哪些具体的组织机构和制度?是如何形成和制定的?

感谢您百忙之中的帮助,再次谢谢您,祝您工作顺利!

三、学生访谈提纲

××同学,您好!我是厦门大学教育研究院的博士生。十分开心能够有机会和你交流,也十分感谢您对我的支持。我现在正在做博士论文,论文是关于高质量课程的,主要想了解学生在课程教学中的收获和对课程的看法。我们可以放松一些地聊,聊真实想法和感受。本研究会严格遵守伦理道德和保密原则,将在论文中保护所有受访对象的信息,不暴露你的真实姓名和身份。

1. 你认为你目前为止最受益的课程是哪位老师的课?为什么呢?

2. 这门课与其他课程最大的不同在哪里?你有哪些收获?

3. 你是怎么参与到老师的课程设计中的?

4. 你说的这位老师是怎么上课的呢?你是如何参与课程活动的呢?

5. 在这门课程中你需要完成哪些学习活动?

6. 你的课程成绩有哪些部分构成,你如何对他人和自己的学习进行评价?

7. 你希望这门课程还能够在哪些方面有更好的改进?你们是如何反馈

课程教学的意见的？老师是如何对待大家的意见的呢？

  8.学校和院系给你们的学习提供了哪些方面的便利？

  9.你对专业整个课程体系的安排有什么看法和建议？

  10.你在学习过程中有没有遇到让你非常想要吐槽的老师？为什么呢？

再次感谢,祝您一切顺利!

后　记

这本著作是在我博士论文的基础上修改定稿的,也是我学术生涯的第一本著作,更是第一次真正意义上独立地、系统地、长期地开展一项未知的研究。于我而言,不仅是对知识储备方面的挑战,而且是对心理、身体和意志上的全方位考验。虽然说博士论文是博士生独立完成的成果,但这背后远远离不开师友和家人的帮助与鼓励。从小到大,我一直都是父母和老师眼中的优秀学生,无论是求学、择业、还是感情都十分顺利,可能是人的一生总要经历一些坎坷才能真正成长,所以我的博士论文写作过程并不是一帆风顺的,在这个坎坷的过程中,我曾多次"偷偷"地过来"这里"写后记,以此珍记每一次的不容易。

一、我与"大学课程治理研究"

早在博一暑假回家前,老师就将我和同门喊去办公室,和我们商量博士论文选题。我的博士论文选题也就是在那时定下的。源于对"治理"有别样的兴趣,因此初次接触到"课程治理"时,我便兴致十足。初期的研究重点也自然偏向了治理,但却忽视了研究对象本身——课程。在我博士二年级上学期的汇报中,老师敏锐地发现了我的问题,直指研究要害。我开始将重点转向课程。然而,我却又过于关注课程,而忽略了治理。在两次大的偏离后,我终于在与导师、与同学、与同门师兄弟以及与自己的对话中,把握住了问题。在这一过程中,我深刻理解了脱离对象本身来套用理论的舍本逐末行为,也深刻理解了形成自己独立判断能力的重要性。

(一)第一次偏离:徒具形式,缺少内涵

在最初确定研究选题时,老师指出课程治理要形成课程规范、课程标准。起初,我一直没能深刻理解"课程规范"、"课程标准"和"课程治理"之间有着怎样的关联。在我的基本认识中,课程治理就是要处理发生在课程建设过程中的权责利关系。至于为什么要以"课程规范"和"课程标准"为研究重点却久久困扰着我。于是,最初的我,只是记住了老师的话,开始围绕"课程"进行文献的检索和思考。但正是因为只是简单地记住老师的引导,而未能真正领悟其深意。于是在研究过程中,我又偏向了自己最初对课程治理的理解,我开始以治理为重点。但这带来的结果就是,我的研究徒有形式,没有内容。因为我将"课程"变成了一种点缀,而当离开了对象本身来谈治理是无意义的。幸运的是,在二年级的暑假来临之前,老师安排我进行了一次沙龙汇报,在与师门同学和老师的三个多小时的探讨过程中,我意识到治理只是为研究课程这一本体提供了分析框架,而非仅仅就治理进行概念演绎。我们做研究既不能没有导向性地去单纯研究某个理论,也不能忽视问题而直接进入理论的思辨和演绎中。于是,在经历了偏离研究本体的错误方向后,我再次去理解治理的含义,它既是手段,也是结构,又是过程,还是结果。也正是在这一过程中,我认识到自己对基本概念的理解不够全面和深入,也意识到这种表层学习并非研究的应有之义,同时也更为敬佩老师对问题本质的把握。虽然对核心和本质的把握不及老师一二,但老师对问题本质的一语中的却让我受益终身。也正是这次阵痛,让我确定了"课程为体,治理为用"的研究思想。

(二) 第二次偏离:顾此失彼,瞻前顾后

在明确"课程"这一本体后,我开始对课程进行大量梳理,围绕"高质量课程及其形成"这一核心问题进行思考。于是,我的研究问题拆解成了什么是高质量课程,如何才能实现高质量课程。而我的章节安排也主要围绕高质量课程进行。老师指出课程治理要明确高质量课程的标准。于是,我开始了闭关写作。在整个写作过程中,我一方面希望做出老师期待的高质量课程标准。另一方面我还是深切地感受到了治理与课程的脱节。在这种纠结和痛苦中,我完成了博士论文初稿。结果可想而知,我既说服不了自己,也说服不了同门兄弟姐妹,更说服不了老师。这是一次长达四个小时的沙龙,沙龙结束后,我进行了长长的反思。我彻底地清醒过来:博士论文对作者而言绝非是完成一个几十万字的任务,其真正意义是要形成自己的独立判断能力。自小以来,我就是被父母安排得明明白白,一切都那么的顺利,没有任何挫折。但我万分感谢博士论文写作中的挫折,因为它并没有伤害到其他任何人或事,却让我真正成长了。

(三)找到自我,独立判断

在我的博士论文形成过程中,我做了5次沙龙分享。有的是开放沙龙,有的是闭门沙龙。在沙龙上与老师以及同学的交流,不断地促进我反思。同学们在沙龙上提出的问题让我明白很多基础性问题无法逃避,同学们在沙龙上提出的建议也让我的论文更为完善。在不断的研讨和反思中,我渐渐地明晰了自己的思路,慢慢地拥有了面对他人质疑的勇气,从而也就有了面对更多读者的勇气。

与师友关于博士论文的每一次讨论都让我有不同的收获。有时是思路上的瞬间明朗,有时候反复讨论也没有头绪,但恰恰是这些讨论中的挫折,让我认识到研究是属于自己的,对自己博士论文最清楚的也是自己。当然,在研究开始之时,老师对于方向的把握十分重要,因为这直接决定了研究的价值。但如果在研究的过程中只是一味地试图接近老师的思路,那便不是博士论文的真正意义。博士论文的意义在于让研究者成为他自己,也在于让研究者形成独立判断的能力。在后期和老师的讨论过程中,我不再是一味地复刻老师的思路,而是形成自己的逻辑框架。于是,我慢慢地认识到自己独立主体的角色,首先说服自己,然后努力去说服老师,老师更多是一个帮助者、把关者。也正是在研究的过程中,我真正地理解了老师经常强调的"形成自己的独立判断"之深意。也可谓:师傅领进门,修行在个人。

(四)坐而论道与起而行之

博士论文的完成过程是不断认识自我、挑战自我的过程。自小以来过于安顺的环境,让我很少主动去探索,这也直接体现在我论文的初期写作中。在我的前两次汇报中,我的导师和同门给我指出了学理性很强,但是实践性不够的意见。论文中需要回答的问题,没有谁来直接告诉你,这意味着我必须深入田野,挖掘第一手的资料。

所以,现在每每回想起来调研的艰难,我就特别想要感谢接受我访谈的每一位老师和同学,没有他们的帮助,我没有办法完成这本博士论文。访谈中诸多老师对本论文的期待是我做好这一篇论文的持续动力,也让我无法懈怠论文。很多接受访谈的老师都对我提出了要求,就是待我的研究完成之后寄给他们一本论文。其实,在自己就读的学校,我就遭遇了大大的拒绝。当我第一次鼓起勇气发了十五封邮件时,得到回复的只有1封,是管理学院市场学系的老师,但却是婉拒。等待是焦虑的,消磨着信心,加剧了担忧。后来我反思了自己发邮件的时间和对象,一是临近假期事务繁忙,二是对象均为管理者。于是,我开始给一线老师发邮件,当收到回复的时候,喜悦和激动的心情难以言表。每访谈一次,我对论文的信心就增长了许多。记得最快回复我的是四川大学的赵莉华老师,仅仅两个小时就给我肯定回复,并在当晚完成了十分愉快的访谈。随后的访谈渐入佳境,上海交通大学、北京大学、复旦大学、华中科技大学、北京科技大学、西南交通大学、山东大学等学校的老师都呈现了他们多姿多彩的课程教学改革实践。厦门大学的朱亚先院长、吕鑫院长、李勤喜院长、黄合水院长、洪学敏院长、林子雨老师、匡勤老师、章军老师、郭峰老师、薛成龙老师等太多老师为我提供了宝贵的材料。这里,我不便将帮助我的老师的姓名一一列出,但这些大都是未曾谋面,却给予我极大信心的老师们,在此深深感谢每一个信任我的老师!

除了我自己联系的访谈外,我的导师为我的调研付出了很多,他每次带我出去调研的时候,就特地关注课程,而且还主动利用自己的资源帮助我联系。要知道,我的老师是一位多么不愿意麻烦别人的人啊!老师是一位知名学者,而我是这位知名学者的一位不知名学生,自己能做的就在以后的学术路上能让老师自豪地说,这是我的学生。老师让我看到了课程教学研究的先辈的努力和对课程的深刻洞见,让我这一小辈深感还有太多太远的路需要前行。

二、我与我敬爱的师友和家人

这四年来,我的导师王洪才教授给予了我莫大的帮助和指导。我对我的老师有着自始至终的尊敬、崇拜和信任。我的导师,是一位很少会隐藏的性情中人,他善意温润、豪爽不羁。我的导师,他是一位勇者,他守着清晰的底线,这是他读书人的"风骨",更是天性。相处越久,越发欣赏和理解老师对学术的纯粹态度和为人处世的可贵立场。老师对学术的敬重和热爱也将成为我立身处世和学术风格上的一层底色。在学校里,有老师照着我们,我们同门兄弟姐妹也因为是老师的学生受到其他老师和同学的尊重与抬爱。而当我们走出学校离开老师后,我们必须能够自己为自己负责。

我的论文凝聚了老师太多的关爱和心血,老师时刻惦记着我的毕业论文,他会经常给我发微信:汤建,回来了吗?汤建,论文进展如何,遇到什么困难?汤建,你下周做一个报告。等等。老师每次出去交流的时候,碰到与我论文相关的材料和信息,也总会第一时间分享给我。在论文调研阶段,记得 2020 年 7 月中旬,正当我的访谈推进困难的时候,我惊喜地收到了老师给我发来的消息,询问我调研进展情况,并说要带着我访谈、帮我引荐。我想,老师一定是对我的焦头烂额有所感知。老师带着我访谈的那天,太阳特别大,厦门温度有 36℃,我远远地看到老师早早地就在学校新建的大南门口等着我,而我因为找不到路耽误了好久。当时,我恍惚间有种父亲接女儿放学的感觉。我开心地挥着手向老师飞奔过去,迎来的是老师慈祥的笑脸。在论文写作阶段,从选题到定稿的两年多时间内,老师每次给我的指导和回复都十分及时且具有针对性,从而让我快速推进论文写作。直到毕业论文完成时,我才懵懂入门,实数辜负老师之栽培,故文中不当或错漏之处均由笔者自负。

我的导师十分细腻。2020 年 3 月,我们博士生中期考核,同时遇上申请自科基金。很不巧的是,我感冒很严重,不咳嗽但是浑身无力。老师发现我状态不好,在讨论结束后特地发微信询问我身体状况和压力情况。论文攻坚期,我对身体缺乏保护,老师知道后十分担心,他跟我说,"我们宁愿不要这个学位,也要把身体保护好"。虽然老师平时不给我们施压,但是当老师说出那样的话的时候,我长期以来自己给自己的重压轻松了好多好多。感谢我的导师,导师见证了我的成长,我也感受到了导师的变化。从刚入学时我对老师不食人间烟火的判断,到现今我感受到导师如父般的关心和指导,老师在我心里的形象愈加丰满。

感谢厦门大学教育研究院的老师们。在这里,我十分有幸聆听到了高等教育学泰斗潘懋元先生的课程与教诲,获得了懋元一等奖学金;聆听了邬大光老师高瞻远瞩且十分贴地气的课程;跟随了别敦荣老师深入高校实战战略规划;感受到了刘振天老师的大家风范;跟随了史秋衡老师调研高校分类发展……这些高等教育学科的开创者们使我加深了对高等教育理论与实践的理解,也更加坚定了对学科的坚守。毕业后的我极大可能只是一所普通高校里面的一名非常普通的教师,以后做课题、做研究不可能会有这么多的大牛一起来给我指导和建议,厦大教育研究院这个平台让我能够在四年的学习中集中感受大咖云集的厚爱,这段经历尤为宝贵。我在开题时得到了别敦荣老师、王日根老师、陈兴德老师、李国强老师的耐心指导。在预答辩上得到了年轻有为又高颜值的郭建鹏老师、眼光独到的覃红霞老师、和善温良的乔连全老师、可爱的杨广云老师和睿智的朱宇老师的针对性指导与肯定。在答辩时,十分荣幸地获得了刘振天主席、姚云老师、韩延明老师、郭建鹏老师和覃红霞老师的宝贵指导,他们对论文的肯定与鼓励让我更加有信心面对未来的研究。

感谢学院办公室里美丽温柔的郑雯倩老师,她总是不厌其烦地帮助我,感同身受地为我着想。感谢吴晓君老师、王玉梅老师、魏艳老师、冯波老师、肖娟群老师、林永超老师、吕铖老师、陈若凝老师等给予的方便。

感谢我的师门,我拥有一个非常和谐、互相帮扶的师门。同门师兄姐弟的心非常齐,从开题、预答辩和答辩,他们都一起过来为我加油打气,让我感受到有师门真好!包水梅师姐、解德渤师兄和刘隽颖师姐虽然工作很忙,但每次都非常耐心地给我学习上和生活上的意见。闵琴琴师姐是新时代独立女性,外表坚强内心柔软,她和我们有时差,却总主动关心我、鼓励我,让我知道什么是行动力,要敢于去探索;赵祥辉师弟和我同年入学,在我心中是一位有教育理想的准学者,他现在继续在老师门下攻读博士学位。他每次看到与课程相关的论文和会议信息,都会第一时间分享给我。他的媳妇刘洋总在我心情不好的时候陪我聊天。段肖阳师妹十分热情,杨振芳师妹踏实奋进,郑雅倩师妹乖巧可爱、极为细致认真。我的同门田芬,十分刻苦,我们经常一起聊天,分享彼此的困惑。郭一凡师弟是硕士生中最会说相声的,他大大的脑袋里满满的智慧和幽默,并且以极高的效率帮助我;王洪国师弟可爱憨厚,总是给为我这个师姐奔波在本部和海韵之间,张艳丽师妹不经意间的寥寥数语逗得我哈哈大笑,陈艳霞师妹善解人意总是默默地温暖我。还有知心大姐姐宣葵葵师姐、随和谦逊的毛芳才师兄、儒雅温润的张启富老师、玉树临风的陈坤党老师、沉稳大气的王健老师、名如其人的汤智老师。我暖心的同门兄弟姐妹经常让我感觉自己不是师姐,而是受照顾的师妹;我优秀的同门兄弟姐妹时常让我觉得自己要更努力,更优秀才能配得上他们。

感谢我们2017级博士班的同学们。我在读博四年遇到了人生中的又一个好闺蜜——庞颖,她让我拥有了四年的美好时光,我与她一起感受读博的快乐与辛酸,一起憧憬未来的可能与美好,一起交流所有的所有。当然,还有性格直爽的班长李文、倔强憨厚的刘强、温暖的支部书记刘明维、常与我畅聊心事的杨玉婷、看似嘻哈却十分上进的谢健、知性优雅的刘咏梅、开朗活泼的张纯坤、给我人生指导的向亚雯、精致美丽的庞瑶、独立女性杨滢、娇小可爱的黄芳、仗义热情的亢萌。他们让我们这个班集体友爱团结。我们也被潘先生称为课堂上最活泼的一届博士生。

感谢朱镜人老师,他十分善于发现学生的闪光点,并让我知道有梦有追求的意义。感谢我的学长张海生，现于中国人民大学攻读高等教育经济与管理专业的博士学位。读博期间，他总是给我及时的鼓励和中肯的建议。他每写出来一篇文章总会第一时间发给我，我们会相互交流探讨。这种信任和帮助让我感觉到读博也是一件有趣的事情。感谢我的学姐杨婷，她已经获得了浙江大学的博士学位，她在我考博前给予我满满的憧憬和读博后不断的温暖。

感谢我的爸爸妈妈、爷爷奶奶和公公婆婆，他们的眷爱让我感受到了加倍的幸福和强大的经济支持。所谓知女莫若父，从小到大总有很多十字路口，也充满着困惑和迷茫，而每次和爸爸聊完天，我就压力全无、满血复活；我的妈妈真的是上天派给我的天使，她淡然如菊、处事不惊的态度总让我躁动的心安定下来；我的公公细致严谨常常给我启迪，我的婆婆积极向上的小宇宙时时感染着我；我的爷爷工作了四十多年，常常以自己的工作管理经历鼓励我，并且在我的成长生涯中给予了我极为丰满和放肆的宠爱；我的奶奶通透睿智，让我能够对生活有更多的体悟和见解。在我来厦读书的日子里，厦门卫视成了两位老人必看的卫视，厦门天气成了两位老人必关注的天气。感谢我的老公，我们2011年相恋，2018年结婚，时间愈久，我们愈发看到对方的优秀。虽然我和他一个在厦门，一个在北京，但他有趣的灵魂总能够让我每天都很快乐，他的每一句话都那么的出乎意料，却又让我惊喜交集；他总会带上我干一些"出格"的事情，让我发现生活如此丰富多彩。其实我知道他读博面临的压力远远比我要大得多，但他的抗压能力极强，每每总是他来逗我笑。他还在得知我调研进展不佳的情况下帮我联系了多所学校。

读博四年，我的学术能力得到了锻炼，但更多的是，我对人生有了更多新的思考。其实，到这个时候，攻读博士的意义于我而言，远不止于一个学位证，它更多的是教会我在面对困难和挫折时如何前行，让我明白自己有能力和信心跨过艰难险阻。它让我的内心更为强大、更为淡然，并对生活有了更加坚定的追求。

一路走来，帮助我的人这么多，我希望我也能给更多人更多的帮助。愿大家过尽千帆，还能一如初见的模样。

2021年9月于厦门大学图书馆
2022年3月于安徽大学逸夫图书馆